Le nom
de
Tenno

# 天皇の名

続・応用精神分析の試み

佐々木孝次 著

せりか書房

天皇の名——続・応用精神分析の試み

目次

# 第一部　父、母、息子たち　　7

## 第一章　母の欲望　　9
　Ⅰ　シニフィアンとシニフィエ　　9
　Ⅱ　亀裂　　18

## 第二章　父の名の隠喩　　31
　Ⅰ　比喩　　31
　Ⅱ　無意識　　40

## 第三章　母ではありません　　51
　Ⅰ　否定　　51
　Ⅱ　抵抗　　54
　Ⅲ　判断　　62
　Ⅳ　排除　　70

## 第四章　父の殺害　　79
　Ⅰ　享楽　　79
　Ⅱ　ファルス　　86
　Ⅲ　男と女　　91
　Ⅳ　死　　101

## 第五章　供犠の概念　　114
　Ⅰ　ジラールとともに　　114
　Ⅱ　名を与える　　124
　Ⅲ　第4の輪　　134


# 第二部　息子たちの名　　147

## 第一章　象徴的負債と「恩」　　149
## 第二章　去勢の法と無意識の欲望　　177
## 第三章　文字の伝来　　209
## 第四章　歴史の解釈　　245
## 第五章　供犠のダイナスティ　　278
## 第六章　無名と空名　　310
## 終　章　父の名を逃れて　　344

## あとがき　　375

# 第一部　父、母、息子たち

# 第一章　母の欲望

## I　シニフィアンとシニフィエ

　第一部の表題は「父、母、息子たち」である。しかし、ひとが生まれて最初に出会う他人は「母」と呼ばれる。ここでは、話を「母」から始めようと思う。

　「母」について、ラカンは1950年代なかばに提出した「父の隠喩」の式のなかで、「母の欲望」なる用語をもって、ひとの心的現象の始まりを表現している。欲望は、一般にひとの感じる不足や不満を充足に変えようとする心の動きを指しているが、精神分析では、とくにそれがひとの話す言葉と深いつながりのあるのに目を向けている。そこで、「母の欲望」における母は、生まれて間もない子に話しかけ、そのひとの欲望は、言葉を話すひとの欲望である。ここで日本語では、母の欲望の「の」に注意しなくてはならない。ふつうはその助詞から、それは母のもっている欲望で、子は母と出会うまで、まだ欲望するひとになっていないと受けとれる。ところが、ラカンはそう語っていない。むしろ、「の（de）」は、母に対する欲望であると言っている。そうなると、子は母に出会う以前から欲望する能力をもっていることになる。たしかに、それをカントの純粋理性から推して、ラカンにおける純粋欲望と呼ぶ研究者もいる。<sup>(1)</sup>しかし、ひとはそもそも欲望する能力をもっているのか。それとも、欲望は言葉を話すことから生まれるのか、ラカンの講義では、そのところがやはりはっきりしない。

　「母の欲望」は、母が欲望するのか、母を欲望するのか、確かにあいまいなところはあるが、精神分析では、あらゆる動物のなかで、ひとだけが欲望するところに目を据えている。動物たちは欲求するが、欲望しない。欲望は、ひとだけに当てはまる概念である。しかし、欲望はあくまで心的な現象についての概念なので、ひとに生まれつきの純粋欲望を認めると、動物たちのなかで、ひとだけに特別な心的能力があることになり、欲望はいっそうあいまいで、分かりにくい概念になる。そこで、やはり欲望は、

ひとが話し、お互いに言葉を交わすことによって、はじめてそれとして認められると考えるべきだろう。子が最初に出会う母は、すでに言葉の世界にいるひとである。欲望は、言葉を話す母と、やがて言葉を覚え、母と同じ環境を生きていく子との関係を端緒とする概念である。

　ところで、言葉は記号である。当たり前だと思われるかもしれないが、精神分析はその定義から始まると言ってもよいだろう。しかし、国語辞典を見ると、大小を問わずはっきりそう定義したのが見当たらない。その理由はいくつか想像できる。一つには、記号の種類はたくさんあって、とくに言葉を記号と定義する必要がないからかもしれない。たしかに、何かの代わりをしているものは、すべて記号と見なすことができる。煙は火の記号であり、首を横に振るのは拒絶の記号であるが、言葉という記号は、信号や標識や紋章などを凌駕して、いわば代わりをするものの中心であり、支柱である。もっとも、代理、代表、代役など、すべて代わりをするものが、一般に記号と呼ばれているわけではない。そこで、記号はとくに何かを伝達するための、コミュニケーションの道具という特殊な意味をもっているとも言える。しかし、その点でも記号は学者たちによって、信号、指標、標識などいくつかの種類に分けられている。そして、その一つが象徴と呼ばれ、これが伝達の道具としての言葉の性質とかたく結ばれているのである。

　スイスの有名な言語学者ソシュールのように、記号と象徴を区別する学者もいるが、それは言葉によって記号を代表させるためで、両者の結びつきを強調しているのである。彼の理論では、記号は、もっぱら言語記号を指している。そのさい、言語の本質を象徴と見なすのは、かえって言語記号の特徴をあいまいにすると考えているのである。しかし、精神分析では、そう考えない。とくに、ひとを象徴界、想像界、現実界の三つの領域によって規定するラカンの精神分析では、言葉は象徴界の土台となる記号ではあるが、そのさい、言葉という記号をとくに象徴と区別はしていない。言葉は、象徴界と密接な関係にあるが、それを記号として象徴と区別する必要はない。

　ともあれ、言語記号は言語活動における言葉の単位となり、ソシュール

によって、それはシニフィアン（記号表現）とシニフィエ（記号内容）の要素からなるとされるようになった。それらの要素は、じつはギリシアの昔から区別されていて、中世までは、そこに言葉が指しているもの（res）を加えた三分法が認められていたらしいが、ソシュールの二分法は、英米系の言語学を別として、広く大陸における構造言語学の基礎になったとされている。そして、ラカンも基本的に、その二分法に従っているが、今日では二つの要素について、言語学と精神分析の用法の違いをはっきり認めなくてはならない。二人の研究分野の区別は、話すひとの心的現象とは直接に関係のない、集団のなかの交換という現象に目を向けるいわゆる構造主義の立場と、あらゆる認識の基礎を心的現象に求めるいわゆる心理主義の立場との区別に通じる。ソシュールは、フロイトと同時代にあって、二つの立場を混同していると見られるのである。[2]

　ソシュールは、「記号という語を、ぜんたいを示すために保存し、概念（concept）と聴覚映像（image acoustique）をそれぞれシニフィエとシニフィアンに変えることを、提唱する[3]」と言って、シニフィエを概念、シニフィアンを聴覚映像と言い換えた。そしてどちらも心的実在体（entité psychique）であると言った。ここで、映像と訳された image は、心的現象を表すときは心像、（心に浮かぶ）イメージと訳されることが多い。イメージは、ドイツ語では Bild だが、フロイトは「心に描かれるもの」を指すとき、この語の代わりに哲学や心理学で多用される表象を使っている。表象はフランス語では représentation で、記録やその代わりになるものを提示することである。ドイツ語では Vorstellung、文字通りには、前に立っていることで、やはりイメージと同じ意味になる。そこで、ソシュールの心的実在体としてのシニフィエとシニフィアンは、どちらも表象という意味になる。

　しかし、フロイトの表象は、たんに思い描くことや、心に浮かぶものではない。それには過去の知覚が再現されるという重要な一面がある。そこには過去の事件があり、そのときの表象は、かつて知覚され、いま記憶として残されているものなのである。けれども、そこには明瞭に思い出せるイメージだけでなく、いまではいかなる知覚とも結びつかない記憶がある。

第一章　母の欲望　　11

フロイトは、それをたんに記憶痕跡と呼び、それが何であるかを明らかにしていない。しかし、彼が、それは現在のいかなる感覚器官とも関係のない対象と見なしたことは、精神分析がいわゆる心理主義から脱却する端緒になったと思われる。言語活動は、言語記号のシニフィエとシニフィアンという二つの要素によっては、全体的に説明されない。二つはどちらも表象という心的現象であるが、言語記号には、その前にシニフィエとシニフィアンが区別されない地点があり、それが何かの代わりになる、たんに記号と呼ぶよりない対象として、そとから与えられ記憶として生体に残されている。

　ソシュールによって定義された言語記号には、いくつかの特徴はあるが、ここでは、はじめにシニフィエとシニフィアンを結ぶ絆が恣意的であること、それらが各国語によって異なることを挙げておこう。猫や月の概念と「ネコ」や「ツキ」の聴覚映像とは何の関係もない。英語では cat、moon になる。次に、言語を一つの体系と見なすと、そのなかには差異しかないという特徴がある。つまり、言語体系とは一連の概念と結ばれた一連の聴覚映像の差異である。ここから、言語記号の意味とともに価値の観念が生まれる。ソシュールは、ある著作のなかで、「ある辞項（terme）の意味は隣接項の存在、不在に依存している。体系から出発して我々が到達するものは、価値の観念であって意味の観念ではない。」と書いている。辞項とは、言語体系のなかで他の言語記号との共存関係のなかで見た、ある言語記号ということで、価値をもった言語記号の意味であり、ここで意味という語についての明確な定義はないが、その語と密接な関係のある意義（signification）から、その意味を推測することができる。

　意義は、一個の言語記号のなかでシニフィアンという要素に相対する面を指し、意味とほぼ同義で、ソシュールは「意味を生み出すのが価値であり、」「意義は、聴覚映像の相対面にすぎない」と書いている。すなわち、シニフィエがあるシニフィアンに結ばれると、そのシニフィエは、単語の意義となる。そして、それを生み出すもとになるのが価値という観念であるが、価値もまた、シニフィエとシニフィアンを結ぶ絆と同じように、恣意性という特徴をもっている。つまり、「価値は、つねに自然的ではなく、

12

歴史・社会的、文化的なものであるという意味で恣意的なのであり、これが（ソシュールの）記号学の基本原理である」[6]。ただし、その恣意性は、自然性とは対立するが、必然性とは対立しない。日本語で、猫や月の概念と「ネコ」や「ツキ」の音声との結びつきは恣意的であるが、いちどそれらの音声が猫や月の概念に結ばれると、その絆は必然的となり、その意義や価値を勝手に変えることはできない。

　ソシュールは、各国語におけるシニフィエとシニフィアンの結びつきが必然的で、二つの要素は不可分であるという特徴を、次のように、一枚の紙にたとえている「言語はまた、一葉の紙片に比べることができる。思想は表であり、音は裏である。裏を分断せずに同時に表を分断することはできない。同じく言語においても、音を思想から切り離すことも、できない」。この資料を紹介した丸山圭三郎は、戦前に言語過程論の立場からソシュールの言語記号観を批判した時枝誠記には、簡単な混同があるとしている[7]。時枝は、こう書いている「我々の聴覚映像が、具体的な言循行に於いて経験しうるものは、聴覚映像と概念との連合したものではなくして、聴覚映像が、概念と連合すること以外にはない。連合するという事実から、直に連合し、結合した一体的なものが存在すると考へるのは、論理の大きな飛躍でなければならない」[8]。そして、時枝は「『言語（ラング）』は、聴覚映像と概念との連合したものと考へる限り、それはソシュールが自ら述べている純心理学的実在である」と続けている。丸山はそこに時枝における言語（ラング）と記号（シーニュ）の混同があり、そのため不毛な論争が起こったと言っている。

　丸山によると、一枚の紙の表裏にたとえられたものは、言語ではなく記号である。そして、時枝が引用する言語とは、すべて記号であって、「『ウマ』という言語記号（シーニュ〈引用者〉）はあっても、『ウマ』というラングなど存在しません」[9]と言う。彼によると、記号とは「表現であると同時に意味であり、意味であると同時に表現である」が、そうだとしても疑問は残る。個別の集団のなかにあるラングは、言語記号の集合体と見ることができよう。ところが、シーニュ（記号）そのものは、ラング（言語）より上位の概念であって、ラングも、当然、シーニュの概念にふくまれる。

第一章　母の欲望　　13

だが、たとえ両者を区別する必要があるにしても、ソシュールのたとえが「（言語記号は）もともと別々にある意味と表現つまり音のイメージが結びついたのではないということをあらためて強調しているのです」という説明では十分でない。時枝は、ソシュールが「聴覚映像と概念との結合した精神的実体が存在するとして、先づ言語に於いて単位的要素を求めることに性急であったのである(10)」、と言っているのである。そして、この指摘はソシュール理論の心理主義的な解釈に対する警戒に通じている。

　意義（signification）は意味（sens）と同義ではなく、言語学では意味作用、表意作用と邦訳されることに注意したい。ソシュールが、言語記号はシニフィエとシニフィアンの二つの要素からなると明言したことは、その後のとくに構造的と呼ばれる言語学に決定的な影響を与えたとされている。意味作用（意義）は、彼の説明で、それらの二つの要素間の関係と相互作用を指している。どちらの要素も、原語では signifier（意味する）という動詞からきているが、シニフィアン（signifiant）はその現在分詞で、能動的なふくみがあり、シニフィエ（signifié）は過去分詞で、受動的なふくみがある。つまり、意味作用の面では、意味を産み出すものと、産み出されるものとして関係している。そのため意味するもの、意味されるものと邦訳されることもある。

　ラングのなかには、二つの要素をもつ言語記号のあいだに差異しか存在しない。しかし、それぞれの言語記号は、ある価値をもった一個の単位であるとしても、それを構成している産み出す要素と、産み出される要素は、いつも同じように安定的に関係しているとはかぎらない。どのラングでも、ひとは言語の経験を積むうちに、シニフィアンがシニフィエの範囲を決定できる概念ではないのを知るようになる。二つの要素の結びつきは、固定的なものでも、確定的なものでもないのである。シニフィアンに能動的な、産み出す作用があるとするなら、シニフィエはシニフィアンの効果として、産み出される要素である。ラカンは、そこからシニフィアンの自律という一面を引き出した。それによって、言語記号は言語学の共時性の観念も越えて、もはやシニフィアンしか現われることのない言語活動の次元を出現させるのである。そして、この次元は先に述べたフロイトの記憶痕跡と深

い関係がある。ひとの言語活動が、シニフィエを産み出すシニフィアンによって、次々にシニフィエを追っていくと、ついにいかなるシニフィエも産み出さないところまでくる。フロイトは臨床経験から、そこが具体的な表象を欠き、現在の感覚器官ではつかめない、たんに過去の体験の痕跡として、しかも、一生消えることのない記憶として残されている場所だと考えた。現代の用語で言えば、そこはシニフィエなきシニフィアンが、たんに何かの代わりをした記号としてあるだけの場所である。

　ラングという体系のなかには差異しか存在しない。ひとの言語活動は、その体系のなかで、ある言葉を次々と別の言葉へつなぐことによって実現している。ソシュールは、それを言語記号の<u>線状性</u>（linéarité）という用語で表現したが、そのさい、とくにこれをシニフィアンの特性として語っている。このことは意味作用を考えるさいに、とても重要である。それは
(11)
表意作用とも訳されるように、意味を産み出す作用である。発話が、時間に沿って線状的に進められるとき、言語記号としての言葉の意味は、シニフィアンとシニフィエの一体的な関係からは離れる。言葉のつながりは、二つの要素からなる言語記号という単位のつながりではなく、シニフィアンのつながりであり、意味作用はそれに関わり、意味は、その関りから産まれるのである。それとともに、意味が産み出されるのは、ラングの体系における単位としての言語記号からではなく、シニフィアンのつながりからになる。ラカンは、このつながりをシニフィアン<u>連鎖</u>（chaînes）呼び、そこにおけるシニフィエは、シニフィアンの効果であると言った。

　しかし、そのシニフィエは、例えば辞書にあるような単語の意味ではない。それについて、ある解説者は、大変な逆説であると断わって「それぞれのシニフィアンは、他のすべてのシニフィアンと同じものを意味する！すべてのシニフィアンは、同一のシニフィエをもっているのだ」と書いて
(12)
いる。もちろん、これは犬と猫という二つの単語が、同じ意味だと言うのではない。しかし、シニフィアンがその効果としてシニフィエを産み出すのは、あくまでもラングの体系のなかであり、ひとは言語活動の世界に生きているのを思ってみれば、シニフィアンによって産み出される意味は、つねに語る主体であるそのひとに送り返されてくるのが分かる。その解説

第一章　母の欲望　　15

者は、その意味を同じシニフィエであると言ったのである。シニフィアンとシニフィエのもとになった動詞（signifier）は、「意味を通告する」ということであるが、それでは、シニフィアンはどういう同じ意味を通告しているのか。ラカンは、そこにフロイト理論の中心概念の一つである<u>去勢</u>と、フロイト自身はあまり使っていない<u>欲望</u>の意味を読み取ったのである。

　だが、語る主体に送り返されてくるシニフィアンがいつも同じ意味を通告していると言っても、ひとは差異の体系であるラングのなかで、あるシニフィアンを別のシニフィアンに代えながら日常の言語活動を続けている。それは、具体的には言葉を言い換えることであって、同じシニフィエといっても、あるシニフィアンが最終的なシニフィエに届くことはありえない。ラカンは、そうした言い換えにおけるシニフィアンの選択と結合の二つの様態を、言語学者R・ヤコブソンの失語症の研究を借りて、<u>隠喩</u>と<u>換喩</u>という修辞学の二つの転義法にまとめている。二つのうち、隠喩の言い換えには、ときとして通常の意味作用を揺さぶるような特徴があって、ここでは、ラカンがあげている面白い例を一つだけ紹介しておこう。それは「（まだほんの幼い子供が）ちょうど『犬はニャーニャーと鳴き、猫はワンワンと鳴く』と言い張るようなもので、この隠喩によって、幼児は、いっきょに、事物を、その叫び声から断ち切って、記号をシニフィアンの機能に、現実を意味作用の詭弁術にまで高め、本当らしさを無視することによって、同じ事物に対する、これから確証されるべき客観化の多様性に道を開くのである」[13]。すなわち、隠喩には、ときにはありふれた意味作用を無視して、新たな意味に向かおうとする言い換えがある。

　それに対して、換喩は、「閉店する」を「暖簾をおろす」、「退屈だ」を「あくびが出る」と言い換えたり、「武士」を「二本差し」で、「ワイン」を「ボージョレ」で表わすような、結果を原因で、原因を結果で、全体を部分で、産物を産地で表現するような言い換えである。

　日本語の修辞学の文献には、換喩の例として、蕪村の次の句がよくあげられている、「春雨やものがたり行く蓑と笠」。手許には、この句を「雨の中を蓑を着た男と傘をさした女が寄り添いながら遠ざかって行く姿が映画のワンシーンのように鮮やかに浮かんでくる」と解説している本がある[14]。

まさに、みごとな情景描写で、このような言い換えは、現実感に満ちた写生文を作るが、修辞法の面からみると、糞と男、笠（傘）と女のあいだには、二語の近隣性、共存性、相互依存性など、言葉どうしの「隣接」関係があるとされる。そのような言い換えからは、あとで詳しくふれたいが、ときに総じて隠喩から生まれるような、紋切り型に逆らう新しい意味作用は生まれない。

　フロイト以来、精神分析がおかれた環境では、ひとの言語活動とそれを構成する言語記号についての再検討なしでは、治療を進めていけなかった。フロイトの生年は、ソシュールより一年早いが、生前の二人に直接の関係はなかった。しかし、ある意味で、フロイトの理論は現代の構造主義言語学の祖と言われるソシュールの言語記号の概念を越えていた。すなわち、ひとが生まれ落ちた言語の環境では、そもそもシニフィアンとシニフィエのあいだに必然的な関係も、一体的な関係もない。そのことをけっして忘れるべきではないのを、精神分析の経験が教えていたのである。ソシュールのシニフィエとシニフィアンの再発見は、構造主義言語学にとって、今日でも決定的な意味をもっている。ラカンの精神分析は、おもに米英の言語学者たちがするように、シニフィエをもっぱら心理学の研究対象とみなして、言語記号の要素から追放しようとしているわけではない。ギリシア時代からの伝統的な記号概念にしたがいながら、シニフィアンの自律性によって、それが指し示すもののそとにあるという、軽視されていた一面を強調したのである。それによって、同時に意味論的な性質を欠いた、一定の意味作用のないシニフィアンがあるのを明らかにしたのである。

　作用とは役目（fonction）であり、日本語では行為（acte）の意味を含んでいる。ラカンは、言語学を参照しながら、いつもそこに言語活動における行為の面を念頭においている。そこで、シニフィアンからは、いかなるシニフィエもない言語行為が、ときとして生まれると考えられる。そのことは、また、はっきりした表象を欠いている無意識とも密接なつながりがある。無意識は、本能や生理に属する現象ではなく、心的と呼ばれる現象（psychisme）であるが、それはひとの感性から心のなかに描かれて、表象

第一章　母の欲望　　17

と呼ばれ、そとの実在物としては特定できない現象である。といっても、表象には、ジュランヴィルが言うように「対象があり、それを組織する原理があって、それによって感性の多様性を統一している」。その原理とは「意味（sens）であり、表象のなかには意味が現前している」。そして、つまるところ「心的なもの（psychique）とは意味である」。ここでは、当然ながら意味に有意味と無意味の二つの観念が含まれている。フロイトは二つのうち、そとからは無意味に見える言語行為のなかに意味を見つけようとして、言い違い、書き違い、読み違い、度忘れなどの失錯行為に目を向けた。そして、そこにある表象の意味が帰せられる対象を想定しようとした。その意味とは、あらゆる表象における同じ意味、いかなる対象もその意味に帰せられるような対象である。

## II 亀裂

　フロイトによって、それまで無意味と思われていた失錯行為や、ときには病理的とされていた現象が、無意味の闇のなかに置き去りにされなかったこと、それは前世紀における知的衝撃の最たるものの一つだった。彼は、それによって無意識が現実に出現させているような対象を明るみに出そうとしたのである。その対象の意味を意識によって認識し、それを検証することによって、その実在を証明しようとしたのである。しかし、精神分析では、今日までの経験によるかぎり、その対象は実在していない。といっても、フロイトの努力が無駄だったわけではなく、彼は転移という用語によって、同じ意味をもつ、あるいは意味のない対象が、いわゆる自然科学的な検証とは別のところに存在しているのを示唆したのである。そのような対象は、あくまで各人に固有の対象であり、その意味を辞書の一般的定義のなかに見つけることはできないし、その実在を実験室で操作的に検証することもできない。つまり、それは分析家に対する分析主体の情動的な関係のなかに、具体的には分析治療の面接室のなかだけに、自動的に現われてくる対象である。

　転移は、今日では精神医学や心理学でもかなり広く使われる用語になっ

た。ここでは、それがたんに分析の治療室だけに起こる現象ではないのに注目しておこう。精神分析家も、次のように、そのことを認めている、「転移という現象は、職業上の関係、階級制度上の関係、愛情関係、などの関係において、常に至るところに起こる」。ただし、治療室のなかでは、それが二人のひとのあいだに起こり、お互いがそれにとらわれていながら、たいていはそのことを意識せず、往々にして患者は治療者が、はじめから自分の探しているものを自分以上に知っていると思い込んでいる。しかし、そうなると治療者は、患者にとって語る主体としての存在ではなくなる。ラカンはそういう存在を、私のことを私より知っているはずの主体、「知を想定された主体」（sujet supposé savoir）と呼び、そこに想像的な大他者の姿を認めている。

　たしかに、ひとは語る主体であるが、その向こうにいる大他者は、ひとではない。ラカンはそれを、語る主体が言葉（パロール）を指し向ける場所（lieu）であると言った。ひとはそこに、自分についての知を転移するのである。大他者は、言語活動が行われる場所であって、具体的な人物ではない。知は、その場所におけるシニフィアンのあり方の一つである。だが治療室のなかで、患者はともすると、その場所と目の前にいる治療者とを取り違えるのである。そうなると転移は、これまでに多くの精神分析家が述べているように、「一般に精神分析治療の諸問題があらわれてくる素地と考えられ、」「その際には、幼児期原型が著しい現実感とともに反復体験される」ことになる。フロイトには大他者の概念はなかったが、患者の感情は、治療室のなかでも、じつは治療者にではなく、その場所に向けられているのに気づいていた。

　ラカンは、その場所について、「鏡像段階」説として知られる理論から考察を始めている。言葉を使う以前の子供（infans）は、母に抱かれながら鏡を見ると、はじめ母の身体と自分の身体はどちらがどちらとも分からず、まったく区別していないが、やがて自分の姿を独立した身体像として眺めるようになる。そのとき、子供には、鏡に映った姿が自分自身であるかのように見える。ラカンは、それを視覚による身体像の想像的な先取りと言った。つぎに、子供は、鏡のなかで自分に視線を向けている母の方へふ

第一章　母の欲望　　19

り向くと、「ほら、あれがお前ですよ、太郎ですよ」と声をかける。そこから、「お前」は「太郎」という「私」に導かれることになる。「太郎」は、「ジョン」と同じように、個別言語における名であって、子供は、母の言葉によって象徴的な言語世界に導かれる。ラカンは、やがて子供の身体が統一される領域を想像界、母が子供に話しかける言語の領域を象徴界と呼ぶようになるが、鏡像段階は、ちょうどそれらの領域が交わるところである。

　治療室では、患者が私より私を知っている主体として、知の対象を転移している治療者がいるのは、想像的な場所である。しかし、そこにも鏡像段階におけるように、母の言葉のなかにはっきり姿を見せていない父が、大他者としているのである。子供がやがて言葉を覚えると、その大他者は、あらゆる社会的コミュニケーションのなかに伏在している場所になる。そして、語る主体は、自分を知りたいという欲望をその象徴的な場所に向けて訴えるのである。しかし、そこは患者と治療者の情動的な相互関係のゆえに、しばしば想像的な場所と混じり合う。フロイトは、それが分析の進行を妨げる最大の原因の一つと見なし、その現象を抵抗と呼んだ。ラカンは、それを患者が想像的な場所へ逃げ込もうとする反復の現象と見なし、そこには二つの場所とは異なる想像界でも象徴界でもない場所があるのだとして、そこを現実界と呼んだ。そして、そこは治療室で、対象をめぐって転移が起こることと深い関係があると見なした。

　そのさい、患者が自分を知りたいという欲望の向かう対象を、どう考えたらよいだろうか。ラカンは現実界の概念を導入しながら、フロイトと同じように、治療では当初から転移の想像的な場所と、象徴的な場所を区別するのがきわめて重要だと考えた。なぜなら、欲望が向かう対象は、どちらの場所にもないからである。想像界は、鏡像と自分を同一視させるルアー（誘惑物）が仕掛けられた場所である。また、象徴界は、言語活動が行われる領域であり、語る主体は、そこで言語の支配に服しているが、欲望の対象は、その支配のそとにある。つまり、言語は、その対象を知るための装置にはなっていない。現実界とは象徴界のそとにあり、その装置によって全面的に取り込まれない場所を指しているが、そこは欲望の対象に深く関与している。それゆえ、その対象は、言語が支配する世界では名指

すことができないもので、この世には存在しない対象である。

　大他者は、大文字のＡではじまる〈他者〉（Autre）であるが、ラカンは、以上のような対象を小文字ａではじまる他者（autre）の頭文字をとって、対象ａと名づけ、それは生物学的、生理学的な欲求を越えたところに、むしろ通常の対象の欠如を現前させるものであるがゆえに、欲望の原因（cause de désir）であると言った。彼は、1955年のシェーマＬと呼ばれる図式のなかでは、小文字のａによって鏡に映る自分の姿と、想像的他者を表わす自我を指していたが、やがて、そこに欲動と幻想の機能を加味して、それを語る主体の生存にとって欠かせない前提条件となる対象ａと記すようになった。対象ａは、対象の通常の意味に逆らって、それが実在することから、実在しないことにされた。そこには、言語活動と無意識に関する考察の進展がある。つまり、言葉は、欲望の対象を名指すことはできず、逆に、名指すことが欲望という対象のない場所を出現させるのである。

　言葉によって、ひとが欲しいものを求めることは、広く要求と呼ばれている。ラカンはこの用語を、欲求と区別し、次に欲望と区別して、三者のいわば非直線的、循環的関係に目を向ける。動物たちは、欲求する対象をできるかぎり自分で獲得する。それは、いつも感覚と結ばれた個別的な対象である。だが、ひとが言葉で「水が欲しい」と言うと、往々にして、その水からは個別性が消えてしまう。また、欲望については、ひとが世界に一つしか実在しない対象を要求しても、他者は、それがどうして欲しいのかと尋ねることができる。つまり、言語の世界では、要求によって求めるものが獲得できるかどうかにかかわらず、それに対する他者の応答が問題になる。ラカンは、個別性を越えた要求は、つまるところ「愛の要求」としてふたたび現われると言う。すなわち、「要求は、大他者の特権を愛のあかしに変えて、許し与えられるすべてのものの個別性を揚棄（aufhebt）する」。大他者の特権とは、ひとが生きている言語世界の格別な恩恵ということで、そこでは「こうして取り消された個別性が、言葉による要求を越えたところで、ふたたび現れる必然性が存在している」(19)。

　ひとは、大他者の場所における言語活動のおかげで、地球上で自然に対する特別の支配力を獲得した。一方、言葉のもつ個別性を越えた意味作用

第一章　母の欲望　　21

のために、要求は、生存のための基本的な欲求とのあいだに亀裂を生み、むしろ、それと対立するようになった。欲望は、欲求と要求との乖離、対立のあいだに現われるので、そもそも、欲求から出発して説明することはできない。そこには、要求という言葉の象徴的次元が加わっている。言葉は、他者に聞き取られることを求めているのだから、ひとは生存のための基本的な欲求を満たすためにも、他者との言葉の交換が必要である。そこで欲望は、当初から生存を維持するための欲求が依託（Anlehnung）されているわけではなく、そこには象徴的次元がはじめから関与しているのである。欲望の概念は、語る主体であるひとを規定するのが、現実界と想像界だけでなく、象徴界を加えた三つの領域であるのを明らかにしている。また、それによってラカンの精神分析を、いわゆる経験主義的な思想と根本的に分けている。

　経験主義の哲学や心理学では、欲望と言葉の関係が語られないわけではないが、欲望はつまるところ言葉から生まれた錯覚か、幻想であり、それなしに言葉を厳密な意味で用いるなら、問題になるのはつねに欲求である。そして、欲求の満足は快楽につながり、とどのつまり、快楽の追及があらゆる言語活動の本来の目的とされる。しかし、精神分析では、まさに、その錯覚や幻想から生まれる思い込みや先入見、あるいは信念や信仰が問題なのであり、じっさいにはそれらが人間を快楽の追及から遠ざけていることである。そこで、ラカンはもういちど欲望に戻り、言葉という象徴的次元を考察する。すると、人間の世界では欲求もまた、動物たちとは異なり、言語に支配された世界のなかの話題となり、そこから生まれる幻想や思い込みと必然的な関係のある欲望が問題になる。経験主義者たちは、欲望は、言葉の言い損ないから生まれる幻想であると指摘するが、幻想の内容や思い込みそのものには近寄らず、それらを直視しようとしない。子供が、「母」に空腹のサイン（記号）を出すと、「母」は、それを要求として受け取る。そこでは、すでに欲望する主体どうしの関係が問題になっているのである。

　「母」は、子供の前で、はじめから二つの面貌をもっている。一つは、

言語活動の世界で欲望する主体となった母であり、もう一つは、言葉の指す個別の対象の不足を満たしてくれる母ではなく、不足をすべて満たしてくれる母である。前の母は、子供の不足をすべて満たしてくれる母ではなく、後の母は、子供が欲望する母であり、子供がすべてを満たしてくれるように訴える母であるが、じつは、この世にいない母である。にもかかわらず、子供はこの母に訴えるのをやめない。この母は、やがて欲望の原因になる対象aとして、子供が大他者の身体と一つになれないことに置き代わる対象となる。前の母は、言葉と結ばれた象徴界にいる母であるが、後の母は、言葉の世界のそとにいる現実的な母である。象徴界と現実界は、一つになることはないが、つねに何らかの関係があり、想像界が二つをつないでいる。想像界は、子供が要求する個別の対象と、それに応じる母の姿から出発する。子供が、言葉の世界にいる母に何かを要求すると、言葉は、その意味作用によって欲求の個別性を消してしまう。そこから、子供には、言葉の世界の不足分と、それに対する欲望が生まれる。しかし、要求によって、その不足分が満たされることはなく、言葉の世界で、欲求の個別性が十全に実現されることもないだろう。

　要求では、子供が求めているものを獲得できるかどうかにかかわらず、自分の訴えを他者に聞いてもらおうとすることが重要である。そこに出現するのが、目の前にいる母と、母が話す言葉であり、われわれは、ふたたび鏡像段階に戻ることになる。子供は、母に抱かれて鏡のなかに自分の姿を認めるが、そのさいの母と自分の姿は、ともに像すなわちイマージュ（image）であって、それらは想像界（imaginaire）に属している。一方、母が鏡のなかの自分に向かって「太郎」と呼ぶ語は、言語という象徴界に属している。鏡のなかの、はじめは自分と区別がなかった母のイマージュは、母の話す言葉によって、想像的な他者とその向こうの大他者とに分かれる。子供は、鏡のなかに自分の姿を認めた後にも、その姿を自分のものとして認めてくれるよう、目の前の相手と、さらに、それを越えた大他者に求め続ける。それゆえラカンは、語る主体の要求は、つまるところ承認の要求であり、愛の要求であると言ったのである。

　想像界は、ひとがナルシシズムと同一化によって、鏡像を自分の姿とし

第一章　母の欲望　　23

て引き受ける場所である。鏡に映った姿は、手前にいる自分にとっては他者なのだが、それを自分の姿であると思い込むのは、転嫁現象（transitivisme）と呼ばれる取り違えがあるからである。ひとは自分の身体を、自分のイメージと混同し、自分と似た鏡の姿に取り込まれてしまう。子供はその姿を、自分の目で見ていない。自分を愛したり、期待したり、「名」を呼んだりする他者の目によって見ている。そこに、自分のイマージュに注がれるナルシシズムと同一化の働きがあるのだが、ひとはそのイマージュによって、自分を想像的にだまし取られてしまう。そこで、ラカンは想像界を、本質的にルアー（leurre）や罠（piège）の、そして同一化の領域と呼んだのである。「ルアー」は、疑似餌やだまし餌のことで、日本語でもフランス語でも、偽物を本物のように見せるものであり、「罠」は、ないものをあるように見せる仕掛けである。鏡像や言葉は、何かの代わり（記号）であって、実物ではない。それは見ることも、言うこともできないのである。

　ラカンは、精神分析の治療において、想像界と象徴界をはっきり区別しなくてはならないとくり返している。二つの領域は、現実界とともに、言語活動を背景にしているのだが、想像界に出現する十全性をそなえた他者は、あくまでも想像された他者であって、他者そのものは実物ではない。一方、言葉として感受される象徴的な領域は、想像的な他者の向こうにいる大他者からやってくる。ラカンは、これら二つの他者がいる場所の違いを強調する。象徴も、また何かの代わりをする記号の一つで、ないものをあるように見せるものであるが、それは古代ローマで用いられた象牙札のような実在物である。すなわち、一つの象牙札を二つに割って、二人一組のそれぞれに与え、それを子孫に伝えて、後の時代に照合すると、所有者がお互いの身元を確認するための証拠になる。その「再び結合するもの（sum – bolon）」が象徴（symbole）の原義である。

　そこで、精神分析における象徴界の基本的な定義も、当然、それがあるべき場所に欠けているものを指している。言いかえると、それがそこにないものを、すでに失われている何かを指し示している領域である。それゆえ、象徴界において欠けているものは、想像的な他者とは異なるまったく

の他者、超越的とも言える他者であり、しかも、それが社会的な伝達と連帯の手段になるような他者である。ラカンは、そのような他者を大他者（Autre、あるいは grand Autre）と呼び、つまるところ、それが言語活動の場所そのものとして、とくにシニフィアンの場所として現われるとしている。とはいえ、精神分析における大他者の場所は、専門分野の言語学と一つに重なる場所ではなく、語る主体の社会的連帯や慣習を生みだす、いわゆる伝統的象徴体系にも連なるのは言うまでもない。それはレヴィ＝ストロースが「文化の総体」と呼び、次のように書いているような、象徴体系に連なる場所である。「およそ文化というものは、すべて象徴体系の総体と考えられうるが、その第一層には、言語、婚姻制度、経済関係、芸術、宗教が位置している[20]」。

　彼は、同じ文のなかで、「象徴というものは、象徴化されるものよりも実在的であり、シニフィアン（意味するもの）は、シニフィエ（意味づけされるもの）に先行し、これを決定する[21]」と述べているが、シニフィアンは、ここでは「象徴体系の総体」である。また、「象徴化されるもの」としてのシニフィエは、言語だけでなく、他の社会制度や芸術、科学などからひとの心に生み出される表象だろう。彼は、続けて「人間は、そもそもの初めから、シニフィアンの総体をどうにでも処分することができるのであるが、シニフィエにそれを割り当てるためには、当のシニフィエがそれに見合うほど知られないまま、かかるものとして与えられているので、まったく当惑せざるをえないという状況が続いている[22]」と書いている。たしかに、言語をはじめとする記号の環境には、どこでもひとが生まれる前からの象徴体系があり、はじめは「意味するもの（シニフィアン）」によって「意味づけされるもの（シニフィエ）」を知らないので、まったく当惑した状況におかれ、それが多かれ少なかれずっと続くのである。

　レヴィ＝ストロースは、そのようなひとの当惑は、シニフィアンとシニフィエの「不釣り合い（不均衡）」から生まれると見なし、その原因はシニフィアンのシニフィエに対する「過剰」であるとしている。そして、この「過剰」がシニフィエの重荷となり、「人間は、世界を理解する努力のなかで、つねに余分な意味を象徴的思惟の法則にしたがって、事物のあいだに

配分することで処理しているが、この配分は、結局、処理可能なシニフィアンと計測されているシニフィエとが、互いに、象徴的思惟の行使条件であるところの補完関係のなかにとどまるために絶対に必要なのである」と書いている。象徴的思惟の行使条件とは、言いかえると、ひとが「知」のなかにとどまるための条件である。もし、ひとがそこにとどまることができれば、ひとは事物のあいだに、意味をうまく配分することができるだろう。しかし、当惑した状況が続くのは、それができないからである。

　精神分析家は、人類学者と同じように、人間がいつまでも当惑した状態から抜け出せないと感じている。また、やはりそれは人間が作った文化の総体に関りがあると見ている。そして、人間が発明した文化の基底をなす象徴体系は言語であって、その単位である言語記号を構成する二つの構成要素の関係が、当惑を生む原因になっている。すなわち、レヴィ＝ストロースは、それがシニフィアンとシニフィエの不均衡と過剰な関係にあると見ている。けれども、精神分析では、両者の関係に一義性がないばかりか、そもそも言語学者の言う厳密な共時性さえもない。ラカンは、シニフィアンの自律性と言うとき、両者の関係にたんなる不均衡や過剰を越えた一面があると見ている。

　それゆえ「シニフィアンは、主体を代理表象する」とくり返し強調しているのだが、この「代理表象する（représenter）」という訳語は、日本語では「代理」という語をつけ加えた方が分かりやすいが、とくに「代理」という意味はなく、re は「くり返し、やり直し」を意味する接頭語で、原語からは、たんに心のなかに浮かぶ「表象」の意味にとった方がよいだろう。

　ところで、シニフィアンとシニフィエは、一方は音声、他方は概念で、どちらも表象である。そのうち、言語活動においてシニフィアンが語る主体を代理表象するのは、両者が言語記号を構成する不可欠の要素でありながら、その関係においては必然的な一対一のつながりはないということである。言語学では、それぞれの要素が、お互いに差異だけによって特徴づけられているとされているが、精神分析では、言語記号を構成する二要素の関係が等価性や共時性によって結ばれていないことは、個別言語内の差異を越えた、言語の本質的な特徴であると考えている。そして、シニフィ

アンという表象だけが、主体を代理表象すると言っても、それによって、何か代理されている本体があるとしているのではない。言語活動の世界においては、代理表象されるより他の主体があるわけではなく、代理表象するシニフィアンは、語る主体そのものである。また、それ以前の主体が考えられるとしても、それはシニフィアンによって何も意味通告されて（シニフィエ）いない主体であり、言語活動の世界のそとにあって、どちらの表象にも関わりのない主体である。

　それでは、ここで、シニフィアンによって「先行され」、それによって「決定される」というシニフィエをどう考えたらよいだろうか。前に、「すべてのシニフィアンは同一のシニフィエをもっている」という見方を紹介した。すると、シニフィエは、それが問題になる範囲をそもそも言語学が対象とする言語活動の分野で決定できる概念ではなく、精神分析では、つまるところ「シニフィエとは欲望である」という定義に行きつく。欲望は、大他者という言語の領域と切っても切れない関係にあるが、口のきけない子供（infans）にとってのシニフィエは、結局、ひとという生体における表象作用に、換言すると、ひとにおける表象を生み出す能力につながることになる。表象する能力とは、ここで、目の前にないものを、心のなかで目に見えるようにする能力である。それが、口をきく以前のひとの欲望として、やがて、そのまま言語記号におけるシニフィエの場所を占めるのである。

　ラカンは、1964年6月3日の講義（邦訳『精神分析の四基本概念』）で、「抑圧されているもの、それは欲望が表象されたもの（représenté）や意味作用ではなく、「代理」―私は文字通り訳したのです―表象（représentation）の代理（représentant）である、と」、こう語っているが、ここで日本語の「表象」と「代理」の関係は、かなり微妙である。というのも、「代理」は、動詞の能動的な意味の現在分詞を名詞にした語であるが、シニフィアンと同じように、それが代理している何らかの表象があるかといえば、それはないからである。つまり、心のなかで目に見える表象としては、その代理がただ一つの表象で、表象代理は表象そのものである。それ以前の、表象代理によって代理されているものは、目に見えないもの、表象代理によっ

第一章　母の欲望　　27

て、それではないものとして暗示されるものである。それは、ちょうどシニフィアンが大他者における欠如を示していたように、ひとの心的現実における欠如を示しているのである。そして、あるシニフィアンから、やがて意味形成作用（signifiance）が生まれたように、ある表象からは、そこに情動（affect）が加わって表象作用（représentance）が生まれることになる。

　言語学上のシニフィエは、精神分析においても、言語記号を構成する要素である。しかし、以上のように、精神分析では、それを概念（concept）と規定することはできない。ソシュールは、それについて詳しく語っていないようだが、精神分析では、それを言語活動につながる存在欠如の基盤として重視している。そこで、一定の意味内容をもたないシニフィエは、どのようにして言語上の音声の世界に登場できるのか、当然、それが問題なる。言語活動の世界では、一方の要素であるシニフィアンが、次々と語る主体を代理表象している。シニフィエは、どうやってその世界に参入するのか。それは、ひとにおける表象作用に、シニフィエを欠いたあるシニフィアンを生み出す力があることに拠っている。ラカンは、そのシニフィアンをファルスと呼び、それがシニフィエを言語の象徴界につなぐのである。彼は、1973 年 3 月 20 日の講義（邦訳『アンコール』）で、ファルスを「欲望の原因として言表されるものの鍵となる、究極の点である」と言っている。

　ファルスは、フロイト以来、そもそも男の性器の見える部分であるペニスを象徴化するための用語とされてきた。というのも、ひとについて、他の動物たちと同じ欲求から生まれる緊張状態のうちで、精神分析が直面するのは、つねに性的な欲求による緊張状態であり、それがひとにあっては、フロイトがリビドーと呼んだ性の欲動となって、日常生活におよそさまざまな結果を生んでいる。ファルスは、そのリビドーを象徴して、男の見える外性器に代わり、ひとの性が言語活動の世界に編入されたことを表わしている。すなわち、ひとにあっては、性もまたファルスの力によってシニフィアンとなり、日常生活の諸条件に服する。そのさい、そもそものシニフィエは同じファルスの力によって抑圧され、たんなるエネルギーとしていつまでも留めおかれることになる。そこで、ファルスによって象徴化さ

れたペニスの見える形状は、シニフィアンとなったファルスの想像的な姿となる。ファルスは、名づけられない力の象徴であって、それが男の性器を模した形で表現されるとしても、その力は両性にそなわるリビドーの心的なエネルギーを象徴している。ひとの性は、両性ともにファルスというシニフィアンの働きに服するのであって、その結果、ひとは言葉の世界の諸条件に支配されるのである。言葉は、どちらの性に対しても、まずフロイトにはじまり、やがてラカンが象徴的去勢と呼んだシニフィアンへの服従を命じる。それゆえ、ファルスは両性が言葉の世界で、それぞれに自分の性を引き受けるさいの姿なき力となっている。古代から宗教的儀式に登場する勃起したペニスは、その想像的な摸造の一つである。

　ファルスは、語る主体を言葉の世界につなぎながら、それ自体は言語的なシニフィアンではない。というのも、ファルスは、あるシニフィアンを他のシニフィアンにつなぎながら、その節目には言葉がないことを示しているからである。ラカンは、語る主体の欲望は大他者の欲望であると強調しているが、言語の領域にはそこで満たされないもの、そこに欠けているものがあり、それが大他者の欲望となり、言語の支配下にある主体の欲望を生むのである。彼は、ファルスを「言葉（ロゴス）の役割が欲望の到来と結びつく、その関係を指し示す特権的なシニフィアンである」と定義している。つまり、フロイトがリビドーと呼んだ、ひとの性欲動を象徴するファルスは、言葉の世界において、語る主体を欲望する主体にする唯一の機能をもった特別のシニフィアンである。また、ファルスは、ひとの性現象が言語活動のなかに取り込まれているがゆえに、そこにおける欠如と喪失を告げ知らせて、象徴界と現実界の亀裂を恒久化するのである。

註

（1）B・バース『純粋欲望』、邦訳、青土社、参照。

（2）E・オルティグ『言語表現と象徴』、邦訳、せりか書房、74頁以下。

（3）F・ド・ソシュール『一般言語学講義』、邦訳、岩波書店、97頁。

（4）丸山圭三郎編『ソシュール小辞典』、大修館書店、306頁。

（5）同上、307頁。

（6）同上、276頁。

（7）丸山圭三郎『ソシュールを読む』、岩波書店、50頁。

（8）時枝誠記『国語学原論』、岩波書店、64頁。

（9）丸山圭三郎『ソシュールを読む』、岩波書店、50頁。

（10）時枝誠記『国語学原論』、岩波書店、66,67頁。

（11）F・ド・ソシュール『一般言語学講義』、101、181頁。

（12）A・ジュランヴィル『ラカンと哲学』、邦訳、産業図書、42頁。

（13）J・ラカン『エクリ Ⅲ』、邦訳、弘文堂、314頁。

（14）野内良三『レトリック辞典』、国書刊行会、83頁。

（15）A・ジュランヴィル『ラカンと哲学』、邦訳、産業図書、15頁。

（16）R・シェママ他編『新版　精神分析事典』、邦訳、弘文堂、329頁。

（17）J・ラプランシュ、J-B・ポンタリス『精神分析用語辞典』、邦訳、みすず書房、332頁。

（18）フロイト「転移性恋愛について」（1915年）、参照。

（19）J・ラカン「ファルスの意味作用」、『エクリ Ⅲ』、弘文堂、154頁。

（20）レヴィ＝ストロース「マルセル・モース論文集への序文」（M・モース『社会学と人類学』Ⅰ、弘文堂、11頁。

（21）同上、21頁。

（22）同上、40頁。

（23）同上、41頁。

（24）ラカン「ファルスの意味作用」、邦訳『エクリ Ⅲ』、弘文堂、156頁。

# 第二章　父の名の隠喩

## I　比喩

　ラカンは、1958年に発表した論文「精神病のあらゆる可能な治療に対する前提的問題について」[1]のなかで、「父の名の隠喩（la métaphore du Nom-du-Père）」と名づけた式を提出した。また、そのなかで、ファルスがひとを最初に向かわせるシニフィアンを「母の欲望（Desir de la Mère）」と呼んだ。まだ口のきけない子供が最初に出会うその母は、大他者としての母である。それを下のような分子式で表わしている。

$$\frac{母の欲望}{主体にとってのシニフィエ}$$

　この母は、すでに言葉の世界の住人で、みずから欲望する母である。このひとを母と呼びそれが大他者であるのは、すでに子供とは分離した存在で、しかも子供がやがて語る主体として規定される最初の場所にいるからである。その母の欲望は、ファルスの働きによって、父の名に向かう。それを次のように表わしている。

$$\frac{父の名}{母の欲望} \quad \cdot \quad \frac{母の欲望}{主体にとってのシニフィエ}$$
$$(2) \qquad\qquad\qquad (1)$$

　ラカンは、（1）から（2）への移行を隠喩と呼ぶ。それは、言葉のさまざまな言い換えを研究対象にする修辞学（レトリック）と呼ばれる分野の用語である。彼は、そのなかで隠喩を「あるシニフィアンから別のシニフィアンへの代入のうちに成立する（言い換え）」としているが、とくに「あるシニフィアンが、そこで消去され、省略されることが、隠喩の成功

する条件である」と注記している。[2]すると、上の式では、主体にとっての最初のシニフィアンである「母の欲望」は消去され、省略されて、下記のように「父の名」と「主体にとってのシニフィエ」が残る。

$$\frac{父の名}{主体にとってのシニフィエ}$$

　消去（rature）や省略（élision）は、修辞学や言語学で使われる用語として理解できる。一方、精神分析では、その現象を抑圧（refoulement）と呼ぶことができる。「主体にとってのシニフィエ」が「父の名」のシニフィアンに移行する言い換えの過程では、「母の欲望」は抑圧される。つまり、「父の名の隠喩」は、「母の欲望」を抑圧することによって実現する。修辞学のうえでは、たしかに「母の欲望」という中間項は省略されるのだが、精神分析の抑圧では、それがたんに消去されるのではなく、何らかの表象として心に残ることがとくに注目される。

　例えば「人間は一本の葦にすぎない」という隠喩は、人間を葦と言い換えているが、二語をつなぐ何らかの言葉は省略されている。精神分析では、そこに、まだ言葉にならないが、やがて別のシニフィアンとして主体を表示するかもしれない表象を認めるのである。この表象は、やがて語る主体に意味として体験されるのだが、そのさいには想像界の関与が鍵になる。それに対して、お互いに中間項としての意味をすでに共有しているような言い換えがある。例えば、「アキレウスは、ライオンのように勇敢だ」は、アキレウスをライオンに言い換えているが、二語をつなぐ勇敢は、両者が共有する意味として差し出されている。勇敢の意味が限定され、それが一般化されている程度に応じて、そこに新たな意味が加わる可能性は少なくなる。

　そのように「・・・のようだ」と言って、二語のつながりを、中間項の意味の一般性、あるいは共同的な所属性に任せようとするのが換喩で、意味の共同的な所有を前提とせず、二語のつながりを想像界に任せているのが隠喩である。と、一応、そう言っておこう。想像界は、ここで「連想可

能性」と言ってもよい。ある辞典には「すぐれた衝撃的な隠喩ほど『意味論的連想可能性』の限界に挑戦している」とある。ラカンは、子供が「犬はニャーニャー、猫はワンワン」と公言する面白い例をあげているが、これがすぐれた隠喩であるかどうかはともかく、彼は「この隠喩によって、子供は、いっきょに事物を、自分の声から切りはなして、記号（signe）をシニフィアン（signifiant）の作用に、現実を意味作用（signification）の詭弁術（sophistique）にまで高め、本当らしさを無視することによって、同じ事物に対する、これから確証されるはずの多様な客観化（objectivation）に道を開くのである」と言っている。

　隠喩と換喩については、のちに言語活動における意味と意味作用についてふれるとき、ふたたび述べるが、ここでは、とくにラカンの理論におけるR・ヤコブソンの影響を指摘しておこう。この言語学者は、「言語の二つの面と失語症の二つのタイプ」（1956年）という論文のなかで、ひとの言語活動の能力を、修辞学で換喩と呼ばれる表現能力と、隠喩と呼ばれるそれとに大別し、前者は「一定の言語体を選択（selection）する」能力として表現され、後者は「それらの言語体を複雑なヨリ高度な言語単位にまとめ、結合（combination）する」能力として表現されると書いている。

　日本語で言葉の言い換えをもっとも広く一般的に意味する語は、比喩（comparison）である。その意味を、日本国語大辞典（小学館）は「物事の説明に他の物事を借りて表現すること。たとえること。たとえ。」と簡単に説明しているが、なかには例外的に、詳しくふれている小型の国語辞典（集英社、第二版）もあり、こう説明している。「あるものを他にたとえる修辞法。表現主体が表現対象を、慣用的にそれを直接指示する言語形式によらず、語義の上では明らかに他の事物・事象を指示する言語形式を借りて、その言語的環境との違和感や意外性などで受容主体の想像力を刺激しつつ、間接に伝える表現技法。言語化の条件や表現・伝達上の性格の違いによって直喩・隠喩・諷喩その他に類別される」、続けて「受容主体が比喩性を感じ取る際の言語表現側のよりどころを基準にすると三つのレベルが析出される」として、それぞれのレベルを区別し、比喩の解釈によって実現する意味を、浅い層から深い層への違いとして分類している。

第二章　父の名の隠喩　　33

たしかに、修辞学の専門領域では、広義のたとえ（比喩）を、直喩、提喩、換喩、隠喩、諷喩、その他に分けている。しかし、精神分析は、言語活動を意味の産出という面からとらえて、ヤコブソンの「談話（discourse）の進展は、一つの話題から他の話題へと、相似性によってか、隣接性によってか、二つの異なった、いずれかの意味的な線に沿って行われる」という意見に従っている。そして、前者が隠喩的方法（metaphoric way）、後者が換喩的方法（metonymic way）である。(6)　そこで、修辞学における区別は、つまるところ隠喩と換喩という、談話の二つの方法に帰着する。精神分析では、解釈が実践における技法のかなめであり、それは意味の解明を離れることはできないので、意味を産出するさいの談話の二分法という着想に従ったのは、ヤコブソンの影響がラカンの理論の本質に及んでいるのを物語っている。

　ところで、前章で述べたように、ファルスは、言葉と欲望を結びつける特権的なシニフィアンであるとするなら、「主体にとってのシニフィエ」を「母の欲望」から「父の名」につなぐのも、その働きによることになり、主体はそれによって言葉の領域である大他者に近づくことになる。しかし、その領域はやがて主体を規定しながらも、同時に主体のそとにある象徴界に属する。もし、母が「母の欲望」として言葉の支配下にないとすれば、その母は主体にとっては「もの」であり、もっとも親密でありながらも近づくことのできない近親相姦の対象になる。ファルスは、その対象から主体を切り離して、「父の名」の世界に向かわせる。そこで「母の欲望」は、大他者の欲望になる。姿なきシニフィアンのファルスは、やがて、主体にあらゆるシニフィアンを開くのであるが、同時に、それらの開かれたシニフィアンは、主体を「もの」が属する現実界と、言葉が属する象徴界とに引き裂く。想像界の関与を待って、現実界と象徴界は結ばれるのであるが、言葉のそとにあり続ける「もの」は、ラカンにとって、プラトンの昔からずっと求められてきた「至高善（Bien suprême）」である。主体は、その姿をさまざまに想像して言葉の世界を生きてきたが、その実体は、言葉それ自体によって消却されている母なのである。

　こうして、ファルスは、主体を「母の欲望」へ向かわせるとともに、母

を喪失させる。主体は、ファルスによって言語活動に近づき、そこにおける対象の欠如に導かれるのである。ここで、ファルスの意味作用から生まれる用語の移り行きは、すなわち「父の名の隠喩」の全体は、次のような式になる。

$$\frac{父の名}{母の欲望} \cdot \frac{母の欲望}{主体のシニフィエ} \longrightarrow 父の名\left(\frac{大他者}{ファルス}\right)$$

　主体は、左側の式から、ファルスの働きによってシニフィアンの倉庫である大他者に向けられる。はじめに、主体はある一個のシニフィアンによって表象される。それは主体が同一化して、代理されるシニフィアンであるが、主体の呼び名でも愛称でもよい。そもそも、主体を代理表象するためには、その一個のシニフィアンで十分なのであるが、言葉の世界からは、主体を代理表象するシニフィアンが次つぎと現われ、主体はそのつながりに沿って生きなくてはならない。その一つ一つは名であるが、とくに「父の名」における父は、最初にファルスというシニフィアンを抑圧して、それ自体は名としての具体的な姿を消してしまった、そとからやってくる機能を指していることに注意しなくてはならない。また、その父は、これからも最初の抑圧を維持する力であって、日常生活でそう呼ばれている具体的な人物ではない。父がファルスを抑圧するとは、父が姿のないファルスを、姿のある言葉としての名に変えることである。ファルスがなければ、言語的シニフィアンとして措定される言葉のシニフィアン、すなわち父の名はないし、父の名がなければ、ファルスの意味作用もない。

　それでは、左側の式において、主体は、いかにして父の名に到達することができるのだろうか。それは、母が主体の手が届かないところで、すでに何かを欲望しており、その欲望には、父を介してのみファルスの働きを行使することができるからである。父の力とファルスの正当な行使があって、主体は、はじめの性的な対象である母から離れることができる。言いかえると、そのとき、父は主体に母を禁止する役目を果たしているのであ

第二章　父の名の隠喩　　35

る。だが、その父は、ある具体的な人物ではないとしても、どういう特徴を備えているのだろうか。それは、たんに感覚的に迫ってくるだけの現実的な父ではなく、心に描かれるだけの想像的な父でもなく、ファルスという姿なきシニフィアンを、名というシニフィアンに変える象徴的な父である。名は、言葉のシニフィアンであり、言葉は、象徴界に属している。父は主体を、言葉という象徴的世界に住むように仕向ける役目を帯びた力を指している。

　言葉の世界に生まれた主体は、はじめから自分で言葉を作るわけではない。生まれたところは、すでにすっかり象徴化された世界であり、主体にとっては完全に外の世界である。それゆえ、ファルスを抑圧して、言葉のシニフィアンに変えた父は、目の前にいる想像的な他者ではなく、ラカンが大他者と呼んだ、究極的には言語活動の領域と一致する絶対的な他者である。父は主体を、この絶対的な他者である大他者の方へと指し向け、主体がそのなかで自分のいるところを探せと命じているのである。父は主体に、「もの」としての母から離れ、シニフィアンの法に従えと命じている。だが、主体は、父のこの命令をどのように受け取るのか。精神分析は、主体がその命令に直面したさいの心的現実の総体をコンプレックスと呼んでいるが、フロイトは、とくにエディプス・コンプレックスと去勢コンプレックスという用語で、それをくり返している。

　フロイトのエディプス・コンプレックスには、陽性と陰性があって、どちらも父母と子供たち（男子と女子）の家庭内関係に基づいているのは広く知られている。フロイトがそれを自分の体験から最初に発見したのは、男子の父に対する敵意と、母に対する性的な執着という陽性の単純な形式によるものだった。しかし、その後、彼はこのコンプレックスが、たんに両親と子供による家庭を中心とした文化のみならず、あらゆる文化においても普遍的に認められると考え、精神分析では、それが受け入れられるようになった。だが、今日では、フロイトの発見を重んじながらも、その考えには追加と根本的な修正とが必要だろう。ラカンが「エディプス・コンプレックスは、フロイトの神話である」と言ったのはよく知られているが、それはフロイトの個人的な体験と理論構成のあいだに短絡があり、それを

彼がそこを想像的に飛び越えてしまった結果として、理論の内容は個人的な神話（物語）になっているという意味である。ラプランシュとポンタリスの辞典は、こう説明している。「エディプス・コンプレックスは現実的状況、両親が実際に子供に及ぼした影響だけに還元しうるものではない。その効果は自然に求められる充足への接近を妨げ、欲望（désir）と法（loi）とを分離できないものとして結びつけるもの（この点をラカンは強調した）としての禁止的審級（近親相姦の禁止）を介入させたところにある」[7]。

　フロイト以後の精神分析では、上の説明にあるとおり、<u>欲望</u>と<u>法</u>の関係が重視されている。ここで、欲望はさておき、法にあたる原語には<u>loi</u>と<u>droit</u>の二語がある。どちらも、真偽、善悪、正否などを評価するさいの尺度や基準を表わす規範（norme）に関わるのは共通しているが、droit は例えば自然法（droit naturel）と言われる場合でも、それぞれの集団の具体的な秩序が背景にあるので、日本語ではだいたい<u>法律</u>という訳語に近いようだ。それに対して、loi は同じ規範でも外部の力による強制とともに、内部の意識（conscience）による強制を含んだ規範と考えられる。精神分析では、<u>法</u>と訳される語は、だいたい loi と考えてよいだろう。そこでは法が、言語活動の世界で生きる主体に、「～すべし（当為）」あるいは「～すべからず（禁止）」という通告、あるいは命令の形で与えられる。そして、当為として通告されるのは<u>欲望</u>であり、禁止として命令されるのは<u>近親相姦</u>であって、どちらも法的な用語としての規範に照らすなら、そこに例外の事実を予想したときに、初めて意義をもつのである。

　父の名とは、父が言語活動の領域である大他者の場所で、法として開いたシニフィアンの名である。ラカンは、こう書いている「（父の名とは）シニフィアンの場としての大他者における、法の場としての大他者のシニフィアンである」[8]。そして、彼は、その法がフロイトのエディプス・コンプレックスの前提となる近親相姦を禁止し、それが抑圧される事態を、<u>去勢</u>と呼んだ。ラカンの去勢も、当然ながらファルスにかかわるが、フロイトの去勢コンプレックスにおける幻想上の去勢と同じように、現実の対象にではなく、あくまで想像的な対象としてのファルスにかかわる。それゆえ、また去勢とは、父の名によるシニフィアンとしてのファルスの抑圧で

第二章　父の名の隠喩　　37

もあり、それが欲望を産むのである。

これに関連して、ラカンは、おそらくセミネールを始める以前から、「抑圧と、抑圧されたものの回帰とは同じものである」というテーゼをくり返し語っていたと思われる。セミネールの第一巻では、聴講生たちに、もうこのテーゼについてはだれも驚かないでしょうね、と語っている。[9]ここで、そのテーゼにふたたび戻ってみたい。ラカンが「父の名」という用語を使い始めたのは1951年からだが、1958年に発表された論文（「精神病のあらゆる可能な治療に対する前提的問題について」）のなかの上記した式（父の名の隠喩）では、父の名によって抑圧されるのは、ファルスであるのがはっきり示されている。フロイトにあっても、ファルスは身体部分のペニスから切り離され、象徴化されて、さまざまな意味作用を生む用語として使われていたが、ラカンは、さらにその概念を徹底させて、欲望のシニフィアンとして使うようになった。そのさい、くり返しになるが、ファルスは、それ自体としてはいかなる表象とも結ばれない、姿なきシニフィアンであった。つまり、ファルスは、それ自体にはどのような意味もなく、父の名によって最初に抑圧されるが、その後のシニフィアンに対しては、あらゆる意味作用を開くのである。

ファルスが、それ自体は姿を隠しながらも一つのシニフィアンであるとするなら、言葉の世界にはシニフィエ（意味）のない特別なシニフィアンがあることになる。精神分析にとって、それはとくに重要なことで、父は、名をもってそのシニフィアンを抑圧するのである。

むろん、その名もシニフィアンであり、姿のないシニフィアンを抑圧した、そのシニフィアンを名と呼ぶのである。抑圧とは、心のなかである表象を遠ざけることである。けれども、ファルスという姿のないシニフィアンの抑圧は、けっして完遂されることはない。その後のシニフィアンのつながりには切れ目がある。ファルスには、いつもその間隙に登場し、前後のシニフィアンを縫合しようとする役目がある。父が名をもって、そのファルスを抑圧するとは、言いかえると、父が名によって中味のないシニフィアンに意味を与えようとすることである。抑圧は、禁止ではない。中身のないファルスは、いつも名を求めている。つまり、主体は、ファルス

38

として中味のないシニフィアンから遠ざかり、そこから隔てられようとしているのであって、それが抑圧の意味である。ただし、主体が言語の領域で自分の場所を確定するためには、主体には名としての一つのシニフィアンがあれば十分なはずだが、そこには大他者の壁がある。

シニフィアンの倉庫としての大他者は、言語の領域においては、シニフィアンの連鎖として構成されていて、最初のシニフィアン（$S_1$）に続くシニフィアン（$S_2$）が、次つぎに登場する。ファルスがシニフィアンの切れ目を塞ごうとして向かうのは、いつも一つのシニフィアンであるが、大他者は言葉の世界にはそれがないことを、主体にとっては、それがすでに喪失されていることを知らせる。抑圧はそこから始まり、それは、フロイトの原抑圧に通じている。フロイトとラカンは、一つのシニフィアンの名を追うファルスを、そもそもの抑圧の対象と見なしたのである。したがって、最初に抑圧されるのは、シニフィエのないシニフィアンとしてのファルスが求めている名であって、それが抑圧されたものの、その後の正体となる。その名は、シニフィエのないシニフィアンとしての一つの名である。それが父の名によって、意味の名のもとに抑圧されるのである。

父が、シニフィエのないファルスに名を与え、主体は、ファルスであることから遠ざかる、それが去勢であるが、去勢は父の禁止によって実現するのではなく、主体がファルスそのものであることを諦めることによって実現する。むろん、それはペニスを切除する現実的な去勢ではなく、想像的なファルスと名にかかわる象徴的な去勢であるが、その後も、主体が母の欲望として、ファルスであり続けると想像することを、言いかえると、幻想において近親相姦の欲望を抱き続けることを妨げない。父の禁止が向けられるのは、その欲望であるが、結果は、主体がファルスで<u>ある</u>ことを諦め、名を与える父に同一化し、ファルスを<u>もつ</u>ことよって母の欲望を引きとめながら、去勢を受け入れることになる。しかし、そこにも問題がある。つまり、そうなると、名は父の権能下にあって、父は、名を所持するそとの世界から主体を支配することになり、主体は、みずから名をもつことも諦めなくてはならない。そうして、主体は言葉の世界の法に支配されるにもかかわらず、他方では禁止された欲望を抱き続けるという二面性を

抱えることになる。

　フロイトは、禁止される欲望を無意識的欲望として、初期の充足体験における記号（Zeichen, signe）と結びつけた。彼にはシニフィアン／シニフィエの概念はないが、ラカンは、フロイトが1895年にフリースに送った手紙（「心理学草案」）で使った<u>知覚記号</u>（Wahrnehmungszeichen, signe de perception）がシニフィアンにもっとも近いと語っている。この記号には、まだ言葉としての意味はなく、「たんに欲求から生じる興奮の記憶痕跡として残されているだけであるが、その記憶像を再生し、その知覚を呼びさまそうとする動きは、無意識的欲望として消えることがない」。フロイトは、1900年の『夢解釈』のなかでそう語っているが、その記号は、原初に抑圧されたファルスというシニフィアンとの関係や無意識とのつながりを思わせるものである。

　父はファルスを抑圧して、主体をシニフィアンの倉庫としての大他者に向かわせるが、その名は、ある一つの名ではなく、多数のなかの一つの名である。主体は、そのようにして言葉の世界との関係に入る。そこには、そもそも「父の諸名」があり、主体は、そのなかのある一つの名によって現実界から切り離される。それによって、姿のない欠如の証印としての対象が、欲望の原因として登場する。そして、この世にはないその対象 $a$ が、象徴界と現実界、そして想像界を結びつけるが、それはのちに主体を主人公にした幻想と呼ばれる想像的シナリオのなかに、さまざまな姿の欲望の原因として現われる。フロイトはそのような幻想を、無意識的欲望の現われ、あるいはその充足と呼んでいる。ラカンは、それを受け継いで、幻想において想像的姿となった対象 $a$ が、主体を虜にした象徴界と現実界との溝をあいまいにして、姿のない裂け目の空間にある対象 $a$ の本質を忘れさせると言っている。二人に共通しているのは、幻想を介して無意識的欲望が、つねに主体の心的現実において働いているのが分かることである。

## II　無意識

　無意識という心の状態は、言うまでもなく、とくにフロイトが発見した

わけではない。意識 (Bewusstsein, conscience) に、否定の接頭辞（in, un）をつけた無意識は、ヨーロッパで広く使われてきたし、それについてさまざまなことが言われてきた。フロイトは、その語の形容詞形を中性名詞 (Unbewusste) として使っているが、フランス語でも、19世紀にはアカデミー・フランセーズ国語辞典によって、形容詞形のまま普通名詞（inconscient）として使うのが認められている。日本語では、「気がつかない」「気がつかないでいる」という心の状態や活動を、動詞的に表わしている語と受け取ることができる。

　無意識（的）という形容詞が、精神医学や心理学や精神分析のような分野で名詞としても使われるようになると、その用法は複雑になる。形容詞として日常的に使う言葉であれば、例えば「無意識のしぐさ」とか「無意識的な心の動き」のように、いつも記述的に使われるままですむが、名詞として使われるようになると、何らかの対象をはっきり指す言葉として、それがどういう存在か、じっさいにあるのか、ないのか、どちらにしてもきちんと説明する必要が生じる。だが、気がついていない心の状態を、対象としてどう説明すればよいのか。精神分析には、はじめから理論の中心となる無意識について、そういう問題が生じていた。

　無意識という対象は、霊魂や徳や正義などと同じように、それとして目に見える対象ではない。ところが、同じように目に見えなくても、電気や気圧のように知ろうとするひとの意識とは関係なく、その有様を客観的に知ることができる対象もある。だが、無意識については、知ろうとするひとの意識に欠けているものが問われているので、そのひとの気がつかないものを自分で知ることはできない。つまり、知ろうとする意識の無意識を、そとにある対象として、その意識が客観的に知ることはできない。無意識があるかないか、知ろうとする意識には、それがはっきり分からないのである。それゆえ、通常の場合、そういう対象についての学知（science）は、霊や神の場合と同じように、それがあると仮定して話を進めていくことになる。そのさい、それがあるという仮定を証明する方法は、フロイトがいたヨーロッパでは、検証（vérification）か推論（déduction）であるとされてきた。検証は、近代ではまず実験室で行われることが思い起こされ、推

第二章　父の名の隠喩　　41

論は、ある言葉から直観的に出発して、それが現実にあるのを演繹的に論証していく方法で、プラトンのイデアや、デカルトのコギトが思い起こされる。そこで、フロイトは、どちらの方法によって無意識の存在を証明できると考えていたのだろうか。とくに、彼が生きていた時代の風潮から、それが最終的には実験的な方法によって証明されると考えていたのだろうか。だが、その方法は、そもそも彼が直観した無意識の存在にそぐわないのではないか。実験室では、いわゆる自然科学的な方法によって、対象の存在を事実として明らかにしようとする。しかし、無意識は、そうやって知ろうとするひと自身の意識には欠けている何かであるから、同じ方法に従っているひとには気がつかないものなのである。実験室で確かめられた対象は、それが記号化され、言語化されて事実となり、その実在性が正当化されるのだが、無意識は、そもそも記号に属していること自体を疑うことから出発している。それゆえ、無意識の存在は、記号化や言語化が意識に属しているのを前提にした方法によっては、検証も演繹もできないのである。

　そこで、精神分析は、ひとの心の領域を意識として規定することに異議申し立てすることから出発したと言える。無意識的という形容詞は、フロイトでは、意識の領域に存在しない内容の全体を指している。彼は、その内容を表象につないで、それを無意識的表象と呼び、欲動との関係をこう述べている、「私は実際、欲動には、意識的と無意識的との対立は、適用できないと考えている。欲動は意識の対象には決してなり得ず、欲動を代表する表象のみが、意識の対象になり得る」。そして、そういう対象を、「物（Sache）」の表象と「語（Wort）」の表象に分けて、「われわれが意識的な対象表象と呼ぶことにしたもの、それは今では、語表象と物表象に分解される。意識的な対象は、物表象と、それに属する語表象とを含んでおり、無意識的対象は、単に物表象なのである。(10)」と書いている。そして、無意識的な表象とは、視覚や聴覚のような特定の感覚器官と結びつかない表象で、子供はそれを「原初的幻覚」のなかで何らかの記号と結びつけると見なしている。

　無意識的な「物表象」は、そのように外界ときわめて直接的な関係にあ

りながら、はっきりとした対象と結びつかない表象である。しかも、それは対象がないまま、そこに心的なエネルギーがずっと注がれるのである。フロイトは、さらに、「語表象」もまた、対象のない「物表象」となり、無意識的になり得ると述べている。ラカンは、そのような「物表象」を、やがてシニフィアンという言語学の概念につないだのである。表象は、そもそも心に思い描く何らかの姿形を指している。その意味で、対象のない表象とは矛盾した表現だが、その場合の対象とは、意識されうるということで、それがない対象とは、かつて心のなかにあって、ときにその姿形を思い出すこともあったが，いままでは何も思い浮かばない対象という意味である。フロイトは、そのような対象を無意識的と形容し、それは欲動の代理にはならないと考え、欲動を代表する表象だけが意識の対象になると言った。また、一方では、彼にとって「意識に入るのを拒絶された表象」がある。それは欲動を代理する何らかの姿形でありながら、抑圧によって意識に入るのを拒絶された無意識的表象である。

　ラカンは、フロイトの「語表象」を言語記号の要素であるシニフィアンにつなぐことで、「無意識は、ある一つの言語活動として構造化されている」というテーゼを導いた。このテーゼには普遍性があるけれども、「ある一つの」と言ったのは、言語活動が、つねにある個別言語による個々のひとの言語表現によっていて、無意識のすべてを言えるような国語は世界のどこにもないからである。そこから、晩年には「無意識とは、要するにひとが話すということ、ただそれだけのことです」と述べることになる。彼にとっても、無意識の核は欲動の表象によって構成されているが、たんに表象されるだけで、けっして意識の対象にならない欲動の代理として、何かを言おうとする欲望が、ひとを言語活動に導くのであり、そこに働いている心理機制は、自身の鏡像にとらわれているナルシシズムと、他者である鏡像を自分の姿として受け入れる同一化である。しかし、その鏡像は、やがてシニフィアンとして言葉の世界に入るので、ラカンにとって、それはシニフィアンとの同一化であり、シニフィアンは何かを言おうとするひとの欲望を代理する表象であると言える。

　欲望は、そもそも何かが不足していたり、欠けているとき、それを解消

第二章　父の名の隠喩　　43

して充足を得ようとする心の動きから生まれる。ここでは、あるシニフィアンから別のシニフィアンに移動するとき、不足を解消するはずの何かが言葉と結びつき、それが欲望の対象と呼ばれるのである。しかし、言葉は象徴界に属しており、言葉によってひとの世界から追放された現実界とは、想像界の仲介がなければいかなる関係も結べない。つまり、言葉と結ばれた欲望は、現実界にあるものとしての対象とは切り離されていて、それを出現させようとする心の想像的な働きは幻想と呼ばれている。そこで、幻想のなかに登場する対象は、欲望の原因とされていて、現実的な欲求の対象ではなく、欲望は欲求を越えたところで、ひとの心のなかに何かの不足として、つまり対象の欠如として生じるのである。欲望の対象は、欲望の原因として、対象 $a$ と呼ばれている。それは「もの」ではなく、幻覚や幻想のなかに何かの形をした姿として現われはするが、一方では「もの」と同じように、言葉の世界では近づくことのできない現実界として現われる。

　このように、精神分析にとって、無意識は言語活動と切っても切れない関係にある。ラカンは、1970年にベルギーで行ったラジオ放送で、ユーモアまじりに「無意識こそ言語学の成立条件です」と言い、同じ頃の公開授業の速記録では「無意識とは言語活動である」と言っている[11]。ただし、ラジオ放送では、「言語学は、精神分析に素材を提供してくれるとはいっても、無意識にたいして何の影響も与えておりません」と断わっている。なぜなら、「言語学は、無意識において生じるもの、つまり対象 $a$ を白紙の状態にして、そこを空白部分として残したままにしているからです[12]」。対象 $a$ は、欲望する主体が、言語活動の世界で生きるうえの絶対条件なのである。それは、欲望する主体が言語の領域とは一つになれないのを示すかのように、言語活動の空白部分に出現する対象である。そして、その領域は、究極的に主体のそとにありながら、主体を規定する大他者と象徴界の領域とに重なっている。無意識は、それらの領域と欲望する主体との埋めることのできない溝から、そのすき間には何もないのを示す対象に代わって、幻想における光景や言語活動における言葉として表現されるのである。ここで、「母の欲望」と「父の名」の関係を、ラカンの通称「欲望のグラフ」の一部を簡略化して示してみよう[13]。

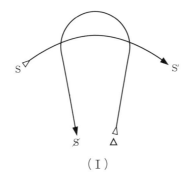

（Ⅰ）

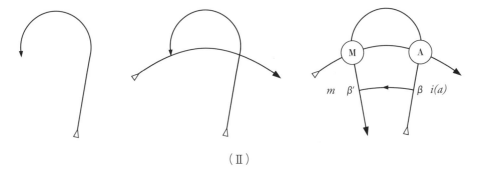

（Ⅱ）

　上の図は、ひとの心的エネルギーがある方向性をもって進み、それがシニフィアンのつながりと交わるのを示している。△は、その出発点で、「父の名の隠喩」の式では「主体にとってのシニフィエ」にあたるが、フロイト理論との関連では、たんに性欲動にそなわる心的エネルギーとしてのリビドーと見ることができる。一方、シニフィアンから出た矢印が最初に出会うのは、「父の名の隠喩」の式では、「母の欲望」である。母は、そこで対象 $a$ に出会う。そして、「父の名」が対象 $a$ の代わりに、ある一つのシニフィアンとして母に与えられ、それが「母の欲望」のシニフィアンとなる。ここで、父の名の<u>隠喩</u>とは、そもそも何のシニフィエもなかった母のシニフィアンが、父の名によって「母の欲望」のシニフィアンに言い換えられることである。

第二章　父の名の隠喩　　45

⊿から出発した主体には、「母の欲望」に代わった「父の名」がどういうシニフィエのシニフィアンであるかは見当もつかないが、言葉の世界に投げ込まれて、ともかくもその名を受け入れなくてはならない。ラカンは、晩年に「主体は、マゾヒストとして人生を始める」と言ったが、主体が「父の名」を受け入れて、その支配に服するのは、そこに、あらゆる主体に分与されているナルシシズムと同一化の心理機制が働くからである。それによって、主体の初めて出会うシニフィアンが「父の名」であり、グラフでは、そのシニフィアンのつながりは、主体のシニフィエが最初に出会う「母の欲望」とは反対方向の、「父の名」から「母の欲望」に向かって進む上部の矢印によって記されている。父は、その過程で決定的な役割を果たしているが、それは父に、もともとシニフィエのないシニフィアンに神話や宗教において象徴としての意味を与えたり、あるシニフィアンに交換を促す記号としての意味を与えたりする権能があると思われているためである。そこで、父は、たんに家族のなかで父と呼ばれる人物でないのはもちろん、特定の集団における崇拝対象を指すのでもない。主体が、その機能に服するのは必然的であるとしても、その名は、本質的に複数の諸名であって、主体が受け入れる名は、生まれた時代と場所の偶然によるのは言うまでもない。

　こうして、主体の欲望は、言語活動によって分割された主体（S）の欲望になる。換言すれば、ひとは「永遠に失われてしまったが、けっして不死ではない器官」（ラカン）としてのリビドーと、言葉とに引き裂かれて、この世で語る主体になるのである。語るとは、たんに声を出すことではない。音を分節して発声する能力は、多くの動物たちにそなわっているが、分節した音をさらに切り分けて言語的音声にする能力が、ひとと動物たちとを分離している。ひとの世界では、分節された音が、さらに一まとめの音声となって、それが単語となり、言葉となる。どの言葉も、ある国語のなかの独立した部分だから、そのさい、言葉と言葉のあいだには切れ目ができる。そこで、語る主体は、言葉を言い換え、言い足して、その切れ目を飛び越えようとするのだが、そのときに生じるのが意味作用である。つまり、意味は、切れ目にできたすき間を埋めようとすることから生まれる

46

のである。それによって、言葉と言葉のあいだに表象が生まれ、その表象がさらに言葉となって、ひとの心に分かるという現象が生まれる。そして、ひとが言葉の切れ目から生まれる表象を、それとして分かる能力は、ひとの感性と知性、あるいは感情と理性に基づくとされている。

　意識も無意識も、語る主体が言語活動によって、何もないところをどうやって飛び越え、言葉と言葉をつないだのか、そのことが分かるか、分からないかの違いによって生まれる。無意識は、つまるところ、ひとから永遠に失われた器官としてのリビドーと、言葉とのあいだにはすき間があって、それを埋める表象も言葉もないことから生まれる。グラフにある声は、ひとが分節した音を言語的音声にする能力をもちながら、その音がシニフィアンのつながりのそとにあるような音声を表わしている。

　さて、リビドーを器官と呼ぶと、一般に器官は生物学や医学で使う、生体の組織や臓器を指す用語で、性欲動のエネルギーという抽象概念からは遠ざかるように思えるかもしれない。しかし、ラカンは、あえてそれを自然科学的な身体の概念に近づけているかのようで、そこに、無意識はあくまでも脳の神経網内で生じる現象であるという、精神医学者や脳学者の意見を踏まえているようにも思える。その例として、手許にあるロックフェラー大学のある脳・神経学者の邦訳書では、「脳の機構が、おそらく無意識的な心的過程の基礎になっている」という前提から、「意識も、無意識と同じように脳で生じる」と続けて、とくに意識について、哺乳類では、経験から学習し、生き残るために、完成した神経組織が必要であったが、進化の過程で、その新しい神経機構がつけ加えられ、自己や世界に関する意識をになう神経機構になった。そして「人間は、そのような意識をもっているのですが、じつは動物もこの能力をもっているのですが、ただ言語がないために、伝達する段階で妨げられている、という場合がありうる」とある。しかし、一方で意識は脳の神経網のなかに生じるものではなく、非物質的"精神的源泉"に由来すると考える神経科学者がまだ多数いて、フロイトも同じ考えだったとして「（どちらにしても）実質的な証拠がないので、この問題にかんする意見は、信念の問題になっている」と付け加えている。[14]

第二章　父の名の隠喩　　47

だが、以上のような意見は、無意識が言語活動によって生まれるという見地、あるいは「信念」にとって少しも妨げにならない。たしかに無意識は、精神分析にとって、その実在を実験室のなかで確かめることはできない。かといって、そのことが無意識を脳の働きによる心的過程ではないと断じているわけではない。たとえ、それが脳の神経網内で生じる現象であっても、それは実験室で一定の条件が与えられると、いつも同じように実在が確かめられる対象ではない。精神分析にとって、無意識は、集団のなかの言語的コミュニケーションによる結びつきの領域で起こる現象だからである。その領域は、いつも意味に付きまとわれている。表象のなかには、すでに意味が現われている。意味が、ひとの心に浮かぶさまざまな姿にまとまりを与えているのである。ひとの心的現象は、そこから出発し、表象がやがて言葉のシニフィアンとなっても、そこにはいつも意味が付きまとう。シニフィアンの切れ目から、意味が現われて、そのかなたの場所を指し示している。それゆえ、精神分析では、切れ目を塞ごうとする意味が問題にされて、無意識は、その意味がわからないまま、止めどなく言い換えを繰り返している言語活動から生まれると考えている。

　ところで、フロイトには、ひとが言葉を言い換える以前に、そもそも、ひとは心に浮かんだ表象をどうやって言葉に翻訳するかという問題があった。それについて、彼はある患者の言葉から、やがて言葉に翻訳される以前の表象と、翻訳された言葉とのあいだに、<u>否定</u>の関係があるのを知って、逆説的ながら、最後の言葉が以前の表象を否定することによって、言葉をつなぎ、その切れ目を塞ごうとしていると考えた。それは、文法的には「〜ではない」という表現となり、論理的には全称、特称の量的命題ではなく、肯定、否定の質的命題の否定表現になる。一方、ラカンにとって、以前の表象はすでに欲動の心的代理となったシニフィアンであり、彼はフロイトのあとを継いで、そのシニフィアンが翻訳された言葉のシニフィアンによって否定されると考えた。これを敷衍すると、フロイトの患者の言葉に翻訳される以前の表象とは、その表象によって姿を消した「もの」としての母であり、患者は、その母を「欲望する母」にした言語領域のシニフィアンを、すなわち「父の名」を払いのけ、消してしまおうとしたのである。

こうして、「もの」としての母は、主体が言葉の世界に加わると、名としてのシニフィアンによって抹消されるが、そこは「母の欲望」をシニフィエにした、「父の名」というシニフィアンからはじまる世界である。主体は、たんに「主体のシニフィエ」としていたところから、ファルスの働きによって「父の名」のシニフィアンに向けられるが、そのファルスは、たんにリビドーという性欲動の心的エネルギーを象徴したシニフィアンで、それ自体にはいかなるシニフィエもない。「父の名」は、また主－シニフィアンとも呼ばれ、$S_1$ とも記入されはするが、つまるところ、そのシニフィエはたんに対象 $a$ という欲望の原因を指し示す、実在する対象をもたないシニフィアンである。それは一つではないが、どの「父の名」も主体に欲望せよと通告し、その命令と禁止を主体の心の場所に書き込む。そして、この書き込みが、主体を象徴的に去勢するのである。だが、それによって主体から「もの」がなくなるわけではない。「もの」は、「父の名」が告げる近親相姦の法によって禁止された対象になるが、ひとの感覚をとおして、つねに現われてくる何かであり、ラカンが言うように、それは現実界に属していて、$S_1$ に続く $S_2$ からのあらゆるシニフィアンが、その現実界のために苦しむ（pâtir）のである。

　「もの」は、そのように「名」の手前にあり、「名」がないまま、名づけられることに強く抵抗する。ひとが語る主体となって、言語に分割された主体（$S$）になっても、そのことは変わらない。しかし、一方で「もの」は、「名」を求めている。ラカンは、「もの」についての講義（1959 年 12 月 9 日）で、「もの」を「シニフィエ－外」と呼び、それはあらゆる抑圧に先立ってあると述べた。それゆえに、その裏で何かが組織され、ひとがその結果として作り上げたものが、結局は「もの」という何も言わない現実に代わっているのだと言っている。そこには、作り上げられた何かが命令し、禁止する別の現実があって、それが「もの」という感性的な現実に、いつも感覚的な次元で「名」を呼び込むのである。フロイトが 1925 年に書いて、「否定」と題した小文は、「もの」と「名」とのつながりを具体的な臨床の場面から伝えている。

第二章　父の名の隠喩　　49

註

（1）ラカン『エクリ Ⅱ』、邦訳、弘文堂、290～358頁。

（2）同上、321頁。

（3）野内良三『レトリック辞典』、国書刊行会、32頁。

（4）ラカン『エクリ Ⅲ』、邦訳、弘文堂、314頁。

（5）ロマーン・ヤーコブソン『一般言語学』、邦訳、みすず書房、23頁。

（6）同上、39頁。

（7）J・ラプランシュ、J-B・ポンタリス『精神分析用語辞典』、邦訳、みすず書房、
　　30頁。

（8）ラカン『エクリ Ⅱ』、352頁。

（9）ラカン『フロイトの技法論』下、邦訳、岩波書店、45頁以下、参照。

（10）フロイト「無意識」、邦訳、『フロイト全集』13巻、岩波書店、224頁及び
　　51頁。

（11）ラカン「科学と真理」、『エクリ Ⅲ』404頁。

（12）ラカン「ディスクール」、邦訳、66頁

（13）ラカン「フロイトの無意識における主体の壊乱と欲望の弁証法」、『エクリ Ⅲ』、
　　313頁、及び『無意識の形成物』下巻の補遺を参照。

（14）ジョナサン・ウィンソン『無意識の構造―脳と心の生物学』、邦訳、
　　どうぶつ社、295-6頁。

# 第三章　母ではありません

## I　否定

　眠りのあいだに夢をみるのは、ひとだけではない。多くの動物たち、と
くに哺乳類が夢をみるのは、かなり以前から実験的にも明らかにされてい
る。前章で紹介した『無意識の構造——脳と心の生物学』の著者は、オー
ストラリアに住む単孔目の珍しい哺乳類ハリモグラがみる夢について、詳
しく報告している。しかし、ひとの場合でも、夢の場面を正確に思い出す
のは難しいが、ひとは夢に登場した人物や自分の行動を、言葉によって目
覚めてから語ることができる。

　フロイトが、1925 年に「否定」と題した論文でとくに紹介しているのも、
そういう言葉の一つである。それはドイツ語の全集でも、フランス語の翻
訳でも、5 ページに満たない短文で、日本語にも複数の翻訳があり、文庫
本でやっと 7 頁の分量である。しかし、その内容は深く、ひとの心が言葉
という象徴的記号をどのようにして受け入れるのか、それを考えるときの
ヒントを与えてくれる。

　彼は、こうはじめる「私たちの患者が精神分析の作業中に思い付いたこ
とを明かす際の語り口は、若干の興味深い考察をするきっかけを与えてく
れる。『あなたは今、私が何か侮蔑的なことを言おうとしているとお考え
でしょうが、本当はそんなつもりはないのです』。これは浮かんだばかり
の思い付きを投射によって却下しているのだ、と私たちは解釈する。ある
いは、『あなたは夢に出てきたこの人は誰なのかとお尋ねですね。私の母
ではありませんよ』。私たちは〈この発言を〉次のように訂正する、だから
それは母なのだ、と。私たちは、解釈する際、〈『ではない』という〉否定
は度外視して、思い付きの中身だけを取り出す。それはちょうど、次のよ
うに患者が言ったのに等しい、『確かに私はこの人物が母ではないかと思
い付いたが、この思い付きの通りだと考えたくない』と」[1]。

　夢のなかに現われた人物を、患者が母ではありませんと否定する。この

第三章　母ではありません　　51

あまりに具体的で、卑近とも思われるような例のなかで、はじめに投射（Projektion）という用語が使われているのに目がとまる。これはやや専門的な用語だが、他の分野でも、多くは投影という訳語で広く使われている。精神分析では、フロイトが「欲動と欲動運命」（1915年）のなかで、「（自我は）内部で不快を引き起こすものは、自分の中から押し出してしまう」と述べているのが基本的な定義である。また、『快楽原則の彼岸』（1920年）では、内外の刺激に対する反応に関連して、やや詳しく述べている。「不快の過大な増加を招き寄せるような内的興奮に対する振舞いの方向性」については、「そうした内的興奮を、それが内部からではなく、外部から働きかけてくるかのように取り扱い、そのことによって、興奮に対して刺激保護の防衛手段を発動させことができるようにするという傾向が生ずるのである。これが投射の由来である」[2]。

　私はずっと以前、『甘えの構造』の著者土居健郎が、「投射とは『顧みて他を言う』ことだ」と述べているのを知って、なるほどと思ったことがある。それは自分の心のなかにある感情や欲望を、それと気づかないまま自分のそとに追い出して、あたかもその対象が他人のなかにあるかのように見なすことである。そう思うと、引用文の「投射」の意味を理解する助けになる。患者の夢のなかには、母の表象が現われていたかもしれない。が、彼はその姿をそとに追い出して、なかの刺激から身を守りたい。その結果、「母ではありません」という言葉が口に出た。しかし、そこにはあらかじめ分析者の方に、患者が「夢に出てきたのは母です」と言わせたい思いがあったのでは、という疑いが残る。患者が、そう忖度して、まさに「侮蔑的な」表現によって、それを否定したのではないか。しかし、そうなると投射と同一化の関係が、錯綜してくる。その理由は、精神分析では投射の概念が複雑で、いまも曖昧だからかもしれない。

　けれども、この論文では投射をわきにおいて、抑圧と抵抗、情的なものと知的なもの、判断と思考の起源など、言葉の世界に住む主体にとってきわめて本質的な問題にふれていく。論文の発表から9年後の1934年には、『フランス精神分析雑誌』に翻訳が掲載され、現在までに10をこえる仏語訳が印刷されているらしいが、私の手許にあるのは、1992年のフランス語

版全集（XVII）収録のものと、1975年のB・ティスとP・テヴェスによる詳しい注釈付きのものである。とくに、後者はそれまでのヨーロッパ各国語訳のほかに、日本語訳も参照にしたということで、漢字の「不」、「否」の意味についてもふれている。しかし、この論文がその後フランスで広く話題になるきっかけになったのは、何と言っても、1954年2月に行われた「フロイトの技法についてのゼミナール」におけるヘーゲル学者として知られるJ・イポリットの評釈と、ラカンによるその序言と回答が『エクリ』（1966年）に収録されたからであろう。以下、その概略を紹介しよう。

　フランス語では、まず、この小論の表題（Die Verneinung）の訳語をめぐって議論されたが、それは内容の解釈にかかわるからで、いまもって結論は出ていない。ドイツ語のVerneinungは文法上の、または論理的な否定を指すが、同時に、「そんなことを言いませんでした」、「そんなことを考えませんでした」のような、ある心理的な内容を認めないこと、断言を拒否することも指す。一方、フランス語では、文法的、論理的な意味の否定にはnégation、断言の拒否や異議申し立てにはdénégationという二語があって、区別して使うことができる。そこで、フランス語の読者には、ドイツ語の表題がどちらの意味を指すのか、曖昧なところが残る。1934年に、はじめてnégationと仏訳されてから、多くはそれに従ってきたが、やがてdénégationと混用されるようになった。そこで、ラプランシュとポンタリスは『精神分析用語辞典』のなかで、「解決策として、Verneinungを（dé）négationと書き換えることを勧めたい」とまで言っている。

　日本語の表題、「否定」の否は、開いている口を塞ぐ意で、口はもとの漢字では器（うつわ）の上部であったらしいが、それをひとの口とすれば、それを開かず（不）と打ち消して、首を横に振るという意味にもなるかと思い、そのことが同時に判断の結果（定）を表わすかと想像してみると面白い。むろん、それは牽強付会だが、漢字からは否定の表現を表わすのか、拒否の動作を表わすのか、どちらでもあるのか分からない。はっきり動作を表わすなら、否定するという表現があり、ここの例では打ち消すという日本語が適切だと思われる。ちなみに、イポリットは、ラカンの序言から

第三章　母ではありません　　53

推して、「この言葉は、《la dénégation》と訳した方がよかったと気づきました」と言い、なぜなら「(フロイト)は、etwas im Urteil verneinen というふうに用いていますが、これは判断(le jugement)において何かを否定すること(la négation)ではなくて、取り消すこと(le dejugement)です。テキストの全体を通じて、判断のうちにある否定と、否定する態度との間に見分けをつける必要があると思います」と述べている[3]。

## II　抵抗

　フロイトは、はじめの例に続けて、こう書いている、「無意識的な抑圧されたものをどのように解明すべきか考えていると、時折、その求めていた答えがとても楽に手に入ることがある。『あなたはその状況ではどんなことが最もありそうもないと思いますか』とか、『何があなたに最もそぐわないと思いますか』などと尋ねてみる。患者は罠にはまり、最も本当とはおもえないことを言ったなら、患者はそう言ったことでほとんど常に本当のことを白状しているのである」。つまり「抑圧された表象内容もしくは思考内容は、それが否定されうるという条件のもとで意識に到達できる。否定は、抑圧されたものを知る一つの方法であり、実際、抑圧の一種の解除なのである[4]」。

　ここで話題になっているのは、抑圧であるが、ラカンは、「ジャン・イポリットの評釈にむける序言」で、「みなさんはすでに、精神分析の技法のいくつかの基本的な概念の今日における使用法を、とりわけ抵抗という観念の今日における使用法を批判的な検討にゆだねるためにフロイトのテキストに戻るというわれわれの方法が、どれほど実り豊かなものであるか、およそお判りだと思います。」とはじめて、話題を抑圧から抵抗に向け、「抵抗という観念が実際にこうむってきた贋造行為は、フロイトが抵抗の分析に対して技法上の足跡を残すことによってその権限から定めた厳命によって生じる重大な性格を背負っているのです。」と言っている[5]。抑圧があるから、抵抗がある。抑圧と抵抗は、そこに同じ力が働いているとみられるほど近い概念で、抵抗は、抑圧によって生じる防衛の一つで

54

ある。ラカンは、その抵抗について、精神分析では、それまで偽造行為（adultération）を繰り返してきたと言うのである。

　その証拠に、「『被分析者が抵抗する』は、『彼が・・・に抵抗する』というように受け取られる」のだが、精神分析家は、一体、彼が何に抵抗しているのかを考えたことがあるのだろうか。偽造行為の始まりは、精神分析家が、抵抗しているのは被分析者であり、防衛のメカニズムが働いているのは、彼の方であると思うことだ」。しかし、「抵抗は、それが分析のなかに姿を現わすディスクールの次元から出発して理解されるのでなければ、実際には、どうしてもその本質において無視されます[6]」。ディスクールとは、言葉によるコミュニケーションによって、お互いの社会的な絆を維持しようとする言語活動の一面である。だから、分析のなかで抑圧に抵抗し、防衛しているのは被分析者だけとは言えない。「フロイトは、抵抗とは本質的に<u>自我</u>の現象だと言っておりますが、ここで、その意味を理解しなくてはなりません」という訳である。

　社会的な絆を維持しようとするコミュニケーションにおいて、被分析者の自我だけが問題になることはありえない。ラカンは、「あなたが被分析者の<u>自我</u>（ego）にかかわりをもっているのは、ほかでもなく、あなたがいまこのときにおいて彼の<u>他我</u>（alter ego）の受け皿になっているからです」と言う[7]。つまり、被分析者の自我は、分析者の自我によって試され、分析され、解釈されるのである。これは当たり前のようだが、じっさいにはそうでない。自我は、フランス語では、通常 moi であるが、ここでフロイトが使う ego としているのは、自我についてのラカン独自の見方が背後にあるとも受け取れる。Ego は、フランス語では、ナルシシズムと同一化に支えられた想像的自己像としての自我ではなく、たんに一人称の「私（je）」の意味でも使われる。そこで、他我（alter ego）は、たんなる他者性（altérité）あるいは絶対的な他者性を意味することになる。つまり、「被分析者の自我（moi）は、この他者性そのものの性質を分けもっているのですから、分析者の方では、まさしく対象をクラス分けして類別するような認識」によって開かれる、分析者の自我の「不在証明」が交付された領域においてディスクールを進めていくのである。むろん、それは「俗悪

第三章　母ではありません　55

な分析家」で、ラカンが後年に「大学人のディスクール」として分類した話法に従う分析者であろう。

　ところで、分析者が「型にはまった質問を被分析者に与えるとき、われわれが彼の返事から期待するのは、彼がみなさんに対して、だれが話し、まただれに向かって話しているのかを教えてくれるということなのです」[(8)]。被分析者は、「想像的な場所から」分析者に話しかけるが、そのときに生じる沈黙のなかに、被分析者の「攻撃性」と「愛の欲求」を認めることができれば、そこから、被分析者の「防衛の調馬場」が開けるのを見ることができよう。攻撃性と防衛は、戦場における出来事にたとえることができる。ラカンは、戦争を人間の交渉の一つの特殊例として、さまざまな政治手段の延長であると書いたクラウゼヴィッツの『戦争論』を例にあげて、戦争において遵守されるべき第一の規則は「敵が以前とは別のものになる瞬間を逃がしてはならないのです」と言う。なぜなら、すでに「言葉がやんだ果ての地点で、暴力の領土がはじまり、言葉は、だれかがそこで誘発しなくても、そこ（防衛の調馬場）を以前から支配している」からで、分析者は、そのことを知っているはずなのだ。が、目の前の被分析者が抵抗していると思い込んでいる分析者には、そのことが知られていない。

　しかし、現代の全面的な社会戦争の経験から「俗悪な精神分析家と同じように、空想から一歩も出られないデマゴーグたちにも、そのことが知られていないのを」目撃することができた専門家は、そこから、クラウゼヴィッツの戦争における「内部の弁証法」を認めるはずである。さもなければ、精神分析家は相手を人間化する企てに同調し、「人間関係（human relation)の回復」のために進んで協力し、たやすく道を誤ることになる。それを避けるためには、ラカンによると「防衛的な、あるいは攻撃的な活動の意味は、この活動が見たところ敵と争っている当の対象のなかに求められるべきではなく、むしろこの活動がその性質を受けとり、敵を戦術によって規定するような構想のなかに求めるべき」であり、「防衛に対する最も効果的な応答は、そこに力ずくの試練をもちこむことではない」ということになる。相手に力ずくで試練を与えるのは、分析者の自我と防衛がしからしめる結果で、ラカンは、モリエールの喜劇「気で病む男」に登場

56

する医者のピュルゴンを、その好例としてあげている。彼は、どの症状に対してもことごとく意味のない型にはまった処方をしている。結局、それは彼が自分と他人との関係を、自我のやり取りのなかに押し込めているからだが、ラカンは、それゆえ「私は分析において、分析者の抵抗以外の抵抗は存在しないと言うのです。」と述べている。[9]

　ラカンは分析者の抵抗を、若い頃のフロイトが影響を受けていた暗示による催眠療法によってふり返る。フロイトはそこに無意識の活動を認めて、催眠術を捨て、精神分析に向かうことになるが、それは催眠術師としての療法家の権威と権力から離れ、その暗示や命令に従わないことを意味していた。精神分析は、お互いの言葉のやり取りによるコミュニケーションの実践であるから、彼の転向は当然のことで、ラカンは『集団心理学と自我分析』から次の一節を引いている、「私は当時（1899年）においてさえ、暗示の専制に対してぼんやりと反抗していたことを思いだすことができる。十分な順応性を示さない患者があると、彼はあとでこうどなられた。——きみは一体何をしているのか、自分で自分に反対暗示をかけるのか　——私は心中ひそかに、これは不正と暴力の最たるものではないか、患者は暗示の技巧によって征服されようとしたとき、反対暗示を用いる権利を正当にもっているのだ、とひとりごとを言った。私の抵抗感はその後、すべてを説明するという暗示がそれ自体は説明されるのをまぬかれるべきだとする事実に反対するという、いっそうはっきりとした方向をとるようになった。私はここでむかしの洒落をくりかえした。

　　　　　クリストフはキリストを背負い、
　　　　　キリストは全世界を背負った、
　　　　　それでは、言ってごらん、
　　　　　クリストフはどこに足を据えることができたのか。[10]

　暗示が、「しだいにしまりのない概念上の産物を生む方向に進んでいく」あいだに、フロイトは、暗示から「転移」に向かった。その過程では、当然、従来の「抵抗」の概念は見直しを迫られる。ラカンは、そこに、抵抗

が「転移の先端となって現われてくる」とき、被分析者が語る夢は、パロール（言）がむかう方向（ベクトル）を指しているのを見た。すなわち、「彼（被分析者）が忘却や、さらには疑いについて見ている、物語を妨げにやってくるあらゆる現象（抑圧と抵抗）が、そのパロールにおけるシニフィアンとして解釈される」のである。また、フロイトは「日常生活の精神病理学」のなかで、ある名前の度忘れが、その言葉（名前）のシニフィアンからやってきて、その人を抑圧された意味作用にしばりつけているのを見ている。その例は、ちょうどその人の度忘れが、イタリアのオルヴィエトにある〈反キリスト〉の壁画で知られる画家シニョレッリの名前で、それが死の君臨を表現しているだけに、いっそう意味深い。ラカンは、そこに無意識の根源と大他者の観念の発生を見るように勧め、「無意識は、大他者のディスクールである」という定義を引き出している。[11]

　そのようにして、「真理のパンを仲間とともにちぎる人間」は、すなわち、つねに真理を部分的に、少しずつ語る人間は、死と面と向かって「仲間と嘘を分かち合う」のである。だが、パロール（言）は嘘をつくだけではない。ときには機知として、言い違いとして、また度忘れとしても、真理の一端を伝達するのである。転移という観念を、人間どうしのいたるところで認められる不可避的な情動関係のなかに閉じ込めて、それを治療に応用しようとすると、転移は、分析におけるもっとも強い抵抗の場としてとどまるだけである。それを「死−に至る−存在」としての人間につないだとき、はじめて「語る主体」としての人間における転移が浮かび上がるのである。

　ラカンは、フロイトの「否定」を念頭において、こう述べている、「死は、ディスクールを否定するものを問題にするように、われわれをさし向けてくれますし、そればかりではなく、否定をそこにひき起こすものは死ではないかどうか、それを知る問題に、われわれを向かわせます。というのも、ディスクールの否定性は、それが存在しないものを存在させようとするかぎり、象徴の秩序のなかに現われるもの、つまり、不在物（non-être）が、死の現実性に対して負っているものは何であるかを知る問題に、われわれを向かわせるからです」[12]。ディスクールには、言葉によって何かを否定す

58

る働きがある。それはだれでも実践して知っているが、それによって、同時に存在しないものを存在させる働きもある。「否定」のなかの「私の母」は、まさにそのような存在だが、それは言語活動の世界という象徴の秩序のなかだけの存在である。それは死の現実性という、象徴の秩序とはまったく別の世界には存在しない。すなわち「母」は不在物である。しかし、「私」は死の現実性に逆らうために、それを言葉という象徴によって存在させようとする。ラカンは、そのような不在物を対象 a と呼び、ここで転移と対象 a の関係を明らかにしている。

　精神分析では、転移は、死と向き合った被分析者が、大他者に向かって訴える要求の過程である。しかし、その要求には答えがない。それは、目の前の分析者の彼方にあるシニフィアンの場所としての大他者の無能力のせいではなく、パロール（言）によって訴える被分析者と、言語活動それ自体との関係に由来するのである。そこで、被分析者は、そもそも大他者には答えとなるシニフィアンが欠けているのに気づき、転移は、被分析者がそのことを受け入れる過程になる。同時に、それは被分析者が、象徴の秩序と現実界との関係を認める過程でもある。ラカンは、それについて次のように述べている。

　「そういうわけで、パロールの最初の磁場がそこに方向をさだめる極軸があって、その最初の姿は、古代ローマにおいて公共の場所に入るために必要とされたあの入場券に使われている（また、この入場券のうちに象徴（サンボル）という言葉の語源が発見される）のですが、この極軸は抑圧されてはいませんが、必要があって錯覚機能を備えているもう一つの次元と交叉させられているのです。そして、このもう一つの次元とは、現実らしさの決め手が不－在物をともなってそこから現われてくる場所でもあるのです」。もう一つの次元とは、言うまでもなく、想像的な関係が支配する領域（想像界）であって、そこで言葉という象徴が、ないもの（不－在物）に、いかにもあるような現実らしさを与える領域である。象徴の語源（ラテン語では symbolum）は、古代ローマでは二つに分割されたそれぞれの一片のことで、それらを合わせて身分や契約などを証明していた。

　こうして、ラカンは、「すでに、われわれは（精神分析の）いわゆる新し

い技法なるものが、通常その割れ目をふさぐのに使っているセメントがはがされるのを、言いかえると、いっさいの批判をぬきにして現実界との関係にすがりつく手段というものがはがされるのを見たわけです」と述べている。当時の新しい技法は、自我の想像的な機能を利用して、象徴界と現実界の割れ目を無理にもふさごうとしていた。それは治療者の権威や権力を利用して、患者に暗示をかけ命令する催眠療法につながる。たしかに、患者のパロールは、「もの」との一体化を求めて、現実界に向かっている。しかし、患者がパロールによって訴えるのは大他者に対してだが、大他者がいるのは言語的な現実であり、大他者は、言語活動の世界において理解できるディスクールだけを聞き入れる。つまり、それは世界で意味作用を生み、意味をもつシニフィアンであり、そのシニフィエは、すでに大他者の管轄内にあって、その世界に属している。しかし、患者にとって、語る主体の存在そのものであるはずの「もの」は、あらゆるシニフィアンのそとにある。

　ちなみに、ハイデガーは、日本人との「ことばについての対話」のなかで、日本語のことばの意味は『もの』だね」と言った。ハイデガーの「もの」は、西欧哲学の伝統的な概念を受け継いでいるが、精神分析では、「もの」は、つねにそれが「名」を求めているにしても、それ自体はとうていことばとは言えない。日本語の「ことば」も「もの」の手前にあって、それが命名されるとき、「もの」は消えるのである。「もの」は、現実界に位置する。それをことばと見なすと、やはり、そこには想像界の罠が待ちかまえているのではないか。とくに、日本語では「もの」が属する現実界に「自然」という名をつけて、現実界と自然をつなげることには警戒しなくてはならない。例えば「ひとは自然の一部であり、自然とともにある」、これは日本人のだれかが言ったのではなく、日本語の決まり文句か、合言葉のようになっている。警戒すべきは、「ひとと自然は一体である」と語ることによって、あたかも、ことばが現実界を言い当てていると思うことである。

　自然は、日本語になった中国語であり、もとは「おのずから」「ありのまま」の意味で、ひとは、「天」を介して自然と一体であると考えられるこ

とが多かったらしい。それには「気」を実体とする、ひとを含めた万物一体説の背景があるようだが、中国語からは、天や気がそれぞれ一つの名であって、そのことがひとにとって如何なる意味をもつかという考察は伝えられたことがない。ところが、日本語の国語大辞典（小学館）を見ると、最初に自然はひとと別の存在で、ひとの作為によらない超越的なものという趣旨の説明がされている。それが「ありのまま」や「ひとりでに」につながるとしても、これらをひとにつなげることはできない。ひとは、ひととは別の自然のそとにいて、自然を破壊しながら自己を実現している。それは事実であり、ひとを語るときの前提である。しかし、その自然は、現実界ではない。ひとは自然を対象化しながら破壊しているが、現実界に属する「もの」は対象化できない。それを「もの」と名づけるのは、じつに矛盾した、症状と呼ばれる行為である。

　日本語の「もの」を漢字にすると、おもに「物」「者」で、特定の物品やひとを指す場合でなくても、じっさいに見たり触れたりできる対象を指している。また、ある具体的な存在から離れて物やひとを広く指す場合でも、そこに対象化できない何かが想定されているわけではない。それを「ことば」につないで、もの言う（物言）、もの語る、もの書き、などの成句をあげてみても、日本語の「ことば」を西欧語の「もの（res, Ding, chose, thing）」と同一視することはできない。ラカンは、このゼミナールから20年後に、「もの」を「現実界からやってくる大他者（l'Autre Réel）」あるいは「現実界のなかの現実的なもの（le réel du Réel）」と定義することになる。「もの」は、それ自体では対象化できないが、表象として現われる対象の姿は、すべて「もの」の周囲をまわり、それがことばとなって対象化される。しかし、その対象は、たとえ言語活動の領域で現実的なものとして（réel）想像されても、その本体はことばのそとにある。

　「もの」がある現実界と、ことばとのあいだを埋めることはできない。そのすき間から、ひとの抵抗が生まれ、それは最初の主シニフィアンである「父の名」と、それに続くシニフィアンに対する、止むことのない抵抗となって現われる。ひとは、そのとき「もの」がある（存在）かないかについて、また、その性質（属性）についていろいろなことを言う。そこから

第三章　母ではありません　　61

無意識が生まれ、分析が始まるが、抵抗そのものは分析できないから、つねに患者が口にしたことばの意味の解釈になる。しかし、ことばのそとにある現実界については、最終的な意味を言うことはできないので、いかなる解釈も憶測にすぎない。そのように、ラカンの精神分析は、フロイトの抵抗は知のそとにあって、つねに作動している性欲動のエネルギーであると見なしている。ことばと現実界との切れ目には、ひとの死があり、そのさい、ひとの生きる世界で、両者をつなぐ役目が任されているのは想像界である。ラカンは序言の最後に、その役目は相手のことばから窺われるが、相手がそれをどうやって表現するかという問題にいちばんよく答えてくれるひととして、ヘーゲル哲学に精通したJ・イポリットを紹介している。

## III　判断

　J・イポリットは、はじめに「これはまったく異様な、じっさいには異様に謎のような構造をもったテキストです。私はこのテキストを知りませんでしたが、その構成は、まったくもって教師の手になる構成とは言えません」と断って、「(その) 構成については、私は、言葉の悪用を避けて言うなら、弁証法的 (dialectique) と呼びたくありません。けれども、それは極度に精緻です。」と続けて、表題は、前述したように「la dénégation」とした方がよいと述べている。[(15)]

　彼は、仏語訳の文から「私は日常生活で次のことに気がついた。これはしばしば起こることであるが、だれかが『これからあなたに言おうとしていることで、もちろんあなたを怒らせるつもりはありません』と言うのを聞いたとき、この言葉は『私はあなたを怒らせたい』と訳す必要がある。このような意図は必ず見受けられるのである」。以上の一節を取りあげて、このような注目が、フロイトをきわめて大胆な一般化に向かわせ、「否定」の問題を提出させているが、「否定は、あくまで知的な能力の起源である」と語る。フロイトによって、それは読者をからかっているような極度に具体的な例から、「あるひとがそうでないという仕方でそうであるものを表現する、その根底に出会うところまで一般化される」。「これから、私がそ

うでないことをあなたに言いますよ。だが、気をつけてください、それこそまさしく、私がそういうものであるということなのです」。

　フロイトの論文では、以上の例とまったく同じことが、強迫神経症者に生じるとされている、「『私には新たな強迫表象が生じました。私はすぐに、それがあのことを意味しているのかもしれないと思い付きました。しかし、違います。そんなことがあるはずありません。さもなければそんなことが私に思い浮かぶことなどなかったはずです』。彼が治療をうかがい、それを基にこのような理由づけを行うことで棄却しているものは、新たな強迫表象の正しい意味なのである。つまり、抑圧された表象内容もしくは思考内容は、それが否定され得るという条件のもとで意識に到達できる。否定は、抑圧されたものを知る一つの方法であり、実際、抑圧の一種の解除（Aufhebung）なのである』）[16]。イポリットは、ここで、フロイトが Aufhebung という用語を使っているのに注目している。

　解除は、日本ではヘーゲル哲学の用語として知られている語で、『哲学・思想翻訳語辞典』（論創社）によると、1905 年に「止揚」という訳語によってはじめて登場して以来、揚棄、廃棄などと訳され使用されている。イポリットは、「これはヘーゲルの弁証法の言葉です。その場合、この言葉は、否定する、除去する、保持する、こういうことを同時に意味して、根本的にはあらゆることを提起するのです。フロイトは、ここでわれわれにこう言っているのです。『否定は、抑圧の Aufhebung である。しかし、だからといって抑圧されているものを承認することではない』。フロイトの分析のなかで、何か本当に驚くべきことがここから始まるのですが、これによって、ただそれだけのものとして受け取るより仕方のないあの逸話から、不思議な哲学的重要性が生じてくるのです」と言う。そして、「話すひとは、『私はそうではありませんよ』と言います。抑圧が無意識を意味するなら、これは意識的でありますから、もうそこには抑圧はないはずです。しかし、抑圧については、本質的にそのまま続いているにもかかわらず、それとして認められ続けるのは、それを認めない（non-acceptation）という形をとってなのです。フロイトは、ここで極端な哲学的機微の次元にわれわれを誘いますが、それは『ここにおいて知的なものは、情的なも

のから離れる』ということで、これを見すごしてしまったらひどく不注意だということになりましょう」と語っている[17]。

イポリットは、この論文が哲学のあるテキストを思い起こさせると述べているが、それはおそらく『精神現象学』の「B.自己意識」の「Ⅳ.自己確信の真理」の「A.自己意識の自立性と非自立性、支配と隷属」の最後のところだろう。この章は、支配者としての主人と隷属する奴隷の関係を述べているところで、イポリットによるとヘーゲルがそこで問題にしているのは、対象を破壊しようとする願望で、「それが欲望をしっかりつかんでいて、ここでは心理学的というよりは、むしろ神話的な仕方で理解されている」が、「その破壊的願望をじっさいの否定性におき代えること」である。つまり「二人の闘う人間が面と向かい合っている本源的な闘争の最後の結着のところで、おそらくはもうどちらか一方の勝利や敗北を、つまり理想的な否定を確証してくれる人はだれもいないような、そういうこの破壊的な願望をじっさいの否定性におき代えること」である。

ヘーゲルは、主人の欲望と奴隷の労働を対置してこう書いている、「主人の意識における欲望に対応するのが、奴隷の意識にとっては労働に当たるが、労働においては物の独立性がなくならない以上、奴隷は物にたいして従属する位置にあるように思える。欲望とは対象を全面的に否定し、もってまじりけのない自己感情を確保するものである。が、それゆえにまたそこでの満足感はやがて消えるほかないので、欲望には対象が存在しつづけるという側面が欠けているのだ。これに反して、労働とは欲望を抑制し、物の消滅にまで突きすすまず、物の形成へとむかうものである。対象を否定するという関係は、対象の形をととのえつつその存在を保つ方向へとむかうのである[18]」。ここでは、欲望の対象の消失に直面した死の欲動にふれていると言える。それはじっさいの死に向かうことではなく、奴隷の「自分の存在全体に対する不安であり、絶対の主人の下での死の恐怖」が、自己意識を保つために、その生命を否定の形式をとおして象徴的なものへと向けられる。それがヘーゲルにおける労働であり、ラカンにおけるシニフィアンの反復である。

抑圧されたものは、否定されうるという条件で意識に到達できる。だが、

それによって抑圧の過程が除かれたわけではない。患者は、それはそうで
はないという形式によって、そうであるのを認める。これを哲学的に表現
すると、否定の否定である。フロイトはそう言っていないが、イポリット
は「そこに生じてくるのは、知的な肯定であって、それが否定の否定であ
るかぎり、たんに知的な肯定です」と言う。そのとき、フロイトは「どう
やって知的なものが情的なものから（行為において）離れるかを明らかに
して、判断の一種の起源を、つまり、結局のところ思惟の起源を明らかに
することができたと考えています」。イポリットは、続けて「われわれが
心理学的に情的（affectif）と呼んでいる関係の初期の形態は、それ自体人
間的な状況に特有の領域のなかに位置づけられるということ、そして、こ
の形態が知能を生み出すのは、それがすでにその出発点において根本的
な歴史的性格を含んでいるからだということです」と言う。彼は、そこに
フロイトの大胆な一般化の根底をなす神話を認めている。つまり「一方で
は、すっかり現実のなかに引き込まれてしまった純粋に情的なものなどあ
りませんし、もう一方では、現実から抜け出てきて、再びそれを把握する
ような純粋に知的なものもありません。ここに書かれているような起源の
なかには、一種の壮大な神話を見るのです。そして、フロイトにおける実
証性の外観の背後には、それを支えているこうした壮大な神話がありま
す」。この歴史的性格をもつ神話とは、ひとが生を破壊するものに出会い、
抵抗と抑圧によって再び生き続けようとする最初の瞬間であり、それは一
生のあいだ止むことがないのである。

　イポリットによると、その神話の背後にあるのが肯定（Bejahung）と否
定（Verneinung）である。彼は、ここでドイツ語の原文にある「合一」と
「放逐」の二語に注意を促して、次のように言う「肯定の背後には何がある
でしょうか。それは「合一（Vereinigung）」です。そして、これはエロス
です。また、否定の背後には何があるでしょうか。それは「放逐
（Ausstossung）」です（ただし、注意してください。知的な否定は、何かそれ以
上のものであるはずです）。そこには肯定と対をなしていないある象徴の出
現が見られるのです。最初の肯定、これは肯定すること以外の何ものでも
ありません。しかし、否定すること、これは破壊を欲すること以上のもの

です」。ここにあるのは、いわば「取り込み (Einbeziehung)」と「放逐 (Ausstossung)」の最初の力であるが、ラカンが言うように、それらは二つとも快楽原則の支配下にあって、そこから判断の機能が始まる。フロイトは、そのようすを次のように述べている。

「判断機能は本質的に二つの決定を下さなくてはならない。それは、ある事物がある特性を有するか否かを決めることと、ある事象について、それに対応するものが現実に存在するか否かを決めることである。決定の対象となる特性は、元々は良いか悪いか、有益か有害かということだろう。もっとも古い、つまり口唇的な欲動の蠢きの言葉で言うなら、それを私は食べたいのか、あるいは吐き出したいのか、ということである。さらに翻訳して言うなら、それを私は自分の中に取り込みたいのか、あるいは閉め出したいのか、ということである。つまり、それが私の内部にあるべきか、あるいは外部にあるべきか、ということだ。本来の快楽自我は、良いものは全て取り込み、悪いものは全て投げ出そうとする[21]」。

「AはBである。AはBでない。」のような、Aの性質、属性を表わす判断を帰属判断と呼び、「Aは存在する。Bは存在しない」のような、AやBがあるか、ないかを表わす判断を存在判断と呼ぶ。イポリットはフロイトの「否定」について、哲学がそう呼ぶ判断の以前に、すでにある事態を考える必要があると言う。それは「否定が、象徴的機能によって生じてくるさいに、その否定以前の、手前にあるもの」であり、それが出現しているときは、「まだ、判断というものはない」のであって、あるのは「外部と内部の最初の神話である」。神話の背景には、合一と放逐より以前の状態がある。ラカン流に言えば、それは父の名に出会う以前の主体である。イポリットは、それを哲学の一般的な疎外（aliénation、Entfremdung）の概念とつなぎ、その語が自分の財産や権利を他者に譲るという、もとのラテン語（alienatio）の意味から、「外部と内部という、この二つの項の厳然たる対立によって表現されるものは、やがて疎外の二つの項のあいだの敵対になります」と言い、「その神話は、ひとが象徴の出現によって、もとの状態をどのようにして失うかを教えている」と続けている。

それゆえ、「このほんの4、5頁の論文をかくも密度の濃いものにして

いるのは、皆さんもご承知のとおり、この論文が、全体をかかわりにしていて、哲学全体をまき込むあるもの、われわれは思惟の構造全体をまき込むあるものと理解したいのですが、そういうものに対する外見上は非常に些細な、しかもその一般性においてきわめて深いこのような具体的な観察に目が行くからです」(22)。外部と内部の関係からは、「私は自分のものにしたい、取り込みたい」という合一と、「私は払いのけたい」という放逐が生まれる。「悪いもの」「よそよそしいもの」「外部にあるもの」、そうしたものは主体にとって、はじめは一つのものである。フロイトは、そこに払いのけたいと同時に、取り込みたいという一つの作用を認め、それが帰属判断の背景をなすと考えた。そもそも払いのけることがなければ、取り込むことに意味がないからで、それに伴う否定が象徴の生まれる契機になるのである。

　また、何かがあるか、ないかの存在判断については、「最初は、あるかないかを知ることは」どうでもよい。これは大事なことで、はじめは知ることではなく、たんに知覚によって何かの表象を出現させている。そして、最初の問題は、それがあるかないかを知ることではなく、その表象が再び現れたのを発見できるかどうかである。それゆえ、「存在判断のはじめにあるのは、表象と知覚のあいだにある関係」となる。たしかに存在はしている。しかし、その対象は、すでに表象として存在しているものが知覚によって再現できるかどうかは、はっきりしない。そこに「外部と内部の起源」の問題が生じている。「現実には存在しておらず、ただ、表象されているだけの主観的なものは、内部にのみ存在する。(しかし)それとは違う現実的なものは、外部にも存在している。この発展において、快楽原則への配慮は、脇に追いやられる」(23)。ただし、それによって快楽原則が消えるわけではない。そこに大きな神話がある。

　イポリットは、「ドイツ語のテキストでは、肯定は Vereinigung（合一）の Ersatz（代理）であり、否定は放逐の、あるいはもっと正確には、破壊欲動（Destruktionstrieb）の Nachforge（後継）です。」と言い、「そこには、二つの欲動があって、主体を支えているこの神話のなかでは、いわば混合されており、その一つは合一の欲動で、もう一つは破壊の欲動です。否定

第三章　母ではありません　　67

が放逐の後になって、結果として現われてくるのに対して、肯定はいわば
ただ単純に合一と入れ代わっているというこの点のわずかなニュアンス、
それが実際に、そこには否定する快感、リビドー成分の撤退から単純に結
果する否定的な態度がありうるということ、言いかえると、この否定の快
感のなかに姿を消したもの（＝抑圧されたもの）、それは性欲動であるリビドー
の分力であるということをよく説明しているのです。したがって、破壊欲
動もまた快楽原則に拠っているのではないでしょうか。私は、ここのとこ
ろは非常に重要で、技法にとって肝心かなめのところだと考えます。」と
言っている。<sup>(24)</sup>

　たしかに、フロイトは、「判断機能の能力は、否定の象徴が創り出され
ることで思考が抑圧の諸結果から、従ってまた快楽原則の強制からも文字
通り独立できることによって初めて可能になる。」と書いている。<sup>(25)</sup>これは、
抑圧とその結果に対する、またそれによって快楽原則の強制（Zwang）に
対する、自立の最初の段階を与えるような否定の創出ということであるが、
イポリットは、「それならば肯定と否定の間の不均斉は何を意味している
のか」と自問し、次のように述べている「それは、抑圧されたものはどの
ようなものでも、ある種の中断のなかでまた新たに回復され、新たに利用
されるのを意味しています。それから、とり込んだり、払いのけたりする
欲動に支配されているというのではなくて、いわば思惟の欄外余白が生じ
うるということ、否定（dénégation）によって生じてくるような、そうで
はないという形式をとった存在の出現がある、つまりそこでは否定
（négation）の象徴が否定（dénégation）の具体的な態度に結ばれている、そ
ういう存在のありうることを意味しています」。<sup>(26)</sup>

　そして、「否定をそのように理解するならば、それは分析においては無
意識に由来するいかなる〈ノー〉も発見できないという事実にうまく一致
する」、このフロイトの言葉を引用して、次のように言う「けれども、そ
こには多くの破壊作用が発見されます。そこで、破壊欲動を破壊形式から
切りはなすことがぜひとも必要です。否定する態度（dénégation）のうち
に、否定する判断（négation）のはっきりとした象徴の起源にある具体的
な態度を見てとる必要があります。このはっきりとした象徴だけが、抑圧

68

をしっかり支えながら、しかも、無意識の活用としてあるかもしれないような、何かの存在を可能にしてくれるのです」。フロイトは、内部にあるものと外部にあるものとを分けて、内部にあるものはもともと合一したもので、外部にあるものに対してはとり込むか、払いのけるかであるとしている。そして、内部にあるものを快楽原則に、外部にあるものを現実原則に充てれば、たしかに「快楽原則の配慮」や「快楽原則の強制」をあげることもできるだろう。しかし、イポリットは、それによって現実原則が快楽原則を修正するとか、期待された満足を先に延ばすというような発達論的な見方をしていない。表象を否定する態度と、それによって象徴が生まれるという神話には、二つの原則を結びつけた一つの性欲動（リビドー）が働いており、あえて言うなら、それは快楽原則を越えて、むしろそれと対立して享楽に向かおうとするエネルギーであるが、ここでは象徴の起源にある破壊欲動も快楽原則に従っていると考えられている。

　イポリットは、最後にフロイトの「自我」を借用して、この論文を要約し「自我の側からなされる無意識の承認は、自我がつねに誤認（méconnaissance）であることを示している。ひとは認識のさいにおいても、つねに自我の側からなされる否定の形式によって、もっぱら無意識を拒否しながら、これを保持しようとする可能性の顕著なしるしを発見する。」と述べ、テキストに含まれているものを、一つは「否定するという具体的な態度の分析、これは否定の観察そのものから引き出される」、次に「知的なものが情的なものから行動のなかで解離してくるのが見られる可能性」、最後に「原初的なものと同じ次元で、すでにあるものすべての形成」をあげ、それは「判断と、否定を媒介にして把握された思惟の起源です。」と結んでいる。すなわち、彼はこの論文が行動における知能的なものと、情動という心理的なものとの分離のなかに知と無意識の起源があることを、そして判断と思惟の起源を、それとともに無意識の発生を明らかにしたと語っている。

第三章　母ではありません　　69

# Ⅳ　排除

　ラカンは、イポリットの評釈を受けて、それが精神分析の心理学を越える性格を明らかにしてくれたことに感謝し、フロイトのテキストは、もし分析家たちがその外に出てしまったら、彼らの経験が何も意味をもたなくなるのをみごとに例証してくれたと述べている。なぜなら、イポリットは、肯定と対比された否定による象徴の創出という「いわば高い峠をわれわれに越えさせてくれた」のだが、それは発生論的な瞬間というよりも、むしろ神話的な瞬間と見なすべきものである。というのも、象徴の創出は、主体と世界にかかわっているのではなく、主体と存在の関係にかかわっているので、それを対象の構成というところに持ち帰ることさえできないからであると続けている。そこで、ラカンは、対象化という意識の作用から、「フロイトがテキストのなかで情動（l'affectif）という言葉によって指しているものにもういちど立ち戻らなくてはならない」と言う。

　彼は、フロイトの情動的(過程)（affektiven "Vorgang"）という形容詞を名詞形にしているが、その部分はこうである。「否定は、抑圧されたものを知る一つの方法であり、実際、抑圧の一種の解除（止揚、Aufhebung）なのである。しかし勿論、抑圧されたものの承認ではない。知的機能がここで情動的過程からどのように分離するかが見て取れる。否定の助けによって、抑圧過程のこの一つの結果だけが、すなわち、表象内容が意識に到達しないという事態だけが撤回される」。この個所を、ラカンはこう解説する。「フロイトのこの情動は、ある最初の象徴化作用によって、その結果を論理的推理による構造化作用のなかにまで持ちこんでいるものと考えられています。この構造化作用は、知的な構造化作用と言ってもよいと思いますが、それは誤認（méconnaissance）という形をとって、この最初の象徴化作用が死に対してやむを得ずしなくてはならない（doit à la mort）ものを表現するために生みだされるのです」[29]。

　文中、「死に対して」と言っているのは、ひとが世界のなかで生き延びるためには、象徴的記号の作用に服する必要があることで、精神分析にとって、ひとの世界とは言語活動の世界であるから、ひとは生き延びるた

めに言語という象徴の働きに従わざるを得ないということである。また、
止揚、揚棄と訳される Aufhebung（「解除」）の意味は、「廃棄する」と同
時に「保存する」「高める」ことで、何かを捨てながら、それを保ちつつ、
対立を克服するということである。それゆえ、ここで「知的機能が情動的
過程から分離する」というのは、知が情をたんに捨てることではない。知
は情から離れつつ、それを保持して、両者の対立関係を克服し、次のス
テップに進む。そして、知が情から離れる神話的な瞬間に、象徴が現われ、
ひとは否定するという言語表現によって、それを受け入れるのである。言
いかえると、

　ひとは何かを認めないという形式で、象徴化作用のそとにあるものを象
徴界のなかに取り込むのである。

　そこで、ラカンは「こうして、われわれは象徴界と現実界の一種の交点
のところに導かれる」として、そこは想像界が関与する余地のないところ
で、「想像的な中間物が介入せずに、いきなり生じるかぎりでは、直接的
な交点である」と言っている。また、そこでひとに何が起こるかと言えば、
「まさしく、何かを認めないという形式のもとであるせよ、やはり最初の
ときに象徴化作用から排除されていたものによって仲介され（象徴界に編
入されて）しまう」と述べている。ここで「最初に排除されていたもの」と
は、フロイトが「外部にあるもの」と言った「悪いもの」「よそよそしいも
の」であり、払いのけ、放逐されるべきものである。ラカンは、それを
「(最初に) 排除されていたもの（ce qui a été exclu）」と言っているが、そ
の「排除される（exclu）」という表現をフロイトの Verwerfung（棄却）に
つないで、forclusion（排除）と仏語訳している。

　フロイトの棄却とラカンの排除は、いつも重なるわけではない。フロイ
トは Verwerfung を動詞（verwerfen）としてもよく使用しているが、それ
は日本語としては「はねつける、退ける」など、法律用語としては「棄却
する」と訳されている。しかし、ラカンが forclusion を動詞（forclore）と
して使った記録はなく、forclusion は、文章語としては「締め出し」、法律
用語としては「(訴権の) 喪失」と邦訳されている。また、Verwerfung は、
フランス語では、通常は rejet と、動詞は rejeter と訳されて、「投棄」

第三章　母ではありません　　71

「締め出す」などと邦訳されている。このように、Verwerfungと forclusion は、言葉の通常の使用上に違いはあるようだが、ラカンは、フロイトの用語をあえて forclore という、今日では不定詞と過去分詞だけに使われる古語から、forclusion と仏訳して、フロイトの Verwerfung の概念の特殊性と普遍性を強調しているのである。

　フロイトは、ドイツ語の使用法から、Verwerfung をかなり多様な意味に使っているが、ラカンは、その語の特殊な用法を強調する。Verwerfung は、その意味が限定されていると同時に、厳密である。すなわち、フロイトがその語を使うのは、つねにひとが去勢をはねつけ、棄却するときである。それゆえに、その語は通常の使用法にもかかわらず、精神分析の理論においては、意味の特殊性とともに、あらゆるひとが直面する去勢という概念の普遍性と共通性をそなえている。精神分析では、フロイトの棄却、すなわち何かの申し出が退けられ、その訴えが取り上げられない、その何かとはシニフィアンである。そして、最初に退けられるのは、父の名が告げるシニフィアンに他ならない。ラカンは、その例として、とくに通称「狼男」と呼ばれる症例を取りあげている。[30]

　ラカンが拠りどころにしたフロイトのテキストの要所を、少し長いが引用してみよう。「私が、彼は去勢を棄却した（verwerfen）と述べたとき、この表現のさしあたりの意味は、抑圧の意味であって、去勢など知らないというということである。これによっては本来去勢の存在については何も判断されていなかったが、しかし、去勢は存在しないも同然の態度を彼は示していた。この態度はしかし、最終的なものであり続けることができなかった。幼年期神経症の時代ですら、そうであった。後になると、去勢を事実として彼が認定していた証拠がたっぷり見つかる。彼の挙動はこの点でも彼の気質に特徴的なものであったが、だからわれわれには彼に感情移入し叙述するのがとてつもなく困難となるのだ。彼は最初反抗しそれから譲歩したが、一方の反応は他方の反応によって廃棄されたわけではなかった。最後には二つの対立する潮流が彼には併存し、その一方は去勢を唾棄したが、他方は去勢を受け入れ、女性性をその代替とすることですすんでみずからを慰めようとした。去勢を端的に棄却し、去勢の現実性に関する

72

判断がまだ問題になっていなかった、第三の、最古で最深の潮流も確かに
まだ活動を再開可能であった。私はまさにこの患者について別の個所で、
四歳時のある幻覚のことを語ったが、ここではそれに短いコメントを加え
るだけにしたい」。

ラカンが forclusion と仏訳した Verwerfung の動詞形 verwerfen は、
通常 rejeter（締め出す）と仏訳されている。ラカンは、ここで締め出され
たものは、もとの場所にそのまま回帰しないのを forclusion（権利喪失＝排
除）という法律用語を使って強調しているのだが、同時に、それによって
排除は抑圧とは違うことをはっきり示そうとしている。締め出されるのは、
象徴界に属する父の名のシニフィアンだが、抑圧（refoulement）されたシ
ニフィアンは、例えば妥協形成という防衛過程によって、ふたたび象徴界
に回帰し神経症の症状を形成する。しかし、排除によって締め出されたシ
ニフィアンは象徴界に回帰せず、それゆえ、ラカンは「象徴界から排除さ
れたものが、現実界にふたたび現れる」と言い、それが精神病の条件をな
すと考えた。すると、例えば「狼男」のように、去勢が象徴的去勢から現
実的去勢となって、現実の父からペニスをとるぞと脅されているように感
じることになるが、フロイトは上の引用文の「四歳児のある幻覚」によっ
て、まさにそのことを語っている。

排除は、払いのけられ、締め出されたもの、つまり父の名のシニフィア
ンが、ふたたび意識のなかに回帰しないことで、抑圧は、とり込まれ、受
け入れられたものが、意識に近づくのを拒まれ、遠ざけられることである。
ラカンは、「主体が経験したにもかかわらず、何かが象徴的な世界に参入す
るのを主体が拒否するということがあり得るのです。この何かとは、まさ
しく去勢の脅威に他なりません」と言い、フロイトは、すでに、「狼男」が
「はじめは抑圧という意味でも、去勢の脅威については何一つ知ろうとしな
かった」と述べ、それを棄却と呼んでいる。そこで、ラカンは、「抑圧は回
帰します。抑圧と抑圧されたものの回帰は同じ事態の裏表でしかありま
せん。抑圧されたものは、常にそこにあり、完全に語られた形で、症状や
他のたくさんの現象に表現されています。それに反して『Verwerfung』
（排除）を受けたものは、全く異なった運命を辿るのです」と言って、抑圧

第三章　母ではありません　　73

と排除を区別している。

　イポリットは、ヘーゲル研究者の立場から、フロイトの「否定」における肯定と否定、合一と放逐について、その関係を「みごとに」語ったが、ラカンは、それをフロイトの抑圧と排除の違いを理解するための鍵になる説明と受け取った。それは精神分析が心理学を越えて、もっと広い領域に向かうための指針になるとしながら、翌年のセミネールでも、開講の折にこう語っている。「この衝撃的なテキスト『否定』についてのイポリット氏の分析からくっきりと浮かび上がることは、無意識的なものにおいては、すべてが単に抑圧されているのではなくて　—ここでは抑圧というのは主体が言語化したあとで無視するということですが—　言語化の過程の背後には、原初的な『Bejahung』（是認）、つまり象徴の意味への参入ということがあることを認める必要があり、そしてこの是認、参入そのものが欠損することがあり得るということです」[32]。是認の原語は、「肯定」の意味である。ラカンは、ここで、フロイトの患者が「母ではありません」と告げたのは、他でもなく、患者が「母」という言葉によって、自分が象徴界に参入しているのを認めたことであり、否定の表現によって、それを肯定していると言う。そして、患者の打消しの言葉からは、抑圧は認められるが、排除は認められず、そのことが神経症と精神病を分ける目印になると言うのである。

　けれども、「狼男」の引用文からも伺われるように、抑圧と排除は、つまるところ、はじめからはっきりと区別することはできないようである。フロイトは、「狼男」の執筆から15年後に発表した「否定」の結び近くで、こう書いている。「判断するという行為は、最初は快楽原則に従ってなされていた自我への取り込み、あるいは自我からの放逐が、後に目的に適う形で発展を遂げたものである。判断の二元性は、私たちが想定した二つの欲動群の対照性に対応しているように思われる。肯定は合一の代替としてエロースに属し、否定は放逐の後継者として破壊欲動に属する。・・・判断機能の能力は、否定の象徴が創り出されることで思考が抑圧の諸結果から、従ってまた快楽原則の強制からも文字通り独立できることによって初めて可能になる」[33]。

フロイトは、やがて否定の表現となって言語化される放逐（Ausstossung）が、棄却（Verwerfung）の後継であるのを、彼の精神分析の最初の論文ともいえる「防衛―神経精神病」のなかで、すでにこう書いている。防衛は、和解できない表象と感情の分離によって行われるが、「（そのさい）表象は弱体化し孤立しているにもかかわらず、意識のうちにとどまったのであった。ところで防衛にはさらにもっと精力的で効果的な種類のものがある。この防衛の本質はすなわち、自我がその耐えがたい表象をその情動ともども棄却して（verwerfen）しまい、自我はあたかもそのような表象が自我のなかに一度たりとも入り込んでいなかったかのように振舞うという点に存する(34)」。イポリットは、「評釈」のなかで、フロイトが否定の表現について、35年前に書いた上の引用文のときと同じように、「棄却の後継（Nachfolge）」と書いていることに注目している。そして、「破壊欲動もまた快楽原則に拠っているのではないでしょうか」と言い、「私は、ここのところは非常に重要で、技法にとって肝心かなめのところだと考えます」と続けている。つまり、とり込みと放逐は、どちらも快楽原則の支配下にあり、それが共通の背後にあって、やがて肯定と否定という、帰属判断と存在判断における言葉の表現上の違いが生まれる。そして、フロイトが言うように、判断の機能は、否定の表現をとおして象徴が生まれたときに、はじめて可能になるのである。

　ラカンが排除と抑圧を分けたのは、主体と去勢の関係をそれまでよりいっそうはっきりさせるためだった。主体は排除によって、あたかも去勢がなかったかのようにふるまう。とはいえ、フロイトが「狼男」のなかで述べているように、去勢を棄却した患者が去勢を知らなかったわけではない。患者が去勢を事実として「認定していた証拠」は、たくさんあったのである。フロイトでもラカンでも、主体は去勢を拒否しようとするのであるが、そのときに放逐されるのは、フロイトでは堪えがたい表象、ラカンでは父の名のシニフィアンである。けれども、たとえ主体が、苦痛な感情を生む表象や、抑圧を強制するシニフィアンを放逐するにしても、それによって表象やシニフィアンと無関係になるわけではない。もともと、快楽原則の支配下にある主体にとって、とり込みたいと払いのけたいは一つの

第三章　母ではありません　　75

ものであったのだから、主体が快感原則に従おうとしているかぎり、象徴的去勢をもたらす表象やシニフィアンに直面し、やがてそれに肯定か否定の判断形式をもって応じるのは当然のことである。

　ところで、フロイトの現実原則の現実（Realität）とラカンの現実界の現実（réel）は、根本的に別のものではない。フロイトの現実には、この世の地上的、日常的、社会的現実を指す一面はあるが、ラカンはそれらの現実を、想像界の働きに関する説明によって象徴界、現実界と峻別し、フロイトの現実もまた、すでにはじめからあったものとして明らかにしている。快楽原則を、三つの領域のなかのどこに位置づけるかは易しくないが、ここでは不快な興奮を避けるという基本的な傾向から、それが次第に現実から離れるという面を見ておきたい。すると、それは「現実を空にする」という働きを基本とする象徴界に向かわざるをえない。イポリットは、「否定の象徴の機能」に関して、そう述べている。そこで、フロイトが「去勢の存在については、何も判断されていなかった」という「狼男」は、棄却によって快楽原則そのもののそとにいたということになる。ラカンの用語では、排除によって父の名のシニフィアンのそとにいたのである。

　けれども、集団のなかに生まれ落ちた主体は、たとえ排除によって父の名のそとにいても、象徴界そのものを排除することはできない。ひとの集団は、象徴界を作り上げて、現実界を締め出してしまった。そこでは、すべての名は、現実界に対する防衛の道具になっている。象徴界のそとに出ることのできない主体は、そこにいるために名そのものを排除することなく、父の名を排除するのである。その名は、もとより一つではないが、父の名を排除するのは、一つの象徴的選択である。たしかに、ラカンは、排除を精神病のしくみと結びつけた。だが、あくまでも、それは父の名という特別の働きをする一つのシニフィアンを拒絶したために、その後のシニフィアンの隠喩的なつながりに障害が生じている状態である。言いかえると、それは言語活動のなかで通常のコミュニケーションにおける意味の産出に失敗している状態である。

　たしかに、意味は、隠喩の効果として生まれるが、父の名の隠喩を排除したからといって、

76

欲望が消失するわけではない。欲望は、ラカンが強調しているように、言語活動における<u>換喩</u>の効果によって、その原因である対象が指し示されるのである。さらに、欲望が父の名の隠喩によって整序されないと、必ず精神病が発症するわけでもない。語る主体は、父の名のシニフィアンを排除しながら、幻覚や妄想に悩まされずに、通常の社会生活を送ることもできると考えられる。というのも、父の名の隠喩においては、父の役割は欠かせないが、父が語る主体と欲望との関係を整える仕方は一つではなく、語る主体は、父の名の隠喩的なつながりとは異なる換喩的なそれによっても、欲望の原因を追って、通常の言語活動を行うことができるからである。また、父の名の隠喩から、語る主体が社会的抑圧を強制するシニフィアンと出会い、それによって苦痛な感情をともなう表象が生まれるとき、たとえそれらが排除されたとしても、幻覚や妄想の症状はなく、少なくとも表面的には通常の言語活動に適応した生活を送る例は身近に見ることができるのである。

註

（1）『フロイト全集』19、岩波書店、3頁。

（2）『フロイト全集』17、「快原理の彼岸」、81頁。

（3）ラカン『エクリ Ⅱ』、361頁。

（4）『フロイト全集』19、3、4頁。

（5）ラカン『エクリ Ⅱ』、67頁。

（6）同上、70頁。

（7）同上、73頁。

（8）同上、74頁。

（9）同上、76頁。

（10）同上、77頁。

（11）同上、80頁。

（12）同上、同頁。

（13）同上、81頁。

(14) 拙著『天皇と供犠』、127頁以下参照。

(15) ラカン『エクリⅡ』、361頁。

(16) 『フロイト全集』19、4頁。

(17) ラカン『エクリ Ⅱ』、364頁。

(18) ヘーゲル『精神現象学』、邦訳、作品社、137頁。

(19) ラカン『エクリ Ⅱ』、366頁。

(20) 同上、367頁。

(21) 『フロイト全集』19、4-5頁。

(22) ラカン『エクリ Ⅱ』、368頁。

(23) 『フロイト全集』19、5頁。

(24) ラカン『エクリ Ⅱ』、370頁。

(25) 『フロイト全集』19、7頁。

(26) ラカン『エクリ Ⅱ』、371頁。

(27) 同上、同頁。

(28) 『フロイト全集』19、4頁、下線は引用者。

(29) ラカン『エクリ Ⅱ』、88頁。

(30) ラカン、1995年11月16日の講義、『精神病』上、参照。

(31) フロイト「ある幼児神経症の病歴より（狼男）」、『フロイト全集』14、89～90頁。

(32) ラカン『精神病』上、18頁。

(33) フロイト「否定」、『フロイト全集』19、7頁。下線は引用者。

(34) 『フロイト全集』1、408頁。

# 第四章　父の殺害

## I　享楽

　父の殺害は、フロイトが1912年に発表した論文「トーテムとタブー」の
なかの、とくに第四論文のなかの父殺しのエピソードによって、宗教学、
社会学、心理学などの広い分野の研究者たちに知られている。発表直後に
は、弟子たちからの評判は良くなかったが、フロイト自身は、最後までこ
の論文に執着し、後に英語版を監修したJ・ストレイチーに対して「この
試論は自分の書いた最良の仕事だと思う」と語ったらしい。

　父という観念が、フロイトの中心的な関心であり続けていたのは、早く
から知られていた。それは人間が作り出した文化の起源が、父の殺害をめ
ぐって明らかにされると考えていたからである。ラカンは、それについて、
フロイトは精神分析において真理という次元がひととしての生に、生きた
仕方で入って来るのはどのようにしてかを考えていたが、その答えは「父
という観念のもつ究極的な意味作用を介してであった」とし、同じ1952
年5月2日の講義で、以下のように述べている。

　「父、それは聖なる現実、他の何よりも精神的な現実、それだけに属し
ているものです。というのは、実際に生きられた現実の中には結局のとこ
ろ何一つとして父の機能、父の現前、父の支配を正しく指し示すものはな
いからです。父という真理、フロイト自身精神的と呼んだこの真理は、ど
のようにして最高の平面へと押し上げられるに至るのでしょうか。それは、
すべての歴史の起源において、人間の肉の中にまで書き込まれた非 - 歴史
的なドラマ、すなわち父の死、父殺しという間接的な方法でしか考えられ
なかったのです。これは明らかに神話であり、極めて神秘的な神話です。
しかし、それは、フロイトが彼の思考の一貫性を保つためには避けること
のできなかったものです」[1]。ラカンによると、ここに書き込まれたドラマ
は、「父という象徴が人間の生に入って来る過程のドラマ」であるが、それ
が本質的に何を意味しているかというと、じつは、その象徴はシニフィエ

のない純粋シニフィアンとしての象徴であって、その象徴が実在している
ということが、ドラマの過程を解く鍵である。

　そこで、実在する象徴としての父の観念の道筋をたどってみると、最初、
フロイトは「トーテムとタブー」のなかで「ダーウィンの説く原始群族の
情況から、人類学者も推論として認めている」それまで群れの女たちをひ
とり占めにしていた父によって「追放されていた兄弟たちが、一致団結し
暴君的な父を圧倒し殺害するという仮説」と注記しながら、次のように書
いている、「ある日のこと、追放されていた兄弟たちが共謀して、父を殴
り殺し食べ尽くし、そうしてこの父の群族に終焉をもたらした。彼らは一
致団結して、個々人には不可能であったことを成し遂げたのである。殺さ
れた者を食べ尽くすことは、食人的未開人には自明である。暴力的な原父
は、兄弟のそれぞれにとって羨望されるとともに畏怖される模範像であっ
た。そこで彼らは食べ尽くすという行動によって父との同一化を成し遂げ、
それぞれが父の強さの一部を自分のものにしたのであった。おそらく人類
最初の祝祭であるトーテム饗宴は、この記念すべき犯罪行為の反復であり、
追想式典なのであろうし、それとともに、社会編成、習俗的諸制限そして
宗教などのあらゆるものが始まったのであろう。前提は度外視してこの結
論を信ずるに足るものと見なすためには、徒党を組んだ兄弟の一群が、父
に対する矛盾した同一の感情に支配されていたと想定するだけでよい」[2]。

　一方、ラカンは、この「驚くべき直観」のなかに、絶対的権力者の殺害
というフロイトの神話の特徴的な一面を見ている。そして、前の1952年
の講義から8年後に、こう語っている「フロイトという人は、ユダヤ人の
歴史の重要な関心は唯一神のメッセージの運搬であるということを一瞬た
りとも疑っていません」[3]。このときは、「トーテムとタブー」の原初の殺
害とともに「モーゼという男と一神教」のドラマを話題にしていたが、ラ
カンは、フロイトがユダヤ教からキリスト教へとつながる歴史的経緯のう
ちに人類の法の設立の十全な展開と完遂を見ているとしながら、こう続け
ている、「彼（フロイト）は、東洋のものというように曖昧に形容している
他の様々な宗教について　─仏教とか道教などでしょう─　敬服するより
ほかにないと述べています。しかしまた危険とも思われる大胆さでもって、

それらはすべて〈偉大な人物〉の崇拝にすぎない。だからこそそれらの宗教は道半ばで、多かれ少なかれ頓挫していて、〈偉大な人物〉の原初の殺害の手前にとどまっている」(4)。つまり、フロイトの考えの中心には父の殺害があって、それによって宗教の本質は、はじめて明らかになるというのである。

　だが、フロイトの原始部族における息子たちは、本当に父を殺すことができたのだろうか。

　1957年3月の講義で、ラカンはこう語っている、「『トーテムとタブー』が述べていることは、父たちが存続していくためには、真の父、唯一の父が歴史以前に存在しなくてはならず、しかもそれは死んだ父でなくてはならない、ということです。さらにつけ加えれば、それは殺された父でなくてはならないのです」。すなわち、「(原始部族の)息子たちは、父を殺すことができないことを示すためにこそ父を殺したのです。神話的な意味の外部で、いったいどうすればこんなことを考えることができましょう」(5)。息子たちは、その点において徹底していなかった。ラカンの言うことの意味を理解するためには、やはり前に引用した3年後の講義を聞かなくてはならない。彼はそこで「法の次元にある何ものかが伝えられるためには、『トーテムとタブー』で論述された原初のドラマ、父の殺害とその帰結が輪郭づける道を通らねばなりません」として、「フロイトの筆力は、法の設立を父の殺害に結びつけ、法の設立を、息子たちと父との関係を当時基礎づけていた両価性と同じものだと見なしています。すなわち殺害行為の完遂後の愛の回帰と同じものだというわけです」(6)。法については後にふれることにして、ここでは法の設立を、象徴界の存在、またその自律性の確立としておく。

　父の殺害についてのこれまでの解釈は、殺された父を食べ尽くした後になって、息子たちは、それまで憎んでいたと同時に敬愛していた父を殺してしまったことの罪悪感にとらわれ、やがて「父の代替物であるトーテムの殺害を不法と公言して」自分たちの行為を撤回し、「自由に手を出せるようになった女を諦めることで」、それを断念したというものである。しかし、そのことが人間の社会的な諸関係の起源をなすという面の考察は、

フロイトの後にもあまり進んでいなかった。両面性（ambivalence）は、フロイトがしばしば使う概念で、一般には同じ対象に向けて、愛と憎しみの相反する感情を抱いたり、その態度を示すことである。しかし、この用語を父と子の関係を基礎づけるものとして用いたとしても、それによって法の設立を明らかにすることはできない。法は、象徴的なものであり、実在する現実的な父と息子たちの心理的関係のそとにある。原始部族の父は、想像された現実的な父であり、今ではどこにもいない。すでに殺されて、死んだ父でなくてはならない。

　両面性を強調するのは、たしかに現実的な父に近づく道であるが、それを強調しすぎると、またしても実在する偉大な父を崇拝するという想像界の罠に向かうことになる。象徴界には現実的な父というものはどこにもいないので、「神」と呼ばれるような実在した「偉大な人物」としての父は、息子たちに殺される以前から、すでに死んでいる。しかし、フロイトの神話は、父が死んだのは息子たちによって殺されたからだと語っている。それはなぜか。その理由のなかに「人間の何よりも精神的な現実」を解く鍵が隠されている。ラカンは、偉大な父が実在する現実を「聖なる現実（réalité sacrée）」と言い、同時に、それは「非－歴史的（an-historique）」にしか語れない現実であると言う。つまり、人類の起源としての父殺しの神話は、歴史的な時間の経過にかかわりなく、その後の人間の精神的な現実を考えるうえで、今日でも意味を失っていないが、見落としてならないのは、その起源において、父はすでに死んでいて、人間の住む世界には不在であったことである。それゆえ、ラカンは「象徴的父は、どこにもいません」と言い、言葉という象徴に支配された場所には、「どこにも、その出番はありません（n'intervient nulle part）」[7]と言う。すなわち、人間の住む象徴界には、どこにも現実的な父はいない。父が日常の言葉としてどれほど頻繁に使われても、それはつねに想像的に加工された父である。

　フロイトは、その遺作ともいうべき「モーセという男と一神教」まで、生涯にわたって父とは何かを問い続けた。そして、その追究は精神分析における父の観念の練り上げのために、かけがえのないものであった。彼が創作した父殺しの神話は、どうしても通らなくてはならない道筋の中継地

点であったと言える。そこには、父と呼ばれる〈偉大な人物〉について、かつてそのような父が実在していたかどうか明らかにできない問題が残されていた。そして、その後、フロイトの後継者たちは、父殺しの神話が精神分析理論においてどのような意味をもつかをはっきりさせることができなかった。ラカンは、言語活動におけるシニフィアンと享楽の関係を考究することによって、とくに、享楽の概念をたどることによって、その神話から、理論上の新たな展望を開いたのである。

ラカンの享楽（jouissance）は、フロイトの Befriedigung（満足、充足）を引き継いでいるとされるが、フランス語では、ひとが何かを享受するという意味の他に、物品や財産を使用する権利という法的な意味がある。ラカンがこの語を使うとき、ひとが享楽しようとするのは、具体的な物品や財産ではなく、ギリシア、ラテンの古典からフロイトの著作にまで使われてきた西欧語のもの（Ding, Chose）である。そこで、享楽はたんに具体的な物品を利用して不快な緊張から逃れ、快を得ようとする快楽ではなく、快が持続的にもたらされた状態を指す幸福でもない。むしろ、言語活動の世界における、ものとシニフィアンの緊張関係から生じる意味作用の体験である。

フロイトの神話では、原始部族の父はすべての女をひとり占めにして、息子たちに女を自由にさせなかった。それが父を殺して食べ尽くし、その父に同一化しようとした根本の原因であった。父は、それまで「自由な性的享楽（freien Sexualgenuss）」を独占し、息子たちには享楽を禁止していたのである。ここの Genuss は、享楽と考えてよいだろう。だが、父を殺した後、息子たちに許された性的享楽とは何であったか。ラカンは、享楽の意味をそこから探り始めて、次のように言う、「父の殺害というこの行為は全くの神秘です。これによって我々にとってとっては次のことが覆い隠されてしまいます。つまり、父の殺害は、父の存命中にはその現前によって禁止されていると思われていた享楽への道を開かないばかりでなく、父の殺害は禁止を一層強化する、ということです。すべてはここにあります。そして、事実においても説明においても、まさしくここに飛躍があるのです。享楽への障害は父の殺害によって取り除かれたにもかかわらず、

享楽はやはり禁止されたままであり、それどころかこの禁止は一層強化されるのです[8]」。

　こうして、父殺しの後の禁止は、息子たちの両面的な感情を喚起する後悔から生まれるのではなく、ラカンは、そこに法を介入させ、「享楽への接近のためには侵犯が不可欠であり、そのためにこそ法はある」という聖パウロの定式をあげて、欲望と法の固い結びつきを認める。彼は、法の特徴を「（語る主体としての）人間にとっては、外在的であること」と言い、「法は、あくまでも大他者の上に基礎づけられている」と付け加える。そして、父殺しによる侵犯は、「法という仲介がなくなってしまうような限界において」引き起こされた攻撃であるが、にもかかわらず、それによって法の機能が失われることはない。なぜなら、欲望と法の関係について見るとき、法は大他者の欲望から、すなわち大他者の欠如に由来し、同時にその欠如は語る主体のなかにあって、それがつねに外在的な法を呼び込むからである。換言すると、語る主体は言語活動の世界にあって、その欲望である大他者の欠如をシニフィアンによって埋めている。それが法の介入を招くからである。

　法と、その侵犯があるから、享楽がある。そして、その法は、大他者からくる。大他者は、語る主体に「享楽せよ」と命じているのである。だが、大他者は、なぜ享楽を命じるのか。それは、大他者に欠けたところがあり、大他者はそのところを欲望するからである。しかし、法は、享楽を禁じるのではないか。ラカンは、1962年12月の講義で、「欲望と法は同じものである」と言い、Jouissance（享楽）を J'ouis sens（私は、意味を聞く）にかけて、享楽は、法の仲介によって、享楽を犠牲にする代わりに意味を受けとるのだと言っている。そうなると、大他者は主体に享楽を命じながら、なぜ、そこからくる法に享楽を禁じるのかという疑いが起こる。そこに享楽の概念のややこしさや、欲望と享楽の関係の分かりにくさがあるのではないか。ラカンは、「我々は侵犯の享楽というものを知っている」と言い、「享楽は、どういう目標に向かうために、そこに到達するための侵犯という手段をとるのでしょうか」と問いかけている。

　ところで、語る主体が侵犯という手段をとることなく、享楽を断念し、

代わりに意味を受けとる「後戻りの道」を説明するためには、大文字の大他者（Autre）と小文字の他者（autre）を峻別しなくてはならない。ラカンは、精神分析がその「道」に対して、「多少とも根拠のある答えを見出すのは、他者への同一化です」として、「われわれは何を前にして引き下がるのでしょう。他者のイマージュに対する侵害を前にしてです。」と言い、こう続けている「我々の同胞という限りでの他者のイマージュ、想像的領域の中に私が据えるすべてのものと私の自我との類似性、この二つの根拠を置くものすべてと我々は実際に深く繋がっています。『汝の隣人を汝自身のごとく愛せ』という法の根拠がこのことにあることは自明であるように見えるのに、一体私はここでどのような問いをたてようとしているのでしょうか(9)」。上の引用文中の「他者」は、すべて小文字の他者、すなわち、目に見える具体的な他人のイマージュとしての他者であり、同じく、鏡像としての想像的自己像としての他者であり、自我の対象としての他者である。それに対して、大他者は、具体的な形に描けないもの、言語の領域を指すものであり、それは主体のそとにありながら、主体がそのなかに生きている構成であって、存在ではない。

　鏡像と隣人は、どちらも愛すべき同じ他者である。法は、神の言葉として「汝の隣人を汝自身のごとく愛せ」と命じるが、また「神は人間を自らのイマージュによってつくった」と言われる。しかし、ラカンは「聖書はイマージュから神を作り上げることを禁じています」と言う。それは、まさしく「イマージュというものは、ひとを欺く」からである。そして、ここに他者への同一化の愛他主義（altruisme）、利己主義（égoïsme）への傾斜があるとともに、その誘惑の極限における法の侵犯がある。愛他主義とは、他人を愛していると思いながら、自分を可愛がっているのに気が付かないことであり、利己主義は、もっぱら自分の鏡像に執着することである。どちらも感情（sentiment）として体験されるが、ひとはいつも想像界において体験される感情に騙される。感情とは、「嘘をつく（ment）感じ（senti）」なのである。

　こうしてみると、語る主体は、そとの対象と直接には関係できない。対象とのあいだに、大文字と小文字の二種類の他者が介入している。大文字

第四章　父の殺害　85

の大他者（Autre）は、そこにおいて父の名が法を告げるシニフィアンの場所である。小文字の他者（autre）は、ラカンがはじめに鏡像に由来する想像的な自我の対象を指していたが、やがて語頭のaをとって、対象aとなった。ただし、この対象は、客観や客体を意味する対象ではなく、ひとのそとに実在していない。だから、具体的な存在者として、ひとがそれと出会えるわけでもない。しばしば、欲望の対象と呼ばれるが、通常の意味と混同しないためには、欲望の原因としての対象aと断わった方がよい。また、ひとが最初に出会う母を根源的な他者と見るなら、その母は欲望の原因であり、同時に「もの」であって、すでにこの世にはいないのだから、他者と大他者は共通していると見ることもできる。いずれにせよ、目に見えるイメージとしての他者は、小文字の他者であり、法を告げるシニフィアンとしての大他者ではなく、見かけという姿形をとった想像的な他者である。法の侵犯と不可分の享楽は、この他者と密接であるが、大他者は、語る主体に享楽を命じながらも、シニフィアンの場所としては、法をもって享楽を禁じようとしている。

　たしかに、宗教的な伝統は、とくに一神教では、神をイメージから作るのを禁じているが、ラカンは、また、人々がしばしば大他者を神だと想像し、目に見える他者だと思うと言っている。すると享楽は、大他者を享楽させることになって、大他者が場所であることが没却され、主体の享楽も大他者の享楽になる。しかし、大他者はあくまで、そこの不備と欠如が際だった言語活動の場所である。精神分析における享楽は、想像的他者となった大他者に同一化して、疎外された自己像の絶対的充足を目指す享楽ではない。他者への同一化は人々をつねに誘惑しているが、ラカンは、それが極限に至る以前のシニフィアンの働きを、ファルスの概念によって明らかにしている。


## II　ファルス

　ラカンは、1973年2月の講義で、こう語っている、「男にはファルスの機能に対してノーと言う何かがあります。それがすなわち去勢なのですが、

それがないかぎり、女の身体を享楽するいかなるチャンスもありません」[10]。この言葉は、ファルスの本質をよく伝えている。語る主体にとって、享楽とは性の享楽であり、それは言語活動とともにあって、そこで失われる。つまり、人間にとって、性とはシニフィアンであり、ファルスは、享楽と去勢をつなぐシニフィアンに他ならない。

　彼は15年前の1958年には、ドイツでこう語っている、「ファルスは、言葉（logos）がひとの欲望につながるという証拠を示してくれる特別のシニフィアンである」[11]。この定義では、前の引用の享楽が、欲望になっている。欲望は、大他者という言語活動の場所（logos）からやってくるが、享楽は、シニフィアンによって代理表象される主体が、「もの」に向かおうとするときに味わう意味作用の体験である。それゆえ、享楽は、欲望から区別されるとともに、快楽とも区別される。享楽と快楽とは、対象$a$をめぐって共通するところがあるにしても、むしろ対立する面が大きい。それは享楽がファルスの意味作用に対して、「ノー」と言うときの心的な緊張の増大を伴うのに対して、快楽が不快な緊張が減少するときの体験だとする一般的な知識からも明らかだろう。彼は、続いて次のように語っている、「ファルスが一つのシニフィアンだとすれば、語る主体がそこに近づくのは、当然、大他者の場所においてということになる。しかし、このシニフィアンは、あくまでも隠されたもので、大他者の論理的根拠（raison）としてあるものなので、主体にそれを認めるよう命じるためには、どうしてもそれが大他者の欲望そのものであるとして、言いかえると、その大他者とは、自らもシニフィアンの分裂（Spaltung）によって分割された主体としての（小文字の）他者でなくてはならない」[12]。

　ファルスは、男根と邦訳されるように、一般には男女の解剖学的な身体器官の差異から、男の性器を指して、陰茎と邦訳されるペニスを象徴化した語とされている。フロイトの用語には陰茎羨望（ペニス）、男根期（ファルス）の二語があり、『夢解釈』（1900年）の頃から、ファルスは象徴するものの意味をもっている。ここでは、象徴するもの（ファルス）と象徴されるもの（ペニス）とは、はっきりと別のものでありながら、両者によって表象されるものには共通性があるという、一般的な意味に従っておこう。古代

ギリシア、ローマでは、男の性器を形取ったものが宗教的に崇拝され、祭りに担ぎ回されたことがあったらしい。しかし、精神分析で、とくにラカンにおいて、象徴されるのは実在する形状としてのペニスというより、フロイトがリビドーと名づけた心的エネルギーとしての性欲動である。すなわち、ファルスは、終始、ひとの性の心的な側面と密接である。

さらに、そのひとは語る主体として存在しているから、ファルスは、ひとの性が言葉の世界のなかにあるのを示している。男の性器が、心的エネルギーとして象徴化されるのは、それがひとの性において、海綿体の目に見える形状をもった唯一の器官であり、多くは勃起したペニスの摸像を作りあげ、ファルスとして象徴化することができるからである。しかし、そのファルスは、じつはリビドーという何の形象もない、隠されたシニフィアンを象徴化したものである。そして、ファルスはひとの性欲動を、聴覚的な表象と心的な表象の二つの面をもつ言葉の世界につなぐ唯一のシニフィアンである。それゆえ、ひとは、ファルスによって性欲動の心的エネルギーと、言語活動の場所である大他者の欲望とに分割されるのであり、ひとが話すのは大他者の場所からであるから、大他者の欲望はひとの欲望であり、ラカンは、ひとの欲望とは、大他者の欲望であると言うのである。

ところで、欲望には、この世に実在する対象はない。対象$a$とは、現実の対象ではなく、対象の原因である。幼児は、泣き声をあげたり、手足をバタバタさせたりして空腹を訴える。これはミルクを求める自然の欲求の表現と見てよいだろう。欲求（besoin, need）は、そのとき、幼児が生命を維持するために現実の対象を求めている状態を意味している。しかし、幼児が言葉を覚えて言語世界に入ると、その状態は根本的に変化する。幼児は、言葉によって何かを要求（demande）する。そのとき、欲望は、欲求を越える。ラカンは、それを愛の要求と呼んだ。この要求には、実在する対象はない。幼児は、いくつかの覚えた言葉のなかから、その対象を名指すしかない。そのようにして、欲望の原因を名指した言葉はパロールと呼ばれる。パロール（parole）は、言語学では言と邦訳されているようだが、口に出された言葉という意味で、他に発言、言表、発話、口話などが考えられる。ソシュールが、ラング（langue）という、ある言語共同体で使用

される国語に対して、個人の具体的な言語行為をパロールと呼んだことで広く知られている。さらに、ラカンは、パロールと一般にひとが言葉で伝達し合う言語活動を指すランガージュ（langage）を区別している。とくに、ローマ講演と呼ばれる 1953 年の学会報告では、両者を区別し、パロールをランガージュから解放することが主張されている。

　だが、あらゆるパロールに欲望が潜んでいるとしても、すべてのパロールが欲望を知らせているわけではない。ラカンは、欲望を告げ知らせるパロールを充実したパロール、または真のパロールと呼び、そうでないパロールを空虚なパロール、正確には空虚化されたパロールと呼んだ。ここで、欲望はパロールにおける欠如を、すなわち言葉は欲望の原因を名指すことはできないのだから、充実したパロールとは、実在する対象はどこにもないことを告げ知らせてくれるパロールであり、空虚なパロールとは、対象の欠如を、つまり欲望そのものを隠蔽しようとするパロールである。ラカンは、1954 年 5 月の講義で「パロールとは、人間の欲望をラングのシステムへと絶えず繰り入れては間接化する水車小屋の挽き臼のようなものです」と言い、「パロールとは、主体の欲望が象徴的次元で真に統合される場です。どんな欲望であれ、欲望が真の意味で再認されるのは、ただ欲望が他者を前にして自らを表現し、自らを名乗るそのときだけです」。文中の（小文字の）他者は、欲望が向けられる想像的自己像それ自体である。それゆえ、パロールは、欲望の原因が自分のそとには存在しないことを隠すのである。彼は、同年 6 月の講義で次のように語っている。「現実の中に嘘というものを設立するのはパロールです。パロールは、存在しないものを導きいれるからこそ、存在するものを導き入れることができるのです。パロール以前には何も存在しません。全く何も無いのです。おそらくすべてが既にそこにあるのでしょう。しかし、存在するもの　―真実や虚偽であったりするもの、ということはつまり存在するもの―　と、存在しないものとがあるのは、ただパロールによってのみです。現実的なものにおいて真理が穿たれるのは、パロールという次元によってなのです。パロール以前には真実も虚偽もありません。パロールと共に真理は導入され、嘘もまた導入されます」。ちなみに、パロールと存在の概念に共通する曖昧さについ

第四章　父の殺害　89

ては、こう語っている、「存在という概念は、それを我々が掴もうとするや否や、パロールと同じように把握不可能なものであることが解ります。というのは、存在は、そもそもこの存在という言葉自体パロールという領域にしかないからです。パロールは現実的なものという布地の中に、存在という窪みを導入するのです。両者はお互いに支えあい、釣り合いをとっており、まさに相関的なものです」。ここには、彼が師と呼んでいたヘーゲル学者コジェーヴの影響が認められる。要求が目指す他者への愛とは、想像的な自己自身への愛であり、そこで要求と結ばれる欲望は、そとの他人への愛ではなく、鏡像としての他者への愛であり、他者の承認を求める欲望である。そこに、ヘーゲルの欲望が、ラカンによってフロイトのナルシシズムと同一化に受け継がれたのを見ることができる。

　ナルシシズムと同一化は、ひとが語る主体として形成されていく過程における中心的な心的活動である。ナルシシズムは、たんに発達の一段階ではなく、ましてや倒錯の一形態でもない。同一化も、たんに防衛の一機制ではなく、両者とも語る主体が象徴界、想像界、現実界の三領域によって規定されるさいの前提を指している。ただし、そこにはひとに特有の条件があって、ナルシシズムには鏡像という見えるイマージュが介入し、同一化にはシニフィアンという言葉の要素が介入する。どちらも、ひとが象徴界という言語活動の世界に参入するための条件である。そのさい、ファルスは、ひとを象徴界につなぐ姿のないシニフィアンとして、両者の心理活動に深く関与している。ひとがファルスの働きによって、性欲動としてのリビドーと、そとのシニフィアンとをつなぐことができたら、愛の要求は満たされ、大他者の欠如は埋められるだろう。パルメニデスの言葉に従えば、そのとき言葉は存在と一つになり、真理は実現した、とされるだろう。だが、フロイト以来の精神分析の経験では、語る主体のパロールは、真と偽、充実したものと空虚化されたもの、これら二つの面のあることが、そもそも主体がパロール（言葉）によって語ることを意味している。真だけの言葉も、嘘だけの言葉もないのである。

　そうしてみると、性欲動の象徴としてのファルスもまた、語る主体の要求にすべて答えることはできないし、大他者の享楽を十分に実現すること

もできない。だが、それはファルスの機能不全によるというより、語る主体としての生き物が永久に喪失してしまったリビドーという器官と、大他者つまり言語の領域である象徴界との結合できない関係によるのである。失われたリビドーは性欲動のエネルギーとして、それが日の目を見ない言語世界でつねに働いているが、ラカンによれば、象徴界は、絶えず書かれ続けることによって、それを隠し通さなくてはならないからである。パロールには、つねに意味作用とその結果が伴う。空虚なパロールは、嘘をつくことによって欲望を隠そうとするが、そこから何らかの意味作用が生じる。ラカンは、その結果を症状と呼んだ。語る主体は、ファルスによって欲望の対象と直接的な関係をもつことはできないから、享楽を諦めて、意味を受けとる。したがって、語る主体は、症状によって生きる。それというのも、ファルスという性欲動を象徴化した表象のないシニフィアンは、その他のシニフィアンを現実界につなぐことはできないからである。

　ファルスは、語る主体がそれに近づく大他者の場所では、享楽を実現できない。そこで、ファルスの働きは、言語に支配された世界のなかで欲求と要求のあいだを取り持ち、欲望と享楽の関係を調整するということになる。ラカンは、その働きを政治や宗教や慣習などのあらゆる蒙昧主義（obscurantisme）から切り離そうとして、論理的、トポロジー的に説明しようとしている。彼によると、ファルスは演算子（opérateur, shifter）のようなもので、言語学では転位語と邦訳され、状況によってその意味が変化する語類である。転位語は、特定の指向を定めず、それがメッセージのなかに登場したときにだけ、指向対象が明らかになるのである。いずれにしても、精神分析ではフロイト以来、ペニスを象徴する転位語として用いられてきたファルスは、語る主体がその働きによって男女を問わず、言葉の環境のなかで（象徴的）去勢に直面することを表わしている。同時に、語る主体はその働きによって、言語の意味作用の効果に出会うのである。

## Ⅲ　男と女

　ひとが男か女かという自分の性にかかわるのは、たんに生物学的、解剖

学的な知識によるのではない。精神分析もひとの性については、生物学や心理学とは異なった見方をしている。ラカンは、フロイトのリビドー概念を受け継いで、語る主体を規定する三領域（象徴界、想像界、現実界）理論の前提となる事象として、つねにひとの性欲動として問題にしていた。彼は、記録されているセミネールの最初の年の講義で、次のように述べている、「フロイトのリビドー理論は、その時代の生物学から学んだものに依拠していました。本能の理論は、個体の保存という究極の目的と、種の保存という究極の目的という基本的な二分法を考慮に入れないわけにはいきませんでした。しかし、フロイトは、自分の理論構築は生物学的理論たらんとするものではないとはっきり述べています。」とはいえ、「重要なことは、リビドーがあらゆる心的現象と普遍的に繋がっていることを見出だすことではありません[16]」。つまり、精神分析は、遺伝的に伝達された動物の種に固有の目的に沿った行動の図式を表わす本能の理論から遠ざかる。かといって、リビドーにもっぱら心理的な意味を与えたとしても、それによって語る主体としてのひとは解明されない。

　ラカンは、そこで、本能理論における「種の保存」に注目する。この「種」は生物学で「基準種」と訳される類型的な分類上の種（type）であるが、彼はローレンツやティンバーゲンなどの動物行動学における使用法から、その用語をイマージュの意味につなぐ。「動物行動学者は交尾というメカニズムが働く際のイマージュの優位性を示しました。このイマージュは外見の変化による一時的な表現型という形で現れ、その出現は構成されたシグナル、即ちゲシュタルト（統一された形態）として役に立ち生殖行動を始動させるのです。したがって、性的本能という機構のクラッチをつなぐことは本質的にイマージュとの関係において、つまり皆さんお待ちかねの用語を使えば、想像的関係において結実するのです。・・・性欲動は、想像的なものの機能にその中心を置きます。したがって、私達は今や想像的なもの及び現実的なものと、リビドーとの関係をはっきりさせ、心的経済の中で自我の果たす現実的なものの機能という問題を解決しなくてはなりません[17]」。

　自我は、とりわけナルシシズムと同一化が働く場所であり、想像的なも

のの領域である。リビドーが心的なエネルギーを向けるのは、対象のイマージュであるから、リビドーが対象にエネルギーを向けるという言い方は、実在論的な表現ではないか。一方、リビドーが自我にエネルギーを向けるという現実は、自我は精神装置の内部的な現象だから、実在論的な現実ではなく、存在論的な現実ではないか。聴講生の一人が、こう質問すると、ラカンは「あなたはお気付きのようですね。私は何を目指しているのでしょうか。それは性的行動の周期に関して本能理論の最近の研究が示した基本的事実、つまり主体は性的行動において本質的にルアー（疑似餌、おとり）にかかりやすいという基本的事実に合流することです。」と答えている。[18] すなわち、ひとの性については、想像的なもの（心理的）と現実的なもの（生物的、解剖学的）とをはっきり分けて、両者の関係を考えなくてはならない。すると、その性行動は、動因となる衝動に対する一定の目的に沿った狭い本能（instinct）によると言うよりも、そこに心的な衝動をともなった欲動（pulsion）によると言った方がよい。

　そのようにして、ひとの性行動を探っていくと、そこでは想像的なものと現実的なものとの関係に、象徴的なものがいかに深くかかわっているかが分かる。ひとという種（type）は、言葉の支配する世界に生きており、性行動もその世界のそとに出ることはできないからである。動物行動学では、象徴的なものの領域が、それぞれの基準種に固有の世界を形成していないので、その領域と他の二つの領域との関係は、研究対象にならない。動物たちも、種のイマージュという外見の変化をともなう姿形には騙されるが、そこに象徴的なものは関与していない。つまり、その性行動は、現実的なものが想像的なものによってすっかり支配されている。「言ってみれば、動物の世界では性行動のすべてのサイクルは想像的なものに支配されているのです。また一方、置き換えということの最大限の可能性が見られるのもこの性行動においてです。ルアー、偽のイマージュ、つまり種の諸特徴を大まかに備えてはいるものの、単なる影に過ぎない雄のパートナーを動物に示す時、私達は既にそのことを実験的に使っているのです」[19]。しかし、動物の世界は、それによって破壊されない。現実的なものと想像的なものの関係は調和を保っている。

第四章　父の殺害　　93

一方、ひとの世界は、言葉が根本的に支配する象徴的な領域がすべての活動に及んでいる。そこにおける性活動は、どうであろうか。ラカンは、動物が内部のイマージュと現実の対象を一致させて生きているのに対して、両者の関係に言葉が介入してくるひとの性活動について、こう述べている、「御存じのように、人間においては、性機能の現れは著しい無秩序という特徴をもっています。適合しているものなど何一つありません。我々分析家がその周りを回っているこのイマージュは、神経症の場合でも性倒錯の場合でも、一種の断片化、分裂、寸断、不適合、不整合を示しています。そこには、イマージュと正常な対象との間にいわば隠れんぼがあります」[20]。「隠れんぼ（cache-cache）」という原語には、本当のことを見ない、見たくないものから目をそらすという意味がある。「正常な対象」といっても、それは種の保存に役立つ性機能の基準に合った対象という理念的な意味であって、そういう対象とイマージュのあいだに象徴的なものが割って入ると、ひとは対象から目をそらせて、それは見えなくなり、その結果が神経症や倒錯の症状となって現われるのである。

　ひとの性活動には、神経症や倒錯に限らず、何らかの症状がともなっている。それは「正常な対象」という、この世のそとにある現実的な領域と、言語が支配する象徴的な領域との関係に由来する。両者の関係には断裂があって、それを自然に塞ぐことできないのである。症状は、それゆえ、ひとが性活動において現実的な対象に近づこうとするさいに生まれる、妥協の産物であると言える。ひとは、現実界と象徴界の亀裂を想像的なイマージュによって結びながら生きているが、語る主体は、それによって、想像的なイマージュを、現実的、象徴的な二つの領域に結びつけながら生きているが、そのさい、ラテン語で勃起したペニスを意味するファルスが、ひとの性活動を性的結合の成就というもっとも現実的なものと、言葉という象徴的なものとを結ぶシニフィアンの任務を負うことになる。ファルスは、いわば象徴界の使者であり、特使である。ラカンは、上に引用したセミネールから20年後の1973年に、そのシニフィアンの両性に対するかかわりを、古典的な論理学の量（全称と特称）と質（肯定と否定）による定言命題の対当関係を借りた表として、下のように図示した[21]。

94

　論理学では、Φは関数を表わすＦと記されるから、ここではファルスの頭文字であるΦが関数と考えられている。関数は、一般にはxの値が決まると、それに応じてyの値が決まる対応関係を表わしているが、ここでは自分が男であるか、女であるかに対する答えとして、解剖学的な両性間の違いとともに、自分がどちらの性に属するかを感じとり、受け入れるか、その仕方の変化を表わしている。言語に支配された世界では、その仕方はけっして自然的ではなく、一律でもない。ラカンは、両性がその世界において象徴界の欠陥をどう補おうとするか、それを両性の思考表現（命題）の根本的な違いとして示そうとしたのである。彼は、ファルスをフロイトの原抑圧、つまりリビドー段階への固着と結びつけ、言語世界における「もの」の喪失と、対象 *a* の出現へとつなぐ。そこで、ファルスという姿形のないシニフィアンの特使は、語る主体に去勢をもたらすという使命を帯びていることになる。そのさい、ペニスを象徴化したファルスは、両性における身体のイマージュの相違にしたがって、その機能をそれぞれの性に割り当て（répartition）なくてはならない。ラカンは、それを古典論理学のもっとも基本的な対当関係表（アプレイウスの正方形）を使って示したのである。そこにおけるそれぞれの性の同一性は、解剖学上の現実的な性によるのではなく、あくまで言語活動のなかで想像的に加工された命題によるのである。

　ファルスの機能が両性に割り当てられるとき、男とは「すべてのxに対してΦxである」（全称肯定）と「Φxでないようなあるxが存在する」（特称否定）であり、女とは「すべてのxに対してΦxであるわけではない」（全称否定）と「Φxでないようなxは存在しない」（特称肯定）である。[22]「Φx」は、主体xがファルスΦの機能に従っていることで、「主体は去勢されている」を意味しており、「$\overline{Φx}$」は、主体xがファルスの機能に

従っていないことで、「主体は去勢されていない」を意味している。Aは「すべて」（全称）を表わし、∃は「ある」（特称）を表わし、否定は一で示されている。まとめてみると、男の思考表現は、「あらゆるひとは、去勢されている」と「去勢されていないひとが、少なくとも一人はいる」で、女のそれは、「すべてのひとが去勢されているわけではない」と「去勢されていないひとは一人もいない」である。

　「すべて」は量を表わす帰属判断で、「ある」は質を表わす存在判断であるが、男も女も二つの判断において矛盾したことを言っている。男は、帰属判断において「すべてのひとは、去勢されている」（全称肯定）と言いながら、存在判断において「去勢されていないひとが、少なくとも一人はいる」（特称否定）と言い、女は帰属判断において「すべてのひとが去勢されているわけではない」（全称否定）と言いながら、存在判断において「去勢されていないひとは一人もいない」（特称肯定）と言っている。ここで、帰属判断とは父の名が告げる法の判断であり、存在判断とは自己のあり方を表現している判断であって、帰属判断は普遍文によって表現され、存在判断は存在文によって表現されている。男も女も、二つの判断において矛盾しているのは、そこに自己の想像的な姿が干渉しているからであり、端的に、男は自分の身体的なイマージュから、去勢されていない姿を想像し、女はそのように想像する理由がないからである。

　言語世界に住むひとの世界では、性と現実界のあいだに「著しい無秩序」が生じている。ファルスは、言語に支配されたひとが、何とか生き延びるための役割を帯びたシニフィアンである。ひとには、そこで父の「名」という言葉とともに、それに伴う喪失が生まれる。欲望は、その喪失から生まれる言葉の空白を指している。ひとは、その空白を対象 a によって捕えようとするが、その対象は象徴界にも現実界にも属さない、たんに空白から生まれる余計なものであり、言語世界では、「文字」として残された残余である。にもかかわらず、ひとはその空白を、象徴界と想像界が融合した幻想と呼ばれるイマージュのシナリオによって埋めようとするのをやめない。ファルスの役割は、そうした言語世界のなかで、主体の欲望を父の名が告げる「法」のなかに留めおこうとすることである。し

かし、シニフィアンとしてのファルスは、象徴界と現実界をつなぐことはできない。

ファルスには、ともあれ、三つの領域によって規定されるひとの性を言語世界のなかで調整する使命がある。そのことは、ひとの性が、両性にとってシニフィアンの問題であり、去勢も、ペニスという現実の対象にではなく、想像的な対象としてのファルスというシニフィアンにかかわる問題であるのを意味している。そして、性による思考表現の違いも、そこから生じている。フロイトの神話のなかで、男たちは父を殺害するが、女たちは父殺しに参加しない。神話の男たちにとって、享楽とは、すべての女の享楽であり、それを絶対的な権力をもつ原父が独り占めにしている。原父に同一化している男たちは、協力して原父を殺すが、男たちの心に原父のイマージュはいつまでも残り、それを捨てることはできない。男たちは、ファルスが去勢のシニフィアンとして象徴界に姿形をもって現われても、それが意味する去勢に対する抵抗をやめることはできない。想像界には、去勢されていない一人の姿が残り、それが男の存在判断（特称否定）による存在文として表現されるのである。

それと裏腹に、男たちが原父に同一化した別の一面では、「父の名」によるシニフィアンの命令的な効果が、すなわち、あらゆる人が去勢されているという法が、帰属判断（全称肯定）による普遍文として表現されるのである。二つの文の矛盾からは、象徴界と想像界のつながりから無意識が生まれることや、想像界の仲介によって、象徴界と現実界が嘘をもってつながることなどを窺うことができる。フロイトの前章で紹介した論文「否定」に登場する患者は、その良い例である。男たちは、去勢の及ばない享楽を実現する「もの」のイマージュが、「母」という言葉によって象徴的に表現されるのを否定しながら、そのことによって、現実界と言葉の世界をつなぐ「もの」が象徴化され、自分が言葉に支配された世界に生きているのを無意識に認めているのである。イポリットは、そのことを「否定が破壊への傾向というものではなく、明瞭に示された象徴性の基本にある一つの態度としての役割を果たすようになるからです」と言い、ラカンの「父の名の外在性と、象徴的な法の根本的な否定性」という観念につながるのである。

第四章　父の殺害　97

ファルスは、女たちには去勢のシニフィアンとして、男たちとは異なる機能が割り当てられる。女たちにとっても、去勢されていない一人は言葉の世界の例外的な存在であるが、女たちには、そのような一人は存在しない。全体を一つの集合としてまとめたり、一般化したり、普遍化するためには、その集合を全体として指し示す例外的な存在がなくてはならない。その存在があって、はじめてその他の人たちの全体が形成される。女たちには、そのような存在は欠如している。それゆえ、ラカンは「女というものは存在しません」と言った。そのことは、去勢についての帰属判断（全称否定）である「すべてのひとが去勢されているわけではない」という、女たちにおける法の普遍文によって表現されている。一方で、女たちの存在判断（特称肯定）は、「去勢されていないひとは、一人もいない」と表現される。これは、ファルスの機能について例外となるひとは存在しないということで、女たちは、去勢されていない原父という例外の一人によって、その全体が形成されているわけではないという意味である。[23]

　言葉の世界では、男も女も、必然的に去勢に直面する。性別化の論理式は、両性のそれぞれが、どのように去勢にかかわるかを表わしている。精神分析では、とくにラカンにとって、去勢の中心的な意味は、生殖腺を除去する現実的な去勢でも、幻想のなかで起こる想像的去勢でもなく、父の名との出会いによる象徴的去勢である。そして、これにはフロイトのリビドーを象徴化したファルスの割り当てがかかわっているが、それによって生まれる思考表現の違いは、解剖学上の性別に対応するわけではない。つまり、生物としての男が、一律に論理式の男の側に従うわけではなく、女の側についても同様である。その違いは、あくまでも語る主体の欲望を父の名によって規定された去勢の法のなかに保とうとするファルスの機能に由来するのであって、ファルスがシニフィアンである以上、その割り当ては生物学的現実に直接つながるわけではない。思考表現上の性別は、男女の現実的性別と混同することはできない。

　そこで、われわれは、父の名が個人のナルシシズムを直撃する去勢の法から、ファルスが個人の性欲動を父の名が規定する欲望のなかに取り込もうとする去勢の法へと目を向けることができる。象徴的去勢の結果は、個

人には去勢に法に対する妥協の結果としての症状となって現われ、社会と呼ばれる集団には、経済、政治、科学、芸術などの象徴的システムの総体となって現われて、それぞれの集団の言語活動によって支えられている。言語活動は、あらゆる集団の象徴システムにおける人間関係を支える土台である。ラカンの精神分析では、やがて集団の成員となる個人が、はじめに父の名のシニフィアンを受けとり、それからの人生は、そのシニフィアンを言い換えてゆく過程であると考えられる。それは性欲動を象徴化したファルスというシニフィアンの機能が、父の名に出会ってから個人にもたらす去勢の経過であって、父の名の転義（trope）、つまり意味の変換となって推移する。そこで、それぞれのひとの運命を支配するのは、修辞学で文彩、詞姿（figure）と呼ばれる言葉のすがた、あるいは言葉のあやであると言える。フロイトは、そこに父の神話的な姿を認めたが、ラカンは、その姿を象徴界の名につないだのである。

　ところで、ファルスは、父の名とひとのあいだに入って、象徴的去勢の効果をもたらす。そして、その働きは言葉の世界に生きる男と女の思考表現に、それぞれの結果を生む。男は、「去勢されていないひとが、少なくとも一人はいる」と言うが、女は、そのイメージとかかわりがなく、「去勢されていないひとは、一人もいない」と言う。前者は、男の側の存在判断による存在文の表現であり、後者は、女の側からのその否定である。また、男は、「すべてのひとは去勢されている」というが、女は「すべてのひとが去勢されているわけではない」と言う。前者は、男の側の帰属判断による普遍文の表現であり、後者は、女の側からのその否定である。帰属判断による普遍文は、法の言葉であり、存在判断による存在文は、文字どおり存在の言葉である。どちらも、判断において否定し合いながら、男の普遍文と女の存在文、また男の存在文と女の普遍文は、結局、同じことを言っている。

　しかし、その言い方の違いが要点で、そこを注意しなくてはならない。男と女は、去勢について対称的な位置をとっておらず、そこに埋めることのできない亀裂がある。つまり、両側の普遍文と存在文のあいだの捻じれを解消して、両性の関係を書き込むことはできないのである。それゆえ、

ラカンは「性関係は存在しない」と言った。しかし、それを書き込もうとするのが、男の側の享楽であると言える。そこで、その関係性を書き込もうとする試みを「やめる」か「やめないか」ということを両側から眺めてみると、そこに量と質の純粋な命題に、それが可能か不可能か、必然か偶然かという、命題のあり方を規定したり、限定したりする面が加わってくる。それは、論理学で様相と呼ばれる一面で、男の側の存在文は「書かれるのをやめない」という必然を表わし、普遍文は「書かれるのをやめる」という可能を表わす。また、女の側の存在文は「書かれないのをやめない」という不可能を表わし、普遍文は「書かれないのをやめる」という偶然を表わす。両性のあいだには、この面でも解消できない捻じれがある。(24)

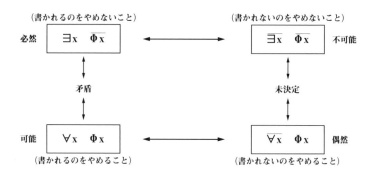

ラカンは、性別化の論理式を表示したちょうど20年前、「ローマ講演」（1953年3月）と呼ばれる報告を行い、そこでは言語的コミュニケーションにおけるランガージュ（言語活動）とパロール（言）を区別している。言語学では、ふつう、広い意味で言葉を使うことをランガージュと言い、パロールは、記号体系としてのラング（言語）の規則に従う個人の言行為を指していて、ランガージュは、ラングとパロールの総体とされている。ラングは、シニフィアンとシニフィエからなる記号の体系であり、実際には個々の言語体系（国語）としてあるが、彼はそれを含めてランガージュと言い、パロールと区別し、むしろ、パロールをランガージュと対立させている。

ランガージュは、ある言語体系における言葉の目録であり、その目録の使用法は一つではないが、そこにある言葉は、本質的に法の領域と重なっている。一方、個人の言行為を指すパロールの特徴は、それによって意味の効果を生み出すことである。その意味は、国語辞典の説明するところではなく、精神分析にとってはただ一つ、欲望の対象、つまり欲望の原因となる言葉の世界には存在しない対象である。そこで、パロールは、例外のない全体を指す法の言葉ではなく、例外のある個別の言葉であり、大他者に対する訴えであり、呼びかけである。精神分析は、分析主体のパロールを分析者に対する問いかけとして聞き、それに対する分析者の答え、そして、ふたたび分析主体の問いとそれに対する答え、その問いと答えのくり返しのなかから、新たな意味が生まれることを期待しているのである。

　男と女の性別化は、あくまでも集団のなかにおける思考表現の論理式である。ひとの群れは、言語に支配された人為的な集団であり、男女の思考表現もそこで行われているのは言うまでもない。言葉を土台にした集団の象徴システムの総体には、その効果として生まれた欲望の原因を指す名が欠けている。パロールは、その欠如を言葉の意味作用によって埋めようとするが、その過程は両性のどちらの思考にとっても終わらない。そして、その表現はいつも偶然的、暫定的になるが、それにはつねに父の名がまとわりついている。語る主体は、言語活動の世界に入るためには、ファルスの割り当てによって象徴的に去勢された証明を受けなくてはならないが、ラカンは、そのために主体が支払うべき代価を象徴的負債と呼んだ。語る主体は、その代価をずっと支払わなくてはならないが、その過程では、父の名にかかわる症状が生まれる。それは語る主体にとって本質的で、支払うことのできない現実的なものと、象徴的なものとの妥協の産物であるが、分析主体には、言語に支配された集団のなかで、その症状と欲望の関係をいかに調整するかという課題が、最終的な解決がないまま残されている。

# Ⅳ　死

　死について、前世紀の半ばを過ぎたころ大部の著作を発表したフランス

の哲学者ジャンケレヴィッチは、「人は死のことを考えるのを、あるいは考えるふりをするのを、自分からやめようと思ってもどうすることもできない。」と述べている。しかし、続けて、死は、言語という道具によっては、けっして「言いえない」し、「語りえない」と書いている。精神分析では、1920年に、フロイトが『快楽原則の彼岸』のなかで、死の欲動という言葉によってそれを語って以来、死は、ずっと話題になってきた。

　もっとも、フロイトは、死そのものについて語っているわけではなく、性欲動と自己保存欲動、サディズムとマゾヒズム、快楽原則と現実原則など、いつもの二元論的発想によって生の欲動に対立する死の欲動の範囲内で、それを語っている。彼は、死の欲動が生の欲動に対立する根底には、自我欲動と性欲動の「鋭い対立関係」があり、「自我欲動は生命のない物質に生命が与えられたことに由来し、生命なき状態を再興しようと欲する」が、性機能に由来する「性欲動は生命を生き長らえさせ、生命に不死性の外見を付与することを欲する」としている。それ以前から、彼は生の欲動の総体を、プラトンの用語を借りてエロスと呼んでいたのが知られていたが、そこの自我欲動は自己保存欲動と同じものとされ、それはいまの死の欲動につながる自我欲動とは対立する欲動を指していた。性欲動と自我欲動の対立から生の欲動と死の欲動の対立という、まったく新しい二元論への変化は、その間の長い臨床経験から生まれたと思われる。

　死の欲動という用語は、次の文にはじめて登場する「自我の欲動または死の欲動（Todestriebe）と、性の欲動または性の欲動（Lebenstriebe）との対立関係はそのとき打ち捨てられ、反復強迫も自身に帰せられてきた意義を喪失することになるだろう」。ここで、二つの欲動の対立にかかわりがあるとされる反復強迫は、彼が長いあいだずっと注目してきた現象である。彼は、上の文にこう前書きしている、「性機能は生命を生き長らえさせ、生命に不死性の外見を付与することができる。しかし、生命ある基質の発展過程におけるいかなる重要な出来事が、有性生殖によって、あるいはその先駆形態で二個体の原生物の接合によって、反復されるのであろうか、われわれはそれを言うことができない。だからいっそのこと、われわれが築き上げてきた思想全体が間違いであったことがわかるなら、その方が気

が楽というものである」。彼は、ここでは「生物学」を参照にして、その用語で語っているようだが、その直後に、精神分析における死の概念が、いかに「生物学者の手もとから漏れおちているか、そのさまを見て、びっくりしてしまう」(27)と語っている。

　そこで、精神分析では、生も死も、反復も強迫も、「自然死」についての「生物科学」をわきにおいて再考すべきということになる。しかし、フロイトの弟子たちには、死の欲動という概念は受け入れにくかった。そもそも、欲動の概念は、エネルギーと表象に支えられている。それが生と死の二元的な対立にどうかかわるのか。また、そのエネルギーの表現に生と死の二面性があるとしても、それらの根底にあって、エネルギーそのものを生み出しているものは何なのか。それを、フロイトのように「神話的存在」と呼んでよいだろうか。フロイトも、当初から弟子たちの抵抗には気づいていた。死の欲動が、強迫的な反復という臨床経験における否定できない現象から思い付かれた考えだとしても、それはあくまで思弁的で、これまでの二元的な思考のパターンにうまく収まるかどうかは分からない。しかし、その考えは変わらず、かえって、それによって生と死の二元論が修正されることになった。

　彼は10年後に、こう書いている、「死の欲動という概念は、私も当初ただ試みに主張していたにすぎないが、時とともに、この見地が次第に私を強く捉え、今ではもはやそれ以外には考えることができなくなった。つまり、この見解は、他のいかなる見解よりも理論的に遥かに有効で、事実の黙殺や歪曲に走ることなく、学問的作業が本旨とする単純化を実現することができるのである」(28)。すなわち、生の欲動と死の欲動の対立は、性欲動と自己保存欲動などの対立よりもはるかに根本的で、しかも、その考えを進めるほど、死の欲動こそが精神分析の概念的基盤であると言えるようになった。フロイトがこう書いている背景には、彼が若い頃から悩まされてきた分析主体の強迫的な反復現象に対する洞察の深化がある。反復強迫は、ひとが能動的に、みずから進んでくり返し苦しい状況に身をおくことで、フロイトは、それを過去のきわめて不快な外傷的経験のせいだと考えた。端的に、それは子供にとって、母の姿が現われたり消えたりすることに

よって起こり、やがて、ひとはすでに失われている対象を求めて、そのたびに失敗をくり返すことである。[(29)]

　フロイトは『快楽原則の彼岸』のなかで、そのような反復を促す死の欲動は、快楽原則に奉仕すると結んでいる。快楽原則と現実原則は、精神分析の理論のなかで、一般によく知られた対立概念である。そこで、死の欲動が快楽原則につながるのであれば、どうして不快な状況に向かおうとする死の欲動を、快楽原則を越えた、その彼岸に位置づけなくてはならないのかという疑問が当然生じてくる。フロイトはこう述べている、「生の欲動は絶えず緊張をもたらす邪魔者として登場し、その緊張が解消されると快として感じ取られる一方、死の欲動の方は目だたずにその仕事を遂行しているように思われる。・・・快楽原則は、まさしく死の欲動に仕えているように思われる。確かに快楽原則は、両方の欲動によって危険とみなされる外部からの刺激に対しても警戒を怠らないが、しかし、生命の課題の実現を困難にする内部からの刺激の上昇に、なにより警戒するのである[(30)]」。こうしてみると、結局、「生命の課題の実現」には、現実原則よりも快楽原則が、生の欲動よりも死の欲動が奉仕していることになる。フロイトは、その点にはこれからも多くの問題が提出されるだろうが、それらにいま答えるのは不可能で、忍耐強く探究を続けなくてはならないと書いている。

　たしかに、その後の精神分析の分野で、反復強迫と死の欲動の関係を、また死の欲動と快楽原則の関係を再考しようとする試みはあったようである。そのなかで、ラカンがフロイトを読み直す作業をしていたとき、それらの関係について再考することは焦眉の課題だった。彼は、1955年4月26日に、現在「盗まれた手紙」と題されている講義を行い、57年には、『エクリ』に収録されている「『盗まれた手紙』についてのゼミナール」を発表している。この記録は、その課題にたいする彼の考えと、その答えを分かりやすく伝えているようだ。ただし、その記録の読者は、そのときすでに、ラカンは言語活動と無意識についての、また象徴界、想像界、現実界の三領域についての基本的な考えを練り上げていたのに留意しなくてはならない。講義から30年後に、あるフランスの哲学者は、こう書いている「死の欲動は、はたして本当に、生とすべての有機的組織体の消失に向かう運

動なのか、こう疑うことはできよう。しかし反復の現象は、おそらく『死の欲動』のような何ものかを抜きにしては理解しえないだろう。フロイトには、死の欲動についての生物学的見方を避けるためのシニフィアンの観念がなかった。反復されるのは、シニフィアンなのである。」

なるほど、強迫（Zwang）と言い、反復（Wiederholung）と言っても、何が強迫的に反復されるのかはっきりしない。それらを観念や行動と言っても十分ではない。そこで、同じ著者は、「すべての反復は、たとえ動作や出来事の反復であろうと、ある種の構造の反復であり、反復の状況を考えるならば、シニフィアンの構造の反復である」と続けるのである。シニフィアンは、ラカンの理論において、つねに問われるべき用語だが、それがここではたんにシニフィアンの反復ではなく、構造の反復と関連させられている。

たしかに、ラカンは1964年の講義で反復を、無意識とともに「精神分析の四基本概念」の最初に挙げている。そして、「フロイトのテキストにおいては、反復は再生ではありません」と前おきして、それと象徴界との関係を示唆しながら、「反復はまず明快ではない形で、再生や現前化として『行為』へと至らない形で現れます」と言い、「反復とは、行動のたんなる常同症ではなくて、つねに欠如しているものとの関連における反復です」とつけ加えている。つまり、反復で問題になるのは何らかの行動ではなく、語る主体を代理表象するシニフィアンであり、そのことが反復を死の欲動の本質につなぐのである。というのも、ひとを母という「もの」の不在から引き離し、語る主体にする最初のシニフィアン（$S_1$）には、シニフィエのない無意味という欠如が刻印されており、それに続くシニフィアン（$S_2$）はその空虚から引き出されて、そのことが死の欲動を証明するからである。すなわち、死の欲動は、生命の消失に向かうのではなく、その源は、ひとに対してシニフィアンがもつそもそもの否定性という本質であり、そこから生まれる空虚のまわりで反復されるシニフィアンと、ひととの関係から考えられなくてはならない。

ラカンは、『エクリ』の冒頭におかれた「『盗まれた手紙』についてのゼミナール」を、こう書きはじめている、「われわれはこれまでの研究に

よって、反復強迫（Wiederholungszwang）は、われわれが以前にシニフィアン連鎖の執拗な自己主張（l'insistance）と名づけたもののなかに根拠をおいているのを知りました。この観念そのものは、l'ex-sistence（つまり、中心から離れた場所にいること）と相関的な関係があるものとして明らかにされたわけですが、この場所はまた、フロイトの発見を重視しなければならない場合には、無意識の主体をここに位置づける必要があります」[33]。彼は、ここで「反復」の仏訳に、通常の compulsion ではなく automatisme をあてて、反復強迫（L'automatisme de répétition）は、たんに心理的な面からではなく、構造的な面から考えるべきだとしている。ポーの「盗まれた手紙」を分析したのは、聴講生たちに、それを話の具体的な場面をとおして教えようとしたからだろう。そして、彼はこう続ける「知られるとおり、象徴界が影響力を行使するこの場所の機能が、想像界のどのような経路を通って人間という生体のもっとも深いところでその力を発揮するようになるか、このことは精神分析によってはじめられた実際経験のなかではじめて理解されるのです」[34]。

　ここには、語る主体を規定する象徴界と想像界はあるが、もう一つの現実界がない。しかし、ひとという生きもののもっとも深いところとなると、現実界を外すわけにはいかない。むしろ、反復強迫には、ひとと現実界の関係が根底にあるのを示唆したいのだろう。そのために、「象徴界の影響力」をはじめに言ったのだと思われる。言語活動の世界で、言葉がつねにくり返し言われ、シニフィアンが反復するのは、象徴界のなかで起こる。それによって、語る主体は、中心から外れた場所におかれるのである。自然のなかに、ひとが語る主体として登場するのは、ひとが自然のそとに出ること（exsistentia）である。しかし、主体は、そこにおいて想像界の経路を辿って現実界に向かうのをやめない。そのさい、想像界と現実界をつなぐのは、象徴界におけるシニフィアン連鎖である。それゆえ、死の欲動においては、象徴界と現実界という二つの領域の関係が前面に出る。ラカンは、1964年の講義で、テュケー（tuche）とオートマトン（automaton）という用語よって両者の関係を説明している。

　どちらもアリストテレスの『自然学』と『形而上学』で、「原因」を指す

ために使われている用語だが、日本語の定訳はない。ラカンは、テュケー[35]を「現実界との出会い（la rencontre du réel）」と訳して、「現実界は、『オートマトン』の彼岸にあります。『オートマトン』とは、記号の回帰、再帰、執拗さであり、そこでは快楽原則が支配しています。現実界とは、つねにこの『オートマトン』の背後にあるものであり、フロイトの探求のすべてにおいて、それこそが彼の関心の中心であったことは明らかです」と語っている。つまり、オートマトンとは、記号のしつこい自己主張で、言語[36]活動におけるシニフィアン連鎖の様態を表わしている。

　一方、テュケーは、「（現実界との）出会いといっても、それは出会えないかもしれない出会い、本質的に出会い損なったものとしての出会いですが、精神分析の歴史の中では、（精神的）外傷という形で登場しました。」と述べ、こう続けている「精神分析の始まりにおいて現実界が、主体の中の『同化できないもの』という形で、つまり主体のその後を決定し、主体に一見偶発的な起源を与える外傷という形で現れたことは注目すべきことではないでしょうか。これこそが、快楽原則と現実原則とを対立させる考え方の根源的性格を我々に理解させてくれるのです。現実原則は、どれほど支配力があるからといっても、言語活動の世界では最後の値段（dernier mot）になるわけにはいかないのです」。つまり、語る主体は、現実界と[37]の出会いが生む外傷を避けて、快楽原則の支配する世界に向かわなくてはならないということである。

　こうしてみると、テュケーとオートマトンの反復を強迫的にくり返す死の欲動は、「暴力でも死への実際の傾向でもなく、シニフィアンがもっている否定性が、人間において現われる本質的様態である。」という、前に挙[38]げた哲学者の定義は妥当である。この否定性には、語る主体とシニフィアンとの関係が前提されており、シニフィアンには、すでに主体の死の欲動が含まれているのである。シニフィアンと主体のあいだには何の対象もない「もの」があり、そこは空虚で無意味な死の領域である。主体は、現実にそこに近づくのを避けなくてはならない。それゆえ死の欲動は、実際には、主体が快楽原則の支配する世界で生き残るための生の欲動と混ざり合って、「無意識の主体」に「ある種の構造」を付与している。

ラカンは、その仕組みを説明するために、論文「『盗まれた手紙』についてのゼミナール」に「序」と題した文をつけ加えているが、論文の発表とほぼ同じ1957年3月20日のセミネールでは、フロイトと同じ時代を生きたドイツの数学者フレーゲの基数論を参照して、それを分かりやすく語っている。彼は、「フレーゲ、一見もっとも単純に見える算術の基礎論という分野に身を捧げた、今世紀の数学者」[39]と紹介しているが、その後、約20年間行われたセミネールでは、毎年のようにその名を挙げている。

　フレーゲは、一般に単語の「意味」と呼ばれているものを意味と意義の2種類に分けたことで知られている。いわく、「記号（名前、単語の結合、文字）に結び付くものとして、その記号によって表示されたもの、すなわち、記号の意味（Bedeutung）と呼ぶことができるものに加えて、記号の意義（Sinn）と私が名づけたいものを考慮すべきである」[40]。その例として、「明けの明星」と「宵の明星」は、同じ「金星」を意味しているが、文脈による使用法によって、その意義は異なる。

　フレーゲは、上の前提を基数の概念に応用して、「0（ゼロ）とは、『自己自身と等しくない』という概念に帰属する基数である」という根本命題を立て、それに続く1について、次のように言う。

　①　1とは、「0に等しい」という概念に帰属する基数である。
　②　1は、自然な数列において0に帰属する。[41]

　上の定義に至る長い道筋は、数学者や論理学者の説明に任せるとして、ここで、1という数は、何かの単位としての数ではなく、いかなる対象ももたない0に帰属する数とされているのに注意しよう。これによって、パルメニデスやエウクレイデスにはじまるヨーロッパの数概念は転倒したとされる。だが、これはラカンによるシニフィアンの性質そのものである。シニフィアンが$S_1$として数えられるのは、まさにそれが「自己自身と等しくない」からである。しかし、フレーゲの0にそのまま従うと、続くシニフィアン連鎖は、すべて対象をもたない、空虚となり、その貯蔵庫である大他者は、空集合になる。一方で、彼は0を定義するとき、ちょうど「明けの明星」と「宵の明星」という呼び方（意義）は違っても、「金星」という対象（意味）が存在するという考えはもっていた。

そこから、ラカンは対象 a の考えに基づいて、言語活動における数と反復強迫の関係を語り始める。語る主体は、数える主体であると同時に数えられる主体であり、自分自身を数える主体でもある。数えるということには、当然、量と単位の観念がともなっている。同時に、数は昔から、現実的な対象と切り離されて、思考のそとにある対象と考えられてきた。ところが、フレーゲのように、１が対象を欠いた、たんなる０の後継数であるとするなら、２以下の後継数は、すべて１を反復していることになる。しかし、精神分析は、そこから独自の道をとる。語る主体は、最初の０から、自分自身によって１と数えられる主体になるのである。なぜなら、語る主体は、自分自身をたんに象徴界のそとにいる対象として数えるのではなく、想像によって加工された１としても数えるからである。したがって、２は、たんなる１の反復ではなく、自分自身と鏡像を１対１で対応させようとした数１の後継数である。

　さらに、３も、たんに２の後に続く後継数ではない。ラカンは、それを同じ日の講義で、面白い例によって語っている。「よく理解してください。ライオンは、３まで数えられないからこそ、雌ライオンたちは互いに、少なくとも表面上は、少しも嫉妬を感じないのです」。つまり、ライオンでは１と２は現実界と想像界で、そこに象徴界が関与しないので、嫉妬の感情が生まれないのである。ひとにとって１と２は、お互いに箸や両手のような、どちらがどちらとも分からない双数的な関係を生みだす数であり、双数（duel）とは決闘の意味でもあるが、ライオンは現実界と想像界でうまくやっているので、表面上は争いを起こさない。すなわち、感情はすべて自然に生まれるとは限らない。それはひとにとって、３という象徴界の関与があってはじめて生まれる、もっとも身近な体験なのである。そこで、彼は次のように結論する、

　「結局のところ、人間にしたところで、ライオンより遥かにうまく数えることができるわけではないので、つまり、３という数は人間にとっても、決して完全に統合できるものではなく、ただ単に分節化されているだけなので、葛藤が現れるのだ、と。根源的に動物的な双数関係は、ある地帯、つまり想像界の地帯では、人間においてもやはり優位であり続けます。そ

第四章　父の殺害　　109

して、にもかかわらず、まさに人間は数えることができるために、我々が葛藤と呼ぶものが究極において発生するのです[42]。3が完全に統合できないのは、象徴界がそれ自体で失われたもの、欠けているものを指し示しているからである。ひとは、そこに現われる対象aに同一化し、それを記号化して、分節して、2と3を繋げようとするが、対象aは、そもそも記号化できない、象徴化から洩れた剰余であるから、3を分節するのは非常に難しい。そこで、3とその後継数を数える代わりに、自分自身と鏡像を一致させようとするが、それはいつも失敗する。なぜなら、その試みの先には死が待っているからである。

　ラカンは、2と3を繋ぐときの困難は、そこに「前エディプス（期）」と「エディプス（期）」のあいだのギャップ（gap）があるからだと言う。けれども、ひとは死を免れるために、何とかそれを乗り越えようとする。それはフロイトが、ある症例（ハンス）によって明らかにしたのだが、あらゆる人間が何らかの<u>からくり</u>（truc）によってすることである。そして、「むしろ、まさにこれを乗り越えようとしたその時から、人は常にからくりにとらえられるのだということに、気づかなくてはなりません。2と3の間の『ギャップ』、これを真に経験的に乗り越えることはできないのです。」と結んでいる[43]。こうして、ひとは象徴界へ、この世の里帰りをくり返す。そのときのからくりは、どれもオートマトンの効果である。

　ところで、象徴界のネットワークを構成しているのは、ラカンが$S_2$と表記した知である。$S_1$は、象徴界における数多のシニフィアンのなかで、主体を表象する唯一のシニフィアンであるが、$S_2$は、それに続くすべてのシニフィアンに差し向けられて、知として働くシニフィアンである。$S_1$と$S_2$のあいだには溝があり、ひとは、その溝による分割から語る主体としてこの世に現われ、知は、その結果として生み出される。そこで、知は、たんに対象についての認識や、反省による自己意識の結果と見なすことはできない。知によって構成された象徴界のネットワークでは、$S_1$と$S_2$の分割による溝を残したまま、シニフィアン連鎖のしつこい自己主張が強迫的にくり返されるが、残された溝からは対象aが生まれ、それが欲望の原因として、語る主体における欠如を現前させるのである。しかし、対象a

は、そもそもひとが大他者としての母の身体と一つになるのが不可能であることから、それに代わって出現した対象である。それゆえ、当然、現実の対象ではなく、幻想のなかに登場するだけあって、そこは象徴界のネットワークのそとにある領域だが、そこに登場する対象 a は、ひとが欲望する主体として生きていくためには動かすことのできない原因となる対象である。知は、そういう対象に届くことはできないが、その切れ目を塞ごうとして、想像的な脇道の巡回をくり返すのである。

　ここで、蛇足ながら、死の欲動の正体とも呼べる反復強迫の様態を、シニフィアン連鎖と「盗まれた手紙」の登場人物の名によって図示してみよう。

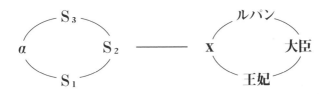

　図２のXは、王妃あての手紙で、はじめに開かれたままテーブルの上におかれていた。それを大臣が盗み、ルパンが取り戻す。手紙の内容は最後まで謎だが、その小さな書簡が登場人物たちを翻弄している。作者のポーが、内容にふれていないのは見事である。主人公の一人は王である。王は「その身分が権力に具体的な姿を与えている存在」で、王妃は「手紙を、その人物に知られて所有するわけにはいかないのである」。それは、「愛の手紙か、陰謀の手紙か、密告の手紙か、催促の手紙か」、いずれにせよ、その内容が明るみになると、ドラマは死に見舞われるかもしれない。ポーは、まるで手紙というシニフィアンの見かけによって、対象 a の性質を分かりやすく教えてくれているようだ。

　手紙（letter）は、シニフィアンとして象徴界の側にありながら、同時に、そこから外れた文字（letter）として現実界の側にもある。それは想像界において読まれ、中味は幻想のなかに登場するだけである。だから、「１ミリの 20 分の１も逃すまい」として正確に、念を入れて探す警視総監のよう

なひとには、そのありかさえ突き止められない。対象 *a* は、科学の対象ではない。精神分析は、たとえシニフィアン連鎖を合理的に辿ろうとするディスクールの試みであっても、対象 *a* の科学ではない。科学は、知の切れ目を塞ぐことはできないがゆえに、対象 *a* については何も知りたくないという態度を貫こうとしているが、フロイトは、弟子たちに死の欲動の概念を提示することによって、ひとは生きるために真理そのものから遠ざかり、つねに言語が支配する世界に戻らなくてはならないと言ったのである。


註

（1）ラカン『精神病』下、98、99 頁。

（2）フロイト「トーテムとタブー」、『フロイト全集』12、182 頁。

（3）ラカン『精神分析の倫理』下、14 頁。

（4）同上、16 頁。

（5）ラカン『対象関係』下、18 頁。

（6）ラカン『精神分析の倫理』下、17 頁。

（7）ラカン『対象関係』下、18 頁。

（8）ラカン『精神分析の倫理』下、17 頁。

（9）同上、47 頁。

（10）ラカン『アンコール』、邦訳、講談社選書メチエ、128 頁。

（11）ラカン「ファルスの意味作用」、『エクリ Ⅲ』、156 頁。

（12）同上、157 頁。

（13）ラカン『フロイトの技法論』下、39 頁。

（14）同上、109 頁。

（15）同上、同頁。

（16）ラカン『フロイトの技法論』上、195 頁。

（17）同上、196、197 頁。

（18）同上、198 頁。

（19）同上、222 頁。

（20）同上、223 頁。

（21）ラカン『アンコール』、邦訳、講談社選書メチエ、139 頁。

(22) 佐々木孝次他『ラカン『アンコール』解説』第7講、130頁以下、拙著『ラカン「リチュラテール」論』、せりか書房、161頁以下を参照。

(23) ラカンは、古典的な形式論理学の規則に反して、女の側の全称否定と特称肯定では、主語を否定している。拙著『ラカン「リチュラテール」論』、161頁以下を参照。

(24) 佐々木孝次他『ラカン『アンコール』解説』159頁の表を参照。

(25) ジャンケレヴィッチ『死』、邦訳、みすず書房、62〜63頁。

(26) 『フロイト全集』17、99頁。

(27) 同上、98頁。

(28) フロイト「文化の中の居心地悪さ」、『フロイト全集』20、131頁。

(29) このことについては、フロイトが死の欲動の考えに先立って紹介している「糸巻き遊び」のエピソードを参照。全集17、63〜68頁。

(30) 『フロイト全集』17、124頁。

(31) A・ジュランヴィル『ラカンと哲学』、邦訳、産業図書、213頁。

(32) ラカン『精神分析の四基本概念』、邦訳、66頁、188頁。

(33) ラカン『エクリ Ⅰ』、7頁。

(34) 同上、7頁。

(35) ラカンのセミネールは、1964年2月12日の講義が「テュケーとオートマトン」の表題で記録されている。拙著『ラカン「リチュラテール」論』、200頁以下を参照。

(36) ラカン『精神分析の四基本概念』、72頁。

(37) 同上、73頁。

(38) A・ジュランヴィル、前掲書、212頁。

(39) ラカン『対象関係』下、54頁。

(40) フレーゲ「意味と意義について」、著作集4、勁草書房、73頁。

(41) フレーゲ『算術の基礎』、著作集2、140頁。

(42) ラカン『対象関係』下、55頁。

(43) 同上、56頁。

# 第五章　供犠の概念

## I　ジラールとともに

　供犠は、おもに宗教学や文化人類学の研究対象とされている現象で、日常の日本語では、いけにえ、スケープゴート、身代わりなどの語に近い。しかし、19世紀のE・D・タイラー以来、その起源や形態についてはさまざまな説があって、M・モースとH・ユベールのように、その起源を一つの原始形態に帰するべきではなく、その儀礼体系や機能を重視すべきという意見や、E・E・エヴァンズ＝プリチャードのように、非常に複雑な観念の集合体である供犠の意味を、一言で定義すべきでないという意見もある。いずれにせよ、それは古代から人間の集団に行きわたった、何かを、何かに対して、何かのために、捧げる現象である。

　ルネ・ジラールは、日本でもよく知られているフランスの評論家で、ほとんどの著作が邦訳されている。彼は、学者たちが匙を投げている供犠の起源や複雑な形態を、20世紀のアメリカの人類学者ヴィクター・ターナーの野外調査から、そこに「集団的転移現象（transfert collectif）」を認めて、大胆に一般化している。それは「いけにえ（victime）を使うことによって共同体の内的緊張、怨恨、敵対関係といった一切の、相互間の攻撃的傾向を吸収するのであり」、「そこでは供犠（sacrifice）が現実的機能を持ち、身代り（substitution）の問題が集団全体のレベルに位置づけられている。いけにえは、個別的におびやかされた何らかの個人に代替されず、個別的に残忍な何らかの個人に提供されるのでもない。いけにえは、その社会の成員全部の身代りとなり、同時に、その社会の全員によって、その社会の全員に提供されるのである。供犠がその共同体自身の暴力から保護するのは、共同体全体であり、供犠がその共同体にとって外的なものであるいけにえの方へ振り向かせるのは、その共同体全体である。供犠はいけにえの上に、いたるところに拡がったさまざまな軋轢のたねを偏在させ、それらに部分的な満足感を与えることによって軋轢のたねを解消するのである。<sup>(1)</sup>

114

ジラールの供犠は、その前提に、人間の欲望についての独自の見方があり、「模倣の欲望理論」、「欲望の三角形理論」などと呼ばれている。ある研究者が、彼の複数の著作からまとめた、その要点を紹介してみよう。

（１）人間の欲望は、〈三者関係的〉、言葉をかえて言えば、〈模倣的〉である。すなわち、欲望をもつ主体とその欲望の対象となるものとの間には、いつも媒介者が存在する。われわれがあるものを欲するのは、それがそれ自体望ましいものであるためではない。われわれがそれを欲するのは、他者がそれを欲しているからであり、他者がそれを望ましいものとなし、他者がそれを望ましいものとして現われさせているためである。
（２）模倣的欲望は模倣的対抗関係を生む。この対抗関係は不可避的なものである。というのも媒介者は、欲望を起こさせるモデルであると同時に、欲望の充足をさまたげる障害でもあるからである。人間社会にとって最も危険な形の暴力は、まさにこの対抗関係から生じている。人間のうちに死への衝動や攻撃本能を想定する必要はない。
（３）暴力とその模倣的伝播の及ぼす破壊的効果を避けるためには、二つの方法がある。そして、それはただ二つしかない。
　　ａ・供犠。これは人間あるいはその身代りとしてのいけにえを殺戮する儀礼である。それは原初のリンチの繰り返し、たまたま平和をもたらすことのできた初めての創始的殺人の反復である。
　　ｂ・あらゆる暴力の廃棄。ここには供犠はもとより、それから派生するすべてのものが含まれる。
（４）ａ・すべての宗教的儀礼は、供犠に由来する。そしてすべての制度は宗教に由来する。ゆえに、すべての文化は供犠に由来する。
　　ｂ・文化の根源は一つであるが、文化はいくつも存在するのであって、一つではない。いくつもの異なった文化がある以上、原初的な殺人の意味作用を曲解するにもさまざまな仕方があり、原初的殺人を供犠として反復するに当たっても、さまざまな方法がある。
そして、さらに要約すると、
（１）人間の欲望は、<u>常に</u>模倣的である。

第五章　供犠の概念　　115

（２）模倣的対抗関係が、人間の暴力の唯一の根源である。

（３）暴力を抑止することのできるのは、ひとり、宗教（供犠、あるいは供犠の放棄）のみである。

（４）文化は、その全体が宗教（より正確には供犠）に由来する」[2]。


　以上のようなジラールの供犠が、人類学者たちから批判されるのは容易に想像できる。とくに、実証主義の立場を継ぐ現代のある社会人類学者からは、「（それは）社会生活に関する恣意的な心理的概念に従って、人類学的な差異をすべて破棄している」とまで酷評されている[3]。だが、ジラールは、その仮説が供犠慣行の多様性と個々の供犠慣行の細部を軽視した単純なモデルであるのをよく承知している。にもかかわらず、上に引用した論文集の編者の一人、Ｊ－Ｐ・デュピュイは、「本質論的ではなく、機械論的なアプローチによって、現実から縮約された一つのモデルを提示してみせるジラールの方法は、すぐれて科学的な方法であり、」「彼の仮説が（供犠の一般的説明に慣れた）人々から排斥されるのは、その欲望の三角形理論が、あまりにもうまく機能しすぎるからである」と述べている。

　ジラールの仮説は、供犠の多様性と共通性を民族誌的なデータの分析によって一般化しようとする方法を少しも排除していない。むしろ、それは体系的な文字を持つにせよ、持たないにせよ、文化のなかで生きていく人間の条件を考えるうえでは、広く開かれていると見られる。そのさい、われわれに供犠の現実性をいわば実践的に感じとらせるために、心理的な描写に訴えるのは見当違いとは言えない。じっさい彼の著作は、ギリシア悲劇、聖書から、シェークスピア、セルバンテス、スタンダール、ドストエフスキー、プルーストまで、どの問題を取り上げても、模倣の欲望理論による対抗関係、暴力、供犠の発生などのありさまを圧倒的な迫真力をもって描写している。

　そこで、模倣は対抗関係を生み、そこから必然的に供犠が生まれるというジラールの仮説の根底にある、彼の欲望について考えてみなくてはならない。彼の理論を「模倣という仮説を用いれば、現在知られている他のどんな仮説にもまして、より多くのことがらを体系化でき、しかも注目に

値するほどに手間が節約できる」として、高く買う評者も、彼の欲望については「模倣に由来する欲望を本質であるとすると、もっと深い部分での説明ができなくなるかもしれない」と述べている。この懸念は、同じ評者が「何が望ましいかを決定するのは欲望の主体でも社会でもなく、*他者*なのである」と述べていることに由来して、それは大方の見方であるが、評者は、さらにこう続けている「むしろ、それは主体とその*分身*が完璧に相互交換の可能な二重の存在になるのであるから、二者が意図せずに協力しあって対象を虚無から出発させるのだと言ってもよい。二者のいずれも、他者が欲望対象の現実性と価値を示す絶対の証拠であると考えている」。

　ところで、評者は、他者と分身をイタリック体によって強調しているが、精神分析者であれば、ここで区別されている二者には、たやすく同一化の関係を認めるだろう。つまり、模倣の欲望とは、同一化による欲望である。しかし、同一化の概念は、対象という用語と密接な関係があるから、ここでもそれを使用すると、同一化による模倣の欲望理論には、そもそもの欲望の対象は存在しない。評者は、それを別の論文でこう述べている「欲望というものは、それに先立って存在していた何らかの魅惑するものによって方向づけられはしない。魅惑するものを出現せしめるのは欲望の方である。対象は、模倣的欲望がまさしく創造したものである」。精神分析では、フロイトは<u>欲望</u>という語をあまり使っていないが、ラカンは、その語をフロイトが発見した中心的な概念の一つと見なしている。そして、二人とも欲望にかかわる対象という語を使っているが、対象は他者に同一化し、他者を模倣することによって生まれるものではない。フロイトにおいても、欲望の対象は、例えば食べ物のような、<u>欲求</u>を満たそうとする行為の対象としてあるのではない。それは、彼が充足体験と呼んだ過去の記憶像の幻覚的再生によって生まれる何らかの記号を対象として生まれるもので、その対象は、他者を模倣して生まれるのではない。

　ここでは、そもそもジラールの<u>他者</u>について、それが何であるかを問わなくてはならない。フロイトを継いで、ラカンの欲望の対象も、つねに幻想という想像界のシナリオと結びついているが、同時に、それは言語の機能と、とりわけシニフィアンの機能に密接な象徴界の欠如と結びついてい

第五章　供犠の概念　　117

る。そのような対象は、それ自体としては知覚できず、地上に現われることはない。ジラールの対象も、そういう意味では「徹底した虚妄性」を帯びているが、彼にあっては、欲望をかきたてる他者そのものが対象を所有しているように見える想像的な他者なのである。しかし、欲望の本質は、たんに他者が欲望しているように見えるだけで説明がつくのだろうか。もしそうなら、他者の所有している対象が、その見かけの意味を失ってしまえば、模倣による対抗関係は解消し、嫉妬も憎しみも羨望も消えて、欲望もなくなることになる。ラカンは、初期には自我の想像的な対象である他者（autre）をたんに_a_と記していたが、やがてその末裔であり、ひとの心理的現実にとって欲求を満足させるより本質的な対象を対象_a_と記すようになった。これは欲望の対象であるが、主体と客体とか認識の対象などと言われる通常の対象ではなく、欲望の原因（cause）を意味する空（vide）としての対象である。

　こうしてみると、精神分析では、ジラールのように欲望を分身としての他者から発すると考えるのは、その対象を把握するうえからも十分ではなく、真の欲望は、他者への欲望として、空を埋めようとするものでなくてはならない。ただし、この他者は、目の前にいる具体的な他者ではなく、その彼方にいる大他者と呼ばれる他者であり、つまるところ言語の領域である象徴界に属している他者である。そして、この大他者への欲望とは、大他者の欲望に向かう欲望、つまり大他者の欲望を欲望することであり、言いかえると、大他者の承認を求めようとする欲望に他ならない。ジラールは、ラカンの象徴界の観念を峻拒して、そんなものはフロイトのどこにもなかった救いの神（デウス・エクス・マキナ）で、ギリシャ悲劇の終幕に現われて、もつれた事件をいっぺんに解決する機械仕掛けの神のようなものだと言っている。[7]

　しかし、ラカンによれば、欲望は、現実界と想像界だけによって規定することはできず、そこに大他者のいる象徴界の関与を認めなくてはならない。つまり、欲望を、現実界と想像界とは別に、ひとが生まれる以前から存在していた言語活動の法に基礎づけなくてはならない。ジラールにとって、法は「供犠や、一般的に言って儀礼が本質的な役割を演じている、法

体系を欠き、したがって復讐におびやかされている（供犠が法体系の代理を
つとめている）社会」から、復讐の脅威を退けるための最後の言葉（dernier
mot）として作り出されるものであるが、そのようにして作り出された法
は、（模倣の）欲望を生むことはない。欲望を生む法は、経験的に作り出
されるものではなく、はじめから一挙に与えられるものである。そのよう
な法が、象徴界の領域における空の場所で、語る主体の欲望を生み出すの
である。

　ラカンの欲望は、以上のように、彼が師と呼ぶA・コジェーヴのヘーゲル
講義における「承認の欲望」から影響を受けているとみられる。ヘーゲル
は、おもに『精神現象学』の第4章（Ⅳ）「自己確信の真理」のなかで欲望
について述べているが、それは一般に「欲望とは、他者から認められるこ
とを欲望すること」すなわち「他者の欲望を欲望すること」だと見なして
いる。コジェーヴは、その例の一つとして「例えば、男女間の関係におい
ても、欲望は相互に相手の肉体ではなく、相手の欲望を望むのでないなら
ば、また相手の欲望を欲望として捉え、この欲望を『占有』し、『同化』し
たいと望むのでないならば、すなわち、相互に『欲せられ』、『愛され』る
こと、或いはまた自己の人間的な価値、個人としての実在性において『承
認され』ることを望むのでないならば、その欲望は人間的ではない」[9]と述
べている。ここでも、ヘーゲルの他者がだれであるかを問われるだろうが、
それを自我のナルシシズムと同一化の審級から、ラカンの大他者の欲望に
つなぐためには、どうしてもフロイトによる中継が必要だった。

　ラカンの大他者は、自分のそばにいる他者ではない。それは鏡に映った
姿を、自分として認めさせようとする具体的な人物ではない。大他者は、
言語活動の場所として、ひとが誕生とともに出会う開かれた空間としての
概念的な他者である。そして、彼の法も、ジラールの言う「復讐の脅威を
退けるために」歴史的に作られてきた法ではない。ラカンは、精神分析に
おける法を、いわゆる自然法や実定法と区別して〈大文字の法〉（Loi）と
記すこともあるが、その法は講義のはじめから、ずっと20年以上のあい
だ語られている。彼は講義の最初の年（1954年）に、「人間の欲望が他者の
欲望と相関していることは、ライバルや競争関係にある場合のあらゆる反

第五章　供犠の概念　　119

応に認められます」としながらも、法は、それによって必然的に発生する模倣による暴力にかかわるというより「(精神分析で)法と呼ばれるのは、つねに一つであって、いずれにせよ本質的に結び付けられている限りでの言語活動（ランガージュ）のシステムとの関係を通して概念的に理解される（transcendée）のです」と述べている。

ラカンが、法についてもっとも多くふれているのは、『精神分析の倫理』（1959～60年）であるが、そこでは超自我と犠牲（sacrifice）と法の関係について、その学年の最終講義の前にこう語っている「フロイトが超自我と呼んだものは、それに犠牲を捧げれば捧げるほどますます要求がましくなるという経済的特徴をもつ、というあの一節です。」そして、「超自我が道徳意識の支えになることはありえますが、誰もが知っているように、超自我の最も強制的な要請に関しては、道徳意識はまったく関係がありません。超自我が要請するものは、我々が行為の普遍的規則とするものとはまったく無関係なのです。これこそ分析的真理のイロハです」。さらに、その前提とされる法については、「〈法〉の内在化は、我々は何度もこう言っていますが、〈法〉とはまったく関係がありません。」と語っている。

引用文の「内在化（intériorisation）」には、体内化、内部化、内面化などの訳語があり、精神分析では内化と訳されて、取り込み、摂取（introjection）と同義で使われることがある。本書では、後章との関係から「内面化」を採用したい。また、引用文中の〈法〉は、どちらも原書では大文字の法（Loi）と書かれて分かりにくいが、ラカンの言う法は後者の〈法〉であり、前者はある時代に、ある共同体で言葉にされた、あるいは慣習上の法であろう。彼の法は、つまるところ、語る存在において「シニフィアンが秩序づけられるさいの」法である。彼は、それを『無意識の形成物』（1957～8年）で、こう語っている「大他者のなかに場所を占めるシニフィアンが、支配的なもの、重要なものになるにつれて目立ってくるのは、私がシニフィアンの構造に本質的なものとして、さまざまな仕方で定式化しようとしているもの、それはまさしく置き換え（substitution）を法（loi）としているような空間、文字に直された（typographique）とまでは言いませんが、トポロジー的であるような空間です」。つまり、ひとの身体が、動物たちの身

体と違って二つに裂かれているというのは、人間が鏡のなかに自分の姿を認めるからではなく、ひとには大他者というそとの場所から、シニフィアンの置き換えに従えという命令がやってくること、それ自体が法であり、それはいっきょに与えられるのである。

　ところで、ジラールもシニフィアンに無関心ではない。「模倣的ライバル関係の力学は、争いのまとになっている対象に根ざしているのであって、あの『ヘーゲル的な承認を求める欲望』などから生まれるのではありません[13]」。こう述べているジラールも、「犠牲者（victime）はたしかに、普遍的なシニフィアンでつくられているようにみえます」と言い、それを「人間に超越的なシニフィアンとして役立つもの」と言い換えて、「シニフィアンとは犠牲者のことです。シニフィエとは、共同体がこの犠牲者に与える、そしてまた犠牲者を介してあらゆるものに与える、現実の潜在的な意味のすべてです。[14]」と述べている。

　一方で、彼は、模倣的ライバル関係は人間にかぎらず、多くの動物にも見られると言い、ひとがそれによって最後まで争いを続けることがあるのは、「人間の知能が進むにつれて増大する模倣の衝動が、もうあともどりできないところまで模倣的ライバル関係をつのらせた結果」であると言っている[15]。つまり、ひとと動物たちは模倣的ライバル関係において、同じ自然現象の延長上にある。だが、もしそうなら、ひとについて欲求とは異なる欲望を問題にする必然性があるのだろうか。また、ひとについて、とくに超越的なシニフィアンとして役立つものを考える必要があるだろうか。ラカンは、ひとの欲望には根本的に現実的なものと想像的なものには還元できない、象徴的なものが関与していると言っている。なぜなら、ひとを語る主体として規定している三つの領域は、それぞれが自立的、独自的だからである。

　ここで、欲望と対象と法についての見方を要約してみよう。フロイトでは、広く、法は欲望の対象を禁止するが、それによって対象は欲望されると受けとられている。この場合、欲望は本質的に法を犯すもので、罪の感情を生じさせる。そこで、欲望は禁止によって生まれ、その対象との関係は想像的である。しかし、もう一つの見方では、欲望は法によって命じら

第五章　供犠の概念　　121

れている。前者が、一般にフロイトの見方とされ、ジラールもそれを受け継いでいるが、後者は、ラカンの見方である。前者で禁止されているのは母であり、それはエディプスの三角関係のなかにあるとされているが、ジラールはそれを否定して、模倣の欲望の危機はたんに家族内に生じるのではなく、広く対象をめぐるライバル関係によって、いつ、いかなるところでも現実に発生しているとしている。後者は、ひとの言語活動に由来する法であり、それが欲望することを命じている。ただし、言葉はひとのそとにあり、生まれつき日本語や英語を話す者はいない。すなわち、その法は、そとから欲望することを命じているが、ラカンによると、禁止されている母は不可能な「もの」であり、後者の法は、ひとにこの世の「去勢」を実現させようとする法である。

　ジラールの「超越的シニフィアン」のシニフィエは、人びとの間の暴力を鎮め、集団に秩序をもたらす「神」のように見える表象ではないか。彼の宗教的な犠牲者についての論旨から、そう解されるのは当然であるが、彼はそれを否定し、超越的シニフィアンとしての犠牲者は、儀礼において、最初に奇跡的な平和をもたらした犠牲者の代わりとなった記号であり、集団のその後の儀礼における至上命令は、その記号を操作することだと言っている。<sup>(16)</sup>しかし、犠牲者の方に向けられた記号は、それが供犠の儀礼において生けにえにされる動物であれ、集団の全員から崇拝される神であれ、そのシニフィエが想像的であることは同じである。つまり、ラカンの欲望の対象 *a* は、まったく想像的なものに還元される。だが、欲望の原因としての対象 *a* は、いかなる想像的な（自我のなかにとどまる）対象にも還元されない。超越的シニフィアンとしての犠牲者に向けられた記号は、想像界に対して自立した象徴界に属している。生けにえや神という、象徴になった対象 *a* は、ジラールの欲望の対象のように、想像的なものには還元されない。それは犠牲者に置き代わった対象ではなく、母としての大他者の身体と一つになることの不可能性に置き代わった対象である。

　ラカンは、大他者について、それは精神分析の立場から見た記号体系（code）の場所であると言い、同じ学年の翌年の講義では、「大他者の大他者はいない」と言っている。「大他者とは、そもそも、ひとがそこで自分

122

の居場所を突きとめようとするところには、いないものなのです」[17]。つまり、それはどんなシニフィアンによっても繋ぎとめることができないものである。それゆえ、精神分析の見地からは、いわゆる自然言語を超越して、それを記述するようなメタ言語は存在しない。言語活動のそとから、言語活動を記述するような言語はありえないのである。ラカンは、欲望を禁止する法であれ、欲望を命令する法であれ、「法（Loi）は、大他者の上に基礎づけられ、人間にとって外在的なものである」[18]と言う。その大他者には欠けたところがあって、それを埋めようとして欲望する。それゆえ「欲望、それは法なのである」[19]。

　禁止する法は、法によって禁止された欲望の対象があるという思い込みに縛られたひとを狙うが、命令する法は、欲望を言語活動に由来する法に従わせようとする。ラカンによると、フロイトにおける真の法は、エディプスの三角関係において母を禁止する法ではない。母は、禁止されているわけではなく、不可能なのであり、それが精神分析における去勢の意味である。そして、フロイトの法は、ヨーロッパの哲学的伝統がつねに避けてきた、欲望と法との関係についての答えから、すなわち「欲望と法は同じものである」という答えから明らかになる[20]。さらに、供犠の概念は、その答えから演繹されるのである。

　ラカンは、「多くのひとが供犠において起こること明らかにしようと努めていますが、私は端的に、供犠とは他の次元で広く見られる奉納とか贈与に供されるものではまったくなく、欲望の網の中に大他者をつかまえておくことである。」と語っている。そして、「我々が、何らかの未知の神聖さに対して、絶えず何らかの小さな毀損という供犠を供することなしに生きていけない」、それは、われわれの共通した経験だからと言っている。毀損（mutilation）とは、身体の一部を切断すること、何かを切り取ることである。そして「この毀損は、価値のあるものであれないものであれ、我々の欲望の領野で我々が自らに課している毀損です」とつけ加えている[21]。また、この日の講義の最後には、「神々を欲望の罠の中で飼い馴らす時には、神々の不安を呼び覚まさないようにすることが必須です」と語っている。

第五章　供犠の概念　　123

ちなみに、この学年のテーマである不安 (angoisse) は、フロイトにおいては、ふつう対象の欠如や、母との分離によって引き起こされる不快な情動と受け取られているが、ラカンにおいては対象の欠如ではなく、かえって、それは対象 *a* の出現と考えられている。ただし、対象 *a* は、欠如の対象であって、不安は、欠如であるはずの対象 *a* が欠如していることから起こる、さまざまな情動的、身体的結果である。彼は同じ学年の最終講義で、大他者の欲望が引き起こす不安は、語る主体が大他者の欲望に対して、自分がどんな対象 *a* であるかを知らないところからくると言い、「不安が乗り越えられるのは、大他者がみずから名を告げた (s'est nommé) ときだけです」と語っている。だが、大他者は、むろん具体的なひとではないから、ひとの集団では、それが人びとから名づけられることによって、人びとの不安は静まるのである。

## II　名を与える

　私はインターネットで、複数の犬が名を呼ばれ、順々に食器皿に向かうのを見たことがある。飼い主がつけた名はそれぞれの固有名で、ある犬は、他の犬の名が聞こえても、じっと動かずにいる。しかし、その名は、記号としては音声による信号であって、言葉という象徴記号ではないだろう。だが、犬には自分を呼ぶ音声によって、言語記号のシニフィエにあたる何らかの心的表象が生まれるのではないか。信号は、刺激と反応のつながりが直接的であるからといって、それによって心的表象が自動的に生まれるわけではないだろう。音声と表象の結びつきは、むろん、飼い主による訓練の結果であろう。だが、そこには言葉のつながりと同じような意味作用が生まれているのではないか。ある犬は、別の犬を呼ぶ音声には反応しない。音声と表象の結びつきは、恣意的であるどころか、むしろ絶対的である。一方、語る主体としてのひとにとって、言葉は、それぞれの言語のネットワークのなかで意味作用を生む。そのためにも集団的な訓練が必要で、例えば、それによって日本語を習得した者は、日本語のネットワークのなかに生まれる意味作用を勝手に変えることはできない。

ところで、ここで話題にするのはペットや飼い主の名ではなく、父の名における普通名詞の名である。ラカンは、ちょうど先の引用文に続けて、大他者がみずから何かを語り、ひとの不安が乗り越えられるときの名を愛と結んでいる。すなわち、「それぞれの人が経験から知っているように、愛は名に依ることによってしかありえません。我々の愛が差し向けられている女性、あるいは男性について、その名が口にされる瞬間こそ、極めて重要な敷居であるということを我々はよく知っています」(22)。文中の「愛は名に依る」は、「名があってこそ、愛がある (il n'y a d'amour que d'un nom)」ということで、名と愛の結びつきを強調している。彼は、名についてはあまり語っていないが、愛については、セミネールの最初の年（1954 年）の第 1 巻から最後の前年（1977 年）にあたる第 25 巻まで、毎年さまざまな視点から語っている。とくに、1972 ～ 73 年の講義では、その表題『アンコール (Encore)』自体が愛の「もっと、もっと」と要求する本質を含意しており、第 1 講から「大他者の享楽は、愛の記号ではない」と語り、最終講では「今年の講義をその定言 (formule) から始めたのは、そう悪くなかった」と述べている。定言のなかの「記号 (signe)」とは、この場合、何かを名に変えることであり、「記号ではない」というのは、記号化できないという意味である。

　とはいえ、上の定言は、そう分かりやすくない。講義の記録では、「大他者の享楽は、」のあとに、「大文字Aで始まる大他者を象徴する大他者の身体の享楽は（愛の記号ではない）」という但し書きがついている。大他者という場所の概念を、例えば「母という大他者」のように擬人化して、その身体 (corps) と言うことはあるが、その大他者の享楽が愛の記号ではないとはどういう意味か。享楽には記号である享楽と、記号にできない享楽があるのか。ラカンは第 5 講で、アリストテレスの『ニコマコス倫理学』に関連させて、「現実には、享楽に備わるいくつかの用具によって近づくことができる」というもう一つの定言を提出して、享楽には両面があるのを示唆している。ただし、いくつかの用具と言っても、それはつまるところ言語活動（ランガージュ）という一つの用具で、それをうまく使いこなせば、現実に近づくことができるか、あるいはできないかという、その正

第五章　供犠の概念　　125

体を見抜くことができるのである。

　ラカンがアリストテレスとフロイトをつないでまとめたことは、ざっと次のように要約できよう。大他者の身体と言うが、生まれたての幼児にとっては、母の身体がそのまま大他者であって、それを享楽することが大他者の享楽である。ところが、その享楽は、愛の記号ではない。なぜなら、幼児は、母の身体を享楽はするが、まだ愛を知らないからである。しかし、幼児が話す存在（l'être parlant）として、言葉を知るようになり、言語活動の世界に入ると、大他者の享楽は、根本的に性質を変える。その世界では、ひとが話すことによって、享楽と愛のつながりが、それとして現われてくるのである。ラカンが言うように、愛は、ひとが何かの名を言うことから始まり、愛と名を分けることはできない。そこで、大他者という場所の概念と、父という機能の概念は分けなくてはならない。大他者は、たとえ擬人化されても、その享楽は名を与えず、愛を知らせない。名を与え、愛を知らせるのは、やはり抽象概念である父の役割である。

　ところで、精神分析ではフロイト以来、愛の根底的な性質はナルシシズムであり、自分を愛そうとすることだと考えられてきた。その古典的な定義「かの人の良きものであらんと欲す（se vouloir son bien）」では、かの人が誰であるか、何であるかは不明であるが、フロイトは1914年の論文（「ナルシシズムの導入にむけて」）で、それがつまるところ自分の身体であることを見抜いていた。フロイトは、「人間には、二つの根源的な性対象、すなわち自分自身と世話をしてくれる女性とがある」として、最初は、おもに「子供の哺育や世話や保護に当たる人物、したがってまずは母親やその代わりとなる人物が性対象になる」。ところが、リビドーの発達が何らかの障害を受けた人たちにおいては、「愛の対象は母親ではなく当人自身をモデルにして選ばれる」。そして、この発見から「（ある人たちは）明らかに自分自身を愛の対象として求め、ナルシス的と名づけるべき型の対象選択を示し、」「われわれにナルシシズムというものを仮定するのを余儀なくさせた。」と述べている。[23]

　フロイトは、その結果、愛の対象選択には二つの型があり、「それぞれの人間に双方の道が開かれており、その上でどちらか一方の道が他方より

好まれることがありうるという仮説」を引き出した。そして、どちらも根源的な性対象の選択の型であるが、母親をモデルにするのではなく、自分自身をモデルにしたナルシシズム型の問題について、こう述べている、「子供の根源的ナルシシズムはいかなる妨害にさらされえるのか、それはいかなる反応をもってこの妨害から身を守るのか、また、このことによってそれはいかなる道に進むことを迫られるのか、こうした問いを私は、いずれは片づけなければならない重要な研究素材として、さしあたり脇によけておくことにしたい」[24]。すなわち、二つの対象選択のうち、ナルシシズム型のそれは何らかの理由によって妨げられ、子供は身を守るために、その変更を余儀なくされる。そうなると、ナルシシズム型の対象選択は、子供の将来にとって、少なくとも母親をモデルにした対象選択と同じくらい根源的な問題を残す。むしろ、それ以上に根源的な対象選択であるのが、倒錯や同性愛の症状から窺われるのである。

　愛の対象選択というフロイトの用語からも分かるとおり、愛はいつも相互的であるが、ラカンは、その問題に鏡像段階の説によって答えている。端的に、それは子供が大他者の根本的に欠けたところを体験し、その欠如を明らかにできる前に、自分の鏡像にとらわれる。それがナルシシズムの罠となって、愛と憎しみの問題を生む。子供は、ちょうど童謡の「犬のお巡りさん」にある迷子の子猫のように、「名前を聞いても分からない、お家を聞いても分からない」。しかし、ひとの子供には、子猫にはないナルシシズムの罠があるとともに、それをかわすための装具も用意されている。それはラカンが対象$a$と呼んだ欲望の原因を、名に変える言語記号という装具である。大他者は、欠けたところがあるゆえに、それを欲望する。しかしその名を告げるのは、大他者ではない。このとき、「みずから告げる（s'est nommé）」という再帰動詞の意味は、「告げられる」という受け身であり、その名を告げるのは父である。大他者は、交番にいる「犬のお巡りさん」に似ている。お巡りさんには、猫の名前も家も知るすべがなく、それに関心もないが、彼のいる交番には名という言語記号の用具が揃っている。父によって、そのなかの一つが告げられるのである。

　ひとの子供は、こうして鏡像との同一化から父から告げられた名に向か

第五章　供犠の概念　　127

い、それによって大他者の欠けたところを埋め、その欲望に応えようとする。このプロセスを経て、子供は語る主体として、名が支配する言語の世界に入るが、その後も名はそこから与えられ、鏡像と同一化したもとのナルシシズムが消えることはない。愛は、自分自身に向けられるもとのナルシシズムを背後に隠しながら、言語によって表現される要求（demande）をとおして欲望と結ばれるのである。ラカンは、そこで愛と名の関係を強調するのだが、そのさい、両者をつなぐ要求の概念は無視できない。これは、ひとがだれかに聞き入れてもらうための名（言葉）を見つけようとするさいに特有の表現形式で、生命体のなかに生まれる欠乏状態を表現する欲求（besoin）とは異なる。欲求は、欠乏状態の解消を目指す個別の対象に向けられるが、ひとが言葉によって聞き入れてもらいたい要求の対象は、個別の対象を越えた不在の母や自分のイメージである。それゆえ、彼は「すべての要求は、愛の要求であり」（1972 年 11 月 21 日）、「すべての要求は、失望に終わるほかはない」（1966 年 2 月 2 日）と言うのである。

　けれども、生きているひとは失望したままでいない。要求は、空っぽ（vide）の対象の名を求めて「もっと、もっと」と続けられる。名は言葉として、必然的に個別的な語である。そこで、欲求が目指した個別的な対象が、名によって大他者の欠如を埋め、それが大他者の欲望の対象として承認されるかどうかが問題になる。その結果、欲求が要求の彼方から欲望として、名とともに再び回帰してくる。じっさい、母という大他者の欲望、あるいは集団とか社会と呼ばれる大他者の欲望が、それとして維持されるのは、個別的に名指された対象によるのであって、語る主体は、その対象のなかに欲望の原因を見いだすのである。こうして、欠如を現前させる対象 a と欲望のあいだに名が入ると、名指された個別の対象の中味はゆがめられる。つまり、その対象の意味は、名によって揺れ動く。愛の対象である自分自身という他者のイメージは、自分にとって「良きもの」であったはずだが、それにある個別的な対象の名が与えられると、やがて「悪しきもの」に変わり、憎しみが生まれるかもしれない。感情は、そのつど与えられる名に左右されるのである。

　一般に、欲求は生物学的な概念とされているが、そこに欲求を要求に向

かわせる言葉が介入すると、ひとの欲望が生まれる。要求は、つねに愛の要求であり、その要求と欲求との隔たりから欲望が生まれる。言葉の領域は、その隔たりのあいだにあって、ラカンが大他者と呼んだ場所と重なるが、父の名の隠喩における父は、その大他者からあるシニフィアンをとって、それを名としてひとに与える。隠喩とは、言葉の使用法の一つであるから、名とは、もちろん言葉のことで、父は、大他者の場所からひとに言葉を与える働きを指している。この働きは、ひとと欲望の関係において決定的であり、ひとは言葉によって欲望する主体となり、それとともに無意識の主体となる。

　ヨーロッパ語には、ギリシア語の allotriosis、ラテン語の alienatio から、フランス語の aliénation まで、あるものを他人に譲り渡す、譲渡するという意味の語があり、それがドイツ語で Eentfremdung となり、邦訳では疎外と訳されて、とくにヘーゲル以後の哲学や経済学に登場する用語になった。ラカンも、この用語をセミネールのはじめから 15 年間毎年使っているが、11 年目のセミネール（『精神分析の四基本概念』）では、ラテン語の接続詞 vel を使って、精神分析におけるその意味を説明している。Vel は、一般にはフランス語の ou や英語の or に当たる、選択を表わす接続詞（または、あるいは）とされているが、ラテン語には微妙なニュアンスがある。そこで、「疎外は、この『ヴェル』にあるのです。この『ヴェル』によって、一方で主体はシニフィアンによって生み出された意味として出現し」、もう一方で、主体は、この（言語活動のなかで）分割された主体として出現するべく「定められています」と語っている。[25]

　Vel について、もう少し紹介すると、「二種類の『ヴェル』があります。論理学を少しでも学んだ方はご存じのように、網羅的な『ヴェル』があります。つまり、こちらにするか、あちらにするか、もしこちらにすればあちらではないのであって、選択しなくてはなりません。また、もう一つの『ヴェル』の使用法があります。つまり、私は一方または他方へ行きますが、どっちだっていいのです。つまり等価なのです。これら二つの『ヴェル』は、おなじものではありません。ところがさらに、第三の『ヴェル』があるのです」、ラカンはそう述べて、「さっそく種明かしをしましょう」と言

い、記号論理学の合併集合の概念を利用している。が、要するに、二種類のヴェルではどちらの場合も、選んだ対象そのものに欠如や欠落は生じないが、第三の選択では、逆にどちらを選んでも欠如や欠損が生じる。しかし、どちらかを選ぶことはできる、あるいは選ばなくてはならない、ということである。彼は、その事情を説明するために、以下の二つの図を板書している。

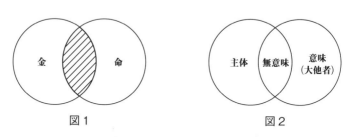

ラカンは、上の図について、こう述べている、「ここに（左の円内）、主体の存在があります。そしてそのうちこの部分は、意味のもとにあります。我われが存在を選んだとします。すると主体は消失し、我われから逃れ、無－意味（non-sens）の中に落ちます。我われが意味を選んだとします。すると意味は、この無－意味の部分によってくり抜かれた姿においてしか存続しえません。」また、図2については、「『金か、命か！』、こう言われて、もし私が金を選んだら、私は両方とも失います。私が命を選んだら、私には命が、つまり（図では）くり抜かれた命が残ります」と述べている。彼は、第三のヴェルを「疎外するヴェル」と言い、そこにおける選択の自由の契機をひとの致死遺伝子（facteur léthal）と呼んでいる。「今、みなさんが自由を選んだとします。すると、それは死ぬ自由なのです。そうして示されている条件のもとであなたにできる唯一の自由の照明は、まさに死の方を選びとることです。なぜなら、このようにすることによって、あなたは、選択の自由を持っているのが自分だということを証明することになるからです」。

主体は、図1の「疎外するヴェル」において、「無－意味」を挟んで「存在」と「意味」に分割されている。それによって、主体がシニフィアンから生

み出される意味として出現すると、それにともなって存在の場所では、アーネスト・ジョーンズが導入した用語として知られる「アファニシス」、つまり主体の消失（fading）を蒙ることになる。ラカンは、このアファニシスを「無－意味」に近づけ、解釈においては、主体がそれを直視して、そこから立ち直らせようとする。選択における一方の「存在」は、もともとシニフィアンのつながりから生まれる意味とは無関係な、いわば、たんに生きているだけの存在である。そこに、「父の名」というシニフィアンが出現することにより、そもそも生きているだけの主体が、「無－意味」を挟んで、「意味」と「存在」に分割されるのである。彼は、その分割を主体における「分離（séparation）」と呼び、語源のラテン語（se parare）をあげて、言葉遊びをしている。その語は、フランス語では、「身を飾る、ひけらかす（se parer）」という代名動詞に変わったが、ラテン語で「『生むengendrer』ということを意味するこの『parere』という語の起源」も、フランス語の「se parer」のもつさまざまな意味（着る、備える、自分を守る、）とつながりがあり、不思議なことに、インド＝ヨーロッパ語圏における「生み出す」という意味の語は、すべて「法」にかかわる語（法律用語）であると述べている。つまり、法とは、そもそも規範としての内容を指すのではなく、父が大他者の場所から何らかの名を、たんに生きているだけの存在である主体に、それを与えるという実態を指しているのである。

　こうして分離された主体は、シニフィアンのつながりによる意味の場所に移動するとともに、無－意味の部分が欠如した右側の円になる。ラカンは、この欠如を「自分自身の消失（disparition）」と言い、「主体は、その消失を、大他者の中に見つけられたあの欠如の場所へと位置づけます」と続ける。<sup>(29)</sup>自分自身の消失には、二つの要因がある。一つは父の機能であり、もう一つは大他者の場所である。そのうち、彼は、父の働きによる消失を「先立つ欠如（manque antécédent）」と言っているが、父は大他者というシニフィアンの倉庫から名をとってくるのだから、大他者の場所が先にあるのか、父の働きが先にあるのかは分からない。ともかく、主体は父の働きによって疎外され、父が与える名によって、無－意味の部分の欠如を被る。そして、この欠如は、主体によって見つけられた大他者の欠如と、名に

よって生まれた主体の欠如の二重の欠如（「一つの欠如が、もう一つの欠如と重なります」）となって、大他者と主体の欲望を生むのである。

　そこで、ラカンは「主体の欲望は、大他者の欲望である」と言う。このテーゼはよく知られているが、それでは、両者が欲望しているのは何か。すなわち、精神分析における欲望の対象をどう考えたらよいのか。それについて、上に引用した講義の同じ年に、当時の聴講生M・サーファンが、「欲動の場合と欲望の場合とで、対象はどう違うのですか。私は、それを把握するのにいつも困難を感じます。」と、ちょうどよい質問をし、ラカンは「欲望の対象、それは欲望の原因です。そして、欲望の原因であるこの対象は、欲動の対象です。つまり、欲動がその周りを巡る対象です。これは、欲望が欲動の対象にくっついているということではありません。欲望が欲動の中で動かされているかぎり、欲望は、その対象の周りを巡ります。しかし、あらゆる欲望が、必ずしも欲動の中で動かされているわけではありません」。こう述べて、欲望には愛の対象とされたり、転移における対象のように、欲動から離れた狂気の欲望もあると答えている。

　フロイトは、欲動を精神分析の基本概念として、それがひとにおける身体的なものと心理的なものの境界をなすと考えたことはよく知られている。身体的なものは、この場合、生物学的な概念で、そのさいの対象とは、ひとにとって実在するものの、現実にあるものの一部分である。ラカンが欲求と呼んだものの対象も、やはり生物学的な所与で、これも心理的な現象である欲望の対象とは区別される。しかし、ラカンが、欲動の対象は欲望の対象の周りを巡っていると言うのは、彼にあっては主体を規定する三領域が区別され、フロイトの欲動は一面においては現実界に、もう一面では想像界に、さらには象徴界にかかわっているからである。それゆえ、欲望の原因であるその対象は、フロイトの生物学的所与である欲動の対象と切っても切れないのである。ただし、そうした欲動の対象が、大他者の欠如に向かう主体の欲望の対象になると、その対象は現実的にあるものではなく、想像的なものに移行する。そこにおける対象は、近親相姦の対象である母の「もの」に向かい、その大他者としての欠如を埋めようとする対象だからである。ラカンは、ひとのそのような対象との心理的関係を幻想

（fantasme）と呼び、それが語る主体における欲望の産物であるとしている。

　こうして、欲動と欲望の対象は、重なる面と離れる面がある。欲望の対象は、その想像的な一面から生まれる幻想によって、欲動の対象の現実的な一面に蓋をして、それを隠してしまうのである。その結果、主体にとっては隠された部分が意味のない、空虚な余白として残り、それが主体における欠如となって、主体が言語活動によって生きているかぎり、そこを塞ぐことはできない。語る主体の欲望は、その余白の部分から生まれ、そこに現われる欲望の対象は、現実的なものであり続けることはできず、想像的なものと象徴的なものによって縁どられる。ラカンは、そのような欲望の対象を対象の原因と呼んで対象 $a$ と記し、とくに、その現実的なものの不在と、それによって失われた余白の部分の役割を強調している。そして、その部分を埋めようとするのが幻想であるが、彼はその働きを $\mathcal{S} \diamondsuit a$（エス・バレ・ポアンソン・プティ・（タ）ア）という式によって示している。式の左の $\mathcal{S}$ は、言語活動によって分割された主体で、これが $\diamondsuit$ を挟んで、対象 $a$ とつながっている。$\diamondsuit$ は、関係する項の数学や論理学における等量関係や等価関係以外のあらゆる関係を示し、じっさいには想像界に特有の領域で、幻想はここで生まれる。そこで、式は全体として、語る主体の欲望は、幻想を介して対象 $a$ とつながるのを示している。

　ところで、幻想は、フロイトのドイツ語（Phantasie）でも、主体のなかに生じるイマージュとしては現実的（心的現実）であるが、主体のそとにある現実の知覚対象との関係においては、まったく想像的、空想的である。その意味において、幻想は、主体と大他者の欠如を言葉によって埋めようとする欲望からは遠ざかるようで、たしかに欲望は、幻想のみによっては維持できないように思われる。ところが、幻想の特徴は、上の式が示しているように、言語活動によって分割された主体が、ふたたび言葉によって、その対象をイメージとして象徴化しようとすることである。幻想とは、そのイメージによって作られた筋書きのあるシナリオであり、それを支えているのが対象 $a$ である。そして、この対象 $a$ は、幻想の筋書きのなかで、さまざまなイメージが象徴化されたシニフィアンとなり、言葉の象徴的な世界とつながるのである。

第五章　供犠の概念　　133

ラカンは、以上のような幻想について、やはり同じ年のセミネールでこう述べている「幻想とは、まったく原初的な（premier）なにものか、すなわち反復（répétition）という機能において決定的ななにものかを隠しているスクリーンにすぎません」。ここで言われている、スクリーンがまったく原初的なものを隠しに、くり返しやってくるという幻想の働きについてみると、父の名の隠喩も、語る主体の言語活動において同じようなプロセスを辿っていると考えられる。その隠喩は、スクリーンを構成するシニフィアンが（父の）名となって、それが（言葉という）言語記号としてレトリックの転義（trope）をくり返す。語る主体は、その間に何もない空（vide）としての対象 a を現実的な欲望の対象と取り違えるのである。こうして、主体は大他者の欲望に応えるために名を求め、それを現実に知覚できる具体的な対象と結びつける。このプロセスは、主体がこの世に存在しないものを実在する対象と取り違えて、言語記号という名に騙されることである。それでも、語る主体は言葉の支配する世界において名を求めるのをやめないが、それは供犠をこの世で止むことのない現象にする要因である。

## III　第4の輪

ラカンは、1963 年 11 月からパリのサン・タンヌ病院で「父の名（Le nom-du-père)」という表題でセミネールを始めたが、国際精神分析協会から教育分析家としての資格を剥奪されたため、講義を中止した。ちょうど、それから 10 年後の 1973 年 11 月から、今度は "Les non-dupes errent（レ・ノン・デユップ・ゼール）" と題したセミネールを始めている。このタイトルは「騙されない者たちはさまよう」と邦訳されるが、じつは "Les noms-du-père（レ・ノン・デユ・ペール）"、という「父の名（複数）」と音声が近い。彼は、それによって二つのタイトルのいわゆる共示的な意味の近さを狙っている。つまり、言語活動によって生きる語る主体は、父の名によって騙され、また騙されることによって、その精神生活に一定の安らぎを得ることができる。しかし、象徴界における父の名の効果に疑いの目

を向け、それによって騙されない者たちは、言語に支配された共同体のなかで安定した居場所を見つけることができない。彼は、そのタイトルによって、前年のゼミナール「アンコール」のとくに「ボロメオの結び目」について、さらに理論的な考察を続けようとしているのである。

　簡単にふり返ると、ボロメオの結び目は三つの輪からなっていたが、その特徴は一つの輪が切断されると、全体がばらばらになってしまうことである。切断される以前の状態は、現実界、想像界、象徴界が一体性（consistance）を保っている状態だと考えられる。しかし、その一体性が維持されているのは、あらかじめ三つの輪の一つが切断されて、ボロメオの輪が作られていたからである。それでは、どの輪があらかじめ切断されていたのか。三つの輪が表わす三領域は、それぞれが自立的で、はじめから一定の相互関係によって全体のつながりを実現しているわけではない。また、一つの輪を切断するだけでは、三つの輪はいつまでもばらばらである。ボロメオの輪の一体性を実現するためには、一つの輪を切断して、さらに切断した輪をつながなくてはならない。ここで、三領域のなかの象徴界について、象徴とは、それがあるものの場所において欠けているものを、すなわち、それがあるゆえに、そこにないものを指すという定義を思い起こそう。すると、象徴を生み出す過程が無意識の成立と切っても切れないことから、主体の言語活動が直面する象徴界の不備、不全を想定し、そこに象徴界における切断を認めることができる。

　しかし、そうなると、ボロメオの結び目を作る三つの輪は、それぞれが自立的で、独立しているわけではなくなる。また、なかのひとつが切断されているにしても、その切れ目は、どうやって再びつながり、ボロメオの輪の一体性を回復するのか。ここで、ラカンはもとのボロメオの輪が示す一体性を捨てて、いったん三つの輪をたんに重ねる。三領域についての理論的な前提から、それは当然だが、彼は語る主体の構成における三領域の一体性を回復させるために、次頁の図のように、それらをつなぐための四つ目の輪を提示して、症状と名づけた。

第五章　供犠の概念　　135

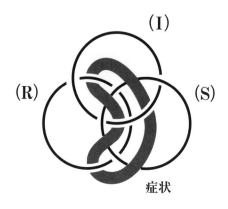

　ラカンは、1975年3月の講義("RSI")で、「精神分析におけるボロメオの輪の意味は、四つ目の輪によってはじめて明らかになるのです」と言っている。そして、それは「父の名」という症状と呼ばれ、症状を生み出す父は、「父の名」から「名の父」に変貌する。下図は、以上のプロセスをボロメオの輪の形状で示した一例である。[32]

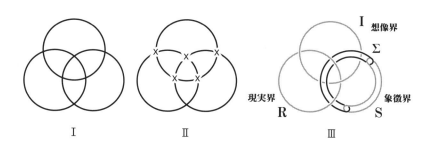

　父は「名の父」として、名を与える。父の役目は、名のない現実界に名を与えることであり、主体は、そのシニフィアンによって代理表象される。が、いかなるシニフィアンも、主体を十全に代理表象することはできない。現実界と去勢の法との間隙は、いかなる名によってもすっかり埋めることはできないのである。フロイトの神話によると、法を発布した父は、すでにこの世にはいない「死んだ父」である。それゆえ、法は、禁止や命令と

してつねにそとから、主体に与えられるのであるが、父の役目は死んだ父が発布した法を生きている主体に、その名として与えることである。すると、主体は、その名から意味を受けとり、それによって意味のそとにある現実界と去勢の法をつなごうとする。症状は、そのようにして現実界と象徴界をつなごうとする過程で生まれるのである。

　症状が生まれる過程で、主体は母の欲望から、ファルスの働きによって父の名のシニフィアンに同一化する。そのさい、去勢の法によって母子相姦の欲望は禁止されるが、同時に、その欲望は父の名とリビドー（性欲動）に分裂する。その結果、父の名は、言葉の世界における語る主体とその欲望の関係を調整するが、リビドーは、けっして消滅することはないものの、言葉の世界では永遠に失われた、語る主体の「非現実的な器官」（ラカン）になる。この分裂は、だれでも体験するアンビヴァレンツと呼ばれる感情に反映しているのではないだろうか。この用語は、フロイトが同時代の精神医学者ブロイラーから借用して、両価性、両面価値、相存性などと邦訳されているが、一般には、同じ対象に向ける愛と憎しみのような、相反する感情とされている。しかし、その相存性は、象徴的なものと現実的なものが同時に現われたときに体験される感情と解することもできよう。つまり、象徴的なものと現実的なものは切り離すことができず、ときに激しい葛藤として体験されることもあるが、それはたんなる感情の二面性には還元できず、いわば四つの輪によって構成される語る主体の構造に由来すると考えることができる。

　主体は、以上のように、父から名を告げられ、指名された名によって騙され、症状を生む。そうしてみると、症状とは、現実的なものに対する防衛である。フロイトは、症状が形成される過程を抑圧と結びつけたが、症状は、抑圧それ自体ではなく、抑圧されたものが、すなわち意識から遠ざけられたイメージが、妥協のかたちをとって回帰することだとしている。

　ラカン流に言うなら、症状は現実界からやってきて、それが言語の支配する世界で、さまざまな結果となって現われる姿ということになる。彼はそのなかで、日本語では「気が違っている」とか「狂っている精神状態」を意味する狂気（folie）という結果について、セミネールを開始する７年

第五章　供犠の概念　　137

前の初期の論文のなかで、それを本質的に自殺的（suicidaire）な原初の供犠（sacrifice primitif）であると言っている。原初のは、そもそもの、原始時代の、と言ってもよい。

　彼は、この論文で自殺（的）（suicide, suicidaire）という語をいくども使っている。その淵源は、ナルシスの神話によって広く知られているが、彼は鏡像段階の説によって、その本質が自分を自分と同じ姿をした鏡像と混同し、鏡像を自分だと思い込みながら、自分が鏡像によって疎外されていることには気がつかない。その結果、ナルシシズムと同一化の想像的な心的作業領域（instance）としての自我による慢性的な誤認（méconnaissance）が生まれるのだと説いた。誤認とは、「狂人が、自分を現実の自分とは別人だと思っていること」で、デカルトの「自分を金や緋色の衣をまとっていると思う人たち」という逸話が教えているとおりである。そこで、当然「自分を王だと思う人間が狂人だとすれば、自分を王と思う王も、やはり狂人である」ということになる。そして、彼は、自分が錯乱しているためにそう言うのではなく、「狂気の本質的な誤認が位置するのは、まさにそのような点であって、このことはわれわれの患者が完璧に示しているとおりです」と書いている。

　こうして、ひとの発達の出発点には「本質的に疎外されたものとしての原初的〈自我〉と、本質的に自殺的なものとしての原初の供犠がある」のだが、同時に、彼は「狂気が人間においてのみ、〈もの心のつく年ごろ（âge de raison)〉」以後に現われ、またここで「子供は人間ではない」というパスカルの直感が立証されるという点にそれが現われるとおりです」と述べている。しかし、患者の狂気が、もの心のついた6,7歳以後に症状として現われるにしても、ここでは、疎外された者（aliéné＝狂者）としてのひとの出発点を、「父の名」との出会いにまで遡らなくてはならない。ラカンは、この論文が報告された1946年には、まだ「父の名」の用語を使っていない。記録では、1953年9月のいわゆる「ローマ講演」にはじめて登場し、ハイフンなしのイタリック体の小文字で書かれている。

　そのさい、ラカンは、その基本的概念を次のように言っている、「父という名（le nom du père）のうちにこそ、われわれは象徴的機能を支持するもの

を認めなければならない。この機能は、歴史的な時間の当初から父親という人物を法の姿と同一視している。この考え方によってわれわれは、或る症例を分析するとき、この機能のもたらす無意識的な結果を自己愛的関係から、言いかえれば被分析者が彼に肉体を与えた人物の像およびその行動を支持しているところの現実的関係からはっきりと区別し得るのである」。ここでは、すでに父の名の象徴的機能と、その外在性がはっきり指摘されている。彼は、次に、その「名」だけを大文字（Nom）で書くことになる。ある研究者が指摘しているように、それによってもともと念頭にあった「名」の宗教性を強調し、やがて父の働きによって、それが供犠になる（sacrisation）のを示唆している。そして、次に「父」が大文字（Père）となり、最終的に「〈父〉の〈名〉（Nom du Père）」と記されることになる。しかし、大文字の「名」は当初から単数であっても、その内容が複数であったのはこれまで見たとおりである。

　症状としての狂気（folie）は、これまで、さまざまな精神疾患の病状を指す言葉として用いられてきたが、真っ先に個人の病状を指しているように思われてきた。その用語を今日に復活させようとしたM・フーコーにあっても、狂気にかられた者は、疎外された個人（aliéné）であった。だが、狂気が自殺的だというのは、その病状が極端な場合でも、個人がそれによって現実に自殺するという意味ではない。むしろ、もっと本質的に「名」の父と、それに出会う人間の関係には、つねにひとの側に自殺的な契機が生じてきて、狂気とは、むしろひとが通常の自殺を避けて、疎外された個人として生きる者の症状ということである。その意味であれば、「父の名」がもたらす自殺的な契機が、集団においては宗教的な象徴作用をもたらし、それによって生じる現象を集団の症状と言うこともできるだろう。集団は、それによって自滅するのではなく、宗教的な儀礼の症状とともに生き延びるのである。儀礼は、宗教的なものばかりではないが、少なくとも宗教的儀礼において、供犠はその中心をなしている。

　それぞれの儀礼は、ある時代や場所において個別的に存在するが、儀礼という一般的な現象は、いつどこにも存在する普遍的な事実である。そのなかで、あらゆる儀礼から宗教的な意味作用をまったく消滅させた集団は

なく、宗教的な儀礼から供犠の観念を消失させた集団もない。ひとの儀礼は、そこにまったく形式化された行動を想像するにせよ、宗教的な行動を意味するという本質的な一面を消すことはできない。それによって、ひとは言語に支配された世界に生きる法に従い、自分はそこにおいて何者かであると思い込む。そして、それにともなう感情や誤認を受け入れて、その条件のなかに閉じこもろうとするのである。しかし、同時にその条件から遠ざかり、そこからできるかぎり解放された自分を想像し、それを宗教的な救済として求める一面があることも否定できない。供犠と、奉納される供物 (offrande) とは、そのような二面性をもつ宗教的な儀礼の中心である。供物は、動物、植物、物品などさまざまであるが、どれもがじっさいに存在する対象で、名指された名をもっている。しかし、精神分析では、供犠を宗教的な儀礼と供物の領域に閉じ込めないで、そこからより根本的で、かつ一般的な概念に向けようとしている。

　供犠について、ラカンは、次のように言っている「(そこでは) 我々の欲望の極としての対象 a に関わる何かが問題になっていることは疑いありません」。そして「供犠は、聖別化によって起きているものを、その起源的な形で捉え直すことで、はじめて理解されます」と付言している。「欲望の極 (au pôle de désir)」とは、語る主体の欲望が、大他者の欲望と交わる中心点という意味であり、「主体の欲望は、大他者の欲望である」という有名なテーゼにつながる。すなわち、そこには大他者の欠如、そして象徴界の不備、不全という背景がある。彼は、そこから「我々は、何らかの未知の神聖さに対し、絶えず何らかの小さな毀損という供犠 (＝供物、犠牲) を供することなしに生きることはない、という共通の経験が生まれます」と言う。「毀損 (mutilation)」とは、身体の一部を切り取られたあとの損傷であり、「未知の神聖さ」は、われわれが、名によってはついに捉えきれないものである。

　欲望は、欠如があるところから生まれ、欠如があるところには隠されたものがある。対象 a は、供犠の儀礼においてすでに聖別化されている何かであり、それがあるのは言葉による主体の分割が生んだ切れ目、間隙、空白、欠如のある場所である。欲望する主体は、父から与えられる名によっ

140

て、そこに隠されている何かを名指そうとするが、最終的に、その対象は名づけられたことがない。そうしてみると、主体は、みずからの一部を切り取って選んだ名によって、名から生まれた間隙を埋めようとしている。そして、それは現実に存在する対象を指していて、その実在物が供物（＝犠牲）になる。名指された対象は、それがどれほど主体のそとにある実在物のように見えようと、じつは語る主体がナルシシズムという自殺的攻撃性の虜になって、それと同一化している何かなのである。ラカンは、「それゆえ、（症状としての）狂気の危険は、そこにおいて人間がその真理とその存在とを同時にかかり合わせるような同一化の魅力そのものによって測られるからです」と書いている。[39]

　供犠は、宗教的な儀礼における普遍的な症状だと考えられるが、私は拙著『天皇と供犠』において、それをある宗教的共同体より広い、通常の社会集団における症状として考えようとした。そして、日本語を共有するわれわれの集団では、天皇という名と、そのように名指された対象が供犠として機能している。数多の父の名から選ばれて、万世一系という属性を持つ天皇は、供犠の名である、と。そこで、当然、その名には名指しによって生じた空白を埋めようとする象徴的機能が生まれ、想像的なものをとおして、その名と実在する供物（＝供犠、犠牲）がつながる。供犠として名づけられるものは、それがさまざまであるばかりでなく、それがおかれた時と場所によって、その形態もおよそさまざまである。ラカンが国際精神分析協会から追放された翌年（1964年）の最終講義の最後に挙げた、ナチズムによって大量虐殺されたユダヤ人を天皇と比較するのは、通常の連想の枠をはみ出してしまうが、そこに通底しているのは、ラカンが暗闇の神々（Dieu obscur）と呼んだ「シニフィアンの普遍性に還元することのできない領域と、その力」である。

　それにもかかわらず、ひとは神の領野の普遍性をシニフィアンの機能によって、すなわち言葉となった名によって考えようとする。しかし、そこは完全に外在的な領野であって、そことシニフィアンとのあいだには絶対的な差異がある。彼は、講義の最後に「分析家の欲望は、その絶対的な差異を手に入れたい（obtenir）という欲望です。その差異というのは、主体

が原初的シニフィアンに直面し、それにはじめて従う（自分を代理表象させる）立場をとったとき、そこに介入してくる差異です。ここにおいてのみ、限界のない愛というものの意味作用が浮かび上がります。なぜなら、その愛は法の限界の外にあり、そのような外部においてだけ生きることができるからです。」と述べている。愛の本質は、鏡像としての自分を対象にしたナルシシズムであり、その対象をすべて供犠に捧げることは、たんに感性的な原因による対象の拒絶というだけでなく、その殺害に通じている。それゆえ、狂気としての愛は、自殺的なのである。

神の領野は、父の名のシニフィアンに従うという法のそとにあり、言葉によって近づくことはできない。にもかかわらず、ひとは去勢という象徴的負債を負いながら、言葉によってそこに近づこうとする。すると、その言葉には、超越的という日本語によって親しまれている性質が含意されることになる。超越的 (transcendant) とは、日常的な経験を越えているという意味である。ひとは超越的なものの名と、経験的な世界をそれにつなぐ供物の名によって、言葉から生まれた自らの分割を塞ごうとするのである。日本語では超越的なものは超自然的なものとも言われる。自然は、言葉の世界で名のないものも、未知なものとして象徴化されているから、超自然的とは、言葉による分割を知によってつなぐことができないものという意味である。ともかく、ひとはそれらの名によって、平たく言えば、この世の経験的な世界と超自然的な世界をつなごうとしているのである。

言葉の世界には、「もの」としての母はすでにいない。また、「法」を与えた父もすでに死んでいる。残された息子たちは、言葉の世界の落とし穴を避けるために、そこを供犠によって塞ごうとする。それによって、象徴界の切れ目から第四の輪が形成される。死んだ父が与えた法の名は、そこで「父の名」から、たんに「名の父」が与える諸名に変わり、その言い換え（＝転義）が症状を形成する。すなわち、第四の輪は、「父の名」の末裔であり、それが症状として現われる。症状は、もちろん宗教的な供犠の儀礼だけから生まれるわけではなく、通常は個人の異常な状態を指すことが多い。しかし、個人は、だれでも他の個人と一定の社会関係を結んで生きているのだから、症状を個人から社会に転義して使用するのも無理なこじ

つけではない。さらに、精神分析では、症状をたんにいわゆる客観的な状態として観察するのではなく、個人が自分の心的な現実をどう感じとり、どう思念しているかを注視するから、個人を悩ませている状態と社会関係とがますます密接になるのである。

　私は、やはり前述の拙著で、われわれと同じ経験的な世界に生きている同胞の一人を天皇と名づけ、その名に万世一系の属性を付与して、超自然的な世界につなげようとする言語活動が、日本の供犠制度の特徴であると述べた。万世一系とは、歴史的な時間における無時間という意味であり、超自然的な世界とは言葉のそとにある世界である。しかし、日本語の言語活動では、経験的な世界と超自然的な世界について、相互の絶対的な外在性という本質は話題にならず、万世一系の天皇という名によって二つの世界をずるずると連続させたままにしてきた。また、その供犠制度によって象徴界、現実界、想像界という三つの領域の一体性を維持するための第四の輪が形成され、それが言語活動における主要な症状となってきた。

　終戦後、天皇は、いち早く詔書によって「人間」となり、同じ年に発布された憲法によって「象徴」の地位が与えられた。その結果、天皇が敗戦後のスケープゴートにならなかったのは、占領軍による政治的意図があったにせよ、その背後に日本語の言語活動があったのは明らかで、これは「万世一系の天皇います」を骨子とする日本の天皇制が、非常に特殊な供犠制度であるのを示している。この制度の下で、現在、とくにマス・メディアの言論は、タブーに取り囲まれているのである。

　それは、表面的には、天皇について自由に語るのが禁じられていることであるが、タブーには、してはならないことと、しなくてはならないことの両面がある。天皇が、歴史以前から現在まで、血統の持続を維持して生き続けているという神話の背景には、日本語の言語活動が、聖と俗のあいだに切れ目がないのを認めるように、ずっと以前からすすんで仕向けてきた面があるのだと思われる。そこで、日本語はみずからの言語活動そのものから目をそらすことになったが、それによって言語活動する主体の生きる条件には目を向けないことにもなった。それゆえに「無意識は、一つの言語活動として構造化されている」というラカンの基本的なテーゼから、

第五章　供犠の概念　　143

言語活動と無意識の関係が抜け落ちてしまい、日本語で精神分析すること
の意味があらためて考え直す必要に迫られている。しかし、そのためには、
どこに手がかりを求めてよいか。第二部では、それを手探りして、小さな
きっかけを見つけたいと思っている。


註

（1）ルネ・ジラール「供犠」、邦訳『暴力と聖なるもの』、法政大学出版局、12頁。

（2）リュシアン・スキュブラ「供犠の理論について」、邦訳、M・ドゥギー、J-P・
　　　デュピュイ編『ジラールと悪の問題』、法政大学出版局、125〜127頁。

（3）リュック・ド・ウーシュ『アフリカの供犠』、邦訳、みすず書房、21頁。

（4）J-P・デュピュイ「記号と羨望」、邦訳、『物の地獄』、法政大学出版局、67頁。

（5）同上、60頁。

（6）J-P・デュピュイ「ミメーシスと形態発生」、邦訳『ジラールと悪の問題』、274頁。

（7）ルネ・ジラール『暴力と聖なるもの』、382頁以下参照。ジラールは他の著
　　　書でも、同様の意見をくりかえしている。

（8）同上、25頁以下。

（9）A・コジェーヴ『ヘーゲル読解入門』、邦訳、国文社、14、15頁。

（10）ラカン『フロイトの技法論』上、255頁。

（11）ラカン『精神分析の倫理』下、217頁。

（12）ラカン『無意識の形成物』下、137頁。

（13）ルネ・ジラール『ミメーシスの文学と人類学』、邦訳、法政大学出版局、320頁。

（14）ルネ・ジラール『世の初めから隠されていること』、邦訳、法政大学出版局、
　　　152頁。

（15）ルネ・ジラール『ミメーシスの文学と人類学』、邦訳、法政大学出版局、321頁。

（16）ルネ・ジラール『世の初めから隠されていること』、邦訳、法政大学出版局、153頁。

（17）Lacan,Séminaire Ⅵ,p.441.

（18）ラカン『精神分析の倫理』下、41頁。

（19）ラカン『不安』上、229頁。

（20）同上、125頁。

（21）ラカン『不安』下、188〜189頁。

(22) 同上、281 頁。

(23) フロイト「ナルシシズムの導入にむけて」、『フロイト全集』13、134 頁。

(24) 同上、139 頁。

(25) ラカン『精神分析の四基本概念』、281 頁。

(26) 同上、282 頁。

(27) 同上、283、284 頁。

(28) 同上、285 頁。

(29) 同上、287 頁。

(30) 同上、329 頁。

(31) 同上、80 頁。

(32) J.Godebski,le tout dernier enseignement de Lacan, L'harmattan,p.70.

(33) ラカン「心的因果性について」、『エクリ Ⅰ』、251 頁。

(34) 同上、231 頁。

(35) 同上、251 頁。

(36) ラカン「精神分析における言葉（パロール）と言語活動（ラング）の機能と領野」、『エクリ Ⅰ』、380 頁。

(37) Erik Porge "Les noms du père chez Jaques Lacan" ,Erès, 9 頁以下を参照。

(38) ラカン『不安』下、189 頁。

(39) ラカン「心的因果性について」、『エクリ Ⅰ』、237 頁。

(40) ラカン『精神分析の四基本概念』、371 頁。

第二部　息子たちの名

# 第一章　象徴的負債と「恩」

　私が勤めていた私立大学には、正門を入ったすぐ左のところに「報恩奉仕」と刻まれた大きな石柱が立っていた。この漢字は時代おくれの感がするためか、教員のあいだでも話題になった場所に居合わせたことはないが、私はその四文字熟語から、よく精神分析の象徴的負債の概念を連想した。とくに「負債」と「恩」の関係について、あれこれ思いめぐらしていた。

　象徴的負債については、ラカンが 1961 年 5 月 17 日の講義で詳しく説明している。それを「世界への人間の入り口を容赦ない負債ゲームへの入り口と化している何ものか」として語り、その「何ものか」が象徴的負債（dette symbolique）である。この負債の積み荷（charge）がなければ、人間は言語活動の世界に生きていけない。人間には盲目的衝動を避けるための負債として、別の出来事が生起した。すなわち、「〈詞（ことば、Verbe）〉が、世界に到来したのです。そして、福音書の話とは逆に、我われが〈詞〉を認識しなかったというのは真実ではありません。我われは〈詞〉を認識しました。そして我われはその認識の続きを生きているのです。我われは、この認識の帰結の局面の一つにいるということ、それこそ私がみなさんの前で明確化したいことです。」と述べている。[1] 彼が明確化したいと言う「帰結の局面の一つ」については、あとでわれわれが体験する罪責感（culpabilité）についてふれるときふたたび取り上げることにして、ここでは、象徴的負債は人間が言葉をやり取りする世界に生まれることによって、運命的に負わなくてはならない負債（dette）であると言っておこう。

　一方、恩は、かつては日本人が子供の頃からよく耳にした漢字であるが、戦後は恩恵、恩師、温情、恩義など、熟語として使われる少し硬い言葉の一部になったようだ。漢和辞典には、訓読みが「いつく（しむ）」、意味は「めぐみ」とあり、少し詳しくは「人にありがたいと印象づけたこと」「人、自然、神などから受けるありがたい恵み」などがある。しかし、この漢字には、直接、負債の意味はない。英和辞典では、favor、obligation、仏和辞典でも同様の語か、bienfait などの訳語をあて、負債を意味する

debt、dette などはない。しかし、「報恩奉仕」の反意語のような「忘恩不義」などの同じ四文字熟語を見ると、「恩」には負債の意味がともなって、むしろ、それを共示しているかに思える。

　私が幼い頃には、まだ「父母の恩」という言葉が生きていた。それが負債の観念とつながるようになったのは、ずっと後になって、奈良県の大和郡山市に吉本伊信氏を訪ね、内観法を実践してからである。それは屏風で囲まれた和室のすみに座って、約一週間、「先生の指導のもと、過去から現在までの自分を調べる」療法であるが、はじめに「母について、徹底的に調べ」、それが全体の反省の中心的テーマになる。「これまで、お母さまにしていただいたことと、してさしあげたことについて、どうお考えになりますか」。私が実習を終えて帰りしなに、吉本氏は「内観法は難しくありません。そう質問すればよいのです」と言った。その効果について、京都大学のある心理学教授は、「内観を続けると、自分がいかに身勝手で、母親などの心づくしを無視してきたかに目覚めて、大声をあげて泣き出すことなども少なくなく、人間が変わってくるものです」と書いている。そこで、この療法は、母がしてくれたことと、そのお返しとの差が、子に負債として作用するのに注目していて、それは他人からのお世話、それに対する感謝、そのお返しという、日本でとくに重んじられる倫理観に基づいていると考えるようになった。恩という言葉は、いわば、その長い伝統に支えられているのである。お世話にお返しができないのは、恩知らずとして、まともなひとではない。

　動物たちは鳥類でも哺乳類でも、生まれた直後から、親の世話になる。ひとも、だれかの世話にならないと生きていけない。そのひとがお母さんと呼ばれるとき、ひとは生まれるとすぐに、お母さんからの負債を負って生きていかなくてはならない。恩は、さらに生まれる以前に遡って、生んでいただいた父母の恩と、父母への負債を説く。恩はそのように、自然的な現実を社会的な人倫につなぐのである。それゆえ、ひとには、そもそも自然に生きていることへの負債があり、それが集団のなかでともに生きている他者への負債に直結している。

　恩も象徴的負債も、そのお返しをするに際して罪悪感を生む。基本的に

は、どちらの負債にも、十分にお返しができないと感じるときに味わう共通した体験である。しかし、両者がお返しをする相手は異なる。どちらも、お返しが強要される世界で起こることだが、恩のお返しは、当初から通常はお母さんと呼ばれた他者に対してなされるのに対して、象徴的負債に対するお返しは具体的な他者に対してではなく、終始、言語が支配する世界に対してなされるのである。どこの社会でも日常生活では、具体的な他者から受けた恵みや贈与に対して、それにお返しをしようとするのは、道徳感情の基本として認められている。しかし、それを負債として、お返しをする相手が具体的な他者であるかどうかということになると、人間理解の根本にかかわる問題が生じてくる。

例えば、内観法において、実習者が母は自分に何をしてくれたかとか、どのように扱ってくれたかを話すと、先生は、しばしば「それはあなたが見たお母さんの外面的な姿、すなわち『外観』であって、『内観』ではありません。むしろ、あなたがそのときお母さんに何を言い、何をしてあげたかを、検事が被告を調べるように自分を調べてください。」と促す。そこで、当然ながら実習者には、お母さんとはだれなのか、それは「自分」ではないが、お母さんという具体的な他者とはだれなのか、という問いが浮かんでくる。内観法を精神分析療法と比べる精神医学者や心理学者もいるが、精神分析では、ひとが言語によって分割されることを象徴的去勢と呼んでいる。まだ口のきけない子供が見たお母さんは、言うまでもなく、言語活動によって生きているひとである。やがて、言葉を覚えた子供は、そのお母さんの姿を心に浮かべて、「それは、お母さんではありません」と言うことがある。第一部、第一章以下で見たように、子供は、すでに象徴的去勢を受けた母が、近親相姦の対象である「もの」としての母ではないと言っているのである。言いかえると、子供が見た具体的な他者としてのお母さんは、母子相姦を禁じる母、象徴的去勢を命じる母なのである。

象徴的負債と切っても切れない罪責感は、やはり第一部、第四章で見た父の殺害と密接な関係がある。そもそも、フロイトのエディプス・コンプレックスは、父への嫉妬とライヴァル視を基底にしている。彼によれば、息子たちの父に対する憎しみと父の殺害が、その後の罪責感からすべての

社会的禁止が生まれる契機である。父の殺害は、その父（原父）はすでに死んでいるので、それによる負債は完済することができない。息子たちによる父の殺害は許されないのである。ところが、それに対して息子による父の殺害は、母によって許されるという見解が、戦前、東北帝大医学部の小澤平作によって発表された。それは、今日、阿闍世コンプレックスとして知られている説だが、自分の出生の秘密を知って母を恨んだ息子は父を殺害するが、母の寛容や愛情によってそれが許されるという筋である。小澤は、「エディプスの欲望の中心をなすものは、母に対する愛欲のために父を殺害するところにある。阿闍世の父の殺害は、けっして母に対する愛欲にその源を発しているのではない」と述べて、父の殺害による罪責感は、母に向けた敵意に対する復讐や処罰が予想に反して与えられず、母の愛によってその罪が受け入れられ、許された瞬間に起こる自発的な「悪かった」という感情を意味する、母の愛を媒介にした自己懲罰的な「懺悔（ざんげ）心」になる。すなわち、「余は、処罰への恐怖としての子供の罪悪の意識と親のゆるしによってその罪悪の意識が変化させられて、子供の心に別な罪悪の意識が起こる場合、先（エディプス）の罪悪の意識を『罪悪感』と名付け、後の罪悪感を『懺悔心』と名付けようと思う」と述べている。[2]

　日本では、母子の感情的な絆が強く、母は子供が成長して社会人となり、さらには死ぬまで精神的な影響力をもって、その行動を規定しているという見方が広く認められている。そうしてみると、内観法による罪の自覚と、阿闍世コンプレックスによる懺悔心には共通した社会心理的な背景があり、ある社会学者が言うように、「日本の母が日本人にとって、広い意味で宗教的な機能を演じているといっても過言ではない」が、その機能は「限りなく許すことによって、子の最後のよりどころになる母のイメージと重なり合うのである」。[3] しかし、ここで話題になっているのは、いずれも具体的な他者としての母であり、家族関係の変化とともに、そのイメージも変わる可能性のある母である。なぜなら、同じ社会学者が言うように「母が子を生き甲斐とすることなく、自らの人生を生きることを身をもって示すようになったとき、〈罪の意識としての母〉とか〈動機のなかの母〉といっ

た観念は、その基盤を失わざるをえなくなるからである」[4]。

　精神分析は、語る存在としての主体を探ろうとしているが、そのさい家族のなかでお母さんと呼ばれる現実の母は、理論的な概念としては考えられていない。フロイトやラカンの父は、神話の父であり、阿闍世の母も仏教の経典にある母であるが、こちらの母は、近親相姦の対象としての母ではないとされながら、そのまま父殺しや自分に対する敵意や復讐心さえも許す現実の母のイメージと一つになる。しかし、ラカンがくり返し語っているように、殺害され、死んだ対象を「父」と呼ぶのは、あくまでも一神教のもとにある社会のことで、そこでは家族のなかで父と呼ばれる人物のあり方が、近親相姦の禁止の役割を理解させやすくしているからにすぎない。そこで、当然、日本語ではその役割を別の語によって分かりやすく表現することもできるかもしれない。母の場合もまったく同じであって、とくに許す母は、精神療法の技法の面に登場する母であって、その母を理論的な概念として扱うことはできない。

　技法上の母は、上の社会学者の指摘からも伺えるように、じっさいには愛他主義から利己主義までの歴史的、社会的に幅のある経験的な存在である。その母の行動形態を、母性本能という動物の種に固有で、時間的にあまり変化しない、個体差も多くない図式に還元することは、もちろんできない。ひとの母を心的な理論において概念化しようとするなら、その母は、他者の一般的な概念にまで抽象化された鏡像と考えなくてはならない。子供は当初から、その母と想像的な関係の罠に陥るのである。子供の罪を許す母は、お世話と感謝とお返しの系が、従来からの道徳観念として根づいている日本においても、子供の罪責感をかき立てる他者として、それほど安定しているとは言えまい。なぜなら、ひとの子供は、言葉を覚えるとともに自分の欲望と、鏡像としての他者の欲望とのあいだに折り合いをつけなくてはならない。そして、その他者は、たんに許すだけではなく、欲望を巡ってぶつかり合う他者になる。すべてを許す他者の前では、欲望そのものが消えてしまう。自分が欲望するときには、すでにその他者との近親相姦が禁止されている母の欲望が出現している。そこで、子供はそれまで自分の欲望の対象が、他者のそれに縛りつけられていたのに気づくのである。

第一章　象徴的負債と「恩」　　153

その一例として、1980 年代によく読まれた『ものぐさ精神分析』のなかの「わたしの原点」と題する文から、鮮やかな部分を少し長いが引いてみよう、「やさしく献身的、自己犠牲的で、どんな苦労もいとわず、何の報いも求めず、ただひたすらわたしを愛してくれていた母というイメージの背後から、ただひたすらおのれのために、わたしがどれほど苦しもうがいっさい気にせず、あらゆる情緒的圧迫と術策を使ってわたしを利用しやすい存在に仕立てあげようとしていた母の姿が浮かびあがってきた。母のこの姿こそ、私の場合の『抑圧された真実』であり、わたしが神経症という代価を払って否認しつづけてきたところのものであった。そしてそれと同時に、それまであれほど母を愛し、慕っていた感情のメッキがはがれて、その底から母への、もしまだ生きていたらたたき殺してやりたいほどの憎悪が噴出してきた。しかし、母はすでに亡く、もう一度殺すわけにもゆかず、わたしは晴らしようのない憎悪をもて余した。かつて死に目にも会えず母が急死したとき、何も親孝行をしてあげられないうちに死なれてしまったと、葬式のあいだ中、相手かまわず取りすがって嘆いていたわたしが、今、ある夜更けに一人、自分の部屋でアルバムから母の写真をすべてはがし、恨みをこめて引き裂き、灰皿のなかで燃やしつづけていた」[5]。著者は、「母」がはじめから転移の相手としての他者であったのを語っている。そして「わたし」は、「母」が「灰皿のなかで燃やしつづける」アルバムのなかのイメージにすぎなかったのを知ったとき、彼女は「わたし」のことをわたし以上に知っている「知を想定された主体（sujet supposé savoir）」としての他者ではなくなり、彼女に対する情動的な転移は解消されて、「わたし」の分析は一段落したのである。

　母は、「もの」としての母、大他者としての母、欲望する母の三つの面から考えることができる。「もの」は、主体のそとにありながら、主体にもっとも近い、しかし、主体はそこに近づくことはできない。ラカンは、サドの「閨房哲学」を念頭におきながら、「もの」としての母を「梅毒に罹っていて（Vérolée）、禁止されている」と言う[6]。そして、それは主体に至高善として想像されるだけであるが、「もの」と呼ばれているからには、シニフィアンとして表現されている何かである。けれども、それは主体が

心に描くあらゆる表象のかなたに、現実界として想定されるだけである。そのような「もの」としての母は、主体の生まれた世界ではどこにもいない。つまり、主体はシニフィアンとしての母を享楽することはできない。欲望の原因は対象 $a$ であり、享楽の原因はシニフィアンであるが、「もの」には原因がない。それは、すでに失われていて、かつてあったこともないからである。

　次に、生まれた子にとって大他者としての母は、言葉の世界に生きている母であり、そこで欲望し、言語活動によって分割され、象徴的負債を負って疎外されている母である。技法上の母は、まさしく、そのような欲望する母として、言葉と社会的慣習に服している母であり、たとえ父の殺害や自分への復讐心を許すとしても、その一義性を主張することはできない。三つの面をもつ母に共通した背景は、ラカンが言うように「われわれの世界に言葉が到来した」という事実であり、それによって、われわれが象徴的負債を負ったことである。それは、ちょうど想像的他者への恩がいくら返しても返しきれないように、返しきることができない。しかし、だからといって、その負債は語る主体に運命として一様に課されているわけではなく、「言葉は、我われが我われ自身を呪詛する（maudire）ことを可能にする誘いを開いている」[(7)]。すなわち、その負債に対して、われわれはたんに責めを負っている（coupable）わけではなく、それには一つならずの返済の道が開かれている。すなわち、その負債はだれもが支払うべきであるが、返済の仕方は一つではないのである。

　ここで、象徴的負債と恩について、もう少し詳しく見てみよう。最初に紹介した「報恩奉仕」には、報恩にも奉仕にも“お返し”という観念が含まれている。中国語では、恩という漢字は大昔から“恵”の同義語とされていたらしいが、恩と恵をともに“めぐみ”と訓読みした日本語では、それらを「菜の花が芽ぐむ」などと表現するときの「芽ぐむ」が名詞化した語とされている。そして、日本書紀や万葉集から例をとった『時代別・国語大辞典』では、その意味を「いたわる、いつくしむ、憐んで与える、同情して援助する」などと解説している。その後、仏教や儒教を受け入れた日本で、仏教では父母、衆生、国王、仏法の四恩が説かれることもあっ

たが、儒教では孝が強調されて、孝は親の恩に報い、それにお返しをする
ことであり、やがてより広い社会倫理的な観念の"奉仕"になった。つま
り、人間に命を与え、その成長を助ける"めぐみ"から、それに対する親
をはじめとする現世の人びとへの"お返し"になったのである。

　象徴的負債も、もちろん、ひととひととの関係を規制する社会倫理と無
関係ではないが、精神分析では、その活動の領域が治療においても理論に
おいても言語活動の場所に限られているという条件から、人びとの社会関
係のなかに言葉が介入しているという面を度外視できないのである。精神
分析が強調してやまない無意識も欲望も、言葉という象徴的記号の働きを
無視すれば、たんなる空念仏になってしまう。恩では、人間が生まれなが
らに親から受けた負債を負っているとされるが、象徴的負債では、人間は
だれでも生まれながらに音声を分節して発音する能力はもっているが、す
ぐにある個別言語を話すひとはいない。言葉は生まれたあとで、そとから
与えられるものである。人間は、その言葉を使って言語活動を行ない、語
る主体になるが、その主体は言語活動によって分割された主体であり、同
時に象徴的負債を負った主体になる。分割されたことがなぜ負債になるか
というと、人間はそれによって言語活動が支配する世界の成員として登録
されるからであり、負債は、いわばその登録料である。

　ラカンは、登録後の語る主体が言葉のシニフィアンによって代理表象さ
れ、そのつながりによって決定されていく事態を、フロイトの用語をつ
かって去勢と呼んだが、象徴的負債とは、また去勢によって生じた負債で
ある。その意味で、人間は男も女もこの世に生まれて去勢されるのであり、
負債はそのときの借りである。象徴的負債と恩は、ともにこの世に生まれ
た人間には免除されない借りであるが、恩は、生命を与えられたという自
然現象に目を向けながらも、あくまで対人関係の規範を説く社会倫理的な
面からの借りである。だが、象徴的負債は、人間がみずから作った言葉の
象徴的な世界のために負うことになった借りであって、二つの借りには大
きな違いがある。その根本は、恩が当為（〜すべし）を命令する行動規範
の観念を含んでいるのに対して、象徴的負債には、むしろ人間に負債を課
した言葉そのものが、その負債を呪う（maudire）可能性を開き、それが人

156

間の行動にはっきり現われる面があって、その考えが人間の自由という観念につながるのである。

　恩が、それに報いて奉仕しなさいと命じる世界は、慣習的な行動が行き渡り、多かれ少なかれその様式が定まっているところである。そこは集団の現実秩序が維持されているとともに、人びとのあいだの差異と不平等に満ちた世界である。また、そこで人びとを支配している言語活動は、禁止と抑圧から生じる無意識の世界を実現している。恩は、そのような世界を人間が生きるための自然的条件と見なして、人間が作りあげた言語活動には目を向けないので、慣習的な行動様式に基づいたお返しのための奉仕という命令と、語る主体の欲望のあいだに必然的な葛藤が生まれるのを見すごしている。象徴的負債にも、むろん負債に対するお返しの観念はあるが、むしろ、そこではお返しのさいの心的な葛藤と、その結果を重視している。恩は、自然と人間の集団が一つになっているようなそとからのめぐみに対して、そのお返しを社会倫理的な当為として命令するが、象徴的負債は、言葉の世界に生きている人間が、かえって、それを使って負債そのものが認知できないと言えるのを明らかにしている。そして、それによる心的な葛藤の結果が、臨床的には神経症、倒錯、精神病に大別されるのである。

　象徴的負債と恩の背後には、ともに自分が責められるような行ないをしたとか、ときには自分のしたことに関係のない罪悪感がある。しかし、それが生まれる原因になると、恩は、ふつうそこに他人に対する“済まない”という気持ちがあるからとして、それ以上はあまり究明されない。“済む”は、ものごとが終わる、完了するという意味で、“済まない”は、心理的には納得できない、満足できない、気持ちが晴れないときの感情で、ふつうは他人に対して申しわけが立たないので、許しをこい、お返しをしなくてはならないという意味を含んでいる。それに対して、象徴的負債の生む罪責感の背後には、そこに働いている無意識の欲望と、語る主体の去勢に対する情動的な反応があるとして、その概念はフロイトの「トーテムとタブー」における父の殺害につながっている。

　フロイトは、上の論文のなかで「父を排斥し、自分たちの憎悪を満足させ、父との同一化の欲望を実現してしまったあと、それまで押さえつけら

れていた情愛の蠢きが顕わになってくる。それは後悔という形で生じ、この共通に感じられる後悔と一体になって罪悪感が発生した。」と述べている。そして、「これらすべては、今日でもなを人間の運命に見られることである。」として、「息子たちは、父の代替物であるトーテムの殺害を不法と公言することにより、自分たちの行為を撤回し、自由に手を出せるようになった女を諦めることで、その行為の果実を断念した。こうして彼らは、息子の罪責意識からトーテミズムの二つの基本的タブーを作り出した。この二つのタブーは、まさにそれゆえに、エディプス・コンプレクスの二つの抑圧された欲望に一致せざるを得なかった」と書いている。二つの抑圧された欲望とは、「父の殺害」と「母との相姦」のタブーから生まれた無意識の欲望である。

　彼は、以上のことから「精神分析は、トーテム動物が実際には父親の代替物であることを明らかにした」と前おきして、「精神分析はここでも、トーテムを先祖と呼んだトーテムの信者の場合と同じく、神を父と呼ぶ信者の言に信を置くようにと忠告する。神の観念が父と関わる部分はきわめて重要であるに違いないとすれば、原始的供犠の状況において父は二度、すなわち一度は神として、二度目はトーテムの供犠動物として登場していたことになる。」と書いている。父の代わりであるトーテム動物の殺害を不法と公言するのは、トーテム動物を供犠として殺してはならぬと命じることである。しかし、父は、息子たちが同一化しようとして、その欲望のために殺害されたあとでは、すでに死んでいる。だから、息子たちにとって厄介なのは、あくまで自分たちが父のようでありたいという欲望をどうやって処理するかということで、そこから息子たちの欲望と罪責感との密接なつながりが生まれる。

　罪責感は、意識的であってもなくても、心的装置についてのフロイトの後期の理論では、つねに超自我の審級と結ばれている。超自我は、自我を裁く裁判官か検閲者のような役目をもつとされ、エディプス・コンプレクスを引き継ぐものと定義されている。すなわち、それは子供の心に父母との同一化によって、命令と禁止が植えつけられることによって強められ、その結果、子供のさまざまな反応が予想されるのである。罪責感はその一

158

つである。フロイトは、1923 年に出版された『自我とエス』のなかで次のように書いている、「超自我は、耳で聞かれたものから発したという自らの出自を否認できるわけではなく、じっさいそれは、自我の一部として、この語表象（概念、抽象観念）から生まれて意識に食い込んでいる」。つまり、超自我は、はじめから言葉と結ばれているが、「（その）超自我が、本質的に罪責感（いや、批判と言ったほうが正確だろう、なぜなら罪責感とは、この批判に応じて自我の側が感知するものだからだ）としてあらわれ、その際、自我に対して異常なほどの過酷さと厳格さを向けることになるのは、どのような事情によっているのかという問い」が提出される。彼は、その事情をメランコリーと強迫神経症の例をあげて語っているが、ラカンは、さらにそれを欲望と象徴界、享楽と大他者という、いわば語る主体の構造へと向けている。

　ラカンは、1960 年 7 月 6 日の講義で、こう語っている、「罪があると言いうる唯一のこととは、少なくとも分析的見地からすると、自らの欲望に関して譲歩したことだ（céder sur son désire）、という命題を私は提出します」。これはよく引用される一節で、「結局、自分に罪があると実際に感じるのは、つねに根源的には自身の欲望に関して譲歩したからです」。この命題には、当然「自らの欲望に譲歩しない」という反対の命題が予想される。欲望は、言葉との関係において考えられるべきことであり、言葉は象徴界を構成する材料であるが、その象徴界は、そこにない何かの代わりをしているがゆえに、根本的に欠如が刻印され、欠陥のある領域をなしている。そこで、欲望とは、ものを言うとき、そこに刻まれている欠如であり、その欠如を埋めようとするときに譲歩するのもしないのも、ともにものを言うことに関わっている。欲望は、また欠如を刻印された象徴界と同じ大他者の欲望であるから、欲望に譲歩するとは、それが大他者の欲望であるにもかかわらず、それを自らの欲望として受け入れることである。

　欲望は欠如から生まれ、欠如は、言語活動が支配する世界で消え去ることはない。語る主体は、どこかで何らかの仕方で、自らの欲望となった大他者の欲望に譲歩しなくてはならない。それは強制された言語活動における個別の言語（国語）の慣習的用法に譲歩することであり、言葉と社会的

慣習に譲歩することである。しかし、ラカンは、ここで言語活動に備わるもう一つの面に目を向ける。フロイトは、両親との同一化が、超自我の形成を促すと考えたが、ラカンは、それを大他者と語る主体の関係に変える。そして、両親の過酷で厳格な要求や禁止を、シニフィアンの倉庫としての大他者の享楽として位置づける。大他者は語る主体に、大他者を享楽させよと命じるのである。ちょうど、それは欲望の原因が対象 a であるのと同じように、享楽の原因がシニフィアンであるのを意味している。だが、対象 *a* は、それとして心のなかに表象できないものであるのに対して、シニフィアンは、言語の音声として表象される特殊な物質性をもっている。とくに、あるシニフィアンが父の名となって、それが実在するという思いにとらわれている主体にとって、フロイトの超自我は大他者を享楽させるために、自ら享楽せよと命じるのである。

　言語の音声は、はじめに言語記号のたんなるシニフィアンとして与えられる。それがたとえ脅しや恫喝として、ある行動を命令したり、禁止したりする効果をもつとしても、言語のシニフィアン自体からは何の意味も生まれない。意味は、シニフィアンのつながりが生み出す意味生成作用（シニフィアンス）によって、はじめて生まれるのである。享楽は、その意味生成作用を自ら体験せよと命じるのである。そして、この体験について知ることができれば、われわれは、享楽についてそれとして語ることができるだろう。しかし、ラカンは享楽について、「人がそれを体験しながら、それについて何も知らない」と言う。たしかに、名となった言語記号のシニフィアンは、シニフィアン連鎖としてつながりはするが、それぞれのシニフィアンは、個々のシニフィアンとして非連続的であり、シニフィアンそのものにシニフィエはない。知には、シニフィエが出現しなくてはならないが、享楽はシニフィアンそのものから生まれる。そして、シニフィアンそのものには何の意味もない。それゆえ、語る主体は、シニフィアン連鎖における意味生成作用の体験については、何も知らないのである。

　語る主体がその体験から受け取ることができるのは、意味生成作用の結果として残された意味（sens）だけである。ラカンは、それについて jouissance（享楽）というフランス語を j'ouis-sens（私は意味を聞く）と掛

160

けて、享楽とは、それを諦める代わりに大他者の場所から意味を聞きとることであると言っている。また、享楽の原因であるシニフィアンについては、「シニフィアンは、享楽の実質のレヴェルに位置づけられる。」と言っている。実質（substance）は、実体とも訳されるが、言語学ではソシュールの時代から形相（forme）に対立する術語として、言語記号の表現と内容の面に関わっている。ソシュールには「言語は形相であって、実質ではない」という有名な立言がある。ラカンは、なぜ、ここで「享楽の実質」と言ったのだろうか。

　ソシュール以来、シニフィエとともに言語記号の構成要素として復活したシニフィアンは、享楽について考えるとき、やはり言語学の概念である実質と見なさなくてはならない。しかし、シニフィアンは、音声という言葉の物質的な面を構成する要素として、概念と呼ばれるシニフィエに対して、形相に近いのではないかと考えられるかもしれない。ロラン・バルトは、実質と形相の対立について、次のように書いている「『形相』とは、言語学によって、何ら言語外の前提にたよらずに、網羅的に、単一的に、かつ一貫性をもって（これは何かを認識するさいの（épistémologique）目安になるものだが）記述できるものを言う。そして、『実質』とは、言語現象において、言語外の前提にたよらなければ記述できない様相の総体を言う」。文中の「前提（prémisse）」は、三段論法（論理学）の用語だが、ここでは言語学の分野が成り立つための条件を指している。とくに、ここでは本書が慣習と呼んでいる、ある言語集団における文化的、社会的な環境が生み出す条件と考える。

　また、ソシュールには上の立言とともに「言語は表現であると同時に、内容である」という、同じように有名な立言がある。言語学では、この「内容（contenu）」を「意味（sens）」の同義語として説明する場合があり、あるソシュール研究者はこう書いている。「言語記号は、記号と呼ばれていても他の一切の記号と異なって、自らの外にア・プリオリに存在する意味を指し示すものでは決してなく、いわば表現と意味とを同時に備えた二重の存在であるということである」。しかし、「意味」は、その意味するところがけっして自明な用語ではない。同じ著者は、別のところでは「意

第一章　象徴的負債と「恩」　　161

味」ではなく、「内容」という用語によって次のように述べている。「ソシュールがいっているのは、コトバと観念、表現と内容というものの同時発生、不分離性であり、言語記号が生まれる以前に既存の純粋観念などというものはない、ということです。換言すれば、内容を存在せしめるのは表現である。あるいは、表現と同時に内容というものが生まれる。シニフィエ、シニフィアンの一体性、不可分離性ということでもあります」[17]。

ラカンには、「シニフィアンは、享楽の実質のレヴェルに位置づけられる」という立言とともに、「シニフィアンは、次のシニフィアンに向けて主体を代理表象する」という、いっそう基本的なテーゼがある。シニフィアンは、一つでは主体を代理表象しない。それは、次のシニフィアンとのつながりがあって、つまりシニフィアン連鎖のなかで主体を代理表象するのである。それでは、そこにおいてシニフィエは、どうなるのか。彼は、このテーゼを述べた同じ年の講義で、「シニフィエ、それはシニフィアンの効果（effet）です」と言っている。また、その前に「シニフィエは、耳とは何の関係もなく、読むことだけ、シニフィアンとして聞こえるものを読むものだけと関係があります。」と言っている。ここには、「精神分析とは、分析主体の発言（parole）から意味の分からない文字を聞いて、それを読むことである」という基本的見解がある。そこで、「シニフィエ、それは聞こえるもののことではありません。聞こえるもの、それはシニフィアンです」と言うのである。[18]

シニフィエは「聞こえるもの」ではなく「読むもの」だと言ったのは、何のことか。それは精神分析において、シニフィエは言語学の対象として規定されるものではなく、欲望と関わりのあるもの、より正確には、欲望の原因である対象aとして、どこまでも記号化できない、シニフィアン連鎖のそとにあるものという意味である。つまり、シニフィアンは、実質のレヴェルで最終的に位置づけることはできないので、享楽は、語る主体の言語活動においては満足に実現できない。そこで、主体はシニフィアン連鎖のどこかで意味を受けとり、そこにおいて欲望に関して譲歩することになり、それが罪責感の原因になるのである。フロイトも、すでに、そのことを次のように仄めかしている、「良心の発生は無意識に属しているエディ

162

プス・コンプレクスと密に結びついているのだから、罪責感の大部分は通例は無意識的であるにちがいない」。エディプス・コンプレクスの体験は、主体が「母の欲望」から「父の名」に同一化して、欲望が規整されるときに起こる心的葛藤である。それは、主体が象徴界を構成する言葉のシニフィアンに服従したことを示す体験であるが、その過程で生まれる罪責感は、たいてい無意識的な感情である。つまり、ラカンが、欲望について譲歩することから生まれると言った罪責感は、結局、主体が欲望にそれ以上近づけなかったことが原因で、その借りを返そうとするさいに生まれる心的な反応である。

　象徴的負債は、恩と同じように、いつまでも返しきれない。どちらにも、完済ということはない。どちらも、ひとが生まれたときから負っている借りである。しかし、両者には借りの返し方に違いがある。恩は、もともとインドの仏教で、存在するものすべてに関わる因と縁の関係から生じる現象とされていたらしいが、それが中国に入ると、儒教で忠や孝を説く、親と子、君と臣、年長者と若者といった、社会関係における上下の倫理的関係から生じる現象とされるようになった。その観念は、すべての存在の水平の関係から、社会的存在者の垂直な関係に変わったわけだが、日本では、仏教的な教えとともに、一般には儒教的な観念を広く受け入れて、それがいわゆる封建時代の道徳を支える重要な柱になったことは、われわれが終戦まで身近に体験してきた。恩は、恵みを与えてくれた他者に対して感謝の気持ちを込めて報いるという、お返しの行動を支える主要な観念になったのである。

　ところで、恩に報いる相手は、抽象的には世のなかであるが、じっさいには父母をはじめ恩師や恩人と呼ばれるような、この世の具体的な他者である。そのような他者は、大他者と呼ばれる大文字の他者（Autre）や、対象 a と呼ばれる小文字の他者（a'utre）ではなく、そもそもは鏡に映るイメージとしての他者である。そのような他者が、自分の世話をしてくれたり、さまざまな援助の手を差し伸べてくれることは、社会生活における通常のことである。

　けれども、そのような通常の他者は、鏡像としての他者ではない。それ

第一章　象徴的負債と「恩」　　163

は、同じように想像的な他者であっても、報恩という社会的な行為へ向かわせようとする観念的な他者であり、むしろ、ある社会集団や階層に固有のイデオロギー的な他者であろう。だが、そのような想像的現実と社会的現実を混同した他者であっても、その他者もまた語る主体であることは事実である。そして、そのような主体は、ある時代の社会秩序を正当化するためのイデオロギーに基づいた恩という特定の道徳観念ではつかみきれないだろう。

　想像的現実と社会的現実を混ぜ合わせて描かれた他者は、この世のどこにもいない他者である。社会的現実は、この世から現実界を追放して作りあげた蜃気楼のような現象の総体であって、語る主体にとっては、完結した与件ではなく、唯一の与件でもない。お世話になった相手に対する報恩は、お互いの個人的なやりとりにおける交換の慣習的な形態であって、それによって実現するコミュニケーションを道徳の主要な原理にしようとしても、それは理性（ロゴス）による知（倫理学）のディスクールにはならないだろう。精神分析の立場からは、ひとが生まれたこの世に対する負債は、そこで生きるために必要な去勢を受けたことの代価としての負債であって、お世話になった他者の想像的な姿形に対する負債ではない。恩についても、語る主体からの認識が必要だろう。

　語る主体は、言語活動によって分割されることから、象徴的負債を負い、その代価を払わなくてはならない。語る主体にとっては、その負債をどのようにして返済するかが重要である。少し誇張して言うと、その返済の仕方が主体の言語活動にとって決定的であり、その表現は症状という用語で一括される。フロイトもラカンも、その症状を体系的に分類することはしなかったが、その後の精神分析では、ヒステリー、強迫症、恐怖症をまとめた神経症と、サディズム、マゾヒズムを中心とする倒錯、そして精神病の三つが主なもので、フロイトによる昇華もその返済方法の一つと考えられなくはないが、ラカンは、それを神経症の一つと見なしている。以上の返済方法は、いずれも去勢に対する防衛であるが、フロイトの防衛に照らすと、それを発動させる主役は自我ということになる。しかし、自我は想像的な形成物であり、症状の象徴的な契機を明らかにできない。そこで、

ラカンは、三つの症状に共通するシニフィアンを導入するが、それはシニフィアンの概念が、語る主体を規定する現実界、想像界、象徴界のすべてにまたがるからである。

それを明らかにするためには、精神病の症状から始めるのがよいと思う。ラカンは、1956年5月31日の講義で、精神病の本質的条件である排除について、こう言っている、「排除（Verwerfung）は、シニフィアンとの関係、つまり基本的シニフィアンへの最初の導入において、既に何か欠落したものがあったはずだということを示しています」。[20]象徴的負債の始まりであるシニフィアンへの導入にさいして、すでに欠落があったということは、普通には何かを受けとったとき、すでに欠損があったということだが、これはまさしくそういうことである。ひととシニフィアンの関係は、本質的に欠落を生む関係であって、それが象徴的負債という名目でひとに返済を迫るということである。排除において、ひとはたしかにシニフィアンを受けとり、それと同一化する。しかし、ひとはそれを知の体系のなかに入れて、知の主体になることを拒否する。

ラカンは、上に引用した講義の半年前、『精神病』の「序論」として記録されている最初の講義で、知と精神病について基本的なことを語っている。知とは、シニフィアンのつながりにおいて、つまり意味作用のなかから生まれてくるが、これまでの精神医学や心理学の領域では、そこに共通の思い込みがあった。それによると、既存の知を前提にして想像される意味は、いつも慣習的な意味作用に従って生まれてくる。精神病は、その慣習に従っていない。しかし、精神病は、知の既存の体系のなかにはいないものの、けっして意味（シニフィエ）のそとにいるわけではない。誤っていたのは、意味というものは了解されるものだという強迫的な思い込みである。彼は、「精神分析と呼ばれる探求が導入されて以来の精神医学の主要な進歩は、諸現象の連なりの中に意味を修復することにある、と信じられていることです。これはそれ自体としては、間違っていません。間違っているのは、その意味なるものが了解されると思ってしまうことです。・・・しかしそれは、全くの幻想にすぎません。」と述べている。[21]

彼は、語る主体を規定する三つの領域の発想によって、その幻想を生む

心因（psychogénèse）という概念を斥ける。「精神分析の重要な鍵、それは心因というものは存在しないということです。と言いますのは、心因とは精神分析からは最も隔たったところのものだからです」[22]。この断言からは、語る主体を三つの領域にまたがって代理表象するシニフィアンの本質が伺える。それはシニフィアンに、言語記号の二つの要素の結合に先立って、了解される意味（シニフィエ）にかかわらない、すなわち慣習的な意味作用が蔓延する世界に属さない一面があるということである。ラカンによると、それはフロイトが男女の性欲動のエネルギーとして用いたリビドーを象徴するシニフィアン、すなわちファルス（男根）というシニフィアンによって示されている。それはシニフィエのないシニフィアン、シニフィアンの機能だけがあるシニフィアンであって、リビドーを言語活動の世界へ方向づけようとするシニフィアン、換言すれば、欲望と言葉の懸け橋となるようなシニフィアンである。

　一方、欲望と言葉のあいだには、つなぎ切れない断裂がある。ものを言うことそれ自体が、対象の欠如という欲望を生み出し、それには反復があっても終わりがない。また、それは知を生み出しても、欲望の満足を生まない。思い込みや幻想は、そこから生まれるのである。

　シニフィエのないファルスには、あらゆる意味作用のそとにあるシニフィアンの一面があるのだが、同時に、それがファルスの働きの限界となっている。すなわち、ファルスは、シニフィアンの本質をなす一面を言葉の世界において実現できないのである。本書では、その限界をなすものを慣習と言っているが、それでは、その慣習を実現しているのは何かと問われると、それはひとが作った地上の世界だという、たわいのないトートロジーの繰り返しになってしまう。精神病におけるシニフィアンは、その本質的な一面を示すとともに、精神病者の欲望は、語る主体の欲望の普遍的な一面を示している。

　精神病における語る主体について、ラカンは、こう書いている「われわれは、フロイトとともに、こういうことをつかんでいる。すなわち、言語活動（ランガージュ）の彼方にいるわけではない主体からやってくるのではなく、まさしく主体の彼方からやってくる言葉（パロール）のメッセー

ジが問題になるときには、」それが何らかの方法によって了解できるはずという強迫的な思い込みに従わないで、「語るそのひとに耳を傾けるのがよい」[23]。精神病の主体は、言語活動の彼方にいるわけではない。ただ、その主体は、言葉が属する象徴界の順応主義的な慣習に従っていないだけである。

　そのことは、精神病の講義の前年に行われたイポリットとの討論で提出された定式「象徴界からやってこないものが、現実界にあらわれている」に通じている。つまり、「現実界は、象徴化作用のそとに存続しているものの領域であって、」その定式はイポリットの言葉を借りれば、帰属判断の背後にある「よそのものと自分自身との識別」の一つ、すなわち「主体のそとに放逐すること（Ausstossung aus dem Ich)」であり、象徴界に対する現実界の反応を示している。そして、それは精神病者にかぎらず、どの主体にも共通した、シニフィアンに対する反応の一面である[24]。

　イポリットがフロイトにおける「思惟の起源」と呼んだもう一つの帰属判断は、「私は自分のものにしたい、とり込みたい」で、「合一（Vereinigung)」と呼ばれ、これは放逐の「否定」に対して、「肯定」の根源であるエロスに属している（gehört dem Eros an)。神経症では、放逐と合一の後継（代理）である帰属判断の否定と肯定が、どっちつかずのまま主体を苦しめている。精神病の源にある機制は排除であるが、神経症のそれは抑圧である。ただし、排除が精神病に特有の現象ではないのと同じように、抑圧も非常に複雑で、一般的な精神現象に共通する機制と考えられる。神経症は、ときに、抑圧がうまくいかなかった結果とされることがある。しかし、フロイトが早くから強調しているように、症状とは抑圧されたものの回帰であり、それが人生の最後まで続くからには、成功した抑圧があるとは考えられない。そして、ラカンは、抑圧はそもそも、性欲動が去勢に直面した結果の欲望とともに出現するシニフィエに向けられているとして、「症状とは、主体の意識から抑圧されてしまったシニフィエの、シニフィアンである。」と述べている[25]。

　フロイトは、抑圧を「その本質は、意識的なものを退け、遠ざけておくことにある」と述べたのはよく知られている。彼は、その抑圧を原抑圧

第一章　象徴的負債と「恩」　　167

（Urverdrangung）と本来の抑圧（eigentliche Verdrangung）の二種類に分け、前者は「心的な（表象の）代表が、意識的なものの中へと受け入れられることが不首尾に終わる」最初の抑圧で、後者は「先の抑圧された代表の心的な蘖（ひこばえ）に対して向けられるか、あるいはその代表とはべつのところに由来しつつも、その代表との連想関係を持つようになってしまった思考系列に対して向けられる」、そして「その連想関係のゆえに、それらの表象たちは、原抑圧されたものと等しい運命を辿ることになる」とつけ加えている。ラカンは、フロイトの定義を認めつつもシニフィアンの考えによって、二種類の抑圧の概念を統一したと言える。すなわち、意識的なもののなかに受け入れられない無意識的なものは、それ自体としては抑圧されることはなく、抑圧されるのはシニフィアンである。そして、抑圧されたものを代表するシニフィアンがファルスに他ならない。

　ファルスは、一定の表象をもたないシニフィアンである。それは両性にとって、現実的な支えをもたない想像的な対象であり、その働きはペニスの有無にかかわらず、語る主体に享楽を断念させる結果をもたらす。ファルスはシニフィアンとして、つねに意識から隔てられているが、主体はその姿のない対象に、欲動の衝迫を犠牲にしてすべてを捧げ、その見返りに意味を受けとるのである。ここで「抑圧と抑圧されたものの回帰とは同じことです」という、ラカンの最初のセミネールの言葉を思い返すと、抑圧には失敗があるという考えは捨てなくてはならない。無意識的なものは抑圧されることはなく、抑圧はつねに成功する。ただし、それはいつも症状として現われるのである。そこで、抑圧は、無意識的なシニフィアンであるファルスの働きから生まれる症状として現われることで、いつも成功していると言うべきだろう。

　神経症は、このリビドーを象徴するファルスというシニフィアンをめぐって発症する。それについて、フロイトは欲望と禁止の解消しがたい二元論という立場から、父との葛藤という現象に注目したが、その症状は、そもそもエディプスの三角関係における去勢という現象に由来すると考えられている。しかし、ラカンは、去勢をシニフィアンによる言語活動の領域にまで一般化して、去勢は、母に対する欲望が、父によって禁止される

ことから生まれる心的な葛藤という観念を鵜呑みにしない。彼はエディプスの構図を認めはするが、さらに、フロイトの母の背後には〈もの〉を、父の背後には大他者を据える。そして、〈もの〉は禁止されているわけではなく、語る主体にとっては不可能な対象であり、大他者はたんに禁止を発する場所ではなく、想像的な相手の彼方にあって、そこで語る主体のディスクールが行われる場所になる。

　そうしてみると、エディプスの構図に執着し、去勢に対して防衛し、象徴的負債の返済を渋る神経症の実態がいっそう明らかになる。つまり、神経症者は、この世にない最高善を体現した〈もの〉である母が存在するという思いを捨てきれず、それゆえ、享楽は不可能ではなく、ただ父という妨害者によって禁止されているだけだという思い込みから抜け出せない。神経症者は、主体が言語活動によって分割されているのを、つまり去勢されているのを少なくとも感知している。しかし、その去勢は、抑圧されているのではなく、禁止されているのである。そして、彼の近親相姦の欲望も、抑圧されているのでなく禁止されているのである。たしかに、禁止された欲望は抑圧するものであるとともに、抑圧されたものの回帰である。しかし、そこで禁止された欲望の性質を注視しなくてはならない。ひとは母を欲望し、父はそれを禁止する敵対者になる。その競合関係は想像界における現象であるが、あくまでそこに留まろうとするのが、神経症の目立った特徴である。その結果、幻想に登場する他者は、誰それの実在する他者となって、愛と憎しみ、味方と敵、善意と悪意などの体現者になる。

　そこで、去勢については、エディプスにおけるその脅威という面についても保留しなくてはならない。ラカンは、そういう心理現象をわきにおいて、去勢を法の概念に近づけ、1956 年の講義では次のように語っている、「黒板に『象徴的負債』と書いたのは、エディプス・コンプレックスという概念の中にはすでに絶対に削除できない法という概念が根源的に含まれているからです。去勢が象徴的負債の次元に属しているということはすでに十分正当化されていますし、我々のこれまでの考察すべてがこの指摘を支持しています」。彼は、法（loi）という用語を、1954 年の記録にある最初のセミネールで「超自我は、法という領域や概念と緊密に結びついていま

す。超自我は、法であると同時に、法の破壊です」と語ってから、1976年のセミネールで「現実界には、法がないと言わねばなりません。そこには、既成の法秩序はないのです。」と語るまで、ほとんどのセミネールで、毎年、この用語を使っている。

　法（loi）の定義は、フランス語でも、そとからの権威によって課される行動の規則とされているようだが、それがある社会集団のなかにおいて維持されている規範であるのか、それとも自然に発生した秩序という事実であるのかはともかく、これまでは、精神分析で馴染みのある用語ではなかった。しかし、ラカンはエディプス・コンプレックスの背後にある去勢の法と、去勢から身を守るためにエディプスの構図に固執して、そこに欲望を禁止する張本人を探そうとする神経症における法とを分けている。エディプス・コンプレックスを生む張本人は父であるが、その父は言語の領域にいる象徴的な父ではなく、主体の欠如のない満たされた世界を破壊しようとする想像的な父である。しかし、この父が禁止するのは、主体の近親相姦の欲望であって、母が欲望の対象として現われる以前の現実的な世界ではない。

　神経症者は、それが不可能な世界であるのを感知しており、自分が言語に支配され、そこで無意識を生む象徴的な世界にいるのを知っていながら、その知によって、禁止する想像的な父の実在を突きとめられると思い込んでいる。しかし、語る主体のそとにいる現実的な父と、象徴的な父は、両者とも自律的な領域にいるが、お互いに排除し合っているわけではない。神経症者は、それらの父を想像的な父の姿として一つにして、知の切れ目を塞ごうとするのである。それゆえ、法には二つの面があることになる。それについて詳しくは後の章に譲るが、神経症者の去勢は、抑圧されることのない無意識を覆い隠そうとして、法の一面を無視した想像的な去勢である。

　フロイトによる、語る主体のおもな症状の一つである倒錯は、彼の初期の著作『性理論のための三篇』で、その症状は「性欲動の本源的、普遍的傾向の現われであり、幼児は多形倒錯者である」とし、ひとの性欲動には、規範という観念は受け入れられないと述べたことでよく知られている。そ

して、彼の著作の英訳者であるJ・ストレイチーは日本語版『フロイト全著作解説』のなかで、こう書いている「この著作は、疑いなく、彼の最も重要で独創的な人知への貢献として『夢判断』に並び立つものである」[30]。精神病の根底には、去勢と欲望のシニフィアンの排除があり、神経症にその抑圧があるとすれば、倒錯にはその否認（déni）があるというのが一般的な見方である。神経症者は想像的父に同一化し、それに対する敵意と畏敬の板挟みになっているが、倒錯者は想像的母に同一化して、ファルスの代替物としてのフェティッシュ（呪物、崇拝物）を作りあげるのである。

　ラカンは、享楽について次のように述べている、「倒錯のあらゆる問題は、いかにして子供が、母との関係のなかで、分析においてその生命の依存によって構成される関係ではなく、その愛への依存によって、言いかえると、母の欲望に対する欲望によって構成される関係のなかで、母自身がこの欲望をファルスによって象徴化するかぎりで、この欲望の想像的対象と同一化するか、このことを考えるところにある」[31]。子供は、母の欲望を欲望する。欲望の想像的対象とは、母の欲望によって象徴化された対象であり、ファルスを言いかえたものである。したがって、倒錯者は、法のそとにいるわけではなく、むしろ独自の仕方で、きわめて法に忠実なのである。ラカンは、その法をサドの『閨房の哲学』のなかの格率によって説明し、やはりよく知られたカントの道徳律と比較して次のように書いている、「サドの格率は、大他者の口から言われたことについて、（カントの）内部の声への訴え以上に正直である。というのも、それはいつもごまかされ、隠されている、語る主体の分裂を明るみに出しているからである」[32]。ちなみに、サドの格率は「だれでも私にこのように言うことができる。私にはお前の体を享楽する権利がある、そして、私はこの権利を、自分の趣味によって満足させたい要求のおもむくままに、いかなる限度にもさえぎられることなく行使するつもりだ」。カントの道徳律は、『実践理性批判』のなかの「きみの意志の格律が、いつでも同時に普遍的立法の原理として妥当するように行為せよ」である。

　サドは、法に対して、カント以上に正直（honnête）である。なぜなら、サドは主体の分裂（refente）を、カント以上に純粋（pure）に告げている

からだ。カントの「うちなる声」に従う純粋な実践理性は、尊敬と義務感という心因的な動機から、つまるところ快楽原則に従うそとからの行動基準に向かう。サドの法は、純粋なシニフィアンに従う法であり、ファルスの働きによって大他者の欠如を埋めよと命じる法である。その命令は、感情、情動、情緒などの心因に基づくものではなく、もっぱら欲望にもとづいており、その欲望の対象に関わるさまざまな様態が享楽と呼ばれる。ファルスは、欲動を表象に変えて、フロイトの原抑圧を生む最初のシニフィアンであるが、サドは、ファルスが欲望によって享楽へ向かうどん詰まりに主体の分裂があるのを暴いている。欲望する母は、すでに父によって犯されており、主体がそこで母を近親相姦の対象として享楽するのは不可能な場所である。

　けれども、サドの法は、抑圧するファルスの法を突き抜けて、享楽の法の実現を空想し、そこで禁止（interdit）に出会う。原初の母は享楽を実現する対象ではなく、あくまでも想像的同一化の対象だったのである。しかし、サドはシニフィアンの法が抑圧するのを否認して、その侵犯（transgression）に向かい、それによって大他者の欠如を<u>象徴的に</u>埋めるのではなく、<u>現実的に</u>埋めようとする。だが、法を侵犯して享楽を実現しようとするサドは、法のそとにいるわけではない。かえって、シニフィアンの法の意味作用を完全に、それとして現実化することが享楽を実現することだと思われているのである。そこで、サドにとって、大他者は無視されているどころか、サディストが大他者の手下となり、その道具になるのである。しかし、それは去勢の法から逃れようとすることである。ひとは、言語活動の世界で分割され、それによって大他者の欠如に直面する。しかし、去勢の法は、ひとが大他者の道具になれとは命令しない。ひとは大他者の欠如を、やはり言語活動による要求によって埋めようとして、欲望の主体になる。サディストは、シニフィアンの法によってシニフィアン以上の「もの」を獲得しようとして、去勢の法から身をかわしているのである。

　去勢の法によって、ペニスはファルスになる。フロイトは、倒錯者がそれを認めないことについて、論文「フェティシズム」のなかでこう述べている、「このペニスは普通は断念されるべきものだったのだが、フェ

172

ティッシュはまさに、そのペニスを消滅から守るという使命を帯びているのだ。もっとはっきり言うなら、フェティッシュとは女性（母親）のファルスの代替物なのである。男の子はこの女性のファルスが存在していると信じており、それが存在しないということをなかなか認めようとしない——なぜ認めようとしないのかは私たちには分かっている」(33)。男の子が認めようとしないのは、端的に、去勢を回避するためである。フロイトは、同じ論文で「女性性器を見た際の去勢恐怖は、おそらく男性なら誰でも経験していることなのだろう。」と述べている。そこで、倒錯者が認めないのはペニスの消滅ではなく、母におけるファルスの不在である。倒錯に特徴的な症状は、母に同一化した倒錯者が、そのファルスによって大他者の欠如を埋めることができると想像していることである。つまり、ファルスによって「もの」に到達するのは不可能であるにもかかわらず、ファルスの代替物であるフェティッシュを作り出し、それによって大他者としての母の欠如を埋めようとしている。

ラカンは、「母−子−ファルスという想像的三つ組」に目を向けて、倒錯における「（フェティッシュを作るという）フェティシズム的解決法は、欠如という条件そのものを現実化するという点で、最も分かりやすいものの一つであることは疑いありません。実際、この欠如という条件そのものが現実化されるのです。」と述べている。倒錯者が同一化するのは、ファルスという欠如の条件そのものを越える特権的な象徴であり、母とファルスは鏡像的な関係にあって、想像的に入れ代わり合う。そこで症状が安定するのは、フェティシズムの真の対象「つまり、ファルスを象徴する何かがとらえられた時だけ」である(34)。倒錯者が狙っているのは、たしかにファルスを象徴する何かであるが、彼は母と同一化しながら、それを対象として求めている。ラカンは、ここで二度「現実化する（réaliser）」と言っているが、それは倒錯者が、その対象をシニフィアンのあるべき場所においてではなく、現実にある場所において、つまり実在するものとして求めているからである。倒錯者は、それを探し当てることによって象徴的去勢を回避しようとしているのである。

　こうしてみると、享楽を命じるサドの法は、あくまでもシニフィアン連

鎖のなかにある法であって、そこでは享楽は禁止されており、サドの幻想は、大他者としての現実の父への隷属を強めるだけになる。ラカンは、論文「カントとサド」のなかで「サディズムは、生きることの苦痛を大他者のなかに投げ入れる」とし、大他者は現実的実質に対する可能的な対象であるが、生成するものは可能的でなくてはならないという「ホワイトヘッド氏の『永遠の対象』に脱皮するのを見ていない」と書いている。その結果、<sup>(35)</sup>サドのフェティッシュは、本質的に女性的な犠牲者の身体になり、マゾヒズムのそれは、母と同一化したみずからの身体をフェティッシュとして、その苦痛を求める。このように、サディズムやマゾヒズムを見ても、倒錯は、性的フェティッシュとしての靴や下着など、皮膚に接触したものを集める狭義のフェティシズムには限定できないのである。

　語る主体は、象徴的去勢によって言語活動の世界の成員として登録される。象徴的負債は、それに対して支払うべき登録料のようなもので、その後の主体の症状は、負債の支払い方によって生じるさまざまな結果と見なされる。ひとは、言葉の世界に登録されると同時に、シニフィアン連鎖によって代理表象され、そこではフロイトが「本来の抑圧」と呼んだ心的過程が進行する。その場所は、法との関係からは禁止の形をとっており、フロイトが「原抑圧」と呼んだ過程とは区別されなくてはならない。言語活動による主体の分割は、「本来の抑圧」を知らないのであって、それを「原抑圧」と呼ぶのは、かえって去勢と抑圧の意味が分かりにくくなりかねない。無意識そのものは、抑圧を本質とする現象ではなく、抑圧が、無意識（の表象）を意識から遠ざけるのである。

　そうしてみると、象徴的去勢に対する負債と比べてみた「恩」は、ある時代や集団の道徳的規範を表わす観念であり、まさしくシニフィアン連鎖における「本来の抑圧」を支える法に属している。したがって、その観念の柱である父母や社会的な目上の者は、「永遠の対象」としての大他者ではなく、ひとのナルシシズムと同一化が作りあげた想像的対象である。ラカンは、ひとを分割して無意識を生み出すシニフィアンそのものを締め出し、シニフィアンのつながりから生まれる意味を無効にしようとする防衛機制を排除と呼び、フロイトの Verwerfung に倣って、それを精神病の症

状の標識とした。しかし、排除は語る主体と、主体が生きている言語活動
の世界との根本的な分裂を示唆しており、その切れ目を座視する言語活動
は、いつまでも想像的領域を徘徊するだけになってしまうだろう。


註

（1）ラカン『転移』下、邦訳、岩波書店、161頁。

（2）『精神医学辞典』、弘文堂、4頁、小澤平作の引用は、同書からの重引である。

（3）山村賢明『日本人と母』、東洋館出版社、221頁。

（4）同上、232頁。

（5）岸田秀『ものぐさ精神分析』、青土社、343頁。

（6）ラカン「カントとサド」、『エクリ Ⅲ』、邦訳、弘文堂、291頁。

（7）ラカン『転移』下、邦訳、岩波書店、161頁。

（8）フロイト「トーテムとタブー」、『フロイト全集』12、184頁。

（9）同上、189頁。

（10）フロイト「自我とエス」、『フロイト全集』18、54頁。

（11）ラカン『精神分析の倫理』下、邦訳、岩波書店、231頁。

（12）ラカン『アンコール』、邦訳、講談社選書メチエ、137頁。

（13）ラカン『テレヴィジオン』、邦訳、青土社、34頁。

（14）ラカン『アンコール』、邦訳、講談社選書メチエ、45頁。

（15）ロラン・バルト「記号学の原理」、『零度のエクリチュール』、邦訳、みすず
　　　書房、133頁。

（16）丸山圭三郎『ソシュールの思想』、岩波書店、119頁。

（17）同上、40頁。

（18）ラカン『アンコール』、邦訳、講談社選書メチエ、61頁。

（19）フロイト「自我とエス」、『フロイト全集』18、53頁。

（20）ラカン『精神病』下、邦訳、岩波書店、161頁。

（21）ラカン『精神病』上、邦訳、岩波書店、8頁。

（22）同上、10頁。

（23）ラカン「精神病のあらゆる可能な治療に対する前提的問題について」、『エクリ
　　　Ⅱ』、邦訳、弘文堂、342頁。

(24) ラカン「フロイトの〈否定〉についてのジャン・イポリットの評釈に対する回答」、『エクリ II』94 頁。

(25) ラカン『精神分析における話と言語活動の機能と領野』、邦訳、弘文堂、71 頁。

(26) フロイト「抑圧」、『フロイト全集』14、197、198 頁。

(27) ラカン『対象関係』上、邦訳、岩波書店、74 頁。

(28) ラカン『フロイトの技法論』上、岩波書店、165 頁。

(29) ラカン "Le sinthome",p.138。

(30) J・ストレイチー『フロイト全著作解説』、邦訳、人文書院、182 頁。

(31) ラカン「精神病のあらゆる可能な治療に対する前提的問題について」、『エクリ II』、318 頁。

(32) ラカン「カントとサド」、『エクリ III』、264 頁。

(33) フロイト「フェティシズム」、『フロイト全集』19、276 頁。

(34) ラカン『対象関係』上、105 頁。

(35) ラカン「カントとサド」、『エクリ III』、274 頁。

# 第二章　去勢の法と無意識の欲望

　表題の四つの用語は、「去勢と無意識」そして「法と欲望」と並べ替えても、それぞれの関係を検討しようとする本章の内容には変わりがないと思う。そのなかで、無意識と欲望は、精神分析の用語として受け取っていただけると思うが、去勢と法は、何か別の分野からの用語で、奇異な感じを与えるかもしれない。

　精神分析の用語としても、無意識は、フロイトが初めて使った用語ではないが、彼の理論の中心であるのは広く知られている。しかし、欲望は、彼が頻繁に使った用語ではなく、欲動の分析とともに引き出されてきた概念で、むしろ、ラカンが言語活動における対象の欠如によって強調し、彼の理論の柱の一つになった用語である。

　去勢は、フロイトが去勢コンプレックス（kastrationskomplex）として使った用語で、通常は、動物の雌雄を問わず生殖腺を除去するという現実的な意味で、国語辞典でも、せいぜい比喩的にひとから反抗心や気力を奪う意味とされている。しかし、フロイトがコンプレックスとともに使う去勢は、あくまでひとの主観的な領域における幻想的なできごとであり、ラカンにおいては、現実的な対象にかかわるのではなく、あくまで想像的なファルスにかかわるできごとになる。すなわち、去勢は、性欲動を象徴するファルスというシニフィアンの象徴界における帰結になる。

　最後に、法（loi）であるが、ラカンはこの語を頻繁に使用している。しかし、フロイトの精神分析における用語とは言えないし、ラカンもその語についてとくに説明していない。だが、日本語における通常の用法から推して、彼がそれをどういう意味で使っているのか。とくに、去勢コンプレックスとエディプス・コンプレックスの違いをめぐって、去勢の法と言い、ファルスの法と言わないのはなぜか、少し詮索してみる必要がありそうだ。

　日本語の法（律）にあたるフランス語の単語には、loi のほかに droit があり、こちらはたびたび権利と訳されるが、法律学とも訳される。しかし、

憲法にあたるフランス語は、どちらにも constitutionnel（le）という形容詞をつけて同じように使われる。どちらかといえば、droit は社会生活上の慣習や歴史から生まれた行動の規範に基づいているという印象を受けるが、モンテスキューの『法の精神』では loi が使われている。日本語でも、法は日常語として、ものごとのきまりとか、行動の基準、しきたりなどの意味で使われることは多いが、ここではあえて法案、法制、立法、違法などでみる狭義の法としておく。

　さて、象徴界、想像界、現実界、それぞれの自律性を強調するラカンの理論では、去勢コンプレックスとエディプス・コンプレックスが区別されるのは当然である。フロイトの去勢コンプレックスにも、三つの領域の区別が予想されてはいるが、とくに象徴的なものと想像的なものの区別がはっきりしないために、去勢とエディプスの関係があいまいである。また、シニフィアンとしてのファルスという観点がないので、象徴的なものと現実的なものの関係もあいまいである。そこで、ラカンが『アンコール』のなかで語った次の文句をもういちど引用してみよう、「男にはファルスの機能に対してノーという何かがあります、それがすなわち去勢なのですが、それがないかぎり、女の身体を享楽するいかなるチャンスもありません」。このテーゼから、彼が「失われた器官」と呼ぶリビドーのエネルギーによって動かされる男からは、そもそもひとが現実界にいるのを消すことはできないという一面があるのがうかがえる。ここの「去勢」は、ひとが言葉に出会った後のことを指しており、その結果が「ノー」と表現されるのであるが、去勢の法では、男がそれ以前に、そもそも言語が支配する世界に生み落とされることが要点である。

　一方、フロイトのエディプス・コンプレックスは、男の子がリビドーという性欲動の目標を母に向けてから後の心的過程を指しており、とくにその過程における象徴界と想像界の交わりと、そこで発生する欲望の情態について述べている。ファルスは、姿形のないシニフィアンであるが、主体が言葉と出会ったさいにシニフィエ（意味）をもたらすという機能をもっている。けれども、フロイトのファルスは、象徴的シニフィアンというより想像的なペニスの表象と混同されかねない面があり、それはラカンが想

像的ファルスと呼んでいるシニフィアンの心像に近い。それゆえ、エディプス・コンプレックスにおける去勢は、去勢の法のそれとは違い、根本的な趣旨からはずれている。そこで、それを去勢の法と無理につなごうとするなら、それはファルスの法、あるいはシニフィアンの法と呼ぶべきだろう。同時に、それは禁止する法、あるいは抑圧する法であって、いずれにしても、ラカンが「『ノー』という」と述べた「何か」の背後にある、言語が記号として出現する以前に主体と言語の世界とのあいだに生じる根本的な否定性とは別のことを指している。

　法という用語からは、一般に社会秩序を担う政治の力が想像される。また、その力が権威（autorité）と結合して、社会の成員を強制的に法に従わせようとする物理的な力が想像され、それは権力（puissance）と呼ばれる。法は、そのような権力の裏づけがなければ実効性をもたないが、それが社会秩序を守るという面だけをみれば、その背後にある力は暴力とは言われない。しかし、暴力（violence）はひとの意思とは無関係に、あるいは意思に反して、そとからの力によってひとを強制的に動かす。その意味では、法と暴力には深いつながりがあり、どちらも、ひとにそとから加えられる力である。ひとの一生は、他の動物たちのそれと同じように、出生と死という二つの逆らえない暴力のあいだにある。しかし、それらの暴力は、この世のあらゆる法のそとにある、いわば現実的な法につながる暴力である。また、それらの暴力は、ひとの本性（nature）基づくとされるいわゆる自然法の個人的な欲望から発する暴力より、さらにいっそう普遍的な暴力である。去勢の法が前提にしているのは、そのような自然法を越えた法の背景をなす暴力ではないが、かといって、現実の社会秩序を維持するための暴力の総体を表わす権力の法を支える暴力でもない。それが位置しているのは、いわば、ひとに生と死をもたらす根本の法と、ひとが生まれ落ちた言語環境によって強制される権力の法の中間の場所である。

　自然法は、ひとの自然（nature）という観念を前提にしているが、つまるところ実定法の場合と同じように、法が告げる拘束的な言語の実効性の枠内で議論が行われ、法の言語そのものには目を向けない。しかし、それらの法が問題にしない言語とひとの関係は、ひとの自然や正義の観念に帰

着させることはできない。去勢の法は、ちょうどそれらの法がわきにおいている言語とひとの関係を、自然や正義の観点からではなく、欲望と無意識の観点から眺めた結果としての法である。欲望は語る存在としてのひとだけに起こる現象で、普遍的ではなく、無意識はひとが発明した言語とともに起こる特殊な現象である。また、欲望と無意識に縁の深いエディプス・コンプレックスも、むろんひとに特有な心的過程で、しかも、フロイトが述べた両親と子の三角関係は、去勢の法の唯一の結果でも、必然の結果でもない。彼がそこで発見した禁止や抑圧は、具体的な人物からやってくるのでも、神からやってくるのでもなく、言語がひとに及ぼした効果の一例である。

　W・ベンヤミンは、ひとは「生命ノトウトサというドグマ」に立脚して、他の哺乳類、鳥類、魚類などの生命を、毎日どんどん殺戮していると述べている。それだけでなく、同じひとの生命をひとだけに通用する理由から殺害し続けている。また、一方ではその生命が、どうしてバッタやミミズの生命より尊いのかを証明できたことはない。他方、法と暴力の関係については、彼の有名な「法維持的な暴力」と「法措定的な暴力」という二種類の暴力は、どちらもひとが作りあげた政治的神話を正当化する権力の法における暴力である。彼は、「嘘を最初から処罰する立法は地上にはなく、この領域を逃れる唯一の領域は言語である」として、次のように書いている、「暴力がまったく近寄れないほどに非暴力的な人間的合意の一領域、『了解』のほんらいの領域、つまり言語が存在する」。それにもかかわらず、「後の時代の独特な没落過程で、この領域へ法的暴力が割り込んできて」、それは始原の法秩序から、自己の無敵の暴力に自信を与える「詐欺」を処罰の対象とするにいたった。しかし、そのさい「法が詐欺に反対するのは、道徳的な考慮からではなくて、欺かれたものが振るうかもしれない暴力への恐怖からである」[1]。

　さらに、この「暴力への恐怖」は、「詐欺」から権力の「法維持的な暴力」に対する「法措定的な暴力」という別の暴力に対する恐怖となって、ほんらい非暴力な領域である言語そのものを対象にした処罰に向かう。その対象となる言語は、言論と言ったほうが分かりやすいが、どちらの法の

暴力も「法の措定は権力の法である」という意味で、権力をめぐる暴力の法に基づくものであり、言語の領域から必然的に産まれる暴力ではない。言語そのものには、権力の法が告げる命令も禁止も違法もない。言語が想像的なものの表現手段になったとき、暴力が生まれるのである。このことは、ラカンの去勢の法における、法の意味の分かりにくさに通じている。去勢の法には、慣習法の言葉も成文法の文字もない。それは、ひとが言語の支配する世界に出会うという現象を指している。よく、母に対する欲望は法によって禁止されているという言い方に出会うが、それは去勢の法ではなく、権力の土台をなす慣習の法が、その欲望の禁止を命じているのである。

　ラカンは、その法について次のように語っている、「法の実体を作っているもの、それは母親への欲望であり、逆に、欲望そのものを規範づけているもの、つまり欲望を欲望として位置づけているもの、それが近親相姦の禁止と言われる法であるということ、これは明らかです。」ここで言われている法は、去勢の法ではなく慣習の法、精神分析の用語ではファルスの法であり、それが語る主体の欲望を欲望たらしめて、ジュランヴィルの言葉を借りれば、その欲望に見切りをつけさせようと（condamner）しているのである。しかし、去勢の法は、その欲望を受け入れもしないし、禁止もしていない。去勢の法をファルスの機能につなぐのは、その過程で欲望の対象 $a$ に母という名を与えた幻想の働きである。

　ファルスは、性欲動をパロールにつなぐ機能だけをもつシニフィアンであるが、その意味ではたんに想像的で、現実的な対象をもたない唯一のシニフィアンである。そして、その機能を果たすあいだにシニフィエという効果をもたらす。また、そのときに抑圧が生まれる。その過程で、フロイトの言う現実的な支えをもたないファルスへの「固着（Fixierung）」が、他の欲動の代表すべてを、すなわち、すべての表象の代表あるいはシニフィアンを抑圧するように仕向けるのである。ファルスは、意識から遠ざけられた無意識のシニフィアンであって、享楽を実現しようとするいかなるシニフィアンにもなり得るはずであるが、ファルスではない何らかの現実的なシニフィアンであれば、ひとはその代償として現実的なシニフィアンか

らシニフィエを、つまり意味を受けとる。こうして、去勢の法は言語が支配する世界のファルスの法につながるのであるが、フロイトは、「狼男」のなかで、排除（棄却）と抑圧を区別したうえで、以下のように書いている。

「彼は去勢を排除したと私が述べたとき、この表現のさしあたりの意味は、抑圧の意味であって、去勢など知らないということである。これによって本来去勢の存在については何も判断されていなかったが、しかし、去勢は存在しないも同然の態度を彼は示していた。この態度はしかし、最終的なものであり続けることができなかった。幼年期神経症の時代ですら、そうであった。後になると、去勢を事実として彼が認定していた証拠がたっぷりみつかる」。「狼男」が知らなかったのは、抑圧という意味での去勢であって、去勢という事実については気づいていた。つまり、フロイトの原抑圧を意味する去勢の法は、そもそも抑圧を必然的にともなうわけではなく、禁止による去勢コンプレックスが維持されて、本来の抑圧が行われるのは、あくまでもシニフィアン連鎖から生まれる意味の効果によっている。ファルスの法からは、ひとがあるシニフィアンを想像的ファルスとしてそれに同一化したとき、連鎖の過程で何らかの姿形ある表象と結ばれてそれに宗教的な役目を与えたり、哲学で実体と呼ばれる観念と結ばれて特別な存在者を想像させたりする一面を消すことができない。それはいずれも本来の抑圧に関わることで、欲望の対象 $a$ に名を与えて、大他者の欠如を塞ごうとするさいの抑圧であり、フロイトは、それを「事後の抑圧」と呼んでいる。

　去勢の法における抑圧は、フロイトの原抑圧につながるとしても、根源的には、ひとと言語の水と油のような関係に起因していると考えられる。あらゆる国語のなかに事物の呼称としてある名、とくに父の名は、対象のない欲望と無意識の発生源であり、ファルスの法を支えるシニフィアン連鎖のもとにあって、語る主体とその欲望の関係を法の枠内で調整するとされている。しかし、ラカンの父の名における父の意味を、ここで、もう一度ふり返る必要がある。父の名を、父という名と、父からの名のいずれの名だとしても、その父はエディプス・コンプレックスにおける父ではない。ひと言で、父の名の父は、象徴的な役目をもつ父であるが、エディプスの

三角関係における父は、想像的な父である。

　ラカンはフロイトの父を、「彼はただの年寄りで、フライベルクを離れました。もはやそこでは為す術がなかったのです。そしてウィーンに落ち着きます。このことを、たとえ３歳であったとしても子供の心が見逃すはずはありません。フロイトは父を愛していたからこそ、父に偉大さを、ついには原始部族の長という偉容を与えなくてはならなかったのです。」と言い、「父に偉大さを与えることは根底的諸問題を解決するものではありません。そしてまさしくエディプスの物語が示しているように、これが本質的な問題ではありません。エディプスが完璧な男であり、エディプス・コンプレックスを持っていないのは、彼の物語には父がいないからです。」と言う。そして、「我々も本質的にはエディプスと同じ立場にありますが、ただ我々はそれを知らないのです。エディプスがそれと知った父は、フロイトの神話が示しているように、まさにひとたび死んだ父に他なりません。父の機能は、まさにここにあります。父の唯一の機能、それは我々の言葉で言うなら、まさに神話であること、常にそしてもっぱら『父の名』であることです。フロイトが『トーテムとタブー』で説明しているように、死んだ父に過ぎないのです。しかしもちろんこのことが十分に展開されるためには、人間の冒険が ─たとえそれが概略にすぎなくとも─、最後まで推し進められなくてはなりません。つまり、エディプスがおのれの目を潰した後に進んでいく地帯まで探索しなくてはなりません。」と結んでいる[4]。

　「人間の欲望は、大他者の欲望である」、この言葉はよく知られているが、彼はそれを「エディプスの欲望、それは欲望に関する最後の語を知りたいという欲望であり、」「それは欲望したいという欲望です」と言う。この年は、次が最後の講義だが、そこでは主体に良心の呵責や罪責感を強要する超自我に関連して、結局、「自分に罪があると実際に感じるのは、つねに根源的には欲望に関して譲歩したからです。」という、やはりかなり知られた命題を提出している。超自我は、一般にはエディプス・コンプレックスを引き継ぐもので、両親の要求や禁止が内在化されて形成される心的装置の一部とされている。内在化は、ここでは複数の主体間の関係が、主体のなかに例えば不安や怖れや葛藤を生む心的過程として形成されていくこ

第二章　去勢の法と無意識の欲望　　183

とである。ラカンは、「（そのような）超自我が要請するものは、我々が行為の普遍的規則とするものとはまったく無関係なのです。これこそ分析的真理のイロハです。」として、「『法』の内在化は、我々は何度もこう言っていますが、『法』とはまったく関係がありません。」と、興味深いことを言っている。

　ここの内在化された法とは、例えばひとが両親との同一化によって、超自我の要請する非常に厳しい道徳意識が心的装置のなかに形成されることだとしても、それはそとからの力による攻撃に直面して欲動の表象を抑圧し、去勢を避けようとする防衛の一形態であって、去勢の法から生まれる必然の結果ではない。去勢の法は、シニフィアン連鎖やファルスの機能が必然に辿る道筋を指しているわけではなく、排除（精神病）や抑圧（神経症）や否認（倒錯）を命じているわけでもなく、それらの症状はみな去勢に対する防衛の形態である。フロイトが発見したエディプスは、他者との想像的な関係において愛と憎しみの葛藤を生む三角関係の一例であって、そこにおける去勢は、現実の対象に関わることではなく、想像的な対象としてのファルスにかかわることである。しかし、象徴的な去勢の背景である言語の領域には、ひとがエディプスにおいて想像するような対象は何もない。抑圧や否認は、その欠如に対する防衛である。

　精神分析にとって、対象とは欲望の対象であり、そもそもの初めから失われた対象である。ラカンはフロイトの見方を継いで、それを欲望の原因として対象aと呼んだ。去勢の法は、想像的な対象としてのファルスが言語の領域において父の名に出会い、それによって言語の支配に服することを指している。第一部（第三章　母ではありません）でふれた「否定」の反応は、その事情をよく物語っている。イポリットは、そこで「判断の働きを遂行するには、否定の象徴の創出をとおしてのみ可能である」というフロイトの言葉を引用して、想像的なファルスではなく、象徴的なファルスの出現をとおして、去勢の法とパロールの実践を語っている。ラカンは、そこで前提にされている現実的なものについて、「現実界は、象徴化作用のそとで存続しているものの領域である」が、主体には最初にそとにあるものとしての現実界を識別する力があって、「その現実らしさのなかに、

184

最初の象徴化作用から排除されたものとしての現実界が、すでにそこに存在しているのです」と述べている。[5]つまり、その後の症状のなかに認められるのは、そとのものを吐き出すことであるが、同時に、それは象徴化しえないものを「否定」によって取り込むことであり、それが他でもなく象徴の創出になるのである。

　こうして、ひとは象徴的記号である言葉に否定する挙止によって答えながら、否定する判断をとおして、言語が支配する世界に編入されるのである。その挙止は情的なものの表出であり、判断は知的なものの表出であって、そこには、知的なものが情的なものと離れる端緒が認められる。イポリットは、そのことを「否定によって生じてくるような、そうでないという形式をとった存在の出現がある。つまりそこでは否定の象徴（言語記号）が、否定するという具体的な態度に結ばれている、そういう存在の出現がありうることを意味しています。」と述べている。そして、そこに「これから、私がそうでないことをあなたに言いますよ。だが、気をつけてください、それこそまさしく、私がそういうものであるということなのです。」という否定の機微があり、そこで、ひとは情（「ノー」という身ぶり）と知（「ノー」という否定判断）を乖離させて、ひとは言語活動の世界に生きることを受け入れ、去勢の法に服するのである。

　去勢の法は、ファルスという姿形のないシニフィアンがひとの性欲動を言語という象徴的記号につなぐことを共示しているが、両者のあいだには根源的な否定性がある。しかし、その法は、両者の否定的な関係から抑圧や否認が必然的に生まれるのを意味しているわけではなく、ましてや禁止や命令による暴力が生まれるのを意味しているわけでもない。暴力は、精神分析におけるもっとも強い抵抗とされる転移にともなう葛藤や、攻撃による危険を避けるための防衛のしくじりなどから、ときとして生まれるとも考えられるが、エディプス・コンプレックスにおける禁止や命令から生じる葛藤や防衛のしくじりは、あくまでも自我やエスなどの心的装置における現象である。それを通常の法を維持するための暴力や、法を措定するための暴力と、あるいは政治的な権力がもつ暴力とつなぐのは慎重でなくてはならない。しかし、フロイトがエディプス・コンプレックスとして記

述した三者関係の基底にある心的局所論からも、あるいは、さらに基本的な欲望と無意識の観点からも、集団のなかで現実に実効性をもつとされる法や、一般に社会秩序を担うとされる政治的な権力の背景にある暴力は、ひとの心的現象とつながりがあると言える。

フロイトは、『トーテムとタブー』のなかで、次のように書いている、「エディプスコンプレクスが、あらゆる神経症の核を形成していることを精神分析は確認してきたが、この確認とまったく一致する形で、宗教も、倫理も、社会や芸術もともにエディプスコンプレクスから始まっているのである」(6)。フロイトのエディプス・コンプレックスは、子の立場から父、母、子の三者関係を子の立場から記述したもので、それ自体は理論ではないが、その心的現象の様態が神経症だけでなく、広く人間の文化現象の核であるとされている。精神分析が扱う神経症の核は、抑圧である。それを家族の三者関係にもどして記述すれば、父の禁止と命令に対する子の心的反応である。そして、子は結果として生じる葛藤を避けて、もっぱら快楽原則に向かおうとする。同じように、倒錯は、その核は否認であり、その結果、享楽に向かおうとする。また、精神病は、その核は排除であり、それは現実界による象徴界の抹消であり、現実的なものへの退行とも言える。個人の症状には、さまざまな呼び名があるが、精神分析では、いずれの症状も象徴的去勢に対する反応である。そこで、去勢については、去勢の法におけるそれと、いまの三つの症状における関係をもう少し眺めて、それが文化現象のはじまりにどうつながるのかを探ってみよう。

エディプス・コンプレックスで脅威の的になる去勢は、すでに述べたように、去勢の法におけるそれと同じではない。それは幻想による想像上の脅威であり、去勢の法の神経症的解釈である。同じように、倒錯は、フロイトがつとに『性理論のための3篇』の注（1910年）で「男性の性的関心がもっぱら女性に向かうということは、その解明を必要とする問題であり、けっして自明なものではない。それは化学の力には還元できないものである。」(7)と述べているように、ひとの性行為は、必ずしも異性の現実的な身体器官に向かうわけではなく、倒錯は、単純には母の身体に見える外性器がないのを否認し、その代理物によって享楽をめざす、去勢の倒錯的解釈

である。また、精神病は、フロイトの原抑圧において、ひとが去勢を意味する言語という象徴界の事実との出会いを受け入れず、その結果、去勢の象徴的解釈が実現しないまま、現実的なものに対する知覚と幻覚が対立し続けている状態とされている。

　以上のどの症状を見ても、そこに去勢の法についての知がないわけではない。ひとは去勢について知っていながら、それを避けようとするのである。ラカンによると、主体は、母のファルスで<u>ある</u>という想像的同一化から、大他者の欲望に関わる父の名という分節化されたシニフィアンとの同一化によって、ファルスを<u>もつ</u>という状態に移り、そこから父の名の隠喩が始まる。通常の法は、言葉や文字によって表現されると考えられており、自然なものではない。しかし、去勢の法には、それらの表現手段はなく、エディプス・コンプレックスにおける抑圧や禁止の法は、主体が言語と出会ってからの、前に社会秩序を維持するための暴力を背景にしていると言った権力につながる象徴的な法、あるいは慣習的な法である。また、去勢の法は、自我や超自我というカントの道徳法則につながる倫理の法でもない。ジュランヴィルは、「この問題に関して、ラカンが明確であるのはまれでしかない」として、「超自我と法のあいだの結びつきが問題視されず、享楽が禁止されたものとして提示されているようなテクストが、非常に数多く存在する」と書いている。<sup>(8)</sup>

　去勢の法における近親相姦の対象としての母は「もの」であり、その母は、社会の慣習的な法が禁止する対象にはなりえない。なぜなら、「もの」としての母は父の妻としての母ではなく、ひとが「もの」としての母を享楽するのは、禁止されているのではなく、不可能だからである。主体の欲望は大他者の欲望であり、大他者の欠如に関わっている。もし、欲望の対象としての母が本当に欠如しているならば、それを禁止する必要はない。禁止は、慣習の法から生まれる。ジュランヴィルが言うように、その根本的な理由は「去勢を受け入れるより、禁止を受けるほうがたやすい」からであり、「ラカンにとっては、禁止や超自我とはまったく関係のない道徳が存在する」からである。

　フロイトは、超自我について、次のように書いている、「超自我は、耳

第二章　去勢の法と無意識の欲望　　187

で聞かれたものから発したという自らの出自を否認できるわけではなく、じっさいそれは、自我の一部として、語表象（概念、抽象概念）から生まれて意識に食い込んでいるのであるが、ただし、超自我の内部に備給エネルギーを供給しているのは、聴覚知覚や教育や読書ではなくて、エスの内部の源泉なのである」。<sup>(9)</sup>この文では、「語表象」とともに「エスの内部の源泉」が注意を引く。エスは、ふつうには無意識的で、自我と超自我の二つの心的な場所と密接な関係があり、心的エネルギーの一次的貯蔵庫として、生の欲動と死の欲動が面と向かって対決する舞台とされている。ラカンの精神分析にとって、超自我と関係のない道徳が存在するのは、あらゆる道徳の根底には、エスを舞台にした生の欲動と死の欲動の対決があるからである。その道徳の様態は、語る主体の欲望によって、生の欲動と死の欲動がどのように対決するかを見て窺うことができる。

　主体と言語の出会いは、死の欲動を生む。といっても、それは暴力ではなく、現実に死をもたらすわけでもなく、言葉のシニフィアンと主体の関係の本質的な否定性の現われである。この否定性は、大他者の欠如と象徴界の空洞から生まれる。あるいは、それ以前に「もの」としての母の不在、欲望の対象として母はすでに犯されて、梅毒にかかった（vérolée）母でしかないことから生まれる。しかし、二つの欲動が対決する舞台の上で、主体は生き延びようとする誘惑にほとんど勝つことはできない。そこで、大他者の欲望に応え、象徴界の空洞を塞ごうとする。そのために、欲望の対象とされるものの名を名指すのである。しかし、名指された名は、ラカンが対象 a と呼ぶ対象の名であって、現実の対象の名ではない。大他者の欲望に応えて、その対象を名指す名は、「もの」に向かう。しかし、「もの」には名がない。それはこの世にあるものではなく、ラカンが「沈黙した現実性（réalité muette）」と呼んだものだけがある。そこで、主体が「もの」を名指そうとすることも、また去勢の結果を明かす一面だと言える。

　ラカンは、1964 年度の最終講義で、供犠について語ったとき、そのさい大他者がこの世にあらわれる姿を「暗闇の神（Dieu obscur）」であると言った。これは欲望する神、すなわち語る主体に欲望せよと命じる神である。そして、語る主体はこの神に、欲望の対象を捧げようとする。それは

供犠と呼ばれ、語る主体にあって、「その神へ供犠の対象を捧げることに抵抗することは、ほとんど誰もできない」と言った。そして、たとえその対象がたんに名指された名であって、その名は現実にあるいかなる対象も指してはいないにしても、語る主体は、その名を口にするのをやめることはできない。そのことを、ラカンは「(これは)『暗闇の神』というあの大他者の欲望が現前していることの証言を、我々の欲望の対象の中に見出そうとする、ということです。」と言った。[11]

　一方、彼はちょうど一年前の講義で、「供犠、それは、神々が我々と同じように欲望しているかのように振舞うことによって成り立っているのです。そして、もし神々が我々と同じように欲望するとすれば、対象ａもまた同じ構造をもつことになります。」と前置きして、「供犠には、これまで誰も満足な仕方でその問題を解決していないと思われる一つの特徴があります。それはつまり、供犠において犠牲に供せられるもの、それはつねに<u>しみ</u>のないものでなければならないということです。」と語っている。<u>しみ</u>(tache)とは、汚れであり、けがれであり、欠点である。そして、「しみが現れるとともに、背後にあって隠されているもの、すなわち、しみの場合には眼が、欲望の領野に再び出現する可能性が準備される」のである。[12]しみがあると、それで隠されているものが現われてくるかもしれない。しかし、そのしみをよく見つめていると、それは欲望の対象を指している名であるのが見えてくる。対象を指しているはずの名が、欲望の対象の無を隠すのである。それが明るみに出ないように、供犠の犠牲者にはしみがあってはならないのである。

　供犠における供物にはしみがあってはならない。いわば、純白で汚れのない何ものかである。しかし、その何ものかを指し示すのも、名を措いてない。言語記号に譬えれば、それはいかなるシニフィエもない、純粋シニフィアンだろう。その他のシニフィアンは、意味と呼ばれる表象を隠す。けれども語る主体は、言語に支配された世界において二つの欲動の対決をぬって生き延びるために、供犠の対象に名を与えなくてはならない。その対象は、倒錯におけるフェティッシュ（呪物）と同じように、個人の儀礼においても供物になりうるが、集団によって指し示された対象は、人びと

が欲望に譲歩した結果の罪責感を丸ごと引き受ける身代わりの犠牲者になる。ラカンは、その証拠として、ナチスによるホロコーストという極端な例を挙げていたが、その大昔から続く形態はおよそさまざまである。共通しているのは、それらが主体の心的現実における欲望とシニフィアンのドラマからやって来ることである。

　欲望の対象は、欲望の原因として対象$a$と呼ばれるが、実在する対象ではない。ラカンは、その対象$a$をシニフィアンとは別のものとして、文字に近づける。文字は、シニフィアンの物質的な素材にはなるが、シニフィアンが象徴界に属しているのに対して、文字は現実界の側にある。それについてはあとの章でふれるが、対象$a$はシニフィアンから切り離され、文字として現実界に近づく。ここで、シニフィエのない純粋シニフィアンと、シニフィアン連鎖におけるシニフィアンとは分けて考えなくてはならない。シニフィエは、シニフィアン連鎖の効果として生まれるが、その過程は意味作用と呼ばれ、つながりの過程で一時的にあるシニフィアンをあるシニフィエに結び付けて、そこに生まれる表象を解釈すると、その内容は意味と呼ばれる。シニフィアン連鎖は、そのようにして意味を生み出すとともに、それによって主体の疎外を生み出す。ラカンは、それをひとの欲求がシニフィアンとして要求に向かうときに、その要求がひとに自己疎外をもたらすと説いている。そして、その要求による自己疎外から、想像的に欲望が生まれ、そして、それがふたたび要求による言表行為によって疎外を昂進させ、ひとを言語の世界における無意識的欲望の主体にする。

　欲求は、通常、生物学的な領域における生命維持のための現象とされている。それが言語活動の領域における要求になると、ひとを疎外する欲求と要求の関係から欲望が生まれ、ひとの要求する対象は、たんなる生物学的な欲求の対象をはみ出してしまう。なぜなら、言語の世界におけるひとの要求は、本質的に他者に向けられ、ひとの欲求は他者を介して、その満足が実現されるからである。しかし、言語の世界にいるこの他者は、たんに目の前の鏡像としての想像的他者ではなく、その向こうにいる大他者である。むろん、それは姿形のある他者ではないが、例えば、あるひとが「きみはぼくの妻だ」と言ったとき、その言葉は目の前にいる相手の背後

に控えた大他者への要求である。ラカンは、その要求の対象を「愛のしる
し（signe de l'amour）」と呼び、それが目指すのはたんに生命維持のための
欲求を越えた愛であると言っている。彼は1972〜3年のセミネール
（『アンコール（Encore）』）で、最初の講義の冒頭から愛について語り、「愛
は、愛を要求することをやめません。愛は、愛を要求し、たえず要求し、
もっと（encore）要求します。もっと（Encore）、これは大他者の欠如
（faille）の固有名とでもいうべきもので、そこから大他者に向けて愛の要
求が始まるのです。」と言っている。

　ところが、語る主体は、その要求が実現できないことを知らない。それ
ゆえ、欲望は、本質的に無意識的なのである。彼は、次のように続ける、
「愛は、たとえ相手と相互的であっても、それを実現する力はありません。
なぜなら、愛は、それ自体が〈1〉になろうとする欲望にすぎないのを知
らないからです。そのことがわたしたちを、彼らの相互関係が確立できな
いことへと導くのです。お互いの関係、彼らとは誰か　—それは二つの性
のことです」。上の〈1〉は、ドイツの数学者フレーゲが「あらゆる基数
は、その前の基数によって定義される」という考えから定義した〈1〉で、
それによると、「1とは、『ゼロと等しい』という概念に帰属する基数であり」、
いかなる対象も内容もない、たんに基数を数えるための順序を表わす記号
としての〈1〉である。

　こうして、その〈1〉は、「シニフィアンの本質によってしか成り立たな
いことが証明されている」。そして、その〈1〉は、シニフィアンがもとも
と意味に対しては自律的で、何かを意味するのとはまったく別の働きをす
ることを教えてくれる。そのことを煎じ詰めるなら、シニフィアンは、す
べて同じシニフィエを意味するということである。それは、太陽と月とい
う単語が語用論的に同じものを意味するというのではまったくないが、語
る主体を代理表象するシニフィアンは、どれも対象*a*と呼ばれる欲望の原
因にかかわりがあるということである。ラカンは、『アンコール』より15
年前に行った講義のなかで、その対象*a*がある場所を余白（marge）と
呼んで、次のように語っている、「欲望は、それがいかなるものであって
も、純粋な状態では、欲求の土壌から引き抜かれ、大他者に対してその絶

対条件になっているような何かです。それは余白であり、愛の要求から欲求の要請をいわば引き算した結果です。逆に言えば、欲望は、愛の要求のなかで欲求に還元されることに抗っているものとして現れてきます」(14)。この余白は、大他者の欠如があるところで、知の切れ目でもあり、そこはいかなるシニフィアンも語る主体を定義することはできない欲望の原因が生まれる場所である。

　ここで、大他者の絶対条件とは、大他者には欠けたところがあるので、大他者は欲望するということである。主体は、それに応えようとするのだが、言語の世界にいる主体には要求によって欠如を補填しようとすることができるだけで、それが大他者に対する愛の要求になる。しかし、その要求は主体の自己疎外を生み、そこから生まれる主体の欲望は、大他者の欲望とのあいだに行き違い（chasse-croisé）を生み、主体は要求によって愛の余白を埋めることはできないのである。

　だが、一方で、大他者は主体に「享楽せよ（Jouis!）」と命令し続ける。そこから、去勢と享楽と法の三者関係が分かりにくくなると言えるかもしれない。ラカンは、1957年の講義を報告した文のなかで、こう書いている。「〈法（Loi）〉は、じっさい〈享楽せよ（Jouis）〉と命じるだろう。主体は、これに対して、ただ一言〈私は聞いています（J'ouis）〉と答えることができるだけだろう。そこでは、享楽は、もはや言外に含まれたものでしかないだろう。しかし、主体が享楽に近づくのを妨げるのは、〈法〉それ自体ではない。〈法〉は、たんにほとんど自然の仕切りによって、斜線を引かれた（分割された）主体を生み出すのである」(15)。ここの大文字の〈法（Loi）〉を、去勢の法のそれとすると分かりにくい。というのも、ラカンは、ひとが分割された主体になるのは、ひとが音声を分節して言葉にできるという能力のゆえであり、それによって外界とのあいだに仕切りができるのは、ほとんど自然的な身体現象のせいだと言っているからである。去勢とは、つまるところ、その結果を指しているので、それを慣習にせよ、文字化されている法律にせよ、暴力による人為的な強制を土台にした法と、そのままつなぐわけにはいかない。ラカンの考えを突き詰めていくと、去勢と法は別の領域にあって、たとえ去勢の法が神経症や倒錯の症状に及ぼす影響

ということが言われても、それは去勢に対する想像的な反応の一面で、その強制力の必然的な結果ではない。精神分析における去勢は、生殖腺を取り除く現実的な去勢ではなく、不安や怖れを喚起する想像的な去勢でもなく、ひとが言語に支配された世界で、死の欲動に直面しながら、語る主体として生きるのを余儀なくさせる象徴的な去勢である。

　そこで、大他者の「享楽せよ！」という命令についてふり返ると、語る主体がそれに応えるには、シニフィアンをもってするよりないが、大他者というシニフィアンの場所そのものには、そこを埋めるようなシニフィアンはない。あるいは、主体がいかなるシニフィアンをもってみずからを代理表象させても、大他者の欠如はそのまま残る。主体は、そこで〈私は聞いています（J'ouis）〉と答える。これは命令に対して、〈はい、私は享楽します（Je jouis）〉ではない。ラカンは、（J'）ouir（聞く）と jouir（享楽する）の同音異義によって言葉遊びをしているが、この場合「聞く」とは、その命令によって「意味（sens）」を受けとるということである。つまり、その命令によっても大他者の欠如を埋めることはできない、すなわち享楽することはできない、しかし、その代わりに主体にとっては、大他者からのシニフィアン連鎖から「意味」が生まれるのである。

　大他者の欠如は、いかなるシニフィアンによっても補填することはできない。というのも、そこはフロイトが昇華と呼んだ「もの（Ding）」の場所だからであり、ラカンも同じ「もの（Chose）」という用語を使ったが、彼にとって、ひとは語る主体として生きているかぎり、昇華をそれとして実現することはできない。昇華とは、語る主体が「もの」に向かって進むことであり、彼は 1959 ～ 60 年のセミネール（『精神分析の倫理』）の前半で、「もの」とシニフィアンと昇華の関係を詳しく語っている。講義では、「昇華とは、対象を『もの』の尊厳（dignité）にまで引き上げることです」と語った後、「『もの』は、現実界に属しており、原初的な現実界であるにもかかわらず、シニフィアンを言うなれば受苦する（patit）ものだからです」と続けて、「『もの』には、想像することが不可能であるという特徴があるにもかかわらず、人間は『もの』のイマージュに似せてシニフィアンを作り上げることによって何をしたかということ、そこにこそ昇華の問題は位

置づけられるのです。」と語っている。文中の「受苦する（pâtir）」とは、何かの災難にあう、何かによって被害を受ける、何かに悩まされるという意味だが、ここでは、現実界に属する「もの」が人間の心的現実を構成するシニフィアンに出会い、それを災難や被害に譬えている。そして、なぜそれが苦しみや災難であるかといえば、シニフィアンはつねに空虚を作り出し、欠如を生むからである。彼は、その例として陶工と壺の寓話を挙げている。陶工は、壺の縁とともに内部の空虚を作り出す。すなわち、「壺はあらゆるシニフィアンのシニフィアンにほかなりません。いいかえれば、特にこれといったシニフィエをもたないシニフィアンです。」そして、「壺が作り出すのは空無であり、この空無によってこそ、壺を満たすというパースペクティヴそのものが導入されます。それによって空無と充溢が導入されますが、壺というこのシニフィアンから出発して、まさしく空虚と充溢が、同じ意味をもって世界に入ってきます」。

　昇華は、陶工の譬えはその例であるが、通常、精神分析ではシニフィアン連鎖によるディスクールのパースペクティヴにおいて、それには芸術、宗教、科学の三つの形態があるとされている。ラカンは、フロイト自身がヒステリー、強迫神経症，パラノイアの機制と、それらの形態とを比較していることを挙げ、「芸術においては『もの』の抑圧（Verdrangung）があり、宗教においては『もの』の置き換え（Verschiebung）があり、科学のディスクールにおいては『もの』の排除（Verwerfung）があるのです」と言っている。そして、とくに科学のディスクールは、「『もの』を直接扱わず、それでも『もの』を措定することを理想にしていて」、そこに科学のディスクールのパースペクティヴに、ヘーゲルの絶対知の理想が姿を現わす理由があるのだが、「ご存じのように、結局このパースペクティヴは歴史上失敗だったのです」と結んでいる。

　それでは、昇華と精神分析は、どういう関係にあるのか。ラカンは、『エクリ』に収録された最後の論文（「科学と真理」）のなかで、魔術と宗教と科学に言及して、精神分析が昇華の一形態であるのを次の表現によって認めている、「われわれは真理を援用して、これを精神分析以外の領野にもたらそうとしているのです」。真理は、精神分析にとって、パロール

（言行為）以外の基盤をもたないという前提があり、パロールは、真理が事物との合致をもたないかぎりで、そう呼ばれる。真理は、通常「知性（言表）と事物の一致」とされ、「フロイトによって、無意識とは言語活動（ランガージュ）であるという意味と、別の意味を持たない」という道が開かれるまで認められてきた。言語活動は、パロールが行われる真理の場所であり、無意識は、一つの言語活動として（ただし、ある一つの国語（ラング）としてではない）構造化されている。そして、その真理の場所には、「もの」を名指すための欠如があり、その欠如から欲望が生まれる。その結果、語る主体は「もの」に名を与えようとして、つねにその名が指し示す対象をつかみ損ねるのである。なぜなら、名には必ず記号という言語の材料の一面があり、「もの」は名づけられることによって、言語活動の場所に書き込まれることになり、それによって「もの」としては消えるからである。したがって、無意識とは、「もの」を対象として書き込もうとする、しくじりの反復活動から形成されるということになる。

　そこで、精神分析が昇華に求めているのは、知と真理が分割されている地点まで分析を進めていくことである。言いかえると、それは分析治療の手が届かない真理の場所を知るところまで分析をやめないということであり、それをいまの論文で「真理と知のあいだにある主体の分割の地点」と呼び、そこは「分析者たちにとっては親しいはずの地点なのです」と言っている。そして、フロイトが晩年の『続・精神分析講義』のなかで書いた「Wo Es war,soll Ich werden」をその証言として紹介している。この有名な文句は、注釈と解釈の対象になっているが、従来、英語の標準訳から、日本語でもフランス語でも「エスがあったところに、自我が生じなければならない」と解釈されてきた。しかし、原文のEsとIchには、フロイトが心的装置の二つの場所（エス、自我）に、それらを名詞として使用するためにつけた定冠詞（das）がなく、代名詞（それ、わたし）ともとれる。ラカンは、そのIchは想像的な同一化によって主体を疎外的に構成していく自我（moi）ではなく、たんなる代名詞のわたし（je）であり、Esは、名詞化されようもない代名詞として読んだ。日本語の最新版の訳者は、それを原文の曖昧さを利用した拡大解釈と注記しているが、読みの深さと拡大

の程度を考慮すべきだとしても、思想のつながりと革新を実現するのは、つねに後代の解釈である。ラカンは、そのわたし（je）を無意識の主体として、はじめに欠如を生むシニフィアンがあった過去（war,était）の場所から、語る主体としてのわたしがやってきた（advenir）はずであると解釈したのである。

　そこは、まさしく昇華が始まる地点であり、シニフィアンによって生まれる欲望の原因（対象a）が、「もの」を求めて対象の「名」を探す営みが始まるところである。欲望は、大他者の欠如から生まれ、それがシニフィアン連鎖をたどって「もの」に向かうとき、享楽が生まれる。享楽は、フロイトが心的機能を支配する原則の一つとして立てた快楽ではない。彼は、快楽を緊張の緩和という原則として提示したが、それは欲望にも、「もの」にも関係せず、むしろ、満足を想像的に実現しようとして現実から遠ざかる。フロイトは、やがて死の欲動の仮説と反復強迫の現象から出発して、快楽原則を越えたものを考え、ひとがその心的活動によって本当に探し求めているものは何かという問いを提起した。享楽は、それに答えようとする概念の一つである。そこで、享楽が「もの」に向かって欲望を進めると、死の欲動に直面する。「もの」に向かった欲望が享楽に近づくと、「もの」はすでに失われているために、主体を代理表象するシニフィアンには、その無意味が現われ、主体は死の欲動に直面する。

　反復強迫とは、語る主体が死の欲動に直面してシニフィアンの無意味を知り、生の欲動によって、ふたたび言語活動の世界に戻る現象を指している。そして、ひとが言語活動を続けるかぎり、この無意味は反復される。フロイトは、反復強迫から死の欲動を思いついたのだが、ラカンにあって、反復の現象は、死の欲動をともなうシニフィアンの本質的な様態であり、シニフィアンにはもともと死の欲動と、ひとに対する否定性が含まれているのである。ここで反復されるのは快楽ではなく、無意味なシニフィアンが開く欠如の空間であるが、これが同時に、その空虚な空間を言語活動のさまざまな表示法であるエクリチュール（文字法、書記行為）に従って埋めようとする昇華が再開される地点ともなっている。そして、ここから、去勢をめぐる欲望と法のドラマが始まるのである。

196

罪責感について、ラカンは、フロイトもそれには無意識の面があると言って示唆していたように、主体が欲望に対して譲歩したことによって生まれると明言している。彼は、そのことをセミネールにおいて、シェークスピアの「ハムレット」とソフォクレスの「アンティゴネ」という、よく知られた二つの悲劇を例にとって語っている。なかで「ハムレット」については、1959年から1967年まで、ほとんど毎年のように語っているが、いずれも短く、彼の父を殺したクローディアスに対する復讐が、ハムレット自身の死をもたらした理由についても簡明である。(20) ハムレットは、父の名による象徴的な去勢の法を受け入れようとはしない。それは、主体から母という想像的な対象を奪うからである。そこで、「ハムレットが父を殺したクローディアスに復讐しようとする、その瞬間に立ち止まる理由は、はっきりしています」。それは、彼が「父の名」の父は死んでいるのを知っていながら、「もの」としての母との想像的な関係を切れないからである。そこで、父は亡霊という想像的な姿形をした人物として現われ、その言葉によって、彼は現実の殺人を犯すまでに追いつめられる。ラカンは、それが「近代という時代の入り口において、その後やってくる人間の、行為にたいする特別な無能を証言することになるでしょう」として、それゆえ、われわれの精神分析は「シニフィアンを注釈する呵責なき方法が、空しいものにならないことを教えてくれる」と言う。(21)

　ところが、ラカンは、一方ではシェークスピアの「ハムレット」を経て、われわれはその2千年以上前に書かれて、欲望の本質をいっそうはっきりと教えてくれる「アンティゴネ」にやっとたどり着いたと言い、その注釈に三回の講義をあてている。彼が言うように、この戯曲はすでに久しい昔から、その倫理との関わりは知られており、さまざまな議論があるなかにも、「共同体の名のもとに、正しい法として提示される法との関係で引き裂かれる葛藤のうちにある我々にとって、誰がアンティゴネに言及せずにいられましょう」という共通した思いがある。(22) それ以上に、G・スタイナーは、その研究書で、「私の信ずるところ、人間の条件の内なる主な永久的葛藤のすべてを表現したと言えるのは、ただ一つの文学的テクストだ

けである。これらの永久的葛藤は五つある　—男と女、老年と青年、社会と個人、生者と死者、人間と神（ないし神々）の間の対立である。」そして、「ソフォクレスの『アンティゴネ』においては、人間のこのような葛藤による定義と自己定義の五つの基本型がすべて表現されている。」と書いている。[23]

　ところで、ラカンは、そのような対立が分析経験の根源にあるのを認めて、それは、J・ブロイアーとフロイトが「カタルシス」という用語で指したことが明らかにしていると言う。これは、アリストテレスがギリシア悲劇の観客に及ぼす影響について述べた言葉で、精神分析では「浄化（法）」と邦訳されている。ブロイアーとフロイトは、この方法（おもに催眠術や暗示）によって、患者が病因となった情動や外傷的体験を想起し、再体験して、過去の刺激による興奮のエネルギーを放出して、除反応が起こると考えた。ラカンは、もとのギリシア語が、フランス語で通常 purgation と訳されることに注目している。この仏訳語は pur から「純化すること」が連想されるが、邦訳は、医学用語で「寫出」とされている。彼は、「それ」が古典的に「有害な体液の除去」という意味であったことから、「悲劇とは、アリストテレスによると、カタルシス、つまり『情念』の怖れと哀れみの「それ」を目的とします」とし、さらに、カタルシスが医学的な伝統のなかで使われてきた語であるとともに、ギリシア時代から儀式的浄化（フランス語では、罪の清め、浄罪）と結びついており、そこにこの語の両義性があると言っている。[24]

　カタルシスの儀式的浄化という一面は、欲望をめぐる法の二重性によって現われる。それは、ひとの行為によってじっさいに現われると言ってもよい。「アンティゴネ」に登場する中心人物は、テーバイの先王オイディプスの娘アンティゴネと彼女の叔父にあたるクレオンである。悲劇の主題は、どの解説書も、自然の法を主張するアンティゴネと、国家の法を主張するクレオンの争い、そして、その悲惨な結末だと記している。近代の「アンティゴネ」解釈を代表する一人ヘーゲルは、法の二重性とひとの行為に目を向けて、解説のはじめに、こう述べている「共同体的な自己意識は、神の掟に服する場合でも、人間の掟に服する場合でも、現実の行動が

展開していくありさまを自分の行為の成果として経験する」。神の掟とは自然（家族）の法であり、人間の掟とは国家（共同体）の法である。そして、アンティゴネの法と行為については、次のようにまとめており少し長いが引用してみよう。

「共同体意識が、自分と対立する掟と権力の存在をあらかじめ承知し、それを暴力的で不当な権力、たまたま共同体を代表しているにすぎない権力と見なし、犯罪と知りつつ犯罪を犯すアンティゴネのような場合には、共同体意識としていっそう完全な意識であり、その責任もいっそう純粋である。行為の実現はものの見かたを転倒させる。行為を実現することは、共同体精神を現実的なものたらしめねばならぬ、と言明することである。目的の実現が行為の目的なのだ。行動することは現実と共同体とを統一することであり、現実があるべきすがたと重なり、あるべきすがたと一体化して真正の正義以外のなにものもそこに介在しない事態を作りだすことである。が、共同体意識は、まさにこの現実とみずからの行為ゆえに、みずからに対立する存在を自分の現実として承認しなければならず、自分の責任を認めねばならない[25]」。

　以上のようなヘーゲルの解釈に対して、ラカンは、次のように言う、「ヘーゲルによれば、『アンティゴネ』には二つのディスクールがあって、それぞれのディスクールに本質的な使命があるという意味でディスクール間の葛藤があり、しかもそれらはつねに何らかの和解へと向かうと言うのです。『アンティゴネ』の結末に一体どんな和解があるというのでしょう。さらに、この和解がいわゆる主観的なものだと言うに至っては、まさに驚きです[26]」。ヘーゲルは、アンティゴネの共同体意識は暴力と法によって存在している現実の権力が共同体を代表しているのを知っていて、それをあえて犯そうとする、いっそう完全な意識であるのを認めている。そのうえで、そのような意識が、もし共同体を代表することになれば、共同体そのものが消滅し、そこにいる個人も生きる場所がなくなるので、二つの意識はどうしても主観的に（精神的に、主体的に）和解しなくてはならず、それが両者の分裂を防いで、共同体精神を前に進めることになる。彼は、その和解と主観性（パトス）の情態について、次のように書いている。

第二章　去勢の法と無意識の欲望　　199

「この承認は共同体の目的と現実との分裂が克服されたことを意味し、正義しか人びとに受け入れられないのを知る共同体的心情が、回復されたことを意味する。が、それとともに、行動者は自分の役柄と自己の現実性を放棄し、没落へとむかわざるをえない。その存在は、共同体の掟を自分の本体とみなしてそれにしたがうことにあるが、対立する掟をも承認したとなると、本体は本体でなくなってしまう。そして、自分が現実の存在ではなくなって、心情だけの非現実的存在となる。本体は個人のもとで個人のパトス（情熱）としてあらわれ、個人はそのパトス（情熱）の上に立って、それに生命を吹き込むものとしてあらわれるが、このパトス（情熱）は同時にその人格をなすものでもある。共同体を生きる個人は、その共同体精神ともとから直接に一体化し、共同体精神のうちにしか生きる場をもたず、共同体権力が対立権力によって打ちたおされるとき、個人として、共同体権力の没落を踏みこえて生きることはできないのである」。[27]

　ヘーゲルによれば、神の掟とは、自然な共同体精神を代表する法であり、それは家族である。しかし、共同体のなかの家族のあり方が自然発生的だとしても、それが感覚的で個別的な現実を脱却した共同体の精神であると考えることはできない。そこで、「共同世界の核となる公明正大な国家の掟は、一つのまとまりをもって存在する政府のもとで、現実の法として生かされる。政府とは、自分のうちに還ってきた精神であり、共同体秩序の全体を代表する単一の主体となる」。[28]この意見は、アンティゴネの二人の兄ポリュネイケスとエテオクレスが、互いに王位を争って死んだ後、テーバイの統治者となった叔父クレオンの次の台詞に通じる、「自分の家にあって勤めを怠らぬ者なら、国に対しても同様正義を守るだろう。それに反して、掟を犯し乱暴を働く者たちが賞讃をかち獲るなどは思いもよらない。されば、一旦国が支配者を選んだならば、事の大と小とを問わず、また正しかろうと、なかろうと、これに服従するのが当然」。[29]

　クレオンは、テーバイに侵攻したポリュネイケスを国に対する反逆者として、その埋葬や葬礼を禁止したが、アンティゴネは、妹イスメネの心配をよそに、兄の葬礼を行なう。その振る舞いは、ともすると共同体の再建と、新しい支配者の権力に逆らって、昔からの家族の慣習を守ろうとする

行為と受けとられかねない。そのことが、これまでにさまざまな議論と多くの解釈を生んだ理由のひとつかもしれない。ラカンは、そのことを承知したうえで、「『アンティゴネ』には何があるでしょう」と問い、「それは、行為に移る瞬間の彼女です。」と言う。クレオンは、その点で、自分のしていることを知らない。ラカンは、「王とは、共同体を統治する者です。彼は善を欲するのです。これが彼の役です。」と言い、その善は、カントにおける善の「概念」と呼ばれるものと完全に一致し、「法と理性の最終的同一性へと我々を導く、アリストテレスからカントへと至る倫理的歩み以前に」、この悲劇が、すでにそれに対する始原的な反論を提示している「実践理性のランガージュ」であり、「普遍的な価値をもつ」とされる「理性の規則に与えうる格率です」と言う。[30]

　善そのものは、古代から、倫理に関する哲学的探求の中心的な対象だった。ところが、ラカンによると「フロイトは、その善を根本的に否定したのです。彼の思考の始めから、善は棄却されています」。その理由は、「アンティゴネ」の悲劇が語っているように、クレオンが「万人のための善」を求めたとしても、そこにはある過剰（un excès）が現われて、「善は、すべてを支配することができない」からである。この過剰とは、欲望の本質をなすもので、象徴的なものとその場所における欠如に由来するが、つまるところ、「それは語からなるランガージュに基づいてのみ存在する何かである」。欲望は自然の欲求ではなく、要求でもない。それが欲動の動きにそって享楽に向かうとき、そこに必ず過剰が生まれる。ただし、それは「法の次元には属しているが、シニフィアンの連鎖としては展開されないもの、どこにも展開されないものが喚起されているのです」[31]。そこで、アンティゴネを行為に駆り立てるのが「兄は兄なのです」という、クレオンに告げる最後の言葉になる。

　こうしてみると、ラカンにとって、アンティゴネを動かしているのは、とくに共同体の秩序や国家の正義に逆らう家族の慣習ではなく、ポリュネイケスという兄の名であり、それが彼女の欲望を支えていると同時に、その過ち（アーテー）と悲惨な死をもたらすのである。ラカンによると、この悲劇には慣習、法、罪、過ちに関するいくつかのキーワードがあり、

第二章　去勢の法と無意識の欲望　201

アーテーもその一つである。このギリシア語は、戯曲の至るところ出てくるが、翻訳しにくいので見すごされてきた。たしかに、日本語の『ギリシャ語辞典』（大学書林）でも、例外的なほど長い説明がついている。「無謀に犯した罪にたいする罰として神から下される狂気、そうした狂気によってわきまえを失うこと、破滅の至る狂気・・・」、そこから悪行、愚行、災い、欺瞞などの邦訳語が与えられ、フランス語の辞典（Hachette 版）もだいたい同じように説明している。

　ラカンは、その「狂気」が欲望の本質から生まれ、神の掟によって下される罰は、人間が生まれ落ちた世界で言語の支配を受けながら、ファルスの働きによる象徴的な去勢を受け入れなかった結果であるとした。ファルスは、姿形のないシニフィアンでありながら、同時に欲望の対象として、他のいかなるシニフィアンにも勝る特権的なシニフィアンである。しかし、アンティゴネは、そのシニフィアンがいつまでも欠如としての過剰をもたらし続けるのを受け入れなかった。ラカンは、「この魅力的な若い女性の瞼から散する<u>可視的なものとなった欲望</u>ほど心を動かすものがあるでしょうか。」と言って、そのことを示唆する(32)。ただし、ラカンは二週間後の講義で、「<u>可視的なものとなった欲望</u>、これが中心的な蜃気楼（mirage）です。この蜃気楼が、無の欲望としての、つまり存在欠如との人間の関係としての欲望の場を示すと同時に、それを見ることを妨げています。」と語っている。可視的なもの（visible）は、むろん姿形があるもので、それが欲望の場を見る（voir）のを妨げる。すなわち、欲望の主体を無意識の主体にするのである。

　ともあれ、「アンティゴネ」において可視的となった欲望の対象は、すなわち姿形のないファルスではなく、彼女が「兄は兄なのです」と言ったポリュネイケスの名であり、それは大他者としての死んだ父から遺贈された父の名であった。彼女の欲望は、その名に対する忠誠によって、コロスが言うように「アーテーの彼岸へ」向かう。その点において、彼女は「自らの欲望に関して、譲歩しない」のである。しかし、その彼岸には死が待っている。つまり、彼女が名に対する忠誠によってアーテーの彼岸へ進むとき、そこに待っているのは死の欲動の破壊的な力である。それは必ず

しも現実の暴力ではなく、じっさいの死でもないが、ひとに対して父の名
のシニフィアンがもっている根本的な否定性の効果として生じている。ラ
カンは、講義のなかで、そのありさまを「二つの死」という見方から説明
しようとしているが、そのために戯曲のなかでコロスが合唱する次の詩句
332 を引用する、

　　　「この世に不思議なものは数あるが、人間ほど不思議なものはない」。

　彼は、この詩句について「レヴィ＝ストロースの立場からみれば」と断
わりながら、「ここでコロスが人間について言っていることは、自然に対
立するものとしての文化の定義にほかなりません」と言い、自分の解釈を
こう述べている、「アンティゴネが主張する権利とは、存在するものの消
し難い特性がランガージュの中に湧出する権利です。消し難いと言ったの
は、湧出するシニフィアンが、あらゆる変形可能性を持つ流れのなかで存
在するものを固定したもののように止めてしまうときから、消し難くなる
からです。存在するものは存在し、ここにこそ、この表面にこそ、壊すこ
とも越えることもできないアンティゴネの位置が固定されます」。しかし、
その固定された位置によって、アンティゴネはみずからの首を吊る。それ
が彼女にとって「第二の死」である。彼女は、父の名という、大他者がそ
の欲望の対象として名指した、彼女にとっては唯一のシニフィアンに自己
の存在を委ねた。それが、彼女にとって「第一の死」である。それは言語
活動の世界に生まれ落ちて、言葉の支配に従うひとにおける死である。二
つの死は、いわば象徴的世界におけるひとの死であるが、アンティゴネの
死は、まさに、その欲望によってこの世の狂気、愚行、欺瞞を乗り越えよ
うとした悲劇の死である。ラカンは、その欲望は「純粋欲望」とも呼べる
もので、まったくシニフィエのないシニフィアンによって、完全な空虚を
埋めようとする欲望で、「純然たる死の欲望」と呼べるものであるが、彼
女は「その欲望をリミットまで成就し、それをその身に具現している」と
言う[33]。
　アンティゴネの「第一の死」は、彼女が言語世界の網に組み込まれて、

第二章　去勢の法と無意識の欲望　　203

去勢されたことによる死であるが、それは象徴的な去勢で、じっさいに命を失ったわけではない。ひとは、それから「第二の死」まで、言葉による対象の喪失から生まれた欲望によって「アーテー」の此岸を生き延びる。ラカンは、悲劇の背景であるエディプスの子供たちの欲望、アンティゴネとその兄妹（とくにポリュネイケスとイスメネ）のそれから、二つの欲望を嗅ぎ分ける。それは「母の欲望」と「罪の欲望」で、どちらも欲望の本質的な両面をなしているが、じっさいの生死が問題になるとき、二つの欲望を調停するものは何もない。三人の兄妹の欲望は、もともと「父の名の隠喩」における「母の欲望」につながるだろうが、アンティゴネのそれは「純粋欲望」であり、「死の欲望」である。そもそも「母の欲望」と言っても、その欲望は象徴的去勢をもたらす父によってすでに犯され、梅毒に罹病した（vérolée）母の欲望であって、その後の欲望には、去勢のさいに負った象徴的負債のために罪責感が生れ、その欲望は「罪の欲望」になる。

　母は、父を欲望する限り、その名は母に象徴的負債を生む。言いかえると、母はファルスの働きにしたがって、その負債を返済し続けていかなくてはならない。しかし、アンティゴネの母にとって、父の名はたった一つの名であり、「もの」とつながるべき名である。また、それによって象徴的負債が一挙に返済できる名でもある。だが、そうなると、名はシニフィアンのそとに出なくてはならない。すなわち、アンティゴネの欲望は「死の欲望」である。ラカンは二つの欲望について、こう述べている、「この両者には、いかなる媒介も可能ではありません。唯一の例外がアンティゴネの欲望の徹底的に破壊的な性格です。近親相姦の婚姻の子孫は、二人のきょうだいへと枝分かれしました。一方は権力を代表し、もう一方は罪を代表しています。罪を、罪の有効性を引き受ける人物はいません。アンティゴネを除いては」。[34]

　罪の有効性（validité）とは、語る主体が欲望について譲歩したことから生じた罪悪感を、それとして認める（valable）ことである。そのことは、取りも直さず語る主体がその欲望をさらに進めて、罪悪感を拭おうとする可能性でもある。けれども、フロイトは後期の文化論（『文化の中の居心地悪さ』）で、逆説的ながら、ひとがその罪責感を拭えないのは、快楽原則

に従って幸福を追求するためであるとしている。それは同時に、ひとがこの世で生き長らえるためには、その欲望について譲歩せざるをえないことである。それゆえ、ひとはいつも罪責感を抱きながら、その罪を自分のものとして認めることができない。つまり、罪人（criminel）としてこの世に生きていながら、その罪を引き受ける（assumer）ことができないのである。だが、ひとが欲望の対象を名指そうとする言語の世界に取り残されているかぎり、欲望を消滅させることはできない。そこで、母の欲望から出た「罪の欲望」と、同じ欲望からの「死の欲望」は、言語に支配された共同体において、どういう運命をたどるだろうか。

　無意識の欲望の本質が、ひとの共同体においていかなる結果を生むか、アンティゴネは、それを自分の存在を犠牲（sacrifice）にすることによって語った悲劇の主人公である。ラカンは、講義の最後にこう述べている、「アンティゴネは、ただ単に罪人の存在そのものの守護者であることを選びます。ひょっとしてこうした事態は、社会共同体が二つのどちらをも許し、忘却し、これを同じ葬儀の名誉で包むことを望んでいたなら、終止符が打たれていたかもしれません。共同体がこれを拒むからこそ、家族の『アーテー』であるこの本質的存在の維持のため、アンティゴネは自らの存在を犠牲にしなくてはなりません。これこそモティーフ、真の中軸であり、この悲劇はこれをめぐっているのです」(35)。

　アンティゴネの欲望は、「兄は兄なのです」という言葉に集約される。それは父から受け取った父の名であり、妹イスメネとの対話で口にした兄の名、ポリュネイケスである。その名は、彼女の欲望の限界となっているが、それを共同体で昔から続けられてきた慣習や、強いては旧来の文化的伝統に結びつけて、彼女の行動を云々するのは、悲劇の本質を取り逃がす。ラカンは、学者や精神分析家があまりにしばしば、ひとの行動を社会的強制に還元してしまうことの荒っぽさを警戒している。それは共同体や社会という語をめぐって、想像的なものと現実的なものを混同することになるからである。共同体は、欲望が享楽を追求せず、快楽のもとにとどまれと命じる。快楽原則は、フロイトにとっても、夢や幻覚などによる充足体験という心理過程をともなって、しだいに現実的なものから離れてゆく。そ

第二章　去勢の法と無意識の欲望　　205

れでも、欲望が快楽原則のもとで満足を求めてゆくと、そこに暴力的な禁止による神経症の法や、呪物崇拝による倒錯の法が現われる。

　ともあれ、共同体は、この世に欲望の対象が欠如していることを隠蔽しなくてはならない。そのために、道徳的見地からの善が利用されるが、ラカンは、共同体においては善の本質が問われないまま、「そこでは善の役割（fonction）が、我々を目覚めさせ、欲望へと、ルアーの構造に結びつけられた欲望へと照準を合わせるのです。」と言う。[36]欲望の向かうところは空無であるが、共同体は、そこをルアー（疑似餌、おとり）によって塞ごうとする。言語によって穿たれた穴を埋めるのは、やはり言語である。耳に聞こえ、目に見えるルアーほど、欲望を惹きつけるものはない。無意識は、言語活動によってその穴を埋めようとするときに現われる表象の場所である。その表象は、そとの父から名を与えられるが、その名は、欲望の対象をそれとして指すものではなく、ふたたび空無が現われる。アンティゴネが見舞われたのもそのような空無であるが、彼女は、そこで生まれる死の欲動に屈せず、欲望の対象を追い続けた。それが、彼女にみずから首を吊るという悲惨な第二の死をもたらしたが、同時に、それが欲望の本質を明るみに出したのである。共同体は、それが存続するために、各人の第二の死を共同体にとって無害なものにしようとする。それは、語る主体の死をなかったものとして、共同体を不死にしようとすることである。フロイトは、そのために共同体における各人の生の欲動（エロス）に期待したが、先に挙げた文化論のなかでは、はたしてその永遠なる欲動が、死の欲動との闘いにおいてどういう成果を収めるか、それはだれにも分からないと結んでいる。

註

（1）W・ベンヤミン「暴力批判論」、『ベンヤミンの仕事　1』、邦訳、岩波文庫、48 頁。

（2）ラカン『不安』上、邦訳、岩波書店、229 頁。

（3）フロイト「ある幼児期神経症の病歴より」、『フロイト全集』14、岩波書店、89 頁。

（4）ラカン『精神分析の倫理』下、岩波書店、215-6 頁。

（5）ラカン「フロイトの『否定』についてのジャン・イポリットの評釈に対する回答」、『エクリ Ⅱ』95 頁。

（6）フロイト『トーテムとタブー』、『フロイト全集』12、岩波書店、200 頁。

（7）フロイト『性理論のための３篇』、『フロイト全集』6、岩波書店、185 頁。

（8）A・ジュランヴィル『ラカンと哲学』、邦訳、産業図書、186 頁。

（9）フロイト『自我とエス』、『フロイト全集』18、岩波書店、54 頁。

（10）ラカン『精神分析の四基本概念』、岩波書店、370 頁。

（11）同上、同頁。

（12）ラカン『不安』下、岩波書店、189 頁。

（13）ラカン『アンコール』、邦訳、講談社選書メチエ、12 頁以下参照。

（14）ラカン『無意識の形成物』下、岩波書店、198 頁。ラカンが対象 $a$ という名称を使い始めたのは 1960 年からで、この年度では、まだそれを使っていなかった。

（15）ラカン「フロイトの無意識における主体の壊乱と欲望の弁証法」、『エクリ Ⅲ』、弘文堂、335 頁。

（16）ラカン『精神分析の倫理』下、岩波書店、167,177,188 頁。

（17）ラカン『精神分析の倫理』上、岩波書店、181 頁。

（18）同上、195,198 頁。

（19）ラカン「科学と真理」、『エクリ Ⅲ』、弘文堂、409 頁。

（20）邦訳のあるセミネールとしては、『精神分析の倫理』（1960 年）、『転移』（1961 年）、『不安』（1962 年）、『精神分析の四基本概念』（1964 年）。

（21）ラカン『精神分析の倫理』下、岩波書店、127,128 頁。

（22）同上、115 頁。

（23）G・スタイナー『アンティゴネーの変貌』、邦訳、みすず書房、323 頁。

（24）ラカン『精神分析の倫理』下、118,121 頁。

（25）ヘーゲル『精神現象学』、邦訳、作品社、318 頁。

(26) ラカン『精神分析の倫理』下、125頁。

(27) ヘーゲル『精神現象学』、作品社、319頁。

(28) 同上、306頁。

(29) ソポクレス「アンティゴネ」、邦訳、ちくま文庫『ギリシア悲劇』Ⅱ、182頁。

(30) ラカン『精神分析の倫理』下、140頁。

(31) 同上、170頁。

(32) 同上、174頁、下線は引用者。

(33) 同上、164,176頁。

(34) 同上、177頁。

(35) 同上、同頁。

(36) 同上、111頁。

# 第三章　文字の伝来

　ラカンは、記録されている最初のセミネール（1953-54 年）から、25 年後、亡くなる 2 年前のセミネール（1977-78 年）まで、シニフィアンについて語らなかったのは、2 年目のセミネール（『精神病』）のみで、あとは毎年語っている。シニフィアンは、おそらく、彼が生涯の講義でもっとも多く口にした用語の一つだろう。

　シニフィアンについて、彼がはじめて説明的に語っているのは、1954 年6 月 23 日の講義である。そのさい、言語学者と精神分析家は、「すべての意味作用（signification）は、他の意味作用へと回付されるにすぎない」という真理を共有している前提が、しかし「そういうことが曖昧さなしに遂行されると思ってはいけません」と言い、「この曖昧さをはっきりと知っていたフェルディナン・ド・ソシュールという人にとって、定義が常に満足できる仕方で与えられていたと考えてはなりません」と続け、次のように言っている、「シニフィアンとは、聞き取ることのできる素材です。だからといって、シニフィアンは音であるという意味ではありません。音声学という次元に属するもののすべてが、言語学に含まれるわけではありません。重要なのは音素です。つまり対置の集合の内部で他の音に対置されるものとしての音です。」この指摘はシニフィアンについて、彼の考えのはじまりとなっている。

　言語記号の要素として、シニフィアンとは切っても切れないとされるシニフィエについては、どうだろうか。「シニフィエについて話す時、ひとはもののことを考えます。ところがシニフィエとは意味作用（signification）なのです。それにもかかわらず、我々が話す時、我々はシニフィエによって、もの、すなわち意味し得るものを語ります。そこにルアー（罠、疑似餌）があります。というのは、ランガージュはものを指し示すためのものではないことは当然ですから。しかしこのルアーは人間のランガージュにおいては構造的なものです。そして或る意味ではすべての真理の確証はこのルアーに基づいています」[1]。このシニフィエについての指摘も、やはりラ

カンの考えの出発になるものである。あるシニフィアンが言語活動におい
て、他のシニフィアンに対置するものとして措定されると、その代置され
たシニフィアンとのあいだに生まれた意味はルアーとして働くが、それは
言語の構造から生じる。なぜなら、ひとは、ランガージュが何かあるものを
指し示すものではないという当然のことを、必ず忘れるからである。そし
て、それがひとの言語活動から、無意識が生まれるのを必然的にしている。

　ラカンは、以上のように、シニフィアンについてずっと語ってきた。と
ころが、1977年の末頃、講義を始める前に「昨日も、ある若い聴講生から、
シニフィアンと表象はどう違うのですか、という質問を受けました」と、
まじめに語り始めた。そのときの答えは、私の記憶では、表象はつながり
がなくても現われますが、シニフィアンにはつながりがなくてはなりま
せん、という内容だったと思うが、それはあくまで個人の記憶によるもの
である。一般に、自然科学と呼ばれるかなりの分野では、とくに数学では、
使用される用語がはじめから定義されている。しかし、哲学や、広く思想
と呼ばれる分野では、用語の定義は、通常では終わりのない最後の目標に
されているようなものである。私には、そのとき、シニフィアンと表象の
違いそのものよりも、彼がくり返し自分の使う用語の基本にふれて、それ
を問題にするいつもの態度が印象的で、それが記憶に残っている。

　たしかに、フロイトが表象（Vorstellung）という用語で指したものとラ
カンのシニフィアンとの関係は、分かりやすくない。とくにフロイトには
表象代理という用語もあり、これは表象が意味する感覚的なものの心像
（イマージュ）ではなく、すでにシニフィアンであるという見方もあって、
両者の関係をいっそう分かりにくくしている。しかし、フロイトの表象に
は、対象からきて記憶に記載されるものという面があって、それが記憶痕
跡と密接につながり、そこから彼の無意識の表象という表現が生まれて、
表象は事物表象と言語表象に分かれる。それを言語記号の二要素に移して
みると、原初にはイマージュと現在の記憶痕跡とが同一のときがあった。
そして、やがて両者が分かれて、原初のイマージュは記憶痕跡として表象
代理となり、それがシニフィアンとなって言語活動における無意識と、心
的領域における無意識の表象を生みだすことになる。ラカンのシニフィ

210

アンには、つながり（連鎖）がともなっている。それには、別のシニフィアンに向けて主体を代理表象する働きがあるとともに、そのつながりから意味を生みだす働きがある。前の働きは、シニフィアンが何かを意味するという以前に、すでにその音韻による言語活動がひとにとって重要なことを示しており、後の働きは、シニフィアンが、想像的なものと象徴的なものが交わる場所を提供していることを示している。

　フロイトは、記憶痕跡と密接につながるとした表象には、心的装置のなかに記載される特徴があるとした。この記載（Einschreibung）という観念は、彼の心的局所論からくるもので、表象は複数の心的領域に記憶として記載され、ある表象は抑圧されたまま、固着（Fixierung）として残ると考えた。彼は、この用語を生涯にわたって使用したが、Ｊ・ラプランシュやＲ・シェママが用語辞典のなかで指摘しているように、表象と記憶痕跡の関係、とくに両者と記載との関係にはあいまいな点が残されている。しかし、記憶痕跡を具体的なもののイマージュではなく、たんに何かの代わりをする記号としてとらえ、それを文字になぞらえると、分析の実践に役立つかもしれない。語る主体が規定される場所は、心的領域に限定されない。表象が想像界につながり、シニフィアンが象徴界につながるとしても、やがて、たんなる記号となる記憶痕跡そのものは、想像界にも象徴界にも属していない。ラカンにとって、それはすでにあったものとしての現実界である。それは主体を規定する場所の一つであるが、ひとが語る主体として生きているところでは、言語活動の表舞台から追放されてしまった。

　しかし、Ｆ・ヴァールは『言語理論小事典』のなかで、記号にはそもそも動機づけのない（immotivé）記号があり、その痕跡（trace）としての刻印（empreinte）がなければ、その後の記号の差異をそれとして出現させるのは不可能であるとして、記号の無動機化は「記号記載（inscription）の空間」があるための条件だとしている。[2] しかし、彼が言うように、そのような記号から始める文字言語（エクリチュール）の研究は、「文字言語の抑圧と、その追放として確立される実証科学にはなり得ないだろう」。つまり、その痕跡は、精密な記号操作の外に出されてしまうのである。だが、精神分析は、まさにその外に現実界を認めている。そのことを、精神分析のある

第三章　文字の伝来　　211

用語辞典は、こう書いている「精密化学は、現実界を例えば純粋な物理—数学的象徴に還元することによって、現実界を削除しようとするが、ラカンの文字言語（エクリチュール）による現実界の提示は、そのような野心を時代遅れのものにした」[3]。

　ところで、文字（もじ、もんじ）の意味は国語辞典によってさまざまだが、「言語の伝達手段」という説明は共通していて、「表意文字と表音文字に大別される」というのもかなりあり、なかには「音声言語を目に見える形に記号化したもの」というのもある。また、少し専門的な立場からの次のような指摘もある、「文字と言語というのはよく混同されがちだが、実は大きな違いがある。言語は音の体系からできている。必ずしも書かれる必要はない。実際に、文字が発明される何千年も前から言語は話され、今日でも依然として文字のない言語がある」[4]。この指摘は、文字が言語の伝達手段であるのを否定しているわけではないが、言語があって文字がないと言うとき、その文字は大方が想像する漢字やアルファベットなどの、多かれ少なかれ体系化された文字のことだろう。しかし、文字とはひとが何かを書き、その残された跡であるという考えから、別の見方が開けてくる。ひとは大昔から、岩や木や骨に線や模様を刻んで、その跡が現在まで残されている。それは語る主体が、言語活動における音声や身振りの表現と、それを目に見える形象の表現に分けたことを物語っている。そして、前者が言語そのものによる伝達表現であり、後者が広義の絵による伝達表現である。

　そのような見方からすると、文字の歴史は、ひとが書いたことによる「痕跡現存の歴史」である。その一例を挙げてみよう、「そういった歴史に身をおいて、私は次のような主張を唱えたいのである。すなわち言語と文字は起源においてまったく異なるシニフィアンの二つの組織体、つまり身振り表現と絵画表現から生じた。この二つに関連があるなら、それらが共に用いられることがあったからであるが、その半面、二つとも自立性を依然保っている。要するに文字はある一種の身振り表現（これがいわゆる言語表現とみなされる）に支配された絵画表現に由来する、と考える」。これに関連して、著者は、フランス語の「書く（écrire）」の語源に興味を示し

ている。この語の印欧語の語源は「切る」に遡り、ギリシア語で「引っ掻く」、ラテン語で「文字を書く（scribere）」になった。そして、つまるところ「書字（écriture）」とは、語源的には「引っ掻く、切り込む」という意味である、と。[5]

　興味深いことに、日本語の「かく（書、画）」についても、時代別の『国語大辞典』には同じような説明がある、「語源は掻クであり、木材や石などに掻ききずを作るところに発している。英語の scribe など、印欧語の書記行為を表わす語彙と同じ歴史を持っている。書く行為の結果、可視的な形が作り上げられる。色を摺りつけたり、彩色したりすることをもカクであらわすのは、そこに基づくものであろう」[6]。このような見方からすると、人類の歴史における文字の起源は非常に古い。別の『言語学用語辞典』は、『身振りと言葉』の著者として知られるA・ルロワ＝グーランの説として、文字の起源を紀元前5万年頃の石や骨への等間隔の刻み目や、紀元前3万年頃の刻み込まれた、あるいは描かれた象形として位置づけ、紀元前2万年頃に書記法的象形化は一般的なものになり、それが紀元前1万5000年頃に現代の技法とほとんど同じ域に達した、としている。そして、「通例〈絵文字〉といわれる文字書記法は、文字法の領域における人間の最初の偉大な発明である。それは空間的なタイプの文字法である。これらの文字法のいくつかは〈表音的線性〉の方へ、〈アルファベット〉の方へと進化してゆき、大なり小なり言連鎖の表音性及び線性を再生することになるであろう。」とつけ加えている。ただし、絵文字も表音的に利用されることがあるのはもちろんだが、それが漢字のように表意的空間性をとどめたまま、表語文字として利用される場合の進化についてはふれていない。[7]

　ところで、日本語と文字という観点からは、斎部広成が、9世紀のはじめ（807年）に著した『古語拾遺』の序文で、興味深いことを書いている。それを、飯田季治が戦前（1940年）に公刊した『古語拾遺新講』を借りて訓み下し文にしてみよう、「けだし承る。上古の世、いまだ文字有らず。貴賎老少、口々に相傳へ、前言往行、存して忘れず。書契ありてよりこのかた、古へを語ることを好まず、浮華競い興り、かえりて舊老を嘲り、遂に、

第三章　文字の伝来　213

人をして・世を経ていよいよ新たに、事をして・世を遂ひて変へ改めしむ。顧みて故実を問ふに。根源を識ることなし[8]。このように、日本列島に漢字が伝来するまでは、日本語に固有の文字はなかったというのが今日の通説である。そのあいだに、「和字」「神代文字」などが示されることはあったが、『古語拾遺』の序文に注目している日本語学者・沖森卓也も「漢字伝来以前に日本には固有の文字が存在しなかったことは明白である」と断じ、「日本語が最初にめぐりあった文字は漢字であった。仮名（平仮名・片仮名）はその漢字から平安時代に作りだされたものであることは周知の事実である」と書いている[9]。

斎部や沖森が語る（日本語に固有の）文字は、むろん、岩や骨に刻まれた文字ではない。漢字は、高度に体系化され、統一された文字である。しかし、ある言語に固有の文字がなくても、その後の工夫によって、十分にみずからの言語を表記することはできる。沖森は「ある言語に固有の文字がなく、他の言語から借りて独自の文字を成立させたことは、ギリシア文字がフェニキア文字に由来することや、そのギリシア文字からラテン文字が作り出されたことなどに例証されるように、それも自然の流れであり、むしろ文字成立の由来としてはその方が多い」と述べている[10]。フェニキア文字に由来するギリシア文字やラテン文字は、いわゆる表音文字で、漢字は表意文字と呼ばれ、今日までそう呼ばれることが多い文字である。

フランスのある言語学者は、その表音文字と表意文字の違いについて、一般向けの教養書のなかでこう書いている、「（地中海からインドにいたる古代文明では）文字がシラブル（音節）、つまりアルファベットのほうに展開して、宗教的・魔術的創造力は話し言葉のほうに集中されていった」が、「中国では、文字が言語の発音要素へ分解されてゆく道をたどったことはなく、文字が話し言葉に準ずる記号として意識されることはなかった」、「アルファベット文字は言語の発音という変わりやすい実体に密接に結ばれている。これは漢字、すなわち中国の書き言葉の性質とは正反対である。漢字という個性的な文明の利器は、発音の変化にはいささかも左右されない。」そして、漢字を受け入れた日本語については、こう書いている、「日本語は音節から見ても、統辞法から見ても、中国語とはまったく違う言語

であるのに、学問的な書き言葉のすべてを中国語から借りている。この遺産は日本語に重くのしかかっている。その結果、日本語の表記は音と形が混然としたままになった。これは中国でも同じである」。そして、次のように結論している、「表記法が古代から現代までずっと変わっていないということは、文字が形を変えることなく、各時代に生まれた様々な意味をそのまま担っているということである。つまり、中国人が頭を抱える問題は、文字が豊かで複雑すぎるということではなく、様々な時代に様々な使われ方をしたために、文字の意味と用法が錯綜していることにある」[11]。

　日本語は、漢字を公的に受け入れてから2世紀のあいだに、平仮名と片仮名を作りあげた。しかし、その後も伝来する漢字の数が増え続け、書き言葉の内容が絶えず増殖してきたことは、中国語と変わらない。それは、書き言葉としての漢字が概念的な思考の表現を一手に引き受けてきたと同時に、話し言葉は、つまるところ日常の具体的な現象のあれこれを表現することしかできないという状態を生みだしたのである。この事情は、日本語と漢字の関係を精神分析の観点から考えるうえからも注意すべきことだが、日本人がみずからの手で漢字を使い日本語を表記できるようになったのは、8世紀になってからである。それには、漢字の意味を捨象してその音を借り、日本語の音節表記にあてる万葉仮名と、日本語の意味を漢字にあてる訓（字訓）の成立が必要だった。漢字が伝来してから、それを日本語の音韻体系に合わせて変形したものを音（字音）というが、これは漢字が伝来した時期によって違いがあり、呉音（推古朝以前）、漢音（奈良時代から平安時代初期）、唐音（鎌倉時代から江戸時代）の区別があって、例えば、行をギョウと読むのが呉音、コウと読むのが漢音、下をゲと読むのが呉音、カと読むのが漢音で、唐音は数が少ないが、家をケと読むのが呉音、カと読むのが漢音、ヤと読むのが唐音だとされている。

　漢字に音と訓が成立したことは、日本語の語彙に決定的とも言える大きな影響を残したのを、多くの日本語学者が認めている。日本語で、漢字は一字で多数の訓を持つのもあるが、音だけで訓を持たない漢字もある。異なる漢字に同じ訓が与えられている例を挙げたらきりがないが、例えば、はかるという語に『古語大辞典』（小学館）では、「別る」という漢字があ

てられており、上代東国語の<u>はなし</u>を語源とするという説があるとのこと
だが、今日、その訓読みには測、量、計、図、謀、諮などの漢字があてら
れている。また、音と訓は、たんに表記の面だけでなく、火事、心配など
の字音語は「ひのこと」、「こころをくばる」という日本語を漢字の訓読み
を使って表記したものが音読みされるようになって生れたものらしい。さ
らに、日本語は母音の数が少なく、漢字音の組み合わせも単純なためにむ
やみに多い同音異義語を生んで、それらを区別するためにも漢字を使うよ
り他の方法がない。それゆえ、日本語は言語そのものが視覚的になり、そ
のことが話し言葉にも大きく影響しているが、一方で、日本語になった漢
字の字音は、訓読みされた漢字とも自由に結合して、役場や本屋のような
いわゆる重箱読みや、油絵や踏台のような湯桶読みの日本語を生みだして
いる。

　ともあれ、日本に伝来した漢字には、文字自体に意味があるところに大
きな特徴があり、その意味に対応させた日本語が訓（和訓）である。これ
は、誰でも日本語について語るのだが、沖森卓也によると、「漢字に固有
語を当てるという方法は、当時朝鮮半島においてすでに行われており、そ
れを日本語にも用いたものである」。すなわち、訓読みのような用語法は、
日本人の言語活動にあるだけではないらしい。彼は、続けて「訓の用法は、
表語文字であるシュメール文字に言語の系統を異にするアッカド語が固有
語をあてて、その文字体系を借用した際にも見られる。つまり、訓とは表
語文字を借用する際に生じる一般的な現象である。」と書いている[12]。ここ
で、引用文中にある表語文字という用語に注目したい。

　体系化された文字は、表意文字と表音文字に分類されることがある。し
かし、上の『言語理論小事典』が指摘するように、世界の文字には「互い
に相補って種々の文字法を支配するいくつもの文字法の原理がある。いか
なる民族のいかなる文字法も、唯一の原理には従っていない」[13]。表音文字
の代表とされているようなアルファベット文字にも、英語のaやフランス
語のyのように意味と音を同時に表わす文字がある。漢字の馬は、「うま」
という意味とともに"ma"という音をも表わしている。「したがって、む
しろ『うま』という意を表わす単語そのものに対応しているのが『馬』で

あると理解する方が適切である。このことから、今日では従来『表意文字』といわれていた類を『表語文字』と呼ぶことが一般的となっている」[14]。沖森卓也が言うように、漢字という文字は、意味と音とを同時に表わした表語文字とするのが日本語の文字を考えるうえでも利点が多いだろう。ただし、漢字には表意的用法と表音的用法があるとはいえ、それを総称して、しばしば表意文字と呼ばれているように、表意性の強い文字であるのは事実である。また、それゆえに日本語で漢字を訓読みする和訓の用法が発達した。それについては、「日本の漢字に和訓が成立したことは、狭い日本語の歴史だけの問題でなく、広くいって日本民族と日本文化史の大問題であるはずである」という、ある国語学者の意見は首肯されるだろう[15]。

　訓は、ある漢和辞典によると呉音と漢音はクンで、唐音はキンであり、日本語にはその訓読みがなく、意味（字義）は「おしえ（る）」「したがう」である。それについて、同じ国語学者はこう続けている、「訓というものは、（それが）広くコミュニケーションに使用される段階に達するということになると、日本文化史の上での画期的な事件であったはずである。しかし、その事件たるや意味するところが大きいのに、無意識、無抵抗のうちに上代史に入る以前にほぼ完成したらしい」。日本人は、その後2、3世紀のうちに平仮名と片仮名を作り、「それを漢字と交ぜて、『漢字・仮名交り文』を書き始めたのである。『漢字・仮名交り文』の成立の以前に『漢字交り文』『仮名交り文』の二系統があり、この二系統が『漢字・仮名交り文』に流れ込んで、ともかくこれが今日の日本語文の源をなしているのである[16]。引用文中の「意味」は重要性ということで、文字の意味ではない。しかし、訓は、漢字にあてたその読みが、漢字の字義とされるか、少なくともその漢字の解釈とされている。

　先に引用した『文字の歴史』のなかで、著者は、漢字が、中国で発音要素に分解される道をたどったことはなく、文字が、話し言葉に準ずる記号として意識されることはなかったと述べていた。つまり、話し（パロール）に用いられるのは、言語記号の発音要素として用いられるシニフィアンの表音的な文字で、書くこと（エクリチュール）に用いられるのは、発音の変化には関係なく、ソシュールの言語記号概念によれば、それ自体があるシ

第三章　文字の伝来　　217

ニフィエと結ばれた表意的な文字である。著者は、前者を話し言葉と呼び、後者を書き言葉と呼んでいるが、二つの言葉からは意味の問題が生じている。中国語の言語活動は、意味作用の結果として生まれる言葉の意味を、言語記号のシニフィアン連鎖のうちに求めるよりも、表意性の強い漢字そのものに求める傾向があり、意味をめぐって、話し言葉と文字のあいだに軋みを生じさせている。そして、日本語は（二つの）仮名という表音文字を作り上げはしたが、残りの書き言葉をすべて漢字に委ね、それを二通りの読みによって応対したために、文字と意味の関係がいっそう分かりにくくなった。

　ところで、日本にはじめて漢字が伝来したのは、紀元後一世紀にまで遡ると言われている。しかし、日本の地で書かれた文献となると、今のところ千葉県市原市の稲荷台一号墳から出土した鉄剣に記されたものが最古の漢字文とされているようで、それは4世紀末から5世紀初頭のあいだに書かれたらしい。そして、その後、漢字を日本語として表記する工夫がなされて「万葉仮名」が成立し、その成果が「古事記」「日本書紀」「万葉集」などの古典として残されている。万葉仮名とは、日本語を表記するために借用した漢字であるが、その特徴は中国語における意味とは関係なく使用される文字で、その数は研究者によると973字に達するという。万葉仮名のなかで、漢字音だけに基づくものを音仮名、訓に基づくものを訓仮名と呼んでいる。漢字に対する訓読みが成立したことは、日本人が日本語を意識し始めたのを示していると思われるが、その始まりは非常に早く、研究者によるとその確例となるのは、島根県松江市の岡田山一号墳から出土した鉄刀に記された文字で、6世紀後半に書かれたものらしい。その頃から、日本語は、意味によって漢字と結びつくことになり、以来、日本では外国語の表意的文字が、そのまま日本語の書き言葉になったのである。

　平仮名と片仮名は、平安時代（794年−1185年頃）のはじめに、時期をほぼ同じくして作られた。平仮名は、万葉仮名に由来しているが、そのいきさつをある日本文法事典はこう記している、「1音節1文字の万葉仮名は、漢字を仮名として使用したものであるが、平安時代には、それから一歩進んで、仮名が誕生した。『平仮名』は、主として女子の世界で、草仮名

（万葉仮名の草書体）から生まれた。その後、和歌などの文学の世界で用いられ、近世になると、非知識層の常用文字としての性格を帯びるようになった」。片仮名は、奈良の学僧たちが漢文だけの仏典を和読するために漢字の一部を切り取って作った文字とされている。こうして、日本語では、二つの読み方ができる漢字と、表音文字としての平仮名、片仮名の三種類の文字によって、書き言葉が完成することになった。同時に、それは日本語の言語活動にとって、問題の始まりともなっている。

　その後、日本語で、ひとは「漢字仮名交じり文」を書き、それを読んでいるのだが、そのさいに、書き言葉と話し言葉の両方が日本語のなかに流れ込んで、それが言語活動のすべてを覆っているとみられる。もともと、漢字だけで書かれていた『古事記』『日本書紀』『万葉集』は、いくら読み方を工夫しても、漢字は外国語の文字で、とても読みにくく、それが話し言葉にそのまま合流することはありえない。日本語は平仮名を作って、やっと書き言葉が、話し言葉に準じる道を見つけたのである。ところが、平仮名は「女子の世界」の文字で、漢字は「男だけが使う文字」として残った。「仮名で書くなんて、男の沽券にかかわる」「漢字の文を読む女なんて、気持ちが悪い」という訳である。じっさい、私は見たことはないが、平安時代には平仮名だけで書いた、あるいはほとんど平仮名だけの物語や随筆の原本があるらしい。片仮名は、漢文を読むための記号のような文字だったので、「片仮名だけの文章」はなかったにしても、「平仮名だけの文章」はあったかもしれない。しかし、その文章も読みにくいので、どの写本もところどころに漢字を交えているのだろう。いずれにせよ、日本語には、音と訓で読まれる表語文字としての漢字と、音節文字として作られた表音文字としての平仮名と片仮名とが、文のなかに漢字とは異なる文字として混入している。

　平安時代の男は漢字だけの文しか書けなかったのに、ある男が女になって平仮名の文を後世に残したことは特筆に値する。むろん、それは「をとこもすなるにきといふものをむなもしてみむとてするなり」という文で始まる紀貫之の『土佐日記』のことで、成立は935年以後とされている。し

かし、最善の写本とされる文でも「一文字（いちもんじ）」「十日（とをか）」「京（きやう）」などの数や場所の表記には、ごく少数の漢字が使われているから、やはり今日残されているのは、ほとんど平仮名で書いた「漢字仮名交じり文」である。とはいえ、ある男が女になって、漢字を読むために作った間に合わせの（仮の）文字で文を書いたのは、なぜか。当時、日記は男が書くもので、文体は漢文に決まっていた。また、その頃の日本の公式文書はぜんぶ漢文で、漢字は、いわば公式文書を書くために、男だけが使う文字だったから、その内容も儀礼的な行事が中心だったのではないか。

　ところが、紀貫之は、70代でわざわざ女になり、平仮名で日記を書いた。その理由は、紀貫之が土佐の守という中央の役人であったにもかかわらず、同時に、ときの代表的な歌人であったからとする研究者もいる。彼は、905年に奏上された最初の勅撰和歌集『古今集和歌集』の撰者の一人である。これには仮名と真名の序文があり、「やまとうたは、ひとのこころのたねとして、よろずのことのはとぞなれりける。よのなかにあるひと、ことわざしげきものなれば、こころにおもふことを、みるものきくものにつけて、いひだせるなり」という書き出しで始まる有名な仮名序には、彼の署名がある。そして、たったこれだけの引用文のなかに、日本語の「話し言葉（やまと歌）」「ひと（人）」「こころ（心）」「ことのは（言葉）」「おもふ（思う）」「いふ（言う）」などの精神分析の鍵になるような語が並んでいる。まことに、日本語の言語活動は、「人の心」を平仮名で表現することにあると言えそうである。

　そこで、この仮名序は、和歌の発生を語るとともに、人の感情の発生を語っているとも言えそうだが、同時に、日本語では、漢字だけを使った漢文でひとの感情を表現しようとした『懐風藻』のような例もある。これは序文に751年（天平勝宝）の年号が記された日本最初の漢詩集で、万葉集とほぼ同じ時期に成立している。しかし、64人の詩人は、いずれも律令制下の高位、高官たちで、当時の知識人であり、題材も歳時的な遊宴や儀礼的な挨拶のようなものが多い。そこで、注釈書も万葉集とは比較にならず、明治以降、10冊に満たないようである。けれども、なかには大津皇子が686年に自害を強要されたときに詠んだ「五言。臨終。一絶」のような、

訳注に従って読んでも真情を吐露していると思われる漢文がある。ともあれ、『土佐日記』は、日本で最初に成立したほとんど仮名書きの日記文学で、その後の『蜻蛉日記』や『紫式部日記』『更科日記』などは、『土佐日記』があったからこそ、女たちが自由に平仮名の文章を書くことができたのではないか。通常、それらは女流文学といわれるが、たんに女たちが書いた文学というのではなく、少し誇張していえば、その後の女性化した男たちが仮名を使って書いた、日本の文学の先がけをなしている。

　漢字の読みについてみると、その訓読みは、その文字の翻訳とみることもできる。例えば、「花」という漢字は「カ」の音読みを「はな」と訓読みするが、漢和辞典を引けば「草木のはなの総称」とあり、解字としては「意符の草冠と音符の化」とある。また、「鳥」は「チョウ」の音読みを「とり」と訓読みして、漢和辞典には「とりの総称」で、「尾の垂れ下がった鳥を描いた象形」とある。それらの漢字は、訓読みによってその姿をたやすく思い浮かべることができる。「風」の「フウ、フ」と「かぜ」にも、「月」の「ガツ、ゲツ」と「つき」にも、同じことが言えよう。また、漢字には、音読みと訓読みが見分けにくい日本語も少なくない。例えば、絵（エ）、客（キャク）、席（セキ）、肉（ニク）は音読みで、野（の）、夜（よ）、日（ひ）、貝（かい）などは訓読みである。

　しかし、紀貫之などの歌人が強調する「こころ」についてはどうだろうか。この語は、『古今和歌集』の真名序でも漢字「心」が充てられている。「心」は、どの漢和辞典にも「心臓」と書いてある。「心臓のこと」「心臓のかたちに象る」「五臓の一つ。循環系の中心をなす器官。心臓」など。転じて、「心臓で精神作用が営まれると考えたところから、こころ。精神。」「人間の精神活動の根本になる、知、情、意などの本体。精神。」「中心。中央。物の中心や中央に入っているもの。かなめ。」などの説明がある。しかし「心」が訓読みされたとき、外国語辞典では通常のことだが、原語と日本語の「こころ」の関係がよく分からない。それを知、情、意など、別の日本語になった漢字の<u>本体</u>とされると、よけい分からなくなる。ところが、日本語では「心」の音読み、または訓読みで始まる日常語の数は非常に多い。『新潮日本語漢字辞典』を見ても「心意気」から「心労」まで、

第三章　文字の伝来　　221

79例が紹介されている。そこから、「心残り」「心証」「心がけ」「心服」「心当たり」など、どれをとっても「花」「鳥」「風」「月」の音・訓読みとは、もとの漢字と日本語の関係が違うのはすぐに分かる。

『時代別・国語大辞典』を見ると、「こころ」は、「精神、心中、心の持ち方、知・情・意のすべてを含めた精神内容一般。なさけ。ある個人に向けられる感情。」とあるが、この語は、もともと森や池の真ん中や、底の見えないところを指して使われることもあったらしい。端的に、それは具体的に想像できない隠れた場所のことで、日本語になった漢字の「心」も、手に取って具体的に見たり、聞いたり、触れたりすることのできないものである。もとの漢字にも、心臓の意味から、ものの真ん中かなめの意味があるようだが、この種の漢字で、訓読みされた日本語との関係がよく分からないのは、身近な例でも「真」「善」「美」のような語があり、少し注意すればいくらでも見つかる。それらは、鳥や月を具体語と呼ぶとすれば、抽象的な観念語と呼ぶことができる。「真」を「ま」と読み、「本当のこと、欠け目のないこと」と訳しても、「善」を「よい」と読み、「よい、このましい」と訳しても、「美」を「うつくしい」と読み、「みめがよい、うまい」と訳しても、その漢字の意味をとうてい尽くしたとは言えない。このことは、とくに明治以後、印欧系の観念語が音読みを組み合わせた漢字によって訳されたことで明白になった。

　ところで、言語活動には、ある国語の語彙のなかからある語を選択すること、そして、その語を国語の規則に従って結びつけること、この二つが必要である。レヴィ＝ストロースやラカンに多大な影響を与えた言語学者のR・ヤコブソンは、それらを発話（utterance）における選択（selection）と結合（combination）の二面と呼んだ。そして、「話し手は、（語の選択においても結合においても、完全に自由な行動者ではなく）選択を自分と話し相手とが共有している語彙の貯蔵庫のうちから行わなければならない」。また、結合については「自分の用いる言語の統辞体系（文法）にしたがって文に結合すること」が必要で、それゆえ「（発話においては）同時的存在体の共起（concurrence）と、継起的存在体の連鎖（contatenation）とが、われわれ話し手が言語の構成要素を結合するのに用いる二つの方法である」

と書いている。すなわち、言語活動には、ある時代の国語の語彙から何らかの語を選択すると同時に、選択した語を国語の規則に従って時間的につないでいくことが求められている。

　発話における語の選択も結合も、言葉の言い換えによって行われる。ヤコブソンは、「失語症の二つのタイプ」を、二つの言い換えのどちらかができない異常な状態としてとらえる。すなわち、選択の異常では、国語のなかのある言葉を言うことができず、その言葉の周辺を回るだけで、当の言葉を言おうと思っても言えない。これを、言葉の相似性（similarity）の異常と呼んでいる。もう一つの、結合の異常は、言葉の文字どおりの意味はとらえるが、それを別の言葉とのつながりによってとらえることができない。すなわち、文法の統辞規則が見失われた、いわゆる失文法症（agrammatism）で、これを言葉の隣接性（contiguity）の異常と呼んでいる。そして、言葉の言い換えを専門に研究する分野は、古代から修辞学（rhetoric）と呼ばれているので、その用語から、言葉の相似性による言い換えを隠喩（metaphor）と呼び、隣接性による言い換えを換喩（metonymy）と呼んで、次のようにまとめている。

　「談話の進展は二つの異なった意味的な線に沿って行われる。一つの話題から他の話題へと相似性によってか、隣接性によってか、いずれかかによって進行する。隠喩的方法 metaphoric way が第一の場合に、換喩的方法 metonymic way が第二の場合に、最も適当な呼び名であろう。両者はそれぞれ、隠喩と換喩において最も凝縮された表現を見出すからである。失語症においては、これら二つの過程のうちのどちらか一方が制限されるか、全面的に妨害される」。以上は、ヤコブソンの基本的テーゼと言ってもよいが、フロイトにあっても、分析主体による言葉の言い換えは、治療における中心的な関心であった。そして、彼が没して約20年後に発表されたこの論文は、その後のラカンの精神分析にとって理論的な支柱の一つになった。次の一節は、とくに注目される。

　「換喩と隠喩の両手法の間の拮抗は、個人内であれ社会的であれ、あらゆる象徴過程に明らかに見られる。たとえば、夢の構造の研究で、決定的な問題は、象徴や用いられた時間的順列が、隣接性（フロイトの言う、換喩

第三章　文字の伝来　　223

的な"転位 displacement"と提喩的な"圧縮 condensation")に基づいているか、それとも相似性(フロイトの言う"同一化 identification"と象徴化"symbolism")に基づいているかである[20]。文中の「転位(置き換え)」と「圧縮」は、どちらも、フロイトが『夢解釈』のなかで明らかにした無意識の心的過程における様相で、前者はある表象が、そこを離れ、連想によって別の表象に移ることで、後者はある表象が、それだけで他の表象とのつながりを代表し、その表象が他の表象の集合点になっていることである。ラカンは、ヤコブソンのこの一節から、フロイトの転位(置き換え)を換喩による言い換えに、圧縮を隠喩による言い換えとした。修辞学で研究される言葉の表現法には、換喩と隠喩だけでなく、提喩、直喩、諷喩、引喩などいくつもあるが、ヤコブソンによれば、ひとの言語活動には、修辞学の換喩と隠喩による言い換えの二つの面があり、発話におけるすべての言い換えは、そこに帰着する。

　修辞学とは別に、言語学では、発話における連辞関係(rapport syntagmatique)と範列関係(rapport paradigmatique)という言葉どうしの二つの関係がある。言語学者のO・デュクロは、こう述べている、「ヤコブソンにとっては、あらゆる言語単位の解釈行為は、各瞬間に互いに独立した二つの知的メカニズムを働かせるものなのである。(その二つとは)諸要素を互いに結びつけること、すなわち連辞(syntagme)を構成すること、もう一つはその要素の範列(paradigme)の他の諸要素と結びつけることである。この二重性は、ヤコブソンにとっては非常に大きな一般性をもっている。彼は、〈文学言語〉によって最も多く使用される修辞法上の文彩(figure、あや)の基底にもこの二重性があると考えるのである。隠喩(ある対象が類似の対象の名によって指示される)と換喩(ある対象が経験上それと連合させられる対象によって指示される)とは、それぞれ範列的解釈と連辞的解釈とに属するものということになるのであり、それゆえにヤコブソンは、ときとして〈連辞的〉と換喩的、〈範列的〉と隠喩的とを類義語と考えている[21]」。連辞は、ある言語のなかで、ある言葉が他の言葉とつながる面を指しており、範列は、ある言語のなかで、ある言葉と他の言葉の関係が、コミュニケーションに必要な一定のまとまりをもつという面を指し

ている。

　さて、言葉の使用にともなう以上のような二面性を、漢字が伝えられて
からの日本語について、どう考えたらよいだろうか。精神分析にとって、
そのことは大事な問題である。第一部でふれた「父の名の隠喩」は、語る
主体が父の働きによって、自分の使う言葉をどう言い換えていくかという
ことを共示している。そして、それは精神分析の治療経験にそのままつな
がっている。なぜなら、分析療法には、分析主体が自分について語る言葉
を言い換えるのに力を貸すこと、自分の人生や将来について語る言葉の言
い換えを力づけるという大事な一面があるからである。修辞学では、その
言い換えを転義（trope）と呼んでいる。しかし、それはたんに言葉の彩
（あや）とか、本来の意味の言い換えということではない。むしろ、意味
を生み出すための言い換えであり、意味とは、言い換えによって体験され
る表象過程のことである。

　そこで、漢字の伝来によって生まれた日本語の転義について考えてみた
い。それをいまの言語使用の二面性の軸にてらしてみると、表語文字とし
ての漢字が伝えられてから、その一部が日本語として使われるにつれて、
日本語の語彙はどんどん増えていった。選択される日本語のリストが広が
り、言葉の選択の軸が影響を受けたのである。「カ」と音読みされた具体
語の「花」は、「カエン」または「はなぞの」と訓読みされて「花園」、「カ
オウ」と音読みされて「花押」という日本語になった。「鳥」は、「チョウ
ジュウ」と音読みされて「鳥獣」、「チョウカン」と音読みされて「鳥瞰」
になった。また、「真」のような観念語は、「シンリ」と音読みされて「真
理」、「シンギ」と音読みされて「真偽」という日本語になった。「善」は、
「ゼンニン」と音読みされて「善人」、「ゼンリン」と音読みされて「善隣」
になった。

　漢字の受容によって豊かになった日本語の語彙は、以上のように、その
文字を読むことによって実現したのである。そのきっかけとして分かりや
すいのは、朝鮮半島からの経論と仏像の伝来だろう。日本史年表（岩波書店）
には、538年に「百済の聖明王、仏像と経論を朝廷におくり、仏教が公示
される（上宮聖徳法王帝説、元興寺縁起）」と記されている。この年は、『日

第三章　文字の伝来　　225

本書紀』では欽明天皇３年に当たるが、同じ年表によると、欽明天皇13年の552年に「百済の聖明王、釈迦仏像と経論を献ずる。仏像礼拝の可否を群臣に問う（紀、538年の史実を書紀編者が改変か）」とある。欽明天皇の在位期間が不詳であるとしているのだが、ともかく書紀には、この年（552年）の10月、天皇に百済からの使者が次のように上表したと記されている。ある歴史家は、その箇所の漢文を次のような現代文にしている、「この法（みのり）は、多くの法のうちで最も勝れているものであります。周公・孔子も知ることのほど、理解しがたく、また入りがたいものでありますが、限りない幸福や果報をもたらし、人びとを無上の菩提（悟りの境地）に導くことができます」。

　それに対して、天皇は「これをお聞き終わりになっておどりあがらんばかりに喜ばれ、使者に詔して、『これほどすばらしい法は聞いたことがない。しかし、自分ではどちらとも決めかねる』といわれ、群臣ひとりひとりに、『西蕃（にしのとなりのくに）のたてまつった仏の相貌はおごそかで、今までにまったくなかったものだ。礼拝すべきか否か』とおたずねになった」。<sup>(22)</sup>法は、書かれた文字が読まれるのを聞き、仏は、彫られた像を見る。このエピソードは、その後、日本人が外国の文物と出会ったときに示す反応をよく伝えている。「これほどすばらしい法（如是微妙之法）」はこれまで聞いたことがなく、「これほどおごそかな仏像の姿形（佛相貌端厳）」はこれまで見たことがない。体系的な漢字との出会いは、このようにして始まり、それが社会的なコミュニケーションにおいて示す効果は言うまでもない。しかし、日本人には、それを読み、日本語として表記するという厄介な課題が生まれた。日本語の語彙には、漢字が伝来する以前から今日まで、まず同音語が多いという特徴がある。さらに、伝来した漢字には、日本人の耳に聞こえる同音の異字が非常に多い。日本人は、それらを区別するためにも漢字を使わなくてはならない。例えば、「カ」と聞こえるのは「花」か「火」か「夏」か。「ハ」と聞こえるのは、「葉」か「刃」か「羽」か。それに、孤立語と呼ばれる中国語に対して、膠着語とされる日本語の助詞、助動詞などの表記という、いっそう厄介な問題が生じている。

　日本人は、純粋に日本語の音節だけを表現する仮名という文字体系を

226

作って、その問題に対処した。漢字の読み方を明確にするために、漢字の片（一部の意）をとって作った片仮名と、漢字の草書体から作った平仮名である。しかし、まだ問題は残る。表意性の強い漢字一字の単語を音と訓の読みによって日本語として採用しても、あるいは、訓読みができない漢字複合語を日本語として採用しても、それらの語と日本語のあいだに生じる意味の問題は残る。たしかに、漢字の訓読みは、漢字から日本語への翻訳による言い換えとは言えるが、その転義は、隠喩的とは言えない。漢字を採用しても、日本語における結合の面には根本的な変化がなかったとしても、選択の面では選ばれる日本語のあいだの意味作用（signification）に、あるいは意味形成作用（signifiance）に大きな変化があった。

　日本語になった漢字とそのつながりの問題は、とくに明治以後、欧米の思想が紹介されるようになりヨーロッパ語の重要な用語が、おもに漢字の複合語によって翻訳されたことによってますます明らかになった。例えば、flower に「花」の漢字をあて「はな」と訓読みしたり、bird に「鳥」の漢字をあて「とり」と訓読みしたり、truth に「真」の漢字をあて「シン」と音読みしたり、beauty に「美」の漢字をあて「ビ」と音読みすると、前者の訓読みは具体語であるが、後者の音読みは、具体的に見ることも聞くこともできない観念語、または抽象語である。そこで、truth の「真」を、「ま」「まこと」と訓読みすれば、漢字を挟んだ二重の翻訳となり、また多数の訓読みできない複合語の漢字は、原語から漢字に翻訳したとき、その漢字への原語の言い換えが問題になる。いずれにしても、それは隠喩的方法による言い換えではない。なぜなら、観念語には、それぞれの国語で歴史的に形成された経緯があり、たんに認識する主体の反省によって得た知識では言い換えができないからである。

　ラカンが隠喩と換喩について詳しく語ったのは、セミネールとは別に、学生の求めによって 1957 年 5 月に行った講演で、その報告が『精神分析』誌の第 4 号に掲載されて、『エクリ』に収録されている。[23] ラカンによると、換喩は根本的に欲望と結びついている。語る主体は、原初の対象である母の代わりとなる対象を探し、それを欲望の対象 a の場に据えて、シニフィアンの隣接的なつながりによって通時性という連辞的な軸に投影する。

「欲望が知の快楽（plaisir）と、享楽（jouissance）による支配の快楽とを一つにして覆い隠してしまう、そうしたことは何も本能が狂っているためではなく、欲望が換喩のレールに捕らわれているという、ただそれだけのためです」。その結果、例えば日本語で、男と女を「春雨やものがたり行く蓑と笠」のように、蓑と傘と言い換えても、粋ではあるが、新しい意味作用は生み出さない。一般に、その言い換えは、シニフィアンの逐語的な翻訳によって自己を失うことである。

それゆえ、ラカンによると、換喩や隠喩におけるシニフィアンの働きから、「私は、わたしが存在しないところで考える。それゆえ、私は、私が考えないところに存在する」、また「私が私の考えにもてあそばれているような場所には、私は存在していない、私は、私が考えると考えていない場所で、私がそうであるものについて考えている」ということになり、精神分析では、「私は私がそうであるものに合致したやり方で私について語っているかどうかを知ることが問題なのではなく、私が私について語るとき、私は私がそれについて語っているその人間と同じものであるかどうかを知ることが問題なのです」ということになる。[24] 語る主体は、言葉を言い換えながら「私」について語るが、その言い換えは二つの意味的な線によって行われる。ラカンは、上の講演の報告で、その二つの線を「換喩の式」と「隠喩の式」として記している。私は、それについて別の個所でふれたが、いずれの言い換えにおいても、その背後に、言葉は無限に言い換えられるのが可能であるが、その意味作用、すなわち意味が生まれるプロセスは、つまるところ二つの修辞的方法に帰せられる。換喩は、新しい意味を生まず、隠喩が意味を生むのは、言い換えられるシニフィアンの抑圧によるのであるが、それによって消されたシニフィアンは、残りのシニフィアンとふたたび換喩的に結合し、欲望のシニフィアンとして再現するのである。[25]

竹内芳郎は、ルソーの音声主義やレヴィ＝ストロースの原始部族における無垢なる発話（パロール）の説を批判したデリダの見解を是として、次のように書いている、「（デリダが）暴力は、狭義の文書態（エクリチュール）の出現以前からはじまっていることを明確にしたのは、いかにも正し

かった。他の動物と異なる人間特有の残虐な暴力性は、おそらく文字の出現以前にすでに言語とともにはじまっており、或る存在者に命名することは、その存在者を記号体系のなかへと抽象化し、間接化してくることによって、その存在者固有の存在の重みを抹殺することであるがゆえに、もうそれだけで暴力、原始＝暴力なのだ。あたかも、ナチスがユダヤ人に番号を付す更なる記号化をつうじて、その残虐行為をいよいよほしいままにできたように」[26]。ここで命名するとは、ある存在者に名を与え、それを文書態として文字にすることである。古代の日本に漢字が伝来し、それが日本語として採用されたのは、ひとがこの土地に住み始めた当初からみれば、ほんの最近のことである。

　ひとの集団における暴力は、文字が出現する以前から、ひとの言語活動とともに始まっていた。この当たり前のような指摘は、ある存在者の名を言い、名指しすることが、すでにその存在者を現実から引き離す暴力であるのを意味している。それは、やがて集団のなかに供犠を作りだす暴力であり、供犠はその暴力から生まれる。もちろん、文字の出現だけが文明化を進めたわけではない。しかし、それはある集団の様相に変化をもたらし、その集団における言語活動の特徴をはっきりさせてくれる。

　日本語における文字の伝来と、その影響についての論考を探してみると、高島俊男の次のような鋭い、正鵠を射た指摘もあるが、その例はまことに少ない。「もし中国の言語・文字の侵入を受けなければ、日本語は健全に成熟して、いずれみずからの性質に最も適当した表記体系を生み出すにいたったであろう」[27]。高島は、中国語、中国文学者であるが、上の文の続きを引用すると、「それが、まったく性格の異る言語およびその表現手段の侵入によって発育を阻止され、音が言葉の実体、という言語の本質をなかば喪失したのである」。「その結果、まことに不幸にも、日本語の字音語は、音が（特に漢字一字の音が）なんら意味をなしえない」。「これが日本語の宿命的な欠陥である。なぜそうなったかと言えば、あまりに早く外来語と外来文字が入ってきてしまったからである」[28]。

　また、上の指摘を措いて、柄谷行人の「文字論」のなかに興味深い意見がある。これは1990年の初めに行われた講演が文庫本『〈戦前〉の思考』

に収録された文だが、精神分析の用語を交えたほとんど唯一の「文字論」であるかと思われる。どの指摘も示唆に富んでいると同時に、そこからは音読みされた漢字の複合語と、日本語の意味作用の問題がうかがえる。はじめに、結論の部分から少し長いが引用してみよう。「世界宗教は、それぞれの土着の文化を完璧に『抑圧』してしまうわけです。そして、この『抑圧』において、原理的な座標軸、あるいは『自己』が形成される。精神分析的にいえば、それは『去勢』です。だから、そういうところで、なぜ座標軸が強いのかというと、それがもともとあったからじゃなくて、外来的なものを去勢されるというかたちで、内面化したからです。しかし、日本では、そういう内面化が起こらなかった。起こらないような装置ができているからです。精神分析でいえば、それは去勢の『排除』です。それはさきほどからいってきた漢字仮名交用という表記法の問題です」。そして、最後にこう述べている、「実は、日本語の原理というのは、何を入れても構わないような、ゼロ記号みたいなものです。それは、外のものに『抑圧』されないような『排除』の構造をもっていることによるのです。そして、それはわれわれがふだん毎日やっているもの、つまり、読んだり書いたりしている、あの文字の表記法に、深く関係しているのです」[29]。

　講演では、以上の結論までいくつもの理由が語られているが、その一つを引いてみよう。「漢字から平仮名へ、というのが、日本の知識人に生じる『転向』です。くりかえしていうと、抽象的で外来的なものと、大衆的で土着的なものとの二重性というのは、日本に固有なものでは全くないのです。日本に固有なのは、外来的なものがけっして内面化されない、内部化されないということであり、それは漢字仮名交用という表記法と密接に関連しています。それは非常に歴史的な出来事です。それは、日本語の文法のような非歴史的な構造とは関係ありません。また、日本人の心理とか、思考方法とかそんなものでもない。なぜなら、こうした表記法は歴史的な問題なのですから」[30]。

　さて、以上２か所の引用文中、まず内面化というカッコのない用語に目を向けたい。これをあえて精神分析の用語（introjection）に近づけてみると、取り込み、取り入れ、摂取などの邦訳語があり、また体内化（incorporation）

や、M・クラインの内化（interiorization）が思い浮かぶ。だが、体内化は、例えば口からある対象を体内に取り入れて幻想を維持しようとする試みとされ、内化は、特殊な意味で使われる場合を別にすると、フロイトの取り込みの同義語として使われる。また、取り込みの対称語（projection）は、投射、投影などと邦訳されるが、どちらも対象が身体の外にあるか内にあるかという、主体と対象の関係にかかわる概念である。しかし、引用文中の内面化は、そういう意味の用語ではない。その意味は、語る主体の身体にではなく、その話し方にかかわっている。外来的なものが内面化されないとは、発話が隠喩的方法によっては行われないということである。そして、発話がもう一つの方法によって行われるとは、日本語の言語活動は、音読みされた漢字を換喩的につないでいるということである。それゆえ、「日本語の原理は、（漢字仮名交じりという）あの表記法に、深く関係しているのです。」とされるのだろう。

　換喩は、語と語の隣接関係による逐語的な言い換えである。それは翻訳ではふつうのことだが、ヨーロッパ語を日本語に言い換えるとき、逐語訳された漢字が日本語の助詞や助動詞を介して並べられても、それが隠喩的な意味作用を生まないのである。換喩は、欲望と結びついているが、言語活動においては、シニフィアンの行列に統一性がなく、欲望は、分散的なシニフィアンの行列のなかに自己を見失う。シニフィアンを換喩的につなぐのは、思考よりも感覚である。日本語で、ヨーロッパ語を漢字に翻訳する場合でも、原語と漢字のつながりは、当然、ただちに思考では捉えられず、感覚に頼らなくてはならない。どちらの語でも、それぞれの国語における辞書の説明は一方的で、ときには感覚的にもずれている。

　柄谷が言うように、外来の「知」が日本において内面化されないのは、むろん、文法構造の違いによるものではないだろう。世界の言語を、その構造的特徴から孤立語、膠着語、屈折語の三種類に分けることがある。それによると、日本語は、助詞や助動詞のような独立しない語が文法的機能を果たす膠着語とされ、ヨーロッパ語は、言語形式そのものの内部的な変化が文法的機能をはたす屈折語とされている。そのヨーロッパ語を、語が意味内容のみを表わし、その関係を文中の語の位置に任せている孤立語と

第三章　文字の伝来　　231

呼ばれる中国語の漢字を使って日本語の翻訳文にしようとしても、日本語の語のつながりのなかで漢字の意味が分からなくなるのは当然である。しかし、意味が分からなくなるのは、たんに文法構造の違いによるのではない。言葉を「詞」と「辞」に二大別した時枝誠記は、日本語は助詞や助動詞などの辞が、その他の品詞の詞を包む「風呂敷型」であると言った。そして、文の意味は最後の辞によって決まり、そこには何を入れても構わない、辞はいわばゼロ記号で、それが日本語の特徴だとした。しかし、そのような話法は、とくに日本語だけのものではなく、フランス語でも十分に可能で、むしろ通常のことであるのを、ラカンは1960年の論文（「フロイトの無意識における主体の壊乱と欲望の弁証法」）で強調している。無意識の面からではなく、ふつうに考えても、言語の非歴史的な文法構造が、その言語による思想内容を決定してしまうなら、極端には、思想の歴史的形成に目を向ける思想史の分野はなくなってしまう。

漢字は、それ自体が表意性の強い文字である。ヨーロッパ語が音読みされる漢字に翻訳されるときには、原語とのあいだに感覚的な横滑りが生じて、それが日本語における思考を妨げる。漢字の表意性が、隠喩的方法による思考の壁になるのである。歴史的にはまったく無関係に形成されたアルファベットと漢字の語については、少なくとも両語の意味についての議論が必要だが、日本語は、当初から書かれた文字としての漢字に頼り、その強大な壁に思考を妨げられて、逐語訳された漢字の行列は、意味作用を生まないのである。これは明治以後の広く文科系の知識、哲学や思想などの問題であるばかりか、はるかに狭い精神分析の分野にとっても大きな問題である。あるいはもっと深刻で、かつもっと滑稽な結果を生んでいる問題かもしれない。

ラカンは、「リチュラテール」のなかで、「日本語とは、言語活動（ランガージュ）となった永遠の翻訳である」と言った。同じ時期に、『エクリ』の日本語版の序文（「日本の読者に寄せて」）では、「日本人は、彼らのディスクールについて自問することをしません。彼らはそれをふたたび翻訳してしまいます」と言った。たしかに、日本では「何々とは何か」という表題の本が続々と出版される。読者は、新しい知識を求め、それを分かろう

としているのである。だが、自分たちのディスクールについて自問しないのは、例えば、欧米のある思想家の著作が翻訳されて、さらに、その内容は何々ですと説明されると、読者はそれによって分かった気になる。そのことは、翻訳が漢字の表意性に妨げられ、隠喩的な意味を生みにくいのでやむをえない。が、その翻訳をさらに説明して「これがヘーゲルの思想です、ニーチェの思想です」と紹介されると、説明そのものが換喩的になされるので、そこから何も意味作用が生じないまま、まもなく消え、その言葉遣いだけがくり返される。とは言え、そのようなくり返しも、また言語活動における欲望の本質的な一面なのである。

　フロイトは、去勢という語を使って去勢コンプレックス（kastrationskomplex）という用語を作った。去勢は、あくまで幻想的なもので、現実的な対象にではなく、想像的な対象にかかわる。日本では、広く雄の家畜の性巣を除去する習慣がないので、去勢という語は日常的でない。しかし、それを逐語的に邦訳して精神分析の用語にしたが、その用語を使った文を読んでも、原文の趣旨は正確に分からない。読者には、あとでいくら解説書を読んでも、その用語の意味を思うままに想像する余地が残るのは当然である。ラカンになると、この用語は単独で、去勢（castration）として積極的に使われるようになった。端的に、それはひとが象徴界の存在するところに生まれ、言語活動の世界の一員になることである。その意味で、あらゆるひとが男女の別なく、その世界で去勢される。だが、同時に、ひとは去勢されきることがない。それは象徴界の欠陥、欠如と言語の不備、不完全とが示している。それゆえ、ひとにできるのは去勢をなくすことではなく、去勢はあったが、あたかもそれがなかったかのように、あるいは、去勢はあったが、その効果をうまく避けることができるかのように振舞うことである。ラカンは、無意識と欲望の概念を練り上げながら、そのことを強調している。

　ラカンが、フロイトのVerwerfungをforclusionと仏訳したのを、日本語では今のところ排除と訳されて、最近ではラカンの精神分析の用語として使われている。排除は、去勢のように、動作とその結果を表わすのではなく動作だけを表わすから、何をどのように排除するのか、去勢より曖昧で、もっと勝手に想像されやすい。これは、とくに引用した柄谷の文につ

いて言っているわけではない。広く、精神分析が属する思想の分野の理論的な文のなかで、漢字の複合語や片仮名で表記された翻訳語の全体について言っているのである。

　上の引用文にあるもう一つの精神分析用語の抑圧については、日本語で書かれた論述文や、ときには話し言葉のなかでも前の二語に比べて、はるかによく使われているようだ。それはこの用語が、社会的な現象を指すのに使われているうちに、やや身近になったせいだろうか。その場合、抑圧は、ある社会的行動を無理に押さえつけることや、強いて抑制することなどの意味だが、精神分析では何かを押さえつけることではなく、何かを遠ざけることで、その何かは何らかの欲動と結びついた表象で、それを意識から遠ざけることである。今日では中小の国語辞典でも、多くは二つの意味の違いを記していて、なかには一般の社会現象である repression ではなく、フロイトの用語としては Verdrängung であると特記しているのもある。しかし、説明が多くなったからといって、この用語を使った精神分析の論述文から意味作用が生まれるわけではない。その説明には、抑と圧という漢字の表意性によって、用語の意味が感覚とともに想像的な横滑りをする可能性が残るのである。


　ヤコブソンによれば、古典的な修辞学によって列挙される比喩は、じっさいの発話においては、隠喩と換喩の二つの方法に帰着させることができる。精神分析では、どちらの場合も、そこから意味を発見するには、それぞれを支えているシニフィアン連鎖の探求が必要である。換喩においては、例えば「一杯やる」のように、連鎖のなかにシニフィアンの削除がある。しかし、その連鎖は簡単で、すぐに同定される。だが、隠喩では、その言い換えを説明するのに、一つの連鎖では不十分である。そのためには二つの連鎖の存在に訴えなくてはならない。つまり、一つの連鎖のある一つのシニフィアンが、もう一つの連鎖の、あるシニフィアンと入れ代わる。ラカンが『エクリ』のなかで、隠喩のなかから意味作用が生まれてくるのは、「シニフィアンとシニフィアンの置き換え（substitution）によっている」と言ったのは、その意味である。そのためには、あるシニフィアンの一つの

234

連鎖からもう一つの連鎖への飛び越え（franchissement）が必要で、それによって、あるシニフィアンがもう一つの連鎖にシニフィエとして入り込むのである。

　しかし、じっさいに意味が生まれる表象過程では、二つの方法による表現は微妙な関係にある。ヤコブソンは、19世紀小説のゾラを代表とする、いわゆる自然主義の写実的描写の表現を換喩的方法の代表として挙げているが、それはあくまで換喩的な表現の優位ということであり、彼は二つの方法が生む意味と無意味の時間的推移と、その相互移行的な関係は、「言葉の芸術」だけに見られるのではないと主張している。ちなみに、ラカンの講義の聴講生であったG・ロゾラートは、それを隠喩・換喩的な揺動（oscillation）と呼び、絵画について詳論している。[31]

　ふたたび、柄谷からの引用文に戻ると、彼はそこで「漢字から平仮名へ、というのが、日本の知識人に生じる『転向』です。」と言っている。ここでカッコつきの「転向」には、かなりの含みがあるようだが、転向する日本の「知識人」については、長いあいだパリで日本語を教えていた森有正が、当地の日本館でのインタヴューに答えて、こう語っている「知識人とは、社会に何か事が起こった時に、自分の知識・思惟に裏付けられた自分の考えを、発言する人のことであろうと思います。（私は）日本人というのは、およそ知識人になるために一番根本的な傾向が違う人種・タイプに属していると考えます。知識人を出すような民族じゃないのです。根本的な点というのは『知的』な面で、日本人ほど怠け者はいないということです。知的怠け者は知識人になれっこありません。肉体的には確かに日本人は怠け者ではありませんけれどね。『考える』ことをやらない。考えない人間が知識人になることはできません」。[32]

　森は、日本人は「知的」に怠け者で、「考える」ことをしないから、日本に知識人はいないと言っているが、彼がカッコに入れた「知的」と「考える」について、ここで、少なくとも表現の面では、言葉の進行の二つの軸と、漢字仮名交じりの表記法との関係から探らなくてはならない。もっとも、ひとが知的であるかどうか、考えるかどうかは、ひとの語り方から窺えるので、何か他の仕草からそれが明らかになるわけではない。してみると、

第三章　文字の伝来　　235

日本人は、漢字仮名交じりの表記法に従って話したり書いたりしているかぎり、知的であることも、考えることもできないということになる。この見方は、日本語が観念的な抽象名詞をほとんど漢字から借りて、その表意性を利用してヨーロッパ語の抽象名詞に邦訳語としてあてている現状をみればよく分かる。邦訳語としての漢字を平仮名の助詞や助動詞でつないで言語活動を行なうことは、「社会で起こっている何か」について、「自分の知識や思惟に裏付けられた考え」を語ることとは、およそ無関係だからである。そこで、日本人の漢字から平仮名への「転向」とは、漢字を並べたヨーロッパ語の逐語訳を、身辺で起こったことの報告文か、周囲の情景を描写した写生文に語り変えることになる。

　しかし、言葉の進行の二つの軸に照らしてみると、写生文がすべて換喩的表現としてあるわけではない。日本語では、日常の言語活動のなかに、語呂合わせ、地口、もじりなど、総じて<u>洒落</u>と呼ばれる表現がゆきわたっている。それらの表現は、ほとんどが換喩的な写生文であるが、隠喩－換喩的な揺動の面からみれば、短い言い換えのなかに、換喩から隠喩へ、隠喩から換喩へと意味の行き来があるのは珍しくない。文芸においても短い表現のジャンル、とくに俳句や和歌には、それを認めることができよう。かつて、どこかで「俳句の本質は平仮名で書けることである」、「平仮名で書けなければ、俳句の表現とは言えない」という言葉に出会った記憶があるけれども、それは俳句の表現対象が、いつも具体的な事象だからだろうと思っていた。しかし、芭蕉の次のような例はどうだろう、

　　　　　この道や行く人なしに秋のくれ

　　　　　この秋はなんで年よる雲に鳥

　たしかに、どちらの句も平仮名で書ける情景の写生文である。しかし、その風景は、たんなる自然の情景ではなく、とくに誤解されやすいが、個人の心象風景でもない。どちらの句も、さまざまな新しい意味が生まれてくるような隠喩的表現と思うこともできる。

　また、徹底して話し言葉を使い、諧謔的な表現を狙った川柳にも、隠喩的な意味の広がりを思わせるような例がある、

　　　　　役人の子はにぎにぎをよくおぼえ

これは、ただちに役人と賄賂をつなげば換喩的表現にとどまるが、そこに子が介入すると別の意味作用が生まれ、隠喩的表現につながる。

たたかれているが女房の勝いくさ

　これも日常的な夫婦喧嘩の描写から、男女の関係が、とどのつまり物理的な力には左右されないのを示唆して、隠喩的な意味の産出に向かう。どちらの川柳も、芭蕉の２句と同じように即俗離俗のふくみが感じられる。

　ある俳人は、「俳句は、言葉をどん詰まりまで押し詰めて、そこで作者が自分を表現する文学である」と書いている。たしかに、俳句は、日本人が平仮名に「転向」した最後の表現法と言えるかもしれない。俳句は、日本人のなかに浸透しているけれども、それについての理論的な考察はほとんどない。上の文を書いた阿部筲人の『俳句』は、稀有の一冊だと思われるが、そのなかで「俳句表現の突き詰めた世界は、理屈の匂い、脳みその匂いすら拒否して、純粋な情緒の世界を築き上げます。頭の世界ではない、心臓の脈打つ世界を実現するのであります。これを逆からいえば、俳句は非論理の世界の代表であります。」、「名詞には具象名詞・抽象名詞の区別があり、前者は、外界に形がある物に名づけられた名です。後者は、愛とか正義とか、理想とか観念とか、或いは知識・判断等、外界に形を持たないで、頭の中で考えられた事柄を示します。」、「『俳句の完成』ということは具象性が完備したことを言います。そこに到れば、理屈や思念を越えた世界として、究極の存在の世界に到達し、理論や理屈は要らないことになります。」と書き、「俳句表現の『どんづまり性』は、また対象となる『素材のあり方の本源的な、本質的な、究極的なあり方』を要求するもので、その物事の、ほんとうにそれらしいあり方を追求することになります。」として、「（俳句表現は）指さすだけでよろしい。普通に考える、しゃべる道具」であってはなりません。言葉でもって物事を指さす、『指先代わり』に言葉を用いることになります。言葉は指の代用で、私はそれを『直指』の立場といいます。」と結論する。これは面白いことに、Ｒ・バルトが『記号の国』のなかで俳句について延々と感想を述べたあとの結論と一致する。すなわち、「俳句とは、小さな子供が『これ！』とだけ言って、なんでも（俳句は主題を選り好みしないから）指さすときの、あの身ぶりで

ある。その動作はきわめて直接的になされるので（いかなる媒介も —知識や名前や所有さえも— ないので）、指示されるのは、対象を分類することのいっさいの空しさとなる。俳句は、『特別なものなど何もない』と言う。できごとは、いかなる種概念によっても名づけられず、その特殊性は突然にかたちを変えてしまう。残されていたはずの記号の航跡は消え去ってゆく。手には何ものこらない。意味の波も流れも生じない」[34]

　俳句は、文芸における短文形式の詩である。それは、阿部のいう具象名詞、バルトのいう「平らかな言葉（langage plat）」を骨子としている。平らかとは、変哲のない、平凡な、ありきたりの「理解しやすいものでありながら、何も意味しない」言葉（遣い）であり、「言葉には、無意味で、短くて、平凡である権利がある」のをこれでもか、これでもかと主張する表現形式である。ところが、阿部のいう「頭の中にしか存在しないものに付けた名」である抽象名詞は、まったく違う。それは、俳句が「極限の単純・純粋さにおいて、（存在の）底知れぬ深さをとらえようとしている」のに対して、理屈や理論によって、そこに向かおうとする表現形式（表記法）の骨子をなす言葉である。それは、たしかにさまざまな学問分野において使われている。例えば、真・善・美のような抽象名詞は、哲学、倫理学、美学において、心は、心理学において話題になり、精神分析も広義の心理学の一分野だとみなすなら、やはり、それにかかわりがある。心理学の研究対象としての心は、具体的にそれとして見たり、聞いたり、触ったりすることのできない抽象名詞である。

　抽象名詞は、つまるところ、言葉（語）としてあるだけである。それは花や鳥や月のように、経験的に直接つかめるのではなく、名を与えられて、はじめて思い浮かべられるものである。そして、名を与えられて、はじめて関係づけられた事物たちの包括的な内容は概念と呼ばれ、その表現は概念規定と呼ばれる。哲学や倫理学で使われる用語は、そのような概念を表わす抽象名詞である。日本語は、漢字を使って、そのような用語を読んだり、書いたりしてきた。それらは二通りに読まれて日本語になるが、とくに明治以降、ヨーロッパ諸国の原語が、音読みされる漢字として翻訳されて、日本語になった。精神分析で使われる基本的な用語も、20世紀に入っ

てずっと後のことであるが、そのような用語の一例である。哲学や倫理学の用語は、例えば数学のように、はじめから定義があるわけではない。定義は、むしろ目標にされている。精神分析の用語も、それに近く、はじめに定義された用語によって考えが進められるわけでない。

　精神分析の用語として使われる漢字の複合語は、くり返しになるが、どの文字にも意味がある。日本語として使われるのは、それに基づいた逐語的な翻訳語であるが、音訳された片仮名の用語も同じことである。その場合、例えば、去勢や排除や抑圧にどういう意味があるのだろう。フロイトやラカンが精神分析の用語として使ったそれらの原語と、表意的な漢字の複合語として邦訳された日本語との関係は、よほど注意しなくてはならない。精神分析の重要な用語は、ほとんど表音文字によって書かれた原語が、表語文字としての漢字によって日本語にされている。また、フロイトのエスやリビドーやファルス、ユングのコンプレックス、ラカンのシニフィアンなどの音訳された片仮名の日本語にも、まったく同じような注意が必要である。それらの文字は、日本語の言語環境では換喩的な逐語訳のように見えても、じつはたんなる連想ではつながらない。片仮名で表記される日本語については、言うまでもない。

　ラカンは、文字について『エクリ』の論文より、セミネール（『アンコール』）のなかで易しく語っている。「文字は、書かれ (s'écrit)，読まれます (se lit)」と言い、「文字は、集まり (assemblages) を作ります」と言う。ただし、「文字は、それらの集まりを作りだし (font)、文字はそれらの集まりである (sont) のですが、それらを指し示すのではありません。文字は、こうした集まりそのものとして働いていると考えられます」[35]。また、同じセミネールの「書かれたものの機能」と題された記録の冒頭では、「文字、それ (Ça) は読まれます。それ (Ça) は、あたかも言葉 (mot) が延長して作られているようにも見えます。それは読まれます。ただし、文字として (litteralement)。しかし、文字を読むということと、読むということは、正確には同じではありません。まったく明らかなことですが、分析的ディスクールにおいて問題になるのは、それ (Ça) のこと、読まれるもののこと、すなわち、みなさんに促されて、もっぱら主体が語ることの彼方に読まれる

もののことです」、つまり、「文字は、あくまでも根本的に（radicalement）、ディスクールの効果です」[36]。

　フロイトのエス（Es）を念頭において、それ（Ça）と言っているが、ラカンにとって、エスは自我（moi）ではなく、無意識の主体である私（je）がそこにいる、心の場所である。文字は、たしかに寄せ集めであり、集合のなかの組み合わせであるが、文字の組み合わせの見すごせない特徴は、それが繋がっている（se lier）こと、お互いに関係があることである。そして、日本語の漢字仮名交じり文における繋がりの特徴は、文のなかに音読みされる漢字が交じり、それが哲学や思想の論述文や、もちろん精神分析の翻訳文のなかでも、重要な用語として採用されていることである。ラカンは、その事情について、『エクリ』の「日本の読者によせて」で次のような感想を述べている、「どこの国にしても、それが方言ででもなければ、自分の国語のなかに中国語を話すなどという幸運はもちませんし、なによりも　―もっと強調すべき点ですが―　、それが絶え間なく思考から、つまり無意識から言葉（パロール）への距離を触知可能にするほどの未知の国語から文字を借用したなどということはないのです。（同時に、そのことは）精神分析にたまたま適当とされていた世界の諸国語のなかからとり出してみせるときには、やっかいな逸脱があるかもしれません」[37]。

　無意識とパロールのあいだには、非常に大きな距離があるが、音読みの表意的な漢字を翻訳語として自国語にしたことが、その距離を、日本語の言語活動では触知可能にした。音読みした漢字の用語と、その漢字が訓読みされるはずの意味のつながりとのへだたりが、パロールにおける言語活動の法と無意識についての知を触知可能にしてくれるのである。けれども、そこからは同時に日本語の言語活動のやっかいな逸脱（偏差 écart）が生れるかもしれない。パロールの特徴は、そこから意味の効果が生まれることである。それゆえ、やっかいな逸脱とは、平仮名で訓読みされるはずの日本語と、音読みされる漢字との意味のずれを指している。それは、まったくの外国語である中国語と日本語の言語活動のへだたりを反映しているので、たとえその漢字を自国語として採用し、音読みして、さらにヨーロッパ語の翻訳語としても、二つの外国語と日本語のあいだに生じる意味

のへだたりが埋まるわけではない。そこで、橋本治が言うように、「日本語は、概念規定する言葉の意味を、すっかりできあがっている中国製の漢文に預けてしまった」という意見が肯定されるのである。[38]

　だが、じっさいの逸脱は、そこから始まる。さらに、橋本の感想を聞いてみよう、「鎌倉初期の慈円が書いた『愚管抄』や本居宣長の文章を読んだときに思ったんですが、概念規定が好き勝手というか、当人の恣意的なものとして書かれています。だから出てくる言葉が何を指しているのかわからないことがすごく多い。共通の、アカデミックな土壌があるわけではないので、人によって指し示すものが全然違う。彼の思いつきのなかでこの言葉は登場するんだろうなという理解をするほかない。すでに清少納言からしてそうです」[39]。清少納言の文は、見聞きしたものを語った写生文であるが、慈円と本居宣長は、論述文である。二人の文に限らず、日本語の言語活動から無意識と言葉の関係を探ろうとするときの難しさは、使われている用語の意味を尋ねようとする論述文のなかにもはっきり現われる。そこに用語として使われているのは、音読みされる漢字であるが、それは日本語として共通の意味作用を生むことがなく、それぞれの「人」の想像的世界のなかに雲散してしまうからである。論述文の生命は、用語のつながりにある。しかし、その用語の概念規定が「人の思いつき」のままだとすると、その用語はあたかも写生文のなかで、およそ現実性のない具象語のような言葉になってしまう。

　漢字は、それが伝えられてから、日本の文明的発達と切っても切れない、なくてはならない伝達手段になった。同時に、日本語の言語活動は、その厖大な数と表意性に圧倒されて、日本語で漢字の抽象名詞の意味を考えることができなくなった。それは近代以降、西洋の哲学や思想の鍵になる重要な抽象名詞を翻訳して、音読みの漢字にしたことにも現われている。その結果、西洋の原語は、意味のうえでは日本語とは無関係となり、表意的な漢字から与えられる恣意的な解釈に委ねられてしまった。翻訳語の漢字に意味はあるはずだけれども、他の漢字とのつながりが分からないので、それぞれが勝手に想像するより仕方がないのである。だが、これまでに翻訳語の漢字についての判断が問われたことがないので、その用語について

議論のしようがない。そこで、お互いに翻訳語だけで議論しても埒があかない。とどのつまり、日本語によるディスクールが、それぞれのモノローグになるのはやむを得ない。語る主体は、翻訳語になった漢字のシニフィアンの隠喩的なつながりによって、自分を代理表象させることができなかったのである。

　精神療法の分野では、精神分析もその末席にあるが、あるひとの異常な社会行動がニュースになるたびに、マスメディアに呼び出される人物たちの場当たり的なコメントはさて措き、戦前の森田正馬の「とらわれ」や、戦後の土居健郎の「甘え」は平仮名で書ける日本語である。しかし、どちらも症状を単独に名づけただけの用語で、他の用語とのつながりがはっきりしない。森田には、「とらわれ」が生まれる前提としての「精神交互作用」という着想があり、その他「生の欲望」、「事実唯真」、「思想の矛盾」「気分本位」などの用語があるが、そこに使われている精神、欲望、事実、思想、気分などの語について、それこそ、それらの概念を漢字の通俗的な表意性に預けているので、着想の根拠が薄弱で、少しも根本的な説得力がない。また、土居には、フロイトの理論について多くの著作があり、「甘え」を「幼児が母親に向ける依存感情」と定義しているが、たんにその定義だけで、あとは『甘えの構造』と題したまま、日本人の生活の情景描写に終始している。だから、「甘え」が、フロイトの漢字交じりの精神分析の翻訳文と、どのような関係にあるのかは根本的にはっきりしない。今のところ、おそらく日本語の平仮名で書ける「甘え」は意味のうえから、音読みされる漢字の用語とは、近づきも遠ざかりもしないまま、平行関係にあるのだろう。漢字は、それが伝えられてから、日本語として欠くことのできない役割を担っているが、同時に、平仮名で書ける日本語（パロール）の意味について考えるのを阻んでいるのである。

註

（１）ラカン『フロイトに技法論』下、136-137頁。

（２）Ｏ・デュクロ、Ｔ・トドロフ『言語理論小事典』、邦訳、朝日出版社、529頁。

（３）Ｒ・シェママ他編『精神分析事典』、邦訳、弘文堂、118頁。

（４）Ｊ・ヒーリー『初期アルファベット』、邦訳、学藝書林、11頁。

（５）ルイ＝ジャン・カルヴェ『文字の世界史』、邦訳、河出書房新社、23～24頁。

（６）『時代別・国語大辞典』（上代編）、三省堂、179頁。

（７）Ｊ・デュボワ他著『ラルース言語学用語辞典』、邦訳、大修館書店、393頁。

（８）飯田季治『古語拾遺新講』、明文社、加序1頁。

（９）沖森卓也『日本語の誕生』、吉川弘文館、3頁。

（10）同上、4頁。

（11）ジョルジュ・ジャン『文字の歴史』、邦訳、創元社、174,175頁。

（12）沖森卓也『日本語全史』、ちくま新書、34頁。

（13）Ｏ・デュクロ、Ｔ・トドロフ『言語理論小辞典』、邦訳、朝日出版社、310頁。

（14）沖森卓也『日本語の誕生』、吉川弘文館、5頁。

（15）中田祝夫『日本の漢字』（日本語の世界4）、中央公論社、3頁。

（16）同上、同頁。

（17）北原保雄他編『日本文法事典』、有精堂、427頁。

（18）Ｒ・ヤーコブソン「言語の二つ面と失語症の二つのタイプ」、『一般言語学』収録、みすず書房、23,24頁。

（19）同上、39頁。

（20）同上、43頁。

（21）Ｏ・デュクロ、Ｔ・トドロフ『言語理論小辞典』、邦訳、朝日出版社、181頁。

（22）井上光貞監訳『日本書紀』下、中央公論社、70-71頁。

（23）ラカン「無意識における文字の審級、あるいはフロイト以後の理性」、『エクリⅡ』、弘文堂、237-287頁。

（24）同上、267-269頁。

（25）拙著『ラカン「リチュラテール」論』、せりか書房、113頁以下、参照。文中、ラカンの複雑な式を、シニフィアンＡ～Ｃの移動について次のように単純化した。

$$\text{換喩の式}\qquad f(S\cdots\cdots S')\ S \cong S(-)s$$

$$\text{隠喩の式}\qquad f\left(\frac{S'}{S}\right)\ S \simeq S(+)S$$

$$\text{換喩}\qquad \frac{S-S_1-S_2-S^n}{s}$$

$$\text{隠喩}\qquad \frac{S}{s}\searrow\frac{S_1}{S}\searrow\frac{S_2}{S_1}\searrow\frac{S_{n+1}}{S_n}$$

(26) 竹内芳郎『増補　言語・その解体と想像』、筑摩書房、155頁。

(27) 髙島俊男『本が好き、悪口言うのはもっと好き』、ちくま文庫、90頁。

(28) 同上、同頁。

(29) 柄谷行人『〈戦前〉の思考』、講談社学術文庫、163,164頁、下線は引用者。

(30) 同上、149頁、下線は引用者。

(31) G・ロゾラート『精神分析における象徴界』第二部、邦訳、法政大学出版局、参照。

(32) 森有正『遠ざかるノートル・ダム』、筑摩書房、90頁。

(33) 阿部筲人『俳句―四合目からの出発』、講談社学術文庫、81,131,133,348頁。

(34) R・バルト『記号の国―1970』、邦訳、みすず書房、132,133頁。

(35) ラカン『アンコール』、邦訳、講談社選書メチエ、86頁。

(36) 同上、49,64頁。

(37) ラカン『エクリⅠ』、邦訳、弘文堂、Ⅳ頁。

(38) 橋本治、橋爪大三郎『だめだし日本語論』、太田出版、40頁。

(39) 同上、36頁。

# 第四章　歴史の解釈


　精神分析者は、フロイト以後、集団心理についてはよく語っているが、歴史についてはあまり語っていない。ラカンも、「レトゥルディ」のなかで、歴史についてではなく、歴史家たちについて、次のように書いている、「歴史家たちは、不幸なことに、意味を読むことしかできない。彼らには、意味作用の記録に身を任せる以外に、原則がないのである。彼らも、例えば唯物論における超越のように、超越のところへやってくるが、それはいつも“歴史的”であって、それに手のほどこしようがなく、そうなっているという点で歴史的ということになるのである。幸いにして、精神分析の教説がそれに息を吹き込むにしても、それは分析者のディスクールによってなされるかぎりでのことである」[1]。ここで“歴史的”とは、多分に物語的であり、せいぜいが事実的であって、精神分析においてパロール（言）以外に基盤をもたない真理とは区別しなくてはならない。

　歴史家たちが意味を読むとは、彼らが史料と、それまで史料についてなされてきた意味づけの記録を読むことであるが、「超越のところ」とは、読んでいるうちに意味づけの前提として、あるいは意味の終点として、そこで意味作用を休止させるヘーゲルの絶対精神や、マルクスの物質的生産力のような観念である。歴史家が、歴史という難しい科学の任務を負っていることは、彼らの科学に対する寄与をやはり難しくしている。科学は、現実界の動きを予測しようとするが、語るひとの世界には現実界がそのまま侵入しているにもかかわらず、その動きを言葉によって予測することはできない。ひとは、現実界のそとに出ることはできないが、象徴界を作ることによって、それを語る世界から追い出してしまった。ひとがディスクール（言説）において現実界に出会うと、その言葉は象徴界において意味を失ってしまう。もともと、象徴界にはそれ自体としての意味はない。意味があるのは、そこに想像界が関与したときだけである。そのようなひとの世界について、科学としての歴史を語るには、特有の難しさがあるだろう。ラカンは、そこで「現実界を本当らしく言うことの不可能」を喚起

させる。歴史には、必ず「言うこと（語ること、le dire）」がともない、一方、意味作用の記録には、つねに「言われたもの（語られたもの、le dit）」の一面がすでに保存されているのである。

　ラカンは、論文「レトゥルディ」と同じ頃に、セミネール『アンコール』のなかで、歴史について語っている。記録では、そのときの「歴史（l' Histoire）」は大文字で始まり、「それは、まさに、そこになにがしかの意味があるという考えをわたしたちに抱かせるために作られる」とあるように、その語のもつ通常の歴史学の対象としての「歴史」より広い「物語」の意味を含ませている。つまり、精神分析は、ある他人の言うことに耳を傾けることから始まるが、歴史は、何らかの出来事を生きた個々の主体にとっての体験としてではなく、ある歴史（＝物語）が示そうとしている何らかの意味として捉えようとする。そして、それはある方向性に沿って想像されている脱主体化された出来事で、「物語」としての出来事とでもいうべきものの連なりである。

　ラカンにとって、「歴史」は、何らかの方向性（＝意味、un sens quelconque）を持つものではない。精神分析は、他人の言うことに耳を傾けることから始まる。それは意味が満たされた話を聞くことではなく、「そのひとが愚行、困惑、差支え、動揺を語るのに耳を傾け」、そこに「言うことの効果」を聞きとるのである。その効果は、ぐるぐると回り続ける日常のディスクールが、いっとき回ることをやめて、何かしらに向かって落ちていき、そこで文字と出会い、分析者はそれを読むことによって、そのひとの愛の感情にある空隙を見いだす。しかし、それはすぐにまた空隙を閉ざし、ふたたび、同じような日常のディスクールがくり返されて、そういうことが昔も今もずっと続いている。それゆえ、精神分析は、「歴史＝物語」を西欧的な意味の過去から未来へと一方向に進む時間軸に沿って語る立場とは相容れない。彼は「レトゥルディ」のなかで、その立場は男たちが語る「歴史＝物語」に特徴的に現われると言う。しかし、女たちもそこに参加するのをいやがらない。ただし、女たちは、そこへやってきて「去勢されているのはすべてではない」という性別化の論理式における女の立場から、歴史においてすべての述語を支配するような主語はないと言い、その物語

246

は超越的なものにとどかないのを明らかにする。

　歴史は、時間という形式のもとで語られるが、精神分析において時間が示すのは、古典的立場からの直線ではない。フロイトが「無意識の過程は無時間的である」と言ったのは、よく知られているが、同時に、それは欲望の不滅性を意味していた（『夢解釈』）。しかし、この不滅性（Únzerstorung）という観念は、時間は計測できるという見方からする持続（durée）の観念と、どう折り合いをつけるのだろうか。また、直線的でないとすれば、どこにその区切りや切断があるのだろう。ラカンは、欲望の不滅性を説明するために、欲望は連続する持続的な時間に沿って表明されるのではなく、主体の時間と客体化された時間は区別されなくてはならないとした。それは「鏡像段階」（1936年）の着想と、「論理的時間」（1945年）の論文に導かれた考えで、彼のその後の臨床と理論を全体的に基礎づけている。

　ひとは、自分の身体のまとまりがある恒存性（consistance）を想像的に先取りすることによって出発し（鏡像段階）、象徴的なものと出会って結び目を作り、やがて現実的なものに近づいて、近づきすぎるのを回避するときに何かが起こるが、そこからふたたび身体の恒常性を回復しようとする。ひとの身体はつねに想像的であるが、同時に、ひとにあるのは語る身体だけで、その身体が“見る→考える→行動する”という三つの時間を生きる（論理的時間）。ひとが誤るもとは、想像的なものに支配されている“考える”時であるが、それは享楽という観念によって明らかになる。すなわち「語る身体（とは）、つまり自らの享楽に失敗することによってしか、うまく身体を再生できない限りでの語る身体（である）」。「語る身体は、自身が意味するものを失敗することによってしか、身体を再生しないのです」[3]

　こうしてみると、想像的な身体とは鏡像としての身体であり、象徴的な身体とは語る身体であり、現実的な身体とは想像化と象徴化を免れた身体である。想像的な身体について、ラカンは、動物たちは親から身体を再生されたとき、すでに成熟しているので、鏡像の先取りは起こりませんと言っている。語る身体については、同時に、それがシニフィアンの身体であるのをとくに言わなくてはならない。「身体とは、それが自ら享楽するというだけのことです」。「シニフィアンとは何でしょうか、わたしは、シ

第四章　歴史の解釈　　247

ニフィアンは享楽する実体の水準に位置づけられる、と言いましょう」。「シニフィアンとは、享楽の原因です。シニフィアンがなかったら、どうして身体の一部分に辿り着くのでしょうか。そのような関係のなかで、意味されるものとなったシニフィエは、身体の一部分なのです」[4]。ラカンは、享楽する身体の原因としてのシニフィアンとともに、大他者の享楽について語るが、これは特別なシニフィアンとしてのファルスの享楽とは区別しなくてはならない。

　大他者は、本質的に主体のそとにある場所であり、それが象徴化されてはじめて、語る主体を規定する役目をはたす。鏡像は、自分を映している想像的な他者であり、その他者は、自分を映している鏡である。大他者は、その向こうにいる姿の見えない他者であり、語る身体が自分を探すのは、言語の領域となったその場所のなかである。しかし、語る身体の享楽は、大他者の享楽ではない。大他者の享楽は、あくまでもそとにあるものの享楽であって、語る身体の享楽ではない。語る身体の享楽は、ファルスの享楽であるが、それはそとにあるものの享楽を実現できない。「わたしがもともと大他者の享楽と呼ぶのは、（ここでは）象徴化された享楽にすぎません」[5]。つまり、享楽は、語る身体にとって、ファルスの享楽があるだけである。同時に、それは享楽がいつも部分的に終わることを意味している。

　現実的な身体は、言葉のそとにある身体であるが、それについての昔からの話や理論にはむろん有用性も効用性もある。だが、身体のすべてを言いつくした言葉はない。それは、科学が今のところ未完成であるからではなく、ひとが生きている世界と科学による言語活動の関係そのものに起因しているのである。しかし、それでは「自ら享楽するだけ」の享楽において、ひとはどのようにして身体の恒存性を体験できるのだろう。ラカンは、1975 年 1 月 14 日の講義で、それを分かりやすいイメージで表現するなら、「（身体の恒存性は、）結び目のある紐（corde a noeud）」です」と言う[6]。結び目のある紐であれば、聴講生はすぐに「ボロメオの結び目」を思い出すことができる。この年の講義では、ボロメオの三つの輪に四つ目の輪を加えたが、同じ年の次のセミネールでは、「ボロメオの結び目」を下図（Ⅰ）のように左右に開いている[7]。

248

Ⅰ　時間の結び目

　開かれたボロメオの輪は、それ自体で、直線的な時間ではなく「紐」としての時間を示している。そのことについては、A・ジュランヴィルが、『ラカンと哲学』のなかで分かりやすく詳説しているが、ここでは、彼が「時間の結び目（Ñoeud de temps）」として示した開かれた図（Ⅱ）と、それがふたたび閉じると仮定した図（Ⅲ）を瞥見しておこう。

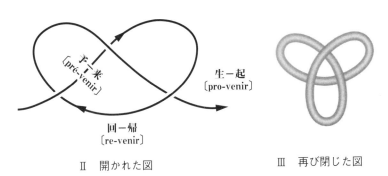

Ⅱ　開かれた図　　　　　　　　Ⅲ　再び閉じた図

　ジュランヴィルが作成した図（Ⅱ）は、「時間（temps）とは身体（corps）であり、たえず結び目をつくり、生－起（pro-venir）し、次いで自己自身へと回－帰（re-venir）し、おのれに先立って予－來（pre-venir）し、そして再び生－起する」のだが、時間の矢印は、時計の針と逆方向に進んで、予－來と生－起をくり返す。そのさい、ラカンの原図と同様に、紐が交わるさいの上下が問題で、下を通るさいに結び目をつくり、上を通ればそのまま通過する。主体が体験する「身体の時間」を表わす紐は、左側の想像的なものから始まり、それが象徴的なものに出会って、主体が行動し何か

第四章　歴史の解釈　　249

が生起する。その結果、主体は現実的なものに近づくが、近づきすぎるのを回避して、ふたたび想像的なものに戻る。

　時間は、そのように、三つの区切りがくり返されて進む。それは語る主体が言語活動のなかで体験する時間で、「論理的時間」の三つのスカンションに対応している。


　さて、フロイトにとって「無意識の過程は、無時間的である」ことから、精神分析は歴史を拒み、それをたんなる作り話にしてしまうという非難が、これまでじっさいに投げかけられてきた。それはフロイトの時間が、たんに連続する計測可能な時間という通説の誤解に基づいている。それに対して、ラカンは、「私がもっとも確かな理由で嫌っているもの、それはl'Histoire（歴史＝物語）です」（『アンコール』）と言いながらも、その時間性については、三つの次元に区別される「論理的時間」によって答えた。彼が「歴史」を嫌ったいちばん当然の理由は、歴史における意味づけのなかには、三つの次元で明らかにされたように、必ず無意識を生む契機が含まれているにもかかわらず、歴史家はそれを語らない、あるいは語れないからである。時間は、たんに継続する測定可能な持続ではないのである。そこには、「論理的時間」のなかの３人の囚人の一人が、他の二人の背中に貼られた二つの黒を見る時のように、自分が白であるのを瞬時に知る最初の持続のない時間と、じっさいに３人とも他の二人が白であるのを見る時に続く、考えて、納得し、結論する第二の時間、そして自分が白であると告げるのを急き立てられる第三の時間がある。三つの時間は、一様に流れているわけではなく、第二の時間で育まれた無意識が、第三の無意識の行動となって現われるのである。

　自分が白であるのを告げる（言表する）のでなければ無意識はなく、分析的臨床におけるディスクールの新たな展開もない。歴史家は、第二の時における史料の解釈に専念する。言い換えると、歴史に何らかの意味があるという観念を与えようとする。だが、歴史家が歴史を探るのに必要なのは、目の前の他人が言うことではない。歴史家は、史料と呼ばれる材料から意味を探ろうとする。史料は、文献、遺物のような有形のものから、伝

説や風俗のような無形のものまで、さまざまな材料を指している。歴史家は、そのような史料から何らかの意味を探ろうとするのである。しかし、それ以上のことをするのは非常に難しい。ラカンは、そのことを「歴史家が歴史という困難な科学の任務を負っていることは、科学に対する彼らの寄与を、やはり難しいものにしているのである」と言う。彼にとって「現実界について本当らしいことを言うのは不可能」であるが、それは歴史家にとっても、自然科学者にとっても同じことである。しかし、歴史家には、自分が史料について語ることを科学者のディスクールとして、現実界に近づけようとしても、そこに特別の難しさがある。

そこで、「歴史がもっともなこととして受け入れられるのは、人間にとって、そこに何らかの恒久的で、超－歴史的なものがあるからだ」というA・ジュランヴィルの意見は認めざるをえない。しかし、彼が言うように、歴史家の語るもっともなことこそが無意識的である。自分の語ることが何らかの意味を持っているという観念から、無意識が生まれる。歴史は、そのように、意味の場所としての言語活動に縛りつけられながら、「（語る主体が出会うことのできない）現実界の絶えざる出現として、ある時代から別の時代へと展開してゆく」のである。それは、まさしく語られるものである。それについて口を差し挟もうとするとき、精神分析は、つねに意味の彼方を想定する。ラカンが「歴史は大嫌いだ」と言った理由もそこにある。歴史は、意味の彼方にある何かを対象として語るのが難しいのである。歴史家は、史料を「歴史的事実を議論する対象である」と言う。つまり、史料は、歴史を意味づけするための材料であり、それによって解釈を事実に繋ごうとするが、その事実がどこまでも語る事実だということには気がつきにくいのである。

歴史家は、史料を読む。それは当たり前のようだが、ラカンは、1973年の「書かれたものの機能」と題した講義の最後に、こう語っている、「あなた方の分析的ディスクールのなかでは、無意識の主体について、あなた方はこの主体が読む術を知っていると想定しています。それは他でもない、あなた方の無意識の物語なのです。あなた方はその無意識の主体が読む術を知っていると想定しているばかりではなく、無意識の主体が読む術を学

ぶことができるとも想定しているのです。ただし、あなた方がその無意識の主体に読む術を教えようとしている当のものは、あなた方がそれについて書くことができるものとは、どんな場合であろうと、まったく無関係なのです」。少し回りくどいようだが、「あなた方」は精神分析家を志す聴講生であり、歴史家になろうとするひとたちではない。あなた方は「読むことを学ばなくてはならないが、それは無意識的欲望の真理の一片、つまり部分的真理を知るためである」。けれども、「読み方を教えることと、何かを書くということは、まったく関係がない」。これは臨床的にも、理論的にも重要なことである。

　精神分析家は、分析主体が語るのを聞き、その言葉から無意識の物語を読む。そして、書かれたものからは、その物語が語られているのを聞く。だが、歴史家は、無意識の手前で立ち止まり、意味づけのなかに閉じこもる。意味づけは、広く史料の解釈と呼ばれる。しかし、いかなる解釈も事実に合致するとは言えない。たとえ、その意味づけが思考のうちに留まるとしても、それが無意識の物語の枠内で行われているかぎり、事実に合致することはない。史料の解釈から、想像的なものの関与をなくすことはできないのである。それゆえ、歴史の意味づけは、史料についての知識を元手にした賭けということになる。

　ところで、「万世一系の天皇います」という標語をもとに、天皇は供犠であると考えて、それが天皇の本質的な属性であるとすると、天皇という供犠と歴史の関係が浮かんでくる。そこで、天皇が供犠になった歴史の意味づけが問題になり、それにふれる必要がある。ただし、本書では、その意味づけは史料からではない。私には歴史家の史料を、とくにいわゆる文献史料を直接に見る資格も、読む能力もない。私の知識は、だれでも読める公刊された書物から得た小さなものだけである。したがって、その賭けは、ある歴史家がすでにその知識によって賭けた元手に便乗し、それを自分の小さな元手にして、供犠の説明に役立てようとする行ないである。そう考えながら、私は上山春平の『埋もれた巨像』（岩波書店、1977 年）と、大山誠一の『〈聖徳太子〉の誕生』（吉川弘文館、1999 年）を選んだ。二冊の

刊行には 20 年あまりの開きがあるが、順序を逆にして大山誠一の「聖徳太子」から見ていきたい。

　聖徳太子については、手許の『日本史年表』第 5 版（岩波書店）には、622 年「厩戸皇子、斑鳩の宮で没する」とあるが、その呼び名からして問題がある。或る歴史家が最近書いた聖徳太子についての一般書は、序章でこう記している、「『日本書紀』は、720 年に撰上された日本現存最古の史書であった。ただし、『聖徳太子』という呼称は、この『日本書紀』にはいっさい登場しない。現在確認されているところでは、751 年に編集された漢詩集の『懐風藻』序文にはじめて出現するのである」。そして、最後には「『聖徳太子』をどのように理解するかは、その人の『証』しでもあろう。それは、『専門学者』にかぎることではない。『聖徳太子』は、まさに、私たち自身のアキレス腱であり、試金石である。いっそのこと、『聖徳太子』そのものが話題にならないですむ歴史が一番望ましいようにも思えてくる。しかし、そのような歴史は、いまだかつてなかった。それが私たちの歴史なのである」。<sup>(13)</sup>

　呼び名に問題があるのは、『日本書紀』には、「聖徳太子」の呼び名がいちども登場しないにもかかわらず、同じ人物を指すと思われる名が「厩戸聡耳皇子」から「聖皇」「上宮王」まで、14 もあるからである。ちなみに、「聡耳（とよみみ）」を「十の耳」とすれば、10 人の訴えを一度に聞き分けたという『日本書紀』の説明を裏づけ、人間どうしの問題ばかりか、天然自然の異変の原因をただちに判断できる「素晴らしい能力」の持ち主ということになる。呼び名がいくつもあるということは、「聖徳太子」の原像が一つではなく、いくつかの姿が集まって成立した心像（イメージ）であるのを物語っている。著者は、このように多数の呼び名をもつ人間像は、『日本書紀』のなかでも「例外中の例外であった」と書いているが、そのなかで、とくに「聖」という文字に注目している。たしかに、この人物が推古 29 年（622 年）の 2 月に死没したのを記した部分には「聖人」「先聖」「大聖」と、その文字が多い。

　高麗のある僧が、その人物の死の報に接して語ったとされているところは、同書の漢文から次のように和訳されている、「日本国には聖人がおら

れる。上宮豊聡耳皇子と申し上げる。天から優れた資質をさずかり、はかり知れない聖（ひじり）の徳（いきおい）をおもちになって、日本の国にお生まれになった。古えの聖天子の道をつぎひろめ、先帝の行われたことをうけて、仏教を敬われ、人びとの苦しみをお救いになった。これこそまことの大聖（おおひじり）である。太子ははやおかくれになった。自分は国こそちがうが、子との間の心のきずなは断ちたい。独り生きて何の益があろう」。当時の日本人が、「聖」という文字をどう理解していたか。上の著者は、「皇太子」となったこの人物が生前に片岡山（奈良県北葛城郡）で出会った「飢人」の伝承から、その内容を探っている。

　皇太子は、その飢人に「水と食べ物を与え、着ている衣服を脱いでおかけになった」が、その飢人が死んだ報告を受けたので、使いを墓の場所に行かせたところ、「『屍』はもうなくなって、贈られた衣服だけが畳んで棺のうえに置いてありました」という報告を受けた。そこで皇太子は、ふたたび使いをやって衣服を取ってこさせ、もとのとおりそれを身につけたという。なぜなら、その飢人は「凡人（ただひと）」ではなく、「真人（ひじり）」だったからである。著者は、そこでこう書いている「（この伝承に含まれているヒントは）『飢人』が『聖』であることを見抜いた『皇太子』が、取りも直さず『聖』であるという論理にある」。そして、「『聖』というものは、それ自体で完結する孤高の価値ではなく、他者との交換ないし共有価値なのである。もっといえば、人と人との関係によって立証され、人と人との関係を生みだす価値なのである。つまり、まるで透視術のような洞察・判断力を介して、何らかの結合や連帯観念を生み出す観念なのだ」として、次のように結論する「すなわち、『日本書紀』が「聖徳太子」のさまざまな原像を「皇太子」に統一しようとしている時、「聖」としての価値が、それを促しながらも、なを、それに収まりきれない裾野の広さと厚みを秘めていたことを物語っている。そのような「聖」であることが、「聖徳」に優先し、「聖徳」を編み出す源流になったものと考えられる」。

　さて、私が解釈の賭けの元手を借りている大山誠一は、『〈聖徳太子〉の誕生』（吉川弘文館）の冒頭で「聖徳太子は実在したか」という“問題を提起”し、その課題は「実在の人物である厩戸王と架空の人物である〈聖徳太子〉、

254

すなわち実と虚とを明確に区別すること」だと書いている。そして、「聖徳太子の伝説は多様であるが、すべて虚構である。」と結論するためには、あくまで、太子に関する膨大な文献（史料）を綿密に調べたいきさつを公表しなくてはならないと考えている。史料のなかで、研究者から特別視されているのは『日本書紀』と、いわゆる法隆寺系史料の二系統で、どちらも太子に関する伝承として最古の内容を伝えている。なかでも、聖徳太子が、推古朝29年の622年に厩戸皇子が死んでから一世紀後の720年に完成した『日本書紀』のなかで誕生したのは間違いなく、その編纂に携わった実質的な責任者は、藤原不比等であったと述べている。

　大川誠一が史料を調べたいきさつについて、ここで詳しくふれることはできないが、彼は自著の他に『聖徳太子の真実』や、『日本書紀の謎と聖徳太子』などの共同研究書も編集している。そして、自分の解釈について学問的な根拠をあげて反論したものは皆無で、学会の内外にはそれが定着していると言う。しかし、じっさいにはやはり歴史家の遠山美都男が、次のように待ったをかけている。「近年、大山誠一氏は、『日本書紀』に描かれた聖徳太子が編纂者による創作の所産であり、それと実在の厩戸皇子とは別個に考えるべきだという『聖徳太子虚構説』を唱え、脚光をあびている。しかし、『日本書紀』の聖徳太子像に多くの粉飾が加えられていることは、大山氏以前に多くの研究者がすでに指摘ずみのことである。大山説にメリットがあるとすれば、それは聖徳太子像を創造した人物の具体名とかれらに共通する動機を明言したことであろう。だが、この点については種々の解釈が可能であって、大山説はなお仮説の域を出ていないと言わねばならない」。
(16)

　上の寸評では、「創作」「動機」「仮説」の三語が目にとまる。まず、歴史の解釈に「仮説」の用語をあてるのは明らかに不適切である。仮説は、将来の検証を前提にして出される。その方法はふつう観察や実験だが、過去に起こったことは検証のしようがない。著者は、その語を比喩的に使っているのか、それとも「定説」というような対義語を想定しているのだろうか。しかし、歴史には、定説という最終的な意味づけはない。次に、創作は、大山誠一が"虚構"とともに、いくども使っている。日本語では、

"フィクション"の方がより日常的だが、史実というものがあるにしても、それを現実的に語ることはできない。最後に動機であるが、大山誠一は、『〈聖徳太子〉の誕生』のなかで、法隆寺系史料で太子の作とされる、いわゆる「三経義疏」は後代に作られたものとしながら、「しかし、最大の問題は、それらを、誰が何のために作ったかである」と書いて、聖徳太子像を創造した人物たちを動かした動機についてふれている。

　『日本書紀』は、聖徳太子が推古天皇の即位（592年）と同時に皇太子となり、摂政になったとしているが、現在では、厩戸皇子がじっさいに政治に関与したのは、推古10年（601年）頃からの約10年間とみられている。厩戸皇子は、その前年に斑鳩宮を造営している。推古は記紀系譜上の第33代の天皇で、日本史上の最初の女帝とされている。彼女が即位した592年から、元明天皇が710年（和銅3年）に平城遷都するまでの約120年は、日本史の政治上の時代区分では「飛鳥時代」と呼ばれている。厩戸皇子は、その初期に政治活動を行なっていたが、その間に冠位十二階制を施行し、憲法十七条を作成し、いわゆる三経義疏を書いたというのが、もっともよく知られていることだろう。とくに、憲法十七条は、『日本書紀』の推古12年4月の記事によって、そのまま聖徳太子の名を思わせるようになった。しかし、それが後代の創作であるとの説は古くからあった。

　例えば、江戸時代の儒学者狩谷掖斎は、「憲法を聖徳太子の筆なりとおもへるはたがへり、是は日本紀（『日本書紀』）作者の潤色なるべし、日本紀の内、文章作者の全文を載たるものなければ、十七条も面目ならぬを知るべし、もし憲法を太子の面目とせば、神武天皇の詔をも、当時の作とせんか」。このように、憲法を『日本書紀』作者の創作と推定しているが、それは津田左右吉が1世紀以上後に『日本上代史研究』（1930年）で、書紀を編纂した当時に作成されたものとしたことに通じている。そのような書紀の作者は、厩戸皇子が推古元年4月に皇太子になったという地位の確認から始めている。皇太子は、皇位を継ぐように定められた者で、その制度が確立したのは、飛鳥浄御原律令が施行された7世紀末のようだが、書紀の編纂時には二人の実例しかない。それを書紀では、神武以来の立太子記事として挿入し、皇太子の地位を強調している。だが、書紀のなかで皇

太子としての事績を記されたのは、中大兄皇子王ひとりだけで、彼は皇太子制が成立するより以前の人物である。書紀の作者は、皇太子制が成立する一世紀以前、中大兄皇子が蘇我入鹿を暗殺（乙巳の変）して歴史に登場する半世紀以前に、厩戸王を皇太子にしたのである。

　その記事は、「（推古天皇は）夏四月の十日に、厩戸豊聡耳皇子（聖徳太子）を皇太子にお立てになって、政務を総裁させ、国政執行の権限をことごとくおまかせになった。」とあるが、大山は、書紀の作者がそのモデルにしたのは中大兄皇子（天智天皇）であったと推定している。書紀は、603年（推古11年）12月に「冠位十二階」を定め、翌年4月に「憲法十七条」を制定したと記している。日本の法制史では、だいたい冠位十二階を日本における最初の制定法としているが、書紀には「始行冠位」、「始賜冠位」とあるから、これは法として制定されたというより、制度として施行されたという方がよいだろう。その意味では、憲法十七条が日本で最初に制定された成文法と思われる。

　日本の思想史を専門とする歴史家の家永三郎は、「憲法十七条は、多くの中国古典、特に儒家・法家・道家等の典籍から直接間接に語句を借用しているほかに、仏教の思想が色濃く流れている」として「（そこには）仏教と、儒教その他の中国社会哲学とがあわせふくまれており、これによって日本人の創作にかかる大陸理論思想を継受した実践原理の著作化がなされたわけである」と述べている。そして、その作者については、「聖徳太子が冠位十二階を制定したことが確実な史実であり、それが氏姓制の上に個人の勲功表彰を加味する妥協的な官僚制導入の意図にとどまるものとあわせ考えるならば、憲法十七条は、その意味でも冠位十二階制定と同一の主体的意図と客観的条件との所産と認めて何らの矛盾がないのではあるまいか。私は、なを一抹の疑問は残るとはいえ、一応憲法十七条は、三経義疏との関係とは別に、聖徳太子の作と認めておくことにしたい。」と書いている。家永の慎重すぎるような結論は、いつもの切れ味鋭い論法から推すと、少しぼんやりしていていぶかしい。というのも、彼が認めている「一抹の疑問」は、彼自身が詳しく注記している条文の内容を探ることによって、そのヒントが得られるからである。その一例を、やはり大山誠一

の著作から紹介しよう。

　十七条憲法の条項は、すべて冒頭に要点を記し、そのうえで具体的な説明の文章を配している。冒頭の部分も説明文も、ここでは、もとの漢文と翻訳文の例は紹介しないが、第一条の「以和為貴」（和訓は、通常「和（やわらか）なるをもって、貴（とうと）し」）と第二条の「篤敬三寶」（和訓は、「篤（あつ）く三宝を敬え」）、そして、第三条「承詔必謹（和訓は、通常「詔（みことのり）を承（うけたまは）りては必ず謹（つつし）め」）は、とくによく知られている。冒頭の部分は、すべて中国の古典を参照しているのは推量できるが、家永三郎は、上の解説文の最後に「有名な『以和為貴』という第一条の句の同文を、中国古典から発見した滝川政次郎の研究（昭和38年）は、出典捜検史に新しい成果を加上した」と書いている。[19] 大山誠一は、第二、五、十、十四の各条は仏教的な思想の表現で、それ以外は、だいたい儒教的としてよさそうだと述べ、第一条の和も、「『論語』学而編」に『礼の用は和を貴しとなす』などとあるから、礼と無関係ではないであろう。」としている。[20]

　大山は、第一条が「最後の十七条の『それ事独（ことひと）り断（さだ）むべからず』と呼応して、憲法の基本精神を示したものである」と述べ、ただし「憲法の方は（中国古典と比較して）人間関係の出発点として、アプリオリに和そのものの重要性を説いている」としている。これと似たようなことを、思想史家の丸山真男は、講義録のなかでこう記している、「和の思想は、たんに身分間の和や、たんに人情の直接的一体化の要請でなく、普遍的真理を前提として、それへの到達という考えを内在させている」。私には、大山の「アプリオリ」と丸山の「普遍的」が気になるが、丸山は以上の見方からこう結論している、「要するに十七条憲法においては、第一に、地上の権威が普遍的真理・規範に従属すべきであるという意識、第二に、自然的・直接的人間関係と公的な組織とを区別する意識、第三に、政策の決定および施行過程における普遍的な正義の理念の強調、という点において、『（日本的）原型』から飛躍的に高度な政治理念へと到達した」。そして「もちろん、それは当時の政治的現実からは遊離した理念であった」と但し書きをつけている。[21]

258

だが、「アプリオリ」と「普遍的」とはどういうことだろう。前者は「より先にある」という意味で、ふつうは「経験に先立つこと」とされており、後者は「すべてのものに共通して、あてはまること」とされている。また、「理念」は、明治以降、ドイツ語のIdeeの訳語で、プラトンのイデアに遡るとされている。そして、やはり「経験に先立って与えられている根本的な考え」と解されている。丸山は、そうした「経験に先立つ、普遍的なこと」が集まって「理念」が構成されると考えていたのではないか。しかし、アプリオリや普遍的なことが、文字によって書かれた文章として表現されるためには、それまでの長い思考の道のりが必要である。外国語の文字を使って、たとえ現実から遊離していたとしても、「理念」を表現したとおぼしき文が、突然、日本語の文として登場したとしても、それを直ちに日本語の言語活動がアプリオリ、かつ普遍的な「理念」に到達したとみるのは性急にすぎる。大山や丸山は、西洋の古典から近代に続く思想史の流れをわきにおいて、その結果についての知識を、そのまま十七条憲法の条文に被せたのである。

　大山は、しかし、条文の内容とは別に、憲法が制定された頃の日本の文化的状況を中国の歴史書『隋書』の倭国伝の記事から探って、それが太子の作とされることに疑問を呈している。『隋書』は、636年に唐の太宗の側近であった魏徴らが著した書で、大化改新によって急速に中国化する以前の日本の様子を伝えた貴重な史料であるが、倭国伝の原文や和訳文はかなり長く、彼が引用しているのは次の部分である、「『倭王は天を兄とし、日を弟としている。天がまだ明けないとき、出かけて政（まつりごと）を聴き、あぐらをかいて坐り、日が出れば、すなわち理務をとどめ、わが弟に委せよう、という』と。高祖（第一代文帝、581—604在位）は、『これは大いに義理のないことだ』といって、訓（おし）えてこれを改めさせた」。訳者は、「（この箇所は）中国の『天子』の思想にたいし、倭王は『天弟』ないし『日兄』という対抗意識からあらわれたものではあるまいか」と書いているが、大山は、そこを詳しく解釈している。

　少し長いが、そこをかいつまんで紹介してみよう、「まず、倭王は天を兄とし、日を弟としていると言っている。つまり、使者が言うには、倭王

第四章　歴史の解釈　　259

は、頭上高く広がる『天（あめ）』すなわち空を兄とし、そこを照らす太陽を弟としているというのである。しかし、これは中国人の考え方とはまったく違っている。（中国では）『天』は、絶対的な神で、その命令が『天命』で、その『天命』を地上で受け、天下万民を統治するのが天子すなわち皇帝である。（それは）日本側の使者の発言とはまったく違うのである。」さらに、後半では倭王の政治が記されていて、「倭王は天が明けないとき、すなわち暗いうちに政治を行うとあるから、文字や記号は、少なくとも日常的な政治の場では、まだ使用していなかったのであろう。そして、日が出て明るくなると、弟（日）に委ねようと言って、すぐに政治をやめてしまうというのである。中国の思想や政治秩序をまったく理解していないことは明白である。これでは、高祖があきれて『此れ太（はなは）だ義理なし』と言ったのももっともであろう。この場合の義理とは、正しい道理のことである」。[23]

　隋は、6世紀末（581年）から7世紀始め（618年）までの統一王朝である。当時、推古朝（593～628年）の日本からは、遣隋使が600年から618年のあいだに3回から5回派遣されている。『隋書』の記事は、その頃のことである。書紀には推古15年（607年）に、小野妹子らを隋に遣わすと記されているが、それは聖徳太子が十七条憲法を作ったと記されている二年後のことで、書紀が完成する百年以上も前のことである。書紀における憲法では、仏教、儒教、道教、法家など、多くの中国古典から語句を借りて、その宗教、社会思想の影響が明らかであるというのが通説だが、はたして一世紀前の大君（おほきみ）と称した倭王の時代の支配層に、それらの中国古典に通じていた人物がいたかどうか、それができた人物がいたかどうか、当時の日本と中国の文化的な事情から推して、はなはだ疑問である。日本では、中国古典についての広範な知識と、その漢字による表現とは、推古朝から100年をかけて、書紀が完成した頃までに身につけたのではないか。

　そのことを踏まえて、大山は次のように結論している、「『隋書』を読み解くことにより、当時の国際関係や、日本の為政者の政治・文化認識を知ることができるのに対して、日本書紀は、720年に、当時の為政者が、政

治的意図をもって作った書である」。また、以上のような結論とは別に、言語学者の森博達は、音韻学の見地から、十七条憲法は後世の作とするよりないと推定している。日本人が漢字を用いたり、漢文、漢詩を作ったりするさいに、中国本来の用法ではない独特の用法、書法に従う習癖を和習（倭習）と言う。森は、日本書紀（推古紀）に見られる和習による誤字、誤記が、そこで初めて文章化されている十七条憲法のなかにも共通して認められることから、その文章は少なくとも潤色されていると見なし、たとえ憲法の原文がどこかに存在するにしても、それは立証されていないので、今のところ推古朝以後に作られたと考えるよりないと言うのである。

　十七条憲法は、儒教的な徳目箇条を骨子としているが、第二条以外の数か条に仏教的思想を反映したものがあり、法隆寺系史料のなかの「天寿国繡帳」には「世間虚仮、唯仏是真」とある。これは太子が妃の橘大郎女に送った言葉としてよく知られている。『仏教辞典（岩波）』でも、「（これは）虚妄な世俗の世界と真実の仏の世界を二元的に対比させ、仏の世界への憧憬を表明したもの」としているが、丸山真男は、こう書いている「（この言葉には、）究極的・超越的絶対者と世間的価値との二元的な緊張が鋭く自覚されている」。つまり、「（十七条憲法は、）一方で、政治的国家の価値を相対化する普遍的規範の制約を高揚し、他方、個人の救済の問題としての宗教を登場させている」。そこで、「後世の聖徳太子の超人間的な聖者化は、〈世間は虚仮なりという思想と普遍者の自覚という二点を外した評価であって〉その意味で太子の思想史的意義をかえって低めるものである」。しかし、太子が送ったとされるその言葉の意味は、インドや中国の仏教徒たちにとってはごく身近で、平凡な内容を伝えているらしい。それを根源的なニヒリズムとかラディカルな厭世主義の表明と思うのはもちろん、丸山の指摘も「太子の（日本における）思想史的意義（内実）」をかみ砕いて説かないかぎり、たんに変哲のない近代主義による解釈の一例と見なされるだろう。

　たしかに、聖徳太子には「後世の超人間的な聖者化」があった。日本書紀の作者たちは、天上（高天原）の神々と地上の人びとあいだに聖人を作らなくてはならなかった。ひとの集団には、超越的なものとこの世に生き

第四章　歴史の解釈　　261

る人びとをつなぎ、両者を取り持つ、媒介的な存在が必要である。超越の語は、魏志のような中国古典にもあるらしいが、これが明治の末期になって英語の transcendence などの哲学用語として使われてからは、「超越とは、世界（人びとがいるところ）のうちに向かうのではなく、それを乗り越えることで、その目標は概念による理解の彼方にあるといえる。この意味で、超越とは宗教の神を指す」とされている。超越は、たしかに英語の神（God）などと結ばれて、世界を創造し、しかも絶対的にひとの世界を越えている超越者としての神などと言われるが、隋の文帝と会見した日本人の使者に、そういう超越的なもののはっきりとした観念はなかった。それは、文帝が日本の状況を「大いに義理なし」と言ったことからも分かる。

　中国語には、天という文字がある。日本語では、それを七世紀の頃から「あめ、あま」と訓読して、その意味は『時代別・国語大辞典、上代編』によると、「天。空。天界。」とされ、次のような用例が紹介されている、「雲雀は阿米（あめ）にかける（記仁徳）」、「上つ枝は阿米（あめ）を覆へり（記雄略）」、「阿米（あめ）へ行かば汝がまにまに（万葉、800）」、「ひさかたの天（あめ）の露霜濡れにけるかも（万葉、2395）」。これを見ても、日本語の天（てん、あめ）は、自然に広がる上方の空、空もようの意味で、概念的なものとの関係は薄い。それに対して、中国語の天は、手許の『漢和大字典』（藤堂明保、他編）を見ても、「①（地の対語）頭上に高く広がる大空。②宇宙を支配するものと考えられた、天にいます最高の神。③人間界に対して、自然界のすべて。④天の神が人にくだす運命。⑤天の神の命を受けて、人間界をおさめる者。その他」と、非常に多義的であるが、とどのつまり自然界と人間界を一つながりにまとめた観念を表わしているようにみえる。

　中国語の天と超越（transcendence）の関係については、はっきり言えないが、中国古典（『書経』）に「天は礼あれと秩（つい）ず」とあるということから推すと、文帝が日本の使者に言った「はなはだ義理なし」は、当時の日本に政治的な行動規範としての礼がないという意味にとれる。礼は非常に多義的であるが、「天」の語を解説した本によると「（礼は）すなわち人間社会に整然たる階層秩序を付与するという『天』の仕事を、人間

262

（天子、ひいては為政者一般）が代行する」という一面があり、「『天』が『礼』の秩序に内在化してゆくとすれば、各人にとっては、上位者に従うことが『天』に従うことになる」のである。隋書倭国伝にある会見は、推古8年（600年）のことであるが、倭国は、それから7年後の推古15年にふたたび小野妹子らを隋に派遣している。日本書紀には、その間に聖徳太子が冠位十二階を定め、十七条憲法を作ったと記されているが、それは前の会見で文帝から「倭国には礼がない」と侮辱されたので、その失敗をくり返さないために、とくに冠位十二階を定めた。それによって、日本では礼の秩序を重んじているのを伝えたかったのかもしれない。そう推定する歴史家もいる。

　冠位十二階は、大学の標準的な日本法制史の教科書でも、だいたい律令制国家の政治的起点であるとされている。例えば、「それによって、徳・仁・礼・信・義・智の儒教的徳目による位と、それに対応した色の冠によって官人たちを序列化する、冠位制が開始された。律令制下では官人は大臣や皇族を含め全て位階を授けられ、天皇の下で一元的に序列化されるが、その起点である。ただこの時の冠位は、王族や、大王の執政を支える大臣（おおおみ）の蘇我馬子らには授けられなかった。彼らは官人ではなく、大王に連なる支配者として冠位の序列外に置かれたのであり、天皇のみが位階を超越した存在となる律令制の状態には、いまだとおいものであった[29]」。また別の教科書は、このとき蘇我馬子が序列のそとにあったのに注目して、「重要なのは、蘇我馬子に冠位が授与された形跡はなく、馬子は独自の紫冠を付けていた。馬子は冠位十二階の秩序から外れたところに位置しているのであり、むしろ授与する側にあったといえる[30]」と書いている。馬子が独自につけていた紫色の冠位は、天から授けられ王がそれを受け取ると考えられていた徳を表わすとされ、馬子はその大徳を具現した最高の為政者であり、592年に崇峻天皇を殺させたことでも知られている。

　上に述べたように、隋の時代の中国に超越の明瞭な観念があったかどうかは分からないが、文帝は、おそらく天のもつ政治的な普遍主義の一面からみて、日本における大王（おおきみ、天皇）の存在と、その振舞いについて「はなはだ、義理なし」と言ったのだろう。隋書による使者の言の記録

第四章　歴史の解釈　　263

からは、当時の日本人に、人間界と自然界という二つの世界のはっきりとした観念や、それらの区別があったかどうかも疑問である。しかし、日本書紀は、厩戸皇子がその直後に、当時の中国の思想を総合的に取り入れたような憲法十七条を作ったと記している。そこで、大山誠一は、厩戸皇子がどれほどの天才であったとしても、「そのような文章を（当時）書いたとしてよいのだろうか」と言うのである。そして、「（当時）一部の文筆専門の渡来人たちの中には、中国思想をかなり理解していた人もいたであろう。しかし、一般の日本の官人たちは、日常的に文字を使用してはおらず、当然中国思想を学んでもいなかったであろう。そのような時代に、このような中国思想に裏付けられた文章を書くことも困難であったろうし、また、これを官人たちに示したとしてもまったく理解されなかったであろう。」と結論する[31]。

　最初の遣隋使を派遣した推古 8 年（600 年）から、次に小野妹子らを派遣した推古 15 年（607 年）のあいだに、日本の為政者たちが苦労したのは、中国の皇帝と日本の大王（おおきみ）の溝をどのように埋めるかということであったらしい。天皇という称号がいつ定められたかは不明だが、やはり推古朝か、半世紀以後の天武・持統朝までのあいだとする説が有力のうである。大山は、この称号の変化が、これまで名称だけの問題と考えられてきたがそうではなく、もっと根本的な国家の「理念」に関わる問題であると言う、「大王も、国家の最高権力者ではあったが、（当時の）氏族制度のもとでは、どちらかといえば、有力氏族の利害の調停者という存在で、有力豪族と膝を交えて、という感じの権力者であった。ところが、中国の皇帝は、天命を受け、天子（てんし）として地上を支配する唯一絶対の権力者である。日本の大王は、人間的ではあるが、威厳に乏しい。これでは国家の元首としてふさわしくない。何とか、中国皇帝の理念を持てないものか。理念という、目に見えないものであるだけに、深刻な課題であった」というわけである。以上の「大王」に関する説明はほとんどの歴史家が認めているようだが、日本と中国の支配形態の違いについては、ここでも「理念」という語が使われている。そして、その理念において、両国は明らかに異なるのである。しかし、当時の日本の為政者は、その溝を埋め

264

るために大王を神格化し、やがて「高天原（たかまがはら）」という概念を創造して、「その高天原を起点に皇室の尊厳を確立しようとした」と言う。[32]

　ここで、日本の為政者が直面した中国皇帝の理念と、それに辻褄を合わせようとした日本の大王の理念について、それぞれの内容を検討することはできない。しかし、精神分析の立場からは、中国の影響のもとに制定され、作成された法が、漢字という外国語の文字で書かれていたのをとくに注意しなければならない。書紀の「（憲）法」にあたる法は「のり」、動詞で「のっと（る）」と訓読され、「のり」は「宣ルの名詞形に由来する」とされ、「ノルは重々しく重要な事柄を宣言すること、宣言されたノリは規則であり、また結局慣習であった」とされる。[33]この点を、十七条憲法にはじまる「原日本法」のキーワードとして「ノリ」「マツリ（政）」「ヲサム（治）」の三語を説いた教科書では、ノリにあたる漢字を法、憲、典、則、式、などとしてあげ、その意味は、「もともと神の意志、すなわち神意を告げることであった。神社の神主があげる祝詞（のりと）はそこから来た言葉である」としている。ちなみに、マツリにあたる漢字は、政、祭で、ヲサムにあたるのは、治、修、馭、領、理、収、蔵、納、などがある。[34]

　さて、「のり」と訓読された法は、「のる」（宣る）の名詞形であり、「宣（のり）」は規則、慣習を意味したが、その語は文字のなかった時代には書かれていない。「ノルは、ツグ・イフ・カタル・トフなどの語と違って、本来呪力を持った発言であったらしい。祝詞や宣命におけるその用例の多さは、十分この語の意味の重要さをうかがわせる。天皇の発言や、重要な発言に使われ、やがて、イフの敬語になっていく」。[35]「ノル」が「ノリ」となり「法」になると、はじめて、それは書かれた文字となり、法は書かれたものとして告げられる。それまでは呪力をもった者が、すなわち集団のなかで支配力をもった者がそれを告げるのが慣習であった。法制史家の石井良助は、六〇三年の冠位十二階制定までを日本法制史の上代とし、その特徴を「上代は不文法の時代であったが、しかし、さればといって、制定法が存しなかったわけではない。成文制定法こそなかったが、不文の制定法は存した。いわゆるのりである。上代は、氏神の支配した社会であるが、

その氏神の意思は、氏上を通じて表明され、これを<u>のり</u>と呼んだのだが、のちにはこの語はもっぱら天皇が<u>のる</u>場合に限り用いられるようになった。」と書いている。[36]

　石井は、上代から延喜式が施行される967年までの364年間を<u>上世</u>と呼び、大化改新を中心とする律令編纂期を前期、奈良朝を中心とする時期を律令全盛期、平安時代前半を律令衰頽期として、三つの時期に分けている。前期は、604年に「冠位十二階制」が施行されてから、646年に蘇我入鹿が暗殺された乙巳の変の翌年に出された「改新の詔」、671年の「近江令」、689年の「飛鳥浄御原律令」を経て、702年に「大宝律令」が施行されるまでの98年間である。中期は、702年から810年（弘仁元年）までの108年間、後期は810年から、律令法を集成した「延喜式」が施行された968年の158年間である。

　「冠位十二階制」が施行された604年から、「法」はつねに漢字で書かれていた。しかし、日本書紀では、その半世紀も前の552年（欽明13年）冬の記に、憲法十七条にある儒教や仏教の教えには、すでに「法」の文字が記されている。天皇は、その漢字の音読みを聴いたのだろう。「朕、昔より來（このかた）、未だ曾て是の如く微妙（くわ）しき法を聞くこと得ず、然れども朕、自ら決（さだ）むまじ」と言った。このさい、百済の聖明王が、使者を遣わせて釈迦仏像と仏教の経論を献じたのである。そのとき、天皇は最後に「だが、この法を受け入れるかどうか、自分から、それを決めることはできない」と言った。そこで、その是非を群臣に問うことになるが、背景には、その受け入れを是とする蘇我氏と、それを非とする物部氏、中臣氏の争いがあった。しかし、その通説に対して「当時、実際に問題とされたのは仏法受容の可否ではなく、あくまで仏法の受容を前提にして、それをどのように受容するか、具体的には大王が『蕃神（外国の神）』をどのように祭るかということだったのではなかろうか」と言う歴史家もいる。[37]

　欽明天皇が感動した仏法や仏像は、目に見える神であった。日本の神は、大野晋が指摘するように、もともと具体的な姿や形がなく、多数存在し、極端にはどこにでもいて、それぞれの場所や物・事柄を領有し、支配する

主体であった。天皇は、それが文字や彫像として目の前にあるのを初めて
その目で見たのである。その背後には、見えないものの支配から見えるも
のの支配へ移るときの抵抗できない感動がある。そして、そこから生まれ
るのは、ラカンが言うように、ひとの心をこのうえなく動かす「可視的の
ものとなった欲望」である。それに対して、物部氏や中臣氏は、「わが国
家を統治された王（きみ）は、つねに天地社〈稜〉（あめつやしろくにつやしろ）
の百八十神（ももあまりやそのかみ）を春夏秋冬にお祭りになることをその
つとめとしておられます。今それを改めて蕃神（あたしくにのかみ、仏）を
礼拝されるならば、恐らくは国神（くにつかみ）の怒りをまねかれましょう。」
と言って反対した。<sup>(38)</sup>

　上の文の「百八十神」や「国神」は、記紀に登場する天孫系の「天神（あ
まつかみ）」に対して用いられる神々ではない。高天原の王権神話に登場す
る神々は、欽明天皇の時代から150年のあいだに、政治的フィクションと
して作られた「天神」であって、この時代の「国神」は、ひとからかけ離
れた神に対して、その土地や自然の事物とじっさいに結びつき、そこに住
む人びとと深いつながりのある神々であり、いわば「ノリ（宣、令）」に
よって人びとに法を言い聞かせる、慣習のなかの神々である。石井良助は、
上述したように法が漢字によって文字化された七世紀初頭を境に、それ以
前を上代、以後を上古として区別した。物部氏が仏法を受け入れるとその
怒りをまねくと言った「国神」は、法が文字化される以前に、人びとがそ
の頃の慣習によって従っていた神々である。だが、その神々は、どのよう
にして人びとを不文の法に従わせていたか。あるいは、人びとは、どのよ
うにしてその法に従っていたか。

　上の問いは、人びとの心的現実と社会的行動の様式を探るための問いで
あり、法（制）は、集団によって承認された規範が持続する状態を指して
いる。しかし、石井によると「わが国最古の時代（上代）は、新石器時代
すなわち縄文式文化の時代であるが、この時代の法制のごときは、全然不
明である」。それゆえ、その頃のありさまを探るためには、文字によって
その時代の歴史と法制を伝える七世紀以後（上古）の文献を、つまり「書
かれた歴史」を利用しなくてはならない。石井は、それ以前の「最古の時

第四章　歴史の解釈　　267

代（上代）」については「全然不明」であると言うが、法制史がその一部である歴史の分野にかぎらず、その時代の人びとの言語活動の内容をじっさいに知ることはできない。「最古」なるものは、そもそも、それとして示すことができないのである。その示すことができないものを、古層、基層などと呼び、それを歴史意識として考察する場合がある。

丸山真男の論文「歴史意識の『古層』」は、一例だが、その「まえがき」は興味ぶかい。彼は、「（その古層が）その後長く日本の歴史叙述なり、歴史的出来事へのアプローチの仕方なりの基底に、ひそかに、もしくは声高にひびきつづけてきた、執拗な持続低音（basso ostinato）」であるとして、「われわれの『くに』が領域・民族・言語・水稲生産様式およびそれと結びついた聚落と祭儀の形態などの点で、世界の『文明国』のなかで比較すればまったく<u>例外的</u>といえるほどの等質性（ホモジェニティ）を、遅くも後期古墳時代から千数百年にわたって引き続き保持して来たという重たい歴史的現実が横たわっている。」と結んでいる。その古層が、そのまま現代まで持続低音として鳴り続けていると考えるのは当然である。

ひとは、体系的な文字があろうとなかろうと言葉を使って生きていて、その基本的な生存条件は上代から現代まで変わっていない。むしろ、民族や言語や生産様式の違いを本質的な異質性（ヘテロジェニティ）として、その等質性を忘れてしまうのを警戒しなくてはならない。ひとはいつの時代でも、言語活動によって分割され、そのすき間を埋めようとして、名を求めている。丸山は、世界の諸神話における宇宙創成論に共通した発想として、「つくる」「うむ」「なる」という三つの動詞をあげ、日本語による歴史意識の基底範疇を「つぎつぎに」「なりゆく」「いきほひ」の三つにまとめている。それらの三分法の当否について、にわかに云々することはできないが、彼も言語活動によって生じたすき間が「無」であることは見逃さず、それは一神教の「『つくる』論理における神と被造物との断絶性」と、現代日本の精神論者に至るまで著しい「なる」と「『うむ』論理における連続性との間のディレンマ」として表現されている。「つくる」論理における神と被造物との断絶は明らかだが、「うむ」論理における「血統の連続的な増殖過程」においても、その「つぎつぎ」の間に現実的な連続性はありえ

268

ない。

　上代とそれ以後の時代における歴史的な等質性を、生産様式や生活形態の変化に目を奪われずに探求するためには、ひとが生きている象徴界と想像界を分離したうえで、両者の関係に目を向けて解釈していく必要がある。丸山が言うように、「つぎつぎ」は、「宣命の中で『天つ日嗣の高御座』あらわし、それを称（たた）える決まり文句である」としても、その文句は、たんに親子の「継承」だけでなく、社会的には「皇室の血統の継続性と時間的『無窮』性を意味していた」。それゆえ、宣命の決まり文句の『『一系』の尊重とは、まさにそうした一族の末広がり的増殖がつぎつぎと連続する意味での『無窮』性への讃歌」である。そこで、私は上代からの歴史的等質性を、日本語を話すひとがその頃からずっと想像的な世界への閉じこもりを続けていて、それを証拠立てるのが「天皇」という名の賓辞としての「万世一系」の観念であると思う。そして、そのような等質性の培地のうえに、日本語には外国からの文字（漢字）が伝えられた。それによって、多くの歴史家によれば、推古朝（6世紀末から7世紀前半）の頃に「天皇」が日本語になったのである。


　大山誠一は歴史家として、「天皇」についてこう述べている、「天皇制は今日まで千年以上も続く政治システムであるから強靭そうに見えるが、実は、歴史上の一人ひとりの天皇はみなひよわで消え入りそうに見える。ところがそれでいて、どのような有為転変があっても、新しい時代が来るといつもその中央にいる。そういう不思議な存在である」。そして、「それをさかのぼると奈良時代までは確実である。奈良時代と言うのは、制度的には710に成立した大宝律令の時代であった。実は、それ以前の国制には不分明な点が多く、天皇がどのような存在だったかをしることは難しいのである」[40]。

　また、別の著書の終章では「学生時代、古代から中世・近世・近代と、どのゼミにも顔を出していたが、そのとき、先生方に天皇制とは何かと質問したことがある。すると、」みな一様に『天皇ですか・・・・。』と言い、しばらくして、『わかりませんね』と答えるのだった。どなたも、東大の

日本史の先生である。そこで、どうわからないのかとさらに質問してみる
と、確かに重要な存在だが、現実にどのような権能を有しているかが分か
らないということのようだった。この場合、わからないという答えは決し
て無責任なものではなく、熟慮の上で出たため息のようなものであった。
私が学んだ先生方は、天皇という存在はわからないものとあきらめており、
歴史学は、その周辺であれこれうごめいている貴族や武将や女性たちが形
成する社会や秩序を研究するものと考えているようであった」と書いてい
る。しかし、大山によると、日本には明快な天皇制論が三つある。一つ
は「戦前の皇国史観」、次に「マルクス主義的歴史観」、三つ目は「制度史
研究」である。

　最初の皇国史観については、百科事典、国語辞典、日本史辞典などにそ
れぞれの説明があるが、ある歴史家の次の定義あたりが今日の一般的な認
識だろう。「皇国史観とは、日本の歴史を『万世一系』の天皇による統治の
過程として見る、天皇中心主義的・日本一国史的な歴史観である」。大山
は、それについて「結局、天皇中心に書かれた『日本書紀』を鵜呑みにし
たもので、江戸時代の国学や水戸学の延長上にあり、明治憲法で確立した
歴史観である」としながらも、憲法起草の中心人物である伊藤博文は、
「万世一系」や「神聖ニシテ侵スヘカラズ」の文面とはまるで違うことを考
えていたと指摘し、天皇の侍医であったベルツの日記の一文を紹介してい
る。重引であるが、ここで引用すると「伊藤の大胆な放言には驚かされた。
いわく『皇太子に生まれるのは、全く不運なことだ。生まれるが早いか、
到るところで礼式（エチケット）の鎖にしばられ、大きくなれば、側近者
の吹く笛に踊らされなければならない』と。そういいながら伊藤は、操り
人形を糸で踊らせるような身振りをして見せたのである」。大山は、「これ
が明治の元勲たちの天皇観と考えてよいだろう」と言い、彼らは「天皇を
神に仕立てながら、傀儡として利用することしか考えていないところが、
（七世紀のはじめに大宝律令や日本書紀を作った中心人物の）藤原不比等と
まったく同一である」と結んでいる。「天皇」を「傀儡」として利用すると
は、同じ生きている同胞を「供犠」にするという意味である。

　次のマルクス主義的歴史観については、「アジアでは、無所有の人民の

上に専制君主が君臨したことがあった」。マルクス主義では、「そういうアジアの生産様式を、古典古代の奴隷制と区別して総体的奴隷制と言う」。大山は、「しかし、問題は日本がそのアジアに属するかどうかである」と言い、「それを判断するには、日本歴史そのものの実証的考察が不可欠のはずであった。ところが、戦後のマルクス主義歴史学は、しばしば人間不在の歴史学と批判されたように、およそ実証はなく、日本がアジアに属するのは自明とされ、いつのまにか日本の天皇もアジア的専制君主とされてしまった」と続け、「（それは）要するに、伊藤の発言に見るような明治天皇制の虚構を見抜けず、科学的な実証によって皇国史観を克服することなく、ただ、言葉の上で皇国史観を裏返すだけに終始してしまったからではないか」と言う。そして一席終えて座布団をひっくり返しても、同じ座布団である。「戦後のマルクス主義は、皇国史観という座布団をひっくり返し、まったく同じ主張をしていたのである。違うと言えば、専制国家の上に『アジア的』とつけただけであった」と結んでいる。

　たしかに、戦後のマルクス主義には、歴史学とは直接の関係はないが、人間（不在）の問題があった。それは、マルクスの「人間の本質とは、その現実において、社会的諸関係の総体である」（「フォイエルバッハに関するテーゼ、6」）という初期の言葉と、やはり同じ時期の「ラディカルであるとは、ものごとを根底から把握することである。だが人間にとって根底とは、人間そのものである」（「ヘーゲル法哲学批判・序説」）という、やはりよく知られている言葉のあいだを、どうつなげるかという問題である。初期のマルクスには、『経済学・哲学草稿』（1884年）にあるように、資本主義社会の労働が人間を疎外する労働であるとして、そこから労働者を解放するという主張はあったが、そこに後期の歴史的考察はなかった。竹内芳郎は、初期のマルクスを「人間主義的マルクス主義」と呼び、後期のマルクス主義とのつながりについて、以下のように述べている。

　「第一に、初期マルクスと後期マルクスとは、そう簡単に連続して把えることが果たして可能か。人間主義的マルクス主義は、マルクス主義の総体をヘーゲル左派の思想的段階にまでひき戻すことに終わってしまうのではないか。」「第二に、人間主義的マルクス主義は、その構造そのものにお

いて、ブルジョア的人間主義（ヒューマニズム）との間にどのような本質的区別を確認しているのか。」「第三に、もともとマルクス主義は社会主義を〈空想から科学へ〉転化させる任を担って登場し、科学性をその最重要な契機としていたはずなのに、人間的マルクス主義は、この契機をけっきょく空洞化してしまうのではないか。」以上のような疑問を述べて、「完成したマルクス主義は、あらゆる型の人間主義とは無関係であるばかりか、まさにその対極に位すべき理論である」と結んでいる。(43)ところで、ヒューマニズムは、ここでは人間主義である。しかし、日本語の人間は、原語のhuman、humain という形容詞ではつかみ切れないところがある。後の章でふれるが、人は象形で、人の体を側面から見た形を表わし、人間は、もとの中国語では漢音で「ジンカン」と読み、人が住む世界、世間を表わし、原則として「ジン、ニン」と読む人とは区別していたらしい。日本語では、人はひとがお互いに支え合っている姿とする解釈もあり、人間を「世のなか」と読んだ古訓もあるらしい。いずれにせよ、人間は今日の使用法でも、原語のヒューマニズムからはみ出している。

　第三の明快な天皇制論である制度史研究については、大山はこう書いている「戦後一時期のマルクス主義の時代が終わり、歴史学はあらゆる意味で実証を重んじるようになった。学問としては、きわめて健全な風潮である。ただし、古代史の場合、日本の古代を中国の律令を模倣して成立した律令国家と決めつけ、それを理解するためには母法である中国法に遡る必要がある、と過度に強調するのは正しくない」。たしかに「法というものは体系性があるから、部分的に受容するよりも、法体系としてセットで受容するほうがわかりやすい。しかし、受容したあとで不必要とわかれば最初から使わないし、戸籍のように面倒なものはわずか数回でやめてしまう。その代わりに、旧来の秩序と習合しやすいものは、形式や意味を修正しながら存続することになる」。そして、「知識や技術は模倣できる。しかし、学ぼうとしても学べないものがある。日本の古代の場合、統治技術としての律令は模倣する価値があった。しかし、唯一絶対という皇帝制度は模倣するわけにはいかなかった。誰が、そんな権力者になったというのか。日本の社会全体がそんなものを必要としていなかったからである。だから、

中国を模倣した結果、日本の天皇も中国の皇帝のような専制君主になったと誤解してはいけない。私が学んだ先生方は、こんなことは当たり前だったから、天皇はわからないとだけ言ったのであろう」と結んでいる。以上、制度史研究についての大山の指摘については、歴史学の素人から見ても当たり前のことだと思う。一方に、成文法としての律令があり、他方に、慣習と習俗に基づいた不文法としてののり（宣）がある。そこに改変や取捨選択があるのは当然である。

　律令の律は、今日の刑法にあたるもので、犯罪と刑罰を規定した法で、令は、国制を規定する行政法的な法で、今日の訴訟法、民法、商法から官吏の服務規程など広範な法規定を指しているが、中国では、どちらもずっと以前から制定されていた。中国には、律令の他に格・式という法典があり、8世紀初めの法制を解説した書には、「凡そ文法（成分法典）の名、四あり。一を律と曰ひ、二を令と曰ひ、三を格と曰ひ、四を式と曰ひ」と明記され、格と式は律と令の補充法、例外法ともいうべき法典であったらしい。日本では、668年（天智7年）に藤原鎌足が編纂し、完成したとされる近江令が最古の令とされているが、内容は不明で、律はない。

　その後、689年（持統3年）に役人たちに示された飛鳥浄御原律令、700年（文武4年）に刑部親王・藤原不比等らに撰上させた大宝律令と続き、718年（養老2年）に藤原不比等らに命じて撰定させ、757年に施行された養老律令をもって日本の律令法典の編纂は終わる。今日、飛鳥浄御原令と大宝律令の原文は残されていないが、養老律令も、律は三分の一ほどしか残っていないが、令は平安時代に作られた官撰注釈書の『令義解』（833年）などによって大半を知ることができる。しかし、この律令は「その後、古代国家の基本法典の地位を保ち、形式的には明治初期まで国家体制を規定する法典であり続けて」いる（『日本史広辞典』、山川出版社）。こうしてみると、日本には、日本書紀が天智10年（671年）に施行されたと記している近江令以後の律令から、国法としての憲法は、これまでに1889年2月に発布された大日本帝国憲法（明治憲法）と、1946年11月に公布された現行の日本国憲法まで三つあることになる。それらの憲法は、律令は漢字で書かれ、明治憲法も現行の憲法も、いずれも作成の過程からみて外国語で書かれて

いるか、その翻訳によるものである。明治憲法についても「わが立国の大法ならびに日本の歴史・伝統に立脚した独自の憲法であるかのようにみえるが、その立案に際してはグナイスト、シュタインの教えを乞い、ロエスレル、モッセなどドイツ人法律顧問の指導を受けており、プロイセン憲法の継承法的性格は否定しえない」という指摘はもっともである。

律令は、794年（延暦13年）の平安遷都以後、9世紀には衰頽し、やがて律令制は崩壊する。だが、それはたんに日本史の常識であって、法制史上、むしろ律令は、それ以降に展開するとも考えられている。石井良助は、平安時代から1858年（安政5年）までを「固有法復活時代」と呼んでいるが、「（その時代においても）律令の影響が認められないわけではなく、律令を脱皮することにより、かかる時代が成立したのであるが、しかしそれが律令の発展ではなくして、律令の衰頽による固有法の復活及び発展という形をとったことが注目されなければならないのである」と書いている。また、固有法は、荘園領主の本所法、村法、公家法、武家法などによって実現されているが、「それらの主体をなすのは慣習法であった」と付言している。とくに、武家法は、武士の集団が慣習的な規範として示した不文法と、幕府が法として示した規範とから成っているが、幕府という将軍の執務室を意味した武家政権の発した法は、江戸時代には法度と呼ばれていた。しかし、それは国法としての性格をもつものではなく、本質的に武力を基盤とする武家の私法であった。

江戸幕府は、大名のなかで最大の武力をもつ軍事政権であったが、その265年にわたる全国支配のあいだに、律令に代わる国法を作ることはできなかった。幕府には、武士を統括する武家の棟梁という名目以外に、その権力を正当化する根拠がなく、また、それを持とうともしていない。その意味では、12世紀末の鎌倉時代から19世紀半ばの江戸時代の終わりまで700年近くのあいだ、武士には国法のみならず、みずからの歴史がないのである。そこで、「日本」を国号とし、「天皇」を体制の頂点とする国家の歴史を語ろうとすれば、奈良時代の始め（720年）に完成したとされる、当時の支配層が漢文で書いた最初の官撰国史である「日本書紀」に目を向けなくてはならない。上山春平は、そのことを「『日本書紀』は、律令的天

皇制のイデオロギーとして、律令と不可分の関係において、天皇制を正当化するために作られたと思われるのですが、見方を変えれば、『現神（あきつかみ）』としての天皇を奉じる藤原ダイナスティーの成立を記念するモニュメントと見ることもできるのではないでしょうか」として、そこに描かれている「日本」を「独自な国家デザイン」と呼び、その中心的な制作主体は藤原不比等だと説いている。(48)「独自な国家デザイン」の実現には、まず、国家をそこで統治する都城が必要で、それが奈良の「平城京」だが、次に、国家運営の基本プログラムとしての法律体系で、それは「律令」。最後に、その法律体系の正当性を裏付けする国家形成の歴史、それが「日本書紀」である。

　大山誠一による「明快な天皇制論」の一つ、マルクス主義では、労働が理論の基礎的な概念となっている。しかし、それを「物質的生活そのものの生産」として、つまり生活手段の生産とその再生産としてみるならば、アリやハチやクモやビーバーの営みも労働でないと言うわけにはいかない。精神分析は、ひとを動物たちと区別する労働を、言葉を使うという対象との関係において必然的に外在性と媒介性を、すなわち間接性をともなう営みと考える。本章の最後に、ラカンが論文「リチュラテール」の結びで日本語について書いた文をあげておこう。①「日本語とは、言語活動（ランガージュ）となった永遠の翻訳である。」、②「書字（エクリチュール）の苦行は、おそらく性関係がそこから始まる『それは書かれている』に、どうしても行き着かざるをえないように思われる」。(49)原書には①と②のあいだに12行ほどあるが、そこを日本語の法と歴史について、精神分析の立場からどうつなぐか、それは今後のことになるだろう。ちなみに、彼は『エクリ』の「日本語の読者に寄せて」の結語として「（これ〈『エクリ』〉は）そこから私の語っている歴史（物語）のそとでは翻訳されないものです」と書いている。

　漢字は、すでに書かれ、体系化された文字として伝来した。日本語は、その音を借りて、一音節に一字をあてる万葉仮名と、それに日本語をあてて訓読みした「古事記」（歴史）、漢文で書いた「日本書紀」（歴史）、やはり漢文で書いた「律令」（法）など、すべてそれまで日本の歴史のそとにあった漢字を利用している。そこから、日本の言語活動における「翻訳」

「苦行（ascèse)」「性関係」が始まる。翻訳は解釈ではない。次章では、天皇制をめぐる歴史の解釈に基づいて、そのことを考えてみたい。


註

（1）拙著『ラカン「レトゥルディ」読解』、せりか書房、254 頁、参照。

（2）ラカン『アンコール』、邦訳、講談社選書メチエ、82 頁。

（3）同上、217 頁。

（4）同上、45 頁。

（5）同上、同頁。

（6）この講義のセミネール（『R.S.I』）は、ミレール版では第 22 巻に予定されているが、未公刊で、複数の海賊版が出ている。

（7）1975 年 12 月 16 日の講義。"Le sinthome", Seuil, p.51。

（8）A・ジュランヴィル『ラカンと哲学』、邦訳、産業図書、348 ～ 358 頁参照。

（9）同上、356 頁参照。

（10）拙著『ラカン「レトゥルディ」読解』、せりか書房、254 頁。

（11）A・ジュランヴィル『ラカンと哲学』、邦訳、産業図書、409 頁。

（12）ラカン『アンコール』、邦訳、講談社選書メチエ、68 頁。

（13）新川登亀男『聖徳太子の歴史学』、講談社メチエ、6 頁。

（14）井上光貞監訳『日本書紀』下、中央公論社、149 頁。

（15）新川登亀男『聖徳太子の歴史学』、講談社選書メチエ、27,28 頁。

（16）遠山美都男『天皇と日本の起源』、講談社現代新書、63 頁。

（17）『文教温故批考』巻一、（フリー百科事典『ウィキペディア (Wikipedia)』より。https://ja.wikipedia.org/wiki/ 十七条憲法 （参照 2024 年 11 月 2 日）

（18）家永三郎「憲法十七条」、日本思想体系『聖徳太子集』、岩波書店、476 頁。

（19）同上、483 頁。

（20）大山誠一『〈聖徳太子〉の誕生』、吉川弘文館、136 頁。

（21）『丸山真男講義録〔第四冊〕』、東京大学出版会、160,163 頁。

（22）『新訂　中国正史日本伝』(1)、岩波文庫、96 頁。

（23）大山誠一『聖徳太子と日本人』、角川ソフィア文庫、20 頁。

（24）同上、24 頁。

(25) 森博達『日本書紀の謎を解く』、中公新書、参照。

(26) 『丸山真男講義録〔第四冊〕』、東京大学出版会、163,164頁。

(27) 『哲学・思想翻訳語辞典』、論創社、202頁。

(28) 平石直昭『一語の辞典・天』、三省堂、101,102頁。

(29) 出口雄一他編著『概説　日本法制史』、弘文堂、27頁。

(30) 浅古弘他編『日本法制史』、青林書院、13頁。

(31) 大山誠一『〈聖徳太子〉の誕生』、吉川弘文館、36頁。

(32) 大山誠一『聖徳太子と日本人』、風媒社、72,73頁。

(33) 『時代別国語大辞典　上代編』、三省堂、568頁。

(34) 浅古弘他編『日本法制史』、青林書院、17,18頁。

(35) 『時代別国語大辞典　上代編』、三省堂、569頁。

(36) 石井良助『日本法制史概要』、創文社、10頁。

(37) 遠山美都男『蘇我氏四代』、ミネルヴァ書房、51頁。

(38) 井上光貞監訳『日本書紀』下、中央公論社、71頁。

(39) 丸山真男「歴史意識の『古層』」、『忠誠と反逆』所収、筑摩書房、298頁。

(40) 大山誠一『神話と天皇』、平凡社、35,37頁。

(41) 大山誠一『天孫降臨の夢』、ＮＨＫブックス、268頁。

(42) 長谷川亮一『「皇国史観」という問題』、白澤社、16頁。

(43) 竹内芳郎『マルクス主義の運命』、第三文明社、109,118頁。

(44) 大山誠一『天孫降臨の夢』、ＮＨＫブックス、273,274頁。

(45) 虎尾俊哉『延喜式』、吉川弘文館、3頁。

(46) 末川博他編『新法学辞典』、日本評論社、715頁。

(47) 石井良助『日本法制史概要』、創文社、6頁。

(48) 上山春平『埋もれた巨像』、岩波書店、38頁。以下の引用はすべてこの版による。

(49) 参考までに原文を挙げておく。

① 　C'est la traduction perpétuelle faite langage.

② 　Une ascèse de l'écriture ne me semble pouvoir passer qu'à rejoinder un 《c'est écrit》

　　dont s'instaurerait le rapport sexuel.

# 第五章　供犠のダイナスティ

　精神分析者にとっても歴史家にとっても、現実界について本当らしいことを言うのは不可能である。歴史家も、例えばヘーゲルや史的唯物論者たちのように、ときには超越的なもののところへやって来るが、それはいつも「歴史的」であって、それには手のほどこしようがない。歴史家は、そうなっているということの意味を読みことしかできない。歴史家が、意味作用の記録をただ読んでいるうちに、超越的なものは意味の前提あるいは終点として語られるようになり、意味作用はしばしばそこで停止する。

　象徴界には、もともと、それ自体としての意味はない。意味が生まれるのは、そこに想像界の関与があったときだけである。そのような語る主体の世界にあって、歴史を科学として語るのは、特別の難しさがあるはずだ。歴史家が依拠する意味作用の記録には、つねに「すでに言われたもの」が保存されていて、歴史家には、いつもそれについて「言うこと」が、つまり意味を読み、解釈を語ることがつきまとう。私には、前章で述べたように（文献）史料を直接に見る資格も、読む能力もない。そこで、だれでも読める公刊された書物から得たものと、すでにある歴史家たちが史料の読みによる意味づけを利用し、選り分けて、供犠と超越的なものとのつながりを探ろうと思うのである。

　上山春平は、『埋もれた巨像』の序章でこう書いている、「『日本書紀』は、律令的天皇制のイデオロギーとして、律令と不可分の関係において、天皇制を正当化するために作られたものだと思われるのですが、見方を変えれば、『現神（あきつかみ）』としての天皇を奉じる藤原ダイナスティの成立を記念するモニュメントと見ることもできるのではないでしょうか。このダイナスティの基礎は、大化以降の半世紀に、天智と持統をはじめとする歴代の天皇の権威を借りながら、鎌足・不比等の父子によってきずき上げられました」[1]。

　私は、やはり前章で述べたように、もう一人の歴史家・大山誠一に解釈の賭けの元手を借りているが、彼は『天孫降臨の夢』の終章で、こう書い

ている、「『記紀』の神話、つまり高天原・天孫降臨・万世一系の神話は、日本人が古くから伝えてきた伝承ではない。七世紀末から八世紀にかけて藤原不比等が作ったものである。天皇を利用するためである。その結果成立した権力を、上山春平氏は藤原ダイナスティとよんだ。私もそれに賛成だが、少し違う。藤原氏は、厳密には皇室を利用しているのではない。皇室を藤原氏の一部に取り込んでいるのである。皇室は、藤原氏の一部としてしか存在しない。そういうシステムが世上言う天皇制なのである」[2]。

　ダイナスティ（dynasty）とは、歴代の王朝の意味で、藤原氏が天皇の外戚として文字通り藤原王朝を築いたのは、不比等の娘・宮子、光明子が八世紀の初めに文武、聖武の両天皇の皇后となって二重の婚姻関係を結んでから、藤原氏を外戚としない後三条天皇（即位1068年）までの約350年間である。その後は、八歳で即位（1086年）した堀河天皇の父、白河上皇による院政が始まる。

　上山の『埋もれた巨像』に戻ると、彼はこの著書によって日本の「独自な国家デザイン」を明らかにするために、「国家論の試み」という副題をつけたと書いている。そのデザインは、基本的には（1）国家運営の基本プログラムとしての法律体系、（2）その法律体系の正当性を裏づける国家形成の歴史という二本の柱から成り立っている。そして、（1）は、大宝律令（701年）によって一応の形を整え、（2）は『日本書紀』（720年）によって完成し、その後は『続日本紀』、『日本後記』などの官撰正史が続く。ただし、『日本書紀』は、皇室の存在を正当化するために神話を再構成しているので、官撰の歴史書であると同時に宗教書の性格をもつ、いわば日本の支配層が漢文で書いた「聖書」であって、今日までその支配力を失っていない。

　（1）と（2）が完成した時期には、ちょうど藤原京から平城京（奈良）への遷都（710年）があり、これは規模の大きさや存続期間の長さ（784年まで）などから、日本で最初の本格的な都城であった。これによって律令天皇制は、法と歴史と首都という国家の成立に必要な三本柱が揃ったのである。上山は、今の引用文に続けて、このダイナスティの基礎は鎌足・不比等の父子によって築かれたとして、以下のように述べている。鎌足は、

第五章　供犠のダイナスティ　　279

通常、中大兄皇子の腹心として大化の改新を断行した中心人物の一人とされているが、じっさいには蘇我入鹿暗殺（乙巳の変）の現場にいたかどうかさえ疑問視する歴史家もいる。しかし、幼い頃から儒学を学び、漢文に精通した文人であったらしい。そこで、日本語の言語活動と文字の関係を重視する立場からは、鎌足・不比等の役割が注目される。不比等は、43歳の年に大宝令が作られ、平城遷都の年は52歳、『日本書紀』が完成したのは、彼が没した62歳の年（720年）である。

「『現神』を奉ずるこの独自なダイナスティは、9世紀後半以降の摂関制の段階になって、ようやくダイナスティらしい姿をあらわにするのですが、鎌倉幕府の成立以降は、その実権を次第に武家にゆずり渡し、17世紀以降には、徳川ダイナスティと称すべきものが確立するに至ります。（そして）この新たなダイナスティは、かつて藤原ダイナスティが天皇家を権威の象徴として頂点にいただいたように、天皇を頂点にいただいた形の藤原ダイナスティを権威の象徴として温存しましたので、やはり『現神』を奉ずるダイナスティというかっこうになったのです。このように見てきますと、天皇を頂点にいただき、藤原・徳川両ダイナスティの後継を華族として上層に配する明治国家の構想は、その原形をかの八世紀のダイナスティに見いだすことができる、と言えるのではないでしょうか。[3]

上山は、日本における以上のような「独自なダイナスティ」を、三つの段階に分けている。それによると、「日本の国家の歴史は天皇制の歴史であり」、その第一段階は「きわめて曖昧模糊（あいまいもこ）としている」。そして、第二段階になると「急に霧が晴れたように、はっきりと輪郭があらわれてくる」。その特徴は「『律令』と称する中国渡来の法体系によって規定された律令的天皇制とでもいうべきものである」。だが、一方では「歴史の教科書や概説書には律令制は百年もたたないうちに崩壊したかのように説かれて」、見方によっては、そう言えないこともないが、それは天皇制の本質的な一面を無視した解釈であって、「少なくとも（言語活動としての）法律として、律令の寿命は意外に長く、千年以上も続いている」。つまり、「8世紀のはじめから19世紀後半の明治維新までも生き続けている」。

つぎに、第三段階は、「明治以降に導入されたヨーロッパ風の憲法体制

を前提とする天皇制で、憲法的天皇制の段階」と呼ぶことができる。そして、「この段階は、多くの人びとが議会制によって偽装された絶対君主制としてとらえてきた明治憲法時代の天皇制と、民主共和制とほとんど変わらない、（やはり偽装された民主制としての）昭和憲法時代の天皇制に二分することができる」。昭和憲法も「偽装された」と言うのは、そこでsymbol（象徴）の訳語を誤用して、宗教と政治の関係を曖昧にしたまま、ひとと超越的なものとの関係を隠蔽しようとしているからである。上山が、別の著書で述べているように、「実際、律令制というひとつの国家の枠組みは明治維新まで形骸化しながら続いているという側面があり、」「このあたりが、日本と中国の違った変形のプロセスである。中国が何度も王朝を変えながら皇帝の独裁というものを継続させていったのに対し、日本は、天皇が初めから独裁権力が非常に弱くて、それを太政官に代行させてゆく。さらに、その太政官を中心に藤原氏がほとんど支配的な力を持つ。その藤原氏がさらに幕府に実際上の実権を委ねてゆく、だから明治まではこういうひとつの変形がどんどん極端化してゆくプロセスと考えられる」[4]。

　彼は、そういうわけで、天皇制の歴史を大きく分けて、「律令的天皇制の段階というものと、憲法的天皇制の段階の二つに分けて考えられるのではないか」と言い、明治維新が天皇の役割を大きく変えて、憲法的天皇制を発足させたと言っても、「その憲法を見ると、まず前文で、「『日本書紀』の神話によりかかって天皇の権威を設定する。その上で実際の政治権力は太政官に内閣をすりかえる。しかも、憲法の文面においては、天皇はヨーロッパ風の絶対君主に近い権力を与えられた格好にありながら議会というものを母胎にし、だんだんに議会との関係を密接にして構成される内閣が、太政官の実際上の権限を継承してゆく」、それが終戦後の昭和憲法となり、天皇は象徴と規定されて「政治的独裁権」はなくなるが「その半面、祭祀者的な宗教的な役割は非常に高い」まま、「今の天皇のやっている仕事は、主として祭祀」である。そうしてみると、「大化改新」を嚆矢とする今の天皇制の由来をたずねれば、「『大化改新』にかんする数少ない情報源の一つである『日本書紀』の記述が、たとえいかに歪曲されたものであろうと、七世紀の半ば（645年）に重大な政治変革があり、それを転機として律令

第五章　供犠のダイナスティ　281

国家の基礎が確立された、という事実は否定できまい」と結んでいる。[5]

　ところで、超越的なものとは、そとにあるものである。具体的には、言葉にならないものである。俗に、超越は自然を越えることだと言うとき、その自然は、すべて象徴化されている何かである。象徴的なものとは、言葉のそとにある何かに対して与えられた一つの名である。それは、ヤハウェやアラーのように神の名で呼ばれる場合もあるが、日本語のカミのように多義的で、そととうちをはっきり分けることが難しく、超越と内在の境界がぼやけている場合もある。しかし、ぼやけているといっても、日本語のカミからは超越的なものの観念は消えていない。言葉によって生きているひとは、それを消すことはできないのである。時代別国語大辞典の上代編（三省堂）は、カミ（神）の語についての考証の結果、「（その観念が）国家態勢が確立してゆくとともに、皇祖神の観念と結びつき、天皇を神と見る思想を生みだした」と記している。たしかに、日本の天皇を「現人神」として語るとき、その無超越性がたびたび指摘され、力説されている。

　一方、宗教史学者の村上重良は、その著書『天皇の祭祀』の終章で、こう書いている「象徴天皇制は、君主制の一種であり、君主制が必ず宗教的性格をそなえているという歴史上の通則に洩れず、象徴天皇制もまた、宗教によって支えられている。天皇の政治的復権の根源は、まさにその宗教的権威の温存にある」。[6]君主制には、必ず宗教的権威によって支えられる一面がある。しかし、村上が指摘するように、天皇制の宗教的性格は非常に特殊である。それは『古事記』『日本書紀』の神話のなかで、ひとのように行動する神武天皇までの神（カミ）と、その後の天皇とは血のつながりがある、つまり血統で結ばれているという、大化改新以来の支配層の発想である。明治維新によって、たとえ形式的にせよ、支配層が天皇に世俗的次元の政治大権、軍事大権、宗教的次元の祭祀大権を集中させることができたのも、その発想の力であった。

　政治と軍事はこの世のことであり、宗教はこの世のそとのことに、すなわち超越的なものに関わらざるをえない。この二つの次元が、天皇という存在の血筋によって統合されている。それはとんでもない空想であるが、いちばん身近な現実らしさをもつ空想でもある。しかし、その徹底性を欠

いた発想のせいで無超越性の批判が生まれる。竹内芳郎は、こう書いている「（天皇制を支えているのは）なんといっても、まず第一に挙げるべきは、わが国の宗教的・思想的・文化的風土における〈無＝超越性〉の特質であろう。超越性を背後にもつ専制君主は、みずからの専制的支配を神意または天命によって合理化し正当化し得るけれども、しかし彼は神の代弁者または天子であっても、所詮は神そのもの、天そのものではない」。(7)「（戦後の天皇と国民の関係は）なんら天皇制の質的変化を意味するものではなく、それはもともと真の超越的原理を欠いていたからこそ日本天皇制は、『万世一系』を保持しえたのであり、敗戦の試練にすら堪えるというおどろくべき離れ業をやってのけることができたのではないか」。(8)

とはいえ、「日本天皇制」に超越的なものがないかといえば、そんなことはありえない。それが非常に特殊な君主制であるとされるのは、天照大神など多数の皇祖皇宗と、すなわち、この世のそとにいる神（カミ）と、天皇とのあいだに皇統と呼ばれる自然の血のつながりがあるという思い込みがあるからである。超越的なものとは、言葉と同じように、そとにあるものである。ひとは、それとの関わりなしには生きていけない。ひとは、言語活動によって言葉のそとにあるものと関わるのである。なぜなら、ひとは、その関わりによって象徴界の不備、不全を補わなくてはならないからである。ラカンは、そのことを大他者の欲望と言った。欲望とは、何かが欠けていること、欠如と同じ意味である。それゆえ、象徴界の不備、不全とは、大他者の欠如と同じ意味である。そこで、ひとは大他者に欠けているものを、言語活動によって補わなくてはならない。超越的なものとは、その欠けているものを指している。日本の宗教的風土がどれほど無超越的に見えようと、そこに超越的なものがなければ、8世紀の支配層が苦心を重ねてこの世のひとと、そとにある超越的なものとを、血統という発想によってつないだはずがない。天皇は、ちょうどその頃に採用された呼称で、中国では古代における最高神（天皇大帝）、北極星を指す語である。訓読みはスメラミコト、スベラギなど、それまでのオホキミ（大王、大君）とともに使用されている。藤原ダイナスティをデザインした支配層は、天皇によってこの世と、そとにある超越的なものとをつなごうとしたのである。

第五章　供犠のダイナスティ　　283

森有正は、長いあいだパリで日本語を教えながら、「天皇制の途方もな
い持続」の「深い内因」について考えていたが、彼によると「今日、新憲
法によって規定された『日本国民統合の象徴』という名称は、事態の本質
を衝いている。それは統治者というヨーロッパ的概念の上に立つ絶対主義
的な旧憲法よりも、より深刻に事態の中核に迫る表現であると言うことが
できる。実際、かつての天皇は『象徴』以上ではなかったのである。しか
も象徴としては限りなく強かったのである」と書いている。残念なこと
に、彼は、ここで象徴という語の「深刻な」意味については語っていない
が、それは彼の「日本人の『経験』の中核を形成している」とされる「汝―
汝の二項方式」から推量することができる。

　その方式とは、「二人の人間が内密な関係を経験において構成し、その
関係そのものが二人の人間の一人一人を基礎づけるという結合の仕方」で
あるが、彼は、それをとくに母子における親子関係を例として語っている。
「親子の場合をとってみると、親を『汝』として取ると、子が『我』である
のは自明のことのように思われる。しかし、それはそうではない。子は自
分の中に存在の根拠をもつ『我』」ではなく、当面『汝』である親の『汝』
として自分を経験しているのである。それは子がその親に従順であるか、
反抗するかに関係なくそうなのである。凡ては『我と汝』ではなく、『汝と
汝』との関係の中に推移するのである」。この文はそのまま、ラカンの鏡
像段階説の双数的な想像的関係の一面として読むことができる。ただし、
そこに親からの「ほら、あれがお前ですよ」という言葉が介在しなければ、
ひとは鏡像を自分として経験することはできない。たとえ、ひとに近い動
物たちが、鏡像とその身体との関係に何らかの反応を示すにしても、言葉
が介在しなければ、その関係に意味を与えることはできない。言葉は象徴
として、鏡像と身体のそとからやってくるのである。

　森は、二項方式が「二人の人間が融合することによって、責任の所在が
不明確になる」一面があると言って、それは孤独の苦悩を和らげ、苦痛を
避け、安全を求めようとすることにおいて自然的ではあるが、ひとはそれ
に「共同体構成の原理として」そのまま従うことはできない。そこで、ひ
との共同体には、どうしても象徴が必要になる。象徴の本質は、象徴する

ものと象徴されるものとのあいだに、代表するものと代表されるものとの同質性とはまったく違う、異質的な外在性があること、それにもかかわらず、感覚的に知覚できる対象として、象徴されるものとのあいだに観念的な媒介関係が生じることである。そして、森が新憲法による天皇の象徴規定を、旧憲法よりも深刻だと言う背景には、憲法学者が次のように言う事情がある。つまり、旧憲法においては、たとえ天皇が「国家機関」であったとしても、「国政に関する機能を有していた」のに、新憲法においては、第四条の第一項に、「天皇は、国政に関する権能を有しない」とあり、「国家機関」でもない。ところが「（天皇は）国旗や国歌のような他の象徴と違って、自然意思をもったひとであるところに、一種の国家機関的地位が生まれてくるのである。そうしてそこに、生きた人間には決して与えられたことのない『たんなる象徴』という、本質的に自己矛盾を内在させた、地位の性格がある」<sup>(11)</sup>。このような指摘を無視することはできない。

　象徴は、その外在性と媒介性を本質としており、法の分野ではそれを生きているひとの属性としてきたことはないのに、政治の領域では、新憲法をはるかに遡る藤原ダイナスティがデザインされた当初から、天皇に象徴としての役割を担わせようとしていた。そこには、当時の共同体において天皇に、「生きた人間」として供犠と呼ばれるのにふさわしい役割が期待され、それが1200年以上の後に象徴と規定されて、今日、日本の国家における供犠の役目を果たしている発端がある。供犠の定義は非常に広く、生きているひとがじっさい目に見える形でその役割を果たすときは、ふつうは人身供犠と言われ、日本語では人身御供とも言われている<sup>(12)</sup>。しかし、王にはジラールが書いているように、必ず一つの現実的な機能があって、それは供犠の儀式において捧げられるものの機能のすべてである<sup>(13)</sup>。それはこの世と、超越的なものとのあいだを取り持つ仲介者として働くことで、語る主体は、それによって言葉のそとにあるものとの難しい関係を調停しようとするのである。

　藤原ダイナスティは、天皇という供犠によって八世紀初頭から日本と呼ばれ始めた共同体を治めようとした試みである。この試みは天孫降臨の神

話に依拠しているが、その特徴は地上で国を治める天皇が、『日本書記』の冒頭（神代上）の（第四の）一書にある高天原（たかまがはら）に住む超越的な神々の子孫であり、天皇の直接の祖先神が高皇産霊（たかみむすひ）の神と名づけられていることである。それゆえ、神武からの地上の天皇は、文武（七世紀末）以後、現御神、現人身（あきつみかみ、あらひとがみ）と呼ばれることになる。この神話は、その後、特定の教義や教祖をもたないが、神社を精神的結合の中心とした伝説に基づく教説となって、「天照大御神を最高の神として崇敬し、天地地祇八百万の神を祖先の霊とともに祭祀し、天皇に表現される精神をもって国の発展を祈り、世界人類の幸福を願う」（『宗教学辞典』、東京大学出版会）という神道の宗教的土台になった。そして、維新後の19世紀後半に「近代天皇制国家は、神社神道の特異な性格を素材として、新しい国家神道を作り出し、日本の歴史上では異例の、単一の支配的な教権をうち立てた」。（村上重良『国家神道』、岩波新書）。つまり、神道が日本の国教として位置づけられたのである。

　終戦の4か月後、1945年12月15日に、占領軍はいわゆる「神道指令」を出して、国家神道を廃止し、国家が神社とかかわることを禁止した。そのわけは「神道の教義が世界平和に敵意あるものであり、日本の超国家主義、軍国主義および侵略主義も国家神道のカルトに根づいており、それによって精神が汚染されている」[14]という占領軍指導者たちの理解によるものだった。著者によると、「『神道』とは、人間のなかにも自然の中にもどこにでも存在すると信じられている霊的な実体、力ないし資質を指す『神』にかんして、日本人が有する信仰と習慣の集積（クラスター）である。一般的には性もなく、人格に類する要素をもたない『神』が宇宙に満ちている。神道の伝統的な用語法における神という語は、deity（ies）、spirit（s）、god（s）、divine などと翻訳してもよいが、けっして God と翻訳すべきではない」[15]。

　この指令から半月後の1946年元旦に、昭和天皇は俗に「人間宣言」とよばれる新年の詔書を発した。ヘブライ大学で日本の文化と歴史を講じていたベン＝アミー・シロニーによると、「宮内省は、『神道指令』を受けて、学習院の英語教師だったレジナルド・ブライスに、占領当局が気に入るような案文を練るよう依頼した。ブライスは、連合国軍最高司令部の教育課

長のハロルド・ヘンダーソンに相談し、ふたりは天皇の宣言文（人間宣言）の案文を作成した」らしい。彼は、「詔書は天皇が神であることを否定はしたが、天皇の祖先が神であることは否定していない。また、すでに世を去った歴代天皇の神格も否定せず、神々や祖先の崇拝のため天皇がとりおこなう神聖な儀式を廃止することもなかった」と書いているが、詔書を読み、その後の推移を見れば、そのとおりであることが分かる。<sup>(16)</sup>

　また、日本のジャーナリストは、「人間宣言のメニューと料理の下ごしらえは、ヘンダーソンとブライスによって作られたのは間違いない」が、「宮中グループとしては、何としても草案が米国製と知られたくなかったようだ。それは宮内省の最高責任者がヘンダーソンのメモを焼却するよう要請したという指摘によっても裏づけられる」と書いている。また、天皇は詔書を発して30年後の1977年の記者会見で、そのいきさつについて言及したが、そのときの興味ある言葉を紹介している、「（天皇は詔書の冒頭に明治天皇の五か条の御誓文の全文をあげているが）それが実はあの時の詔勅の一番の目的なんです。神格とかそういうことは二の（第二の）問題であった。・・・民主主義を採用したのは、明治大帝の思召しである。しかも神に誓われた。そうして五箇条の五誓文を発して、それがもととなって明治憲法ができたんで、民主主義というものは決して輸入のものではないことを示す必要が大いにあったと思います」。<sup>(17)</sup>

　人間宣言には、人間という語も民主主義という言葉もない。けれども、どうしてそれが俗に人間宣言と呼ばれるのか。天皇は神話のなかの神の子孫でなければ、当然、人間であるからだろうか。しかし、人間という語は、たんに神でないというだけでは意味を尽くせない。本書では、言葉を使う生きものを指すのに、<u>ひと</u>と<u>人間</u>と<u>主体</u>の三つの呼称を分けている。ひとは、広く言葉を使って生きる存在を指し、主体は、分析者のディスクールの対象になる、正確には<u>語る主体</u>を指しているが、人間という日本語は、あとで詳述するように、独特の意味をもっている。そして、憲法の第1条が<u>人間</u>になった天皇を象徴と規定した象徴天皇制は、その後の20世紀後半の50年間、日本の80パーセントを下らない人びとによって支持されて

第五章　供犠のダイナスティ　　287

きた。

　その人間宣言以後の象徴天皇制について、日本の近代史と思想史を専攻する安丸良夫は、こう書いている「天皇制は、現代日本においても国民国家の編成原理として存在しており、そのもっとも権威的・タブー的な次元を集約し代表している。敗戦を境として、現人神天皇制や世界支配の使命などという、国体の特殊な優越性についての狂信的妄想的側面は、あっさり脱ぎ捨てられ、物質文明と消費主義のなかで生きる人びとの常識に、天皇制は適応してきた。しかし、こうした社会にもほとんど目に見えないような形で秩序の網が張りめぐらされており、天皇制は、政治とは一定の距離をとった儀礼的様式のもとで、誰もが否定してはならない権威と中心とを演出して、それを拒否する者は『良民』ではない、少なくとも疑わしい存在と判定されるのだという選別＝差別の原理をつくりだしている」[18]。はじめて国家の基本法の作成を命じた7世紀末（681年）から、終戦後の新憲法（1946年）を経て、今日まで1300年以上のあいだ、天皇制は国家の編成原理としてあり続けてきた。その期間は、森有正の言うように、ひとの一生と通常の社会変化の見地からは、途方もなく長いが、ひとがこの島嶼に住み始めてからの長さから見れば須臾の間のことである。しかし、その間、天皇は国家の権威的・タブー的な次元を集約している、具体的な存在として生き延びてきた。国家が、物理的強制力を排除した何らかの権威的な力によって統制されていることは、だれでも日常的に体験できるが、天皇が、その目に見える姿によって、タブー的な次元を具体化しているということは、気がつきにくく、隠されていると言っても過言ではない。しかし、天皇は、「生きた人間」であると同時に供犠であるために、その本当の姿が隠されているのである。

　ラカンは、供犠の本質をユダヤ人が大量虐殺された「ナチズムのドラマ」という極端な例をあげて語った。その背後には、ひとの目から隠されている「暗闇の神々」がいて、「その神々へ供犠の対象を捧げることに抵抗することは、ほとんど誰にもできません」と付言して、「この現象に眼差しを向けてみる勇気のある人にとって」、供犠の永遠の意味とは、「私の言う『暗闇の神』というあの大他者の欲望が現前していることの証言を、

我々の欲望の対象の中に見出そうとすることです。」と結んでいる。すなわち「暗闇の神」は、ここでは大他者のことであり、語る主体はその欲望の対象のなかに、同時に、大他者の欠如を埋める欲望の対象を見つけるのである。天皇とナチスに虐殺されたユダヤ人とは、およそ似ていないが、両者が「暗闇の神」に捧げる供犠の対象であることは共通している。それは、ラカンが師と呼んだＡ・コジェーヴの語る古代ギリシアの哲学者パルメニデスの〈一〉にまで遡ることができる。

　コジェーヴは、「パルメニデスは、存在するところのものだけでなく〈存在〉それ自体についても明示的に語った最初の人であると思われ」、「自分の語る〈存在〉の一体性と唯一性とを確立した」が、その方法は「実在論的、ないし客観的弁論によっていた」と語っている。そのパルメニ[19]デスは、プラトンの「パルメニデス」で、こう語っている、「したがって、それ（一）は、名づけられることもなければ、言論で取り扱われる（説明される）こともなく、思いなされることも知られることもなく、またおよそ存在するもののうちの何かがそれを感覚するということもない」。この[20]ようなパルメニデスの弁論は、コジェーヴによると「たしかにパルメニデスは〈言説（ディスクール）〉について語っている。」しかし、「彼は、実は己れの〈言説〉によって『客観的』弁論を〈存在〉それ自体に適応しているのである。」それゆえ、「パルメニデスが〈言説〉について語ったのは、〈言説〉について語るのがパルメニデスであることだけでなく、パルメニデスが〈言説〉について語っていることをも（パルメニデス自身）「忘れ」ながらなのである」。

　以下、コジェーヴは、ざっと次のように続ける。いかなる言説（ディスクール）も、何らかの仕方で存在するものについて語っている。ちなみに、何かが何であるかを明示的に語ることは、それが何でないかを黙示的にでしかないにしても、語ることである。一方、言説もまた、存在するものの一部である。それゆえ、語ることとその対象は、存在という事実を共有している。すなわち、両者は〈一〉である。このことは、哲学者が求める言葉（ロゴス）による「真理」に他ならない。パルメニデスの〈存在〉は、〈一〉にして唯一であるが、〈存在〉は〈言説〉を含んでいない。なぜなら、

〈一〉は、名づけられることもなければ、言論で取り扱われることもない
のだから。しかし、「一個同一の言説は、純粋な〈無〉ではなく、存在する
ものであるかぎり、一にして唯一なる〈存在〉それ自体とまったく異なる
ところがない。一個同一の〈存在〉と合致する一にして唯一なる〈言説〉、
これこそパルメニデスが〈真理〉と呼ぶものにほかならない。」<sup>(21)</sup>

　ここで、精神分析者の立場から忘れてはならないのは、知の切れ目を塞
ぐいかなる言葉もないということである。自分が語っているのを忘れなが
ら、〈一〉を語るのは、コジェーヴの言う実在論の立場であるが、じつは、
それによって言葉は実在を押しつけているのである。「ひとが語ることが
できるのは、ひとがそれについて語るものだけである。」、「〈存在〉につい
て語ることができるのは、〈ひとが—それについて—語る—存在〉につい
て語ることによってでしかない」。コジェーヴは、この基本的場から「パ
ルメニデス」におけるプラトンについて、こう書いている「プラトンは、
［存在し、ひとが語るものすべてのものに対して］超越的であり、［ゆえ
に］言表不可能である〈一者〉について、『どんな代価を払ってでも』語ら
なくてはならないと確信していた。」だが、「（これは）そうした［宗教的な
『動機』によってのみ『正当化されうる『神学的』予見］］のせいである」
そして、「プラトンによれば、ただ諸〈現象〉が〈イデア〉—〈一という数〉
を『分有する』がゆえに〈言説〉は本当に真であり、言説的〈知〉なので
ある。」すなわち、「〈言説〉が言説的〈真理〉ないし本来的〈知〉であるの
は、〈イデア〉のそれぞれが〈イデア〉自体の一体性を介して、〈一者〉を
『分有』するからに他ならない。」<sup>(22)</sup>。こうして、プラトンは、「パルメニデ
ス的〈一者〉が、絶対に言表不可能なことを分かっていたにもかかわらず、
〈存在〉に対して超越的である〈一者〉についての『神学的』言説を放棄し
たくなかったのであるが」、それでも「われわれは、プラトンとともに次
のように言わねばならない。すなわち、〈存在〉［それについてわれわれ
が語る存在は、パルメニデスが間違って言ったような〈一者〉（すなわち
〈一なる存在〉）ではなく、［少なくとも］〈二〉（ないし〈二なる—存在〉）で
ある」<sup>(23)</sup>。端的に、存在には語られる存在と、存在について語る存在がある。
すなわち、存在とは、二なる存在のことである、と。

290

プラトンの「宗教的な動機」による「神話的」ディスクールについて、J・デリダは、コジェーヴが上の引用文を執筆してから20年後に、「プラトンのパルマケイアー」のなかで「パルメニデス」と同時期のプラトンの作とされる「パイドロス」を論じて、コジェーヴとは別の解釈を提出している。デリダは、文字（エクリチュール）の起源、歴史、意味を取りあげて、そのテキストでは「ソクラテスは、まずはじめに神話を追い払う」と述べている。ソクラテスは、「パイドロス」のなかで、ギリシアのヘルメスに<sup>(24)</sup>あたるエジプトの発明の神・タウトが文字について、エジプトの最高神タウトに「王様、この文字というものを学べば、エジプト人たちの知恵は高まり、もの覚えはよくなるでしょう。私の発見したのは、記憶と知恵の秘訣なのですから」と語った寓話を例にあげて、次のように語っている。<sup>(25)</sup>

　「じっさい、ものを書くということには、思うに、次のような困ったてんがあって、その事情は、絵画の場合とほんとうによく似ているようだ。すなわち、それは、あたかも生きているかのようにきちんとたっているけれども、きみが何かをたずねてみると、いとも尊大に、沈黙して答えない。書かれた言葉もこれと同じだ。それがものを語っている様子は、あたかも実際に何ごとかを考えているかのように思えるかもしれない。だが、もし君がそこで言われている事柄について、何か教えてもらおうと思って質問すると、いつでもただひとつの同じ合図をするだけである。それに、言葉というものは、ひとたび書きものにされると、どんな言葉でも、それを理解する人々のところであろうと、ぜんぜん不適当な人々のところであろうとおかまいなしに、転々とめぐり歩く。そして、ぜひ話しかけなければならない人々にだけ話しかけ、そうでない人々には黙っているということができない。」。そこで、デリダは「神話がエクリチュール（文字）を契機として、またエクリチュールの名において、休暇から立ち帰るという事実を、よくよく考えていただきたい」と勧め、「もう、すでにここで、エクリチュール（文字）はパルマコン（pharmakon）であり、堕落〔（devoiement）（正道をふみはずすこと）〕なのである。」と書いている。

　神話が、ソクラテスによって追い払われるのは、文字のせいである。そのさい、文字はパルマコンであるが、それは治療薬、毒薬、薬、媚薬など

第五章　供犠のダイナスティ　291

を同時に意味するギリシア語である。そして、それが書きもの（テキスト）になった文字である証拠は、デリダによると、ソクラテスが、神話をテキストなしに語ろうとする相手にむかって放った次の言葉で明らかになる。「だがまず最初に、君、親友ではないか、その左手で上着の下にかくし持っているのは何か、見せてくれてからのことだね。ぼくは、君が持っているのはおそらくその話の原物にちがいないとにらんだのだから。」。相手が隠しもっていた「話の原物」が、書かれた文字（テキスト）であり、パルマコンである。デリダは、「ソクラテスの注文によって、神話の読み（朗読）が始まるまでのあいだに ―その間、例のパルマコンは相手の外套の下で右往左往していたわけであるが― パルマケイアが喚び起こされ、神話に暇が出されているのである。」と述べている。

　パルマケイアは、もとは川のほとりにあった泉の名で、後にその泉のニンフとなった固有名詞である。デリダの論文の表題・パルマケイアーは、語尾が長音で、意味は、１、薬剤を用いること、（一般に）治療薬。２、毒薬を用いること、（人体を）毒殺すること、などの訳注がある。つまり、文字は、神話に登場する固有名詞から薬物となり、それには病気の治療に役立つとともに、ひとの生命や健康に害をなす毒薬にもなる二面性がある。フランスのギリシア語辞典では、パルマケイアーがひとになったパルマコス（φαρμακός）は、「治療の役目をするひと」であるとともに「贖罪のヤギ（スケープゴート）、身代わりの犠牲者になるひと」である。また、別の研究書は「ギリシア語ではスケープゴートにあたる語はパルマコスである。パルマコスにまつわる複合体は、長い間研究者の注目を引いてきた。とくに人間犠牲という悪夢のような行為が、ギリシア文明の高揚期の間も行われているように思われてからは、そうであった。」と記し、「いけにえになる者が、人間以下の存在、特に罪人、さらには〈ごみ〉と名付けられて、廃棄処分にされなければならないか、あるいはそうでなければ、彼は人間を超えたレベルにたかめられ、永遠の栄誉をうけることになる。これらの両極が合一する場合も見られるかもしれない。その折には非常に深い屈辱をうけたものが神に変るのである。」と書いている。

供犠（sacrifice）には、供犠の儀礼とその儀礼において捧げられるものの二つの意味がある。捧げられるものはパルマコンであり、パルマコンがパルマコスになると、それは贖罪のヤギになり、そのヤギは、しばしば動物ではなくひとになって、そのひとは他人の罪を負わされ身代わりになる者となる。そして、そのパルマコンを文字にたとえ、ソクラテスの「書かれた言葉」についての意見をもとに、ギリシア語でパルマコンの原義である「薬物、治療薬、毒薬」としての二面性を指摘している。結局、パルマコスは、文字であり、他人の罪を負わされたスケープゴートであるが、ソクラテスは、それを役に立ちはするが「困ったてん」があり、ひとを墜落させる効果があると言った。デリダは、その効果を薬物の毒になる面から、「神話を追い払う」ことにたとえた。その意味は、神話からもとの意味作用を奪って、「もし、そこ（書かれたもの）から何か教えてもらおうと思って質問すると、いつでもただひとつの同じ合図をするだけ」になってしまう。つまり、文字は神話の意味作用を硬化させ、動きのとれないものにしてしまう。

　たしかに、ソクラテスは知を求めはしたが、書いたものは何も残していない。日本の神話も、そもそもは文字のない時代から人びとによって語り継がれてきた口承、伝承であった。それが８世紀のはじめに、当時の支配層が文字化することを意図して、それが記紀や風土記（地理書）として残っている。そのさい、日本には文字が漢字として、つまり中国語の体系化された表語文字として伝えられたことが、今日まで、日本語の言語活動と文字の関係を根本的に決定してきたのである。歴史の解釈も、むろん、その関係のひとつである。そのことに留意して、ソクラテスの文字による「墜落」を見るとどういうことになるだろうか。私が本書で、自分の解釈の賭けの元手を借りている二人の歴史家（ただし、もう一人の上山春平は哲学者を名のっているが）のひとり大山誠一は、『天孫降臨の夢』の公刊から８年後に刊行された『神話と天皇』の「はじめに」以下のように書いている。

　「神話の作者たちは、それぞれの土地の歴史的背景を考慮し、それを効果的に利用しながら神話を練り上げねばならなかったはずである。その結果、いまや、日本人は、記紀神話が日本列島各地の神々が参加して、あた

かもひとりでに生まれてきたように感じるようになった。天皇という存在も神々とともに太古の昔からいつのまにかあったように感じているのではないか。本当はまったく違う。事実は、中央の権力者とそのブレーンたちが密室で作った国家機密であった。いまのところ、神話のビジュアル化という不比等らの企みは成功しているように見える。しかし、そろそろ、天皇制とその根拠の記紀神話について、学問的にその正体を明らかにする時が来たのではないだろうか」。ビジュアル化とは、神々がいた場所と地域を、つまり神話の舞台を目に見えるように特定化して、分かりやすく表現することである。

　上の引用文は、ラカンが四つに分けたディスクールのなかでは、ヒステリー者のディスクールにあたる。ヒステリー者は、まず、主人のディスクールにおいて主体を代理表象している創設的シニフィアン（S₁）に向かって、「あなたは本当に全能で、享楽を実現できるのか？」と問いかける。そのシニフィアンの背後には、大他者がいる。それはどのシニフィアンについても同じで、大他者は、社会的コミュニケーションの場所であるディスクールには、いつも必ずつきまとっている。しかし、それはあくまで見かけとしてつきまとっているのだが、ひとは目の前にいる想像的な他者によって眩惑されるので、それが自分と似たところのない、まったく外にいる他者であるのに気がつかない。著者は、引用文で「本当はまったく違う」と語る。記紀の神々も天皇も、人びとが７世紀の末からずっと眩惑されてきた虚像とはまったく違うというわけである。では、その実体は何なのか。著者は、それを名指していない。おそらく、それは神々や天皇でないだけでなく、シニフィアンの開かれた場所として言語の領域に重なる大他者と特定することさえできない、たんに超越的なものと言うより仕方がないだろう。ラカンは、それをあえて大他者の本質的な一面と重ねて「（私の言う）暗闇の神」と呼んだのである。

　神々や天皇は、大他者の欲望の対象として出現する超越的なものと、語る主体とをつなげようとする「権力者とそのブレーンたち」にとって、合一しようのない両者のなかを取り持つ仲介者にすぎない。人びとは、つねにその仲介者が「ビジュアル化」されることを求めてきた。天皇制が、1300

年以上の長きにわたって続いているのは、支配層が人びとの求めに応じて、その「ビジュアル化」を宗教的、政治的に成功させたからである。しかし、その見返りに、そこには生きた同胞とその子孫とされる者たちが仲介者として利用され続けるという、特殊な社会的環境が生まれた。ヒステリー者のディスクールは、そこまで日本語の言語活動にまとわりついている想像的実体を暴いている。そのディスクールは、天皇が生きている虚像として、人びとの想像的同一化の対象となり、超越的なものとのあいだを取り持つ仲介者であるのを教えてくれる。それは、天皇は供犠であるという断定に資するところが大きい。とはいえ、分析者のディスクールでは、その断定によってディスクールを閉じることはできない。分析主体にとっては、いかなる断定も憶測による意味作用の一時的な中断であって、その憶測がやって来る幻想に注意しなくてはならない。しかし、さしあたりそれをわきに措いて、歴史家の解釈を追っていこう。

　大山誠一は、「天皇制は 681 年（天武 10 年）に成立した」と明言している。その証拠は、『日本書紀』の次の記事にある。訳文によってそれを紹介しよう、「（天武 10 年）二月の庚子（かのえね）の朔甲子（きのえね）（25日）に、天皇と皇后とは、ともども太極殿におでましになり、親王・諸王および諸臣を召し、詔して、『自分はいまここに律令を定め、制度を改めたいと思う。それゆえ、ともにこの事業にとりかかれ。ただし、みながこれにかかりきりになっては政務がとどこおるであろう。手分けして行うようにせよ』と言われた。この日、草壁皇子尊を皇太子にお立てになり、いっさいの政務にあずからせた。三月の庚午（かのえうま）の朔丙戌（十七日）に、天皇は太極殿におでましになり、群臣に詔して、帝紀および上古の諸事を記録・校訂せしめた。大嶋と子首とがみずから筆を執って記録した」[30]。この記事には、天皇制を支える三本の柱が書きとめられている。はじめに、律令の制定を命じたものであるが、具体的には 8 年後の持統三年（689 年）に公布し、諸司に配付した飛鳥浄御原令を指している。この令は、今日まったく伝わっておらず、草壁皇子が主宰したとされているが、編纂者も内容も不明である。続いて編纂された大宝律は、10 年後の大宝元年（701 年）に完成し、その間わずか 10 年あまりで藤原不比等らが撰上しているが、

第五章　供犠のダイナスティ　　295

原文は残っておらず、ほとんどが平安時代半ばまでに散逸したらしい。しかし、その内容は、養老二年（718年）に藤原不比等らが編纂を命じられた養老律令によっておおむね知ることができるとされている。すなわち、養老律令は、基本的に大宝律令を継承しており、藤原不比等は、どちらの編纂にもかかわった中心人物である。

　大宝律令は、大山によると「国政の中心が太政官にあり、天皇は国家意思の決定の場にいないこと。さらに、天皇の公私両面の生活を支えるはずの家政機関も、太政官に直属する中務省と宮内省に編成されており、ここにおいて、天皇は、自立した権力の基盤を失っているのである。これこそ、天皇が実権をもたないという、天皇制の特徴の第一に相当する」。次に、草壁皇子を皇太子にした書紀の記事に関して、藤原不比等は律令の作成を中心的にすすめたのみでなく、天皇制の基礎を築いた政治過程における中心人物でもあった。それについて、大山は次のように書いている「その当時、不比等が草壁の舎人であったことは確かで、その後の政治過程を考えれば、この立太子の背後に、不比等の政治力を想定することは十分可能である。草壁本人は、持統三年（689年）に亡くなるが、以後、不比等の巧妙かつ絶大な政治力により、草壁直系の子孫が皇位を継ぐことになり、その結果、藤原氏の外戚政策が実現することになる。・・・これが天皇制の第二の特徴に相当しているといえよう」。

　そして、最後には、天武天皇が歴史書の編纂を命じた記事である。これが結果として、『日本書紀』になるのだが、「その冒頭には、歴史書としては異例に長大な神話が描かれており、それにより天皇の神格化がなされたのである。」すなわち、「天皇制の特徴の第三である[31]」。神格化については、天照大御神（アマテラス）から瓊瓊杵尊（ニニギノミコト）までの神話上のかみと、書紀でかみの子孫とされている初代の神武天皇から、その血統を継ぐとされた明治天皇から今の天皇まで、やかましく議論されながら、まだ話題が本当に絞られてはいないのは、日本語の神（かみ）が多義的で、一筋縄では理解できないことにもよるだろう。その結果、日本語では超越的なものとひとの関係を考えるのが難しくなっている。そこで、精神分析の立場からは、「大他者の大他者はいない」というラカンのテーゼが思い

浮かぶ。これは、「メタ・ランガージュは存在しない」という別のテーゼと同じ意味である。

　だが、もしそうなら、大他者はひとにとって超越的なものそれ自体であるかというと、それはそうではない。これはメタ・ランガージュについても同じである。つまり、言語活動を知の対象とするような言語活動はない。あるとしても、その知は、とどのつまり言語活動にはとどかない。精神分析がある症状をどう解釈しても、それはつねに憶測にすぎないのと同じである。また、大他者を対象化するような、もう一つの大他者はいない。いたとしても、その大他者は言語領域のそとにいるまったくの他者であって、現実的なものに属しており、ひとの世界の現実からは追放されている。ここでは、それを超越的なものと呼んでいるが、それは日本語の神（かみ）ではなく、ヨーロッパ語の God や Dieu でもない。けれども、日本語では、天皇制が成立するずっと以前から、神（かみ）は、そもそも超越的なものの手前にありながら、それを超越的なものにつなげようとしていた。そして、ひとはその神から自然に生まれてきたという空想から、とうとうその末裔である天皇を発明した。しかし、その神も天皇も、ひとと超越的なものとの仲を取り持つ仲介者であって、ともに通常の意味の供犠に他ならない。

　ところで、日本語の神話は、法と同じように漢字で書かれている。古事記は、漢字を利用した万葉仮名によって、日本書記は、漢文そのものによって書かれている。それに劣らず重要な法（律と令）は、日本の慣習に応じて加工されながらも、やはり漢文で記されている。日本語の言語活動におけるエクリチュール（文字法）は、こうして、神話（宗教、歴史、物語）も法も、漢字ではじめられることになった。ところが、大山によると、宗教的な神と政治権力とを共存させながら藤原ダイナスティを実現するためには、「神の言葉は絶対のはず」なのに「その神は、（政治的に）無力である」という「内在する矛盾」があった。この矛盾は、宗教と政治をきっぱり分けなくては解決の糸口さえ見いだせないのが、その後の世界史の経験によって明らかになっているが、天皇を発明した当時の支配者たちは、「天皇の政治的無力化と神格化とを分離して別々の場で扱う」というやり方を考えだし、「法と神話の役割分担」が律令と書紀の表現となって残さ

第五章　供犠のダイナスティ　　297

れている。「わかりやすくいえば、政治的に無力であるというのは法と制度の運用の問題である」、つまり「天皇の権力は、形式的な儀式の場では至高性を謳いつつも、現実の政策決定の場では無力だった」のであり、それは「結局、現在の象徴天皇と原理的には変わらないもの」と考えられる。

　ただし、天皇には、以上のような政治的一面とは別の面があった。それは「（律令の本家・中国の皇帝にもなかった、天皇の）〈神〉としての側面である。中国の皇帝は唯一絶対の存在ではあるが、その根拠は軍事力と経済力である。これが失われれば滅亡する。しかし、天皇が神であるあるなら不滅である。これを、律令とは別の場で証明すればよい。すなわち、「神話の創作である。」というわけである。[32]この神話のポイントは、大山によると、天孫降臨の物語である。「記紀神話の目的は天皇制の実現である。とすれば、予定されるストーリーの核心は天孫降臨のはずである。天孫のニニギが地上に降臨し、出雲神話のオホナムチに代わって、葦原中国の支配者となる。これが皇室の起源である。この天孫降臨という荒唐無稽な物語が、こののち長く日本の政治・社会・文化のすべての原点となる。その後の日本の歴史に与えた影響は限りなく大きい。ここに天皇制が成立するのである」。[33]この物語は、血のつながりという自然的な血縁の観念を事実として語り、それを宗教的、政治的に利用しようとしている。天上の神が地上に降りて、その子孫の支配が正当化され、宗教と政治がつながる。しかし、神とその子孫であるひとは、両者とも超越的なものではないが、天上と地上のあいだには断裂がある。それを埋めるためには、天上に神々の世界があるという考えが維持されなくてはならない。だが、それでは日本において、なぜそのプリミティブな神話が、その後の日本人を呪縛し、天皇制の永続化を実現することになったのだろうか。

　その問いに対して、日本史を専攻する宗教民俗学者の竹田聴洲は、日本人とその所属集団との血縁を越えた歴史的関係という解釈によって答えている。彼は、その所属集団を総称して「家」と呼び、次のように書いている、「血統はあくまでも生理的な事実である。しかしこの断絶が直ちに家の断絶を意味しないで、この事実を超えてでも家の存続が企図されるのは家の存続が事実以上の当為であることを意味している。・・・それは単に過

去から存続して来たという事実の歴史性ではなく、存続して来た時間の長短にかかわらず、一度創設された家は過去から未来にわたって必ず永続しなければならぬという要求そのものの性格が歴史的なのである」[34]。そして、神話については「記紀神話の基調は最高神（太陽神）に出自をもつ皇室系譜の説明であって、その他は要するにアクセサリーにすぎない。皇室が国家統治の頂位にあることの妥当性、他氏が之に異心を挟むことの反倫理性は、皇室の出自（系譜の根源）が最尊最貴である点にその根拠が求められている。君主としての皇室の存在理由を示すには、先祖に遡る彼の家系が如何に高貴であるかが説明されなければならなかったが、古代社会ではそれは何よりも神話伝承の形で具体化されるのが最も説得的であった。一切を根底から原理的に支持し、統治者としての権威を自他に対して確信させる究極の根拠となるものは、結局神話的に説明されるその家系の外はなく、ここにそうした神話が是非とも必要だったのである」。そして、「こうした神代と現前の人代とが系譜的に連続したものとされる日本神話の著しい特徴は、同時にそういう仕方を必然ならしめた日本の社会と心意の特徴でもあることは明らかである。」と結んでいる[35]。

　日本人の「心意」は、神代と人代の系譜的な連続性という発想によって呪縛されてきた。それを可能にしたのは、「歴史上のいかなる時代も我国の社会は、その基層において家的同族的規制を免れなかった」からである[36]。竹田は、日本の社会には古代から、たとえ個々の家の血統が絶えても、家を集団として存続させるべきという要求があったと述べている。しかし、そのなかでもっとも高貴な皇室の家系には断続があってはならない。皇室は、いわば日本の総本家であって、そこでは万世一系の系譜が明らかにされなくてはならない。天皇制を実現した当時のエリートたちは、記紀の神話によって、それを苦心の末に説明したのであるが、その結果、日本の家の全体を統合し、その系譜が連続していることの証拠を、天皇という生きた同胞の現前に求めることになった。このことは、その後の歴史のなかで、天皇が日本の社会における生きた供犠として働いているのを知らせている。

　個々の家における人びとの「心意」は、皇室にむける、とくに天皇にむ

第五章　供犠のダイナスティ　　299

ける「心意」の基底をなす。その「心意」にはお前がいるだけで、わたしも、かれもいない。そこには、二人称だけがあって、一人称と三人称はない。そこは、森有正の説いた「汝─汝」による「二項結合方式」(37)の想像的世界、あるいはお互いに手袋の片方や、箸の一本になり合う双数的世界である。そこにいるのは、「お前」と「お前がお前と呼ぶ者」だけで、「わたし」は「お前」のなかに融合している。「お前」と「お前のお前」の関係は、一般的には、感情移入や模倣によって生まれる同一化のプロセスと考えることができる。精神分析では、フロイトにとってもラカンにとっても、同一化は、そこから自我理想や理想自我が形成される心理的プロセスである。「二項結合方式」では、自我は「お前」が「わたし」を「お前のお前」として承認してくれることから生まれる人格の審級である。そして、そこにおける自我と理想は、ともにラカンの鏡像段階における鏡に映った姿を対象化するプロセスによって形成されるのである。

　フロイトの自我理想と理想自我の区別はあいまいで、どちらも想像的なものから生まれる心的形成物であるが、違いと言えば、自我理想は、フロイトがいわゆる第二の心的装置（局所）論（エス、自我、超自我）を作りあげる過程で、とくに超自我と密接に機能する部分として使われる。ラカンにおいても、理想自我は、想像的な自分の身体像から形成されるが、自我理想は、そこに超自我の命令が介入し、象徴界において自我の想像的な構造を規定する同一化の働きを調整する部分である。自我理想の心的な機能は、個別の言語（国語）にかかわりなく普遍的であるが、ここでは、「お前」と「お前のお前」のあいだに割り込んでくる、法とひととの関係として考えてみたい。一般に、法（慣習的な事実、社会的な規範）の外的、他律的な性格は、どの集団にも共通している法の一面であるが、日本の言語環境では、慣習と区別されて言明された法と、とくに書かれた法と、人びととのよそよそしい関係は、法の言明に漢字が使用されて以来、目立った特徴になっている。

　この特徴は、天皇制が藤原ダイナスティとして発足してから、これまでずっと変わらない。政治学者の松本三之介は、それが江戸時代から明治時代への変革のなかでも本質的に変わらなかったことについて、以下のよう

に述べている。明治時代の支配者たちは、本居宣長の「道は天皇の天下を治めさせ給ふ正大公共の道（「うひ山ぶみ」）」、「そもそも道といふ物は、うえに行ひ給いて、下へは、上より敷施し給ふものこそあれ。下たる者の、私に定めおこなふものにあらず（同上」、「下たる者はただ、よくもあれあしくもあれ、上のおもむけにしたがひうをるるものにこそあれ（「玉かつま」）」、このような人びとの「上下関係」から、「等質的」な「臣民」の形成に向かわねばならなかったのであるが、「そこでは、法を定立し、法を変革する政治は、一般民衆の生活からは全く切りはなされた閉ざされた社会の営みとされた。民衆にとって、法は自己の主体的な意思によって支えられることがないという意味では、全く外的他律的な行動規範にほかならないけれども、それにもかかわらず、法はそれが法であることによって、とりわけ天皇の法であることによって、権威化され絶対化され、その「自発的」遵守が国民的モラルとして期待され要請されるに至るのである」[38]。

　上の指摘は、日本で書かれた法は、政治的権威と宗教的権威の二面性が、藤原ダイナスティが発足以来変わらないが、もとを正せば、それは日本の特殊な供犠制度のスケープゴートである天皇という存在の二面性にあるのを示唆している。たしかに、「（江戸時代の）朱子学的自然法の支配に代わって、政治の究極的権威の担い手として登場した天皇は、被治者を政治から疎外し、彼らにたいして批判を越えた服従を要求しうるという意味においては、それ自身政治主体としての装いを身にまとっていた。しかし、天皇はみずからの意志にもとづいて政治的決断を下す自主的な政治的人格としての属性を与えられるには至らなかった。したがって天皇『意思』――換言すれば天皇の権威にもとづき天皇の名の下に制定さるべき法――は、つねに何ものかの意思によって形づくられねばならない。そして、誰が天皇の意思を実質的に形づくるかは、全くその時々の『自然の成行』、すなわち現実の政治状況、事実上の力関係に委ねられていた」[39]。

　そこで、明治憲法における天皇の意思は、つねに誰かの意思であったが、終戦後の新憲法では、その誰かは「日本国民」と明記されている。意思は、その「総意」と記されているから、その誰かは天皇を除くすべての人びとのことだろう。しかし、国民とは誰か。その語は、日本語の民衆、大衆、

人民や英語の nation、people などと同じように、ある観念を表わしている。日本の政治家は、テレビの討論会などで、それがまるで実在する誰かを指しているかのようにくり返し、しばしば、観念であることさえ自覚していないような言い方をする。藤原ダイナスティでは、政治的支配者たちが、血のつながりという自然的な系譜の観念を生きている同胞に連結させて、政治的、宗教的に利用しようとした。そして、その影響がいまも日本の隅々にまで及んでいる。そこで、歴史上、その後の天皇制をはじめて外戚政策によって政治的に実現させた藤原氏一族が、新憲法によって国民になり、政治上の主権が国民にあると明記されても、天皇に宗教的な供犠の役割を負わせる二面性は変わっていない。その結果、語る主体について、象徴界と想像界はどちらがどちらとも言えない関係を生んでいるのである。

　宗教は、どれほど多義的であろうと、宗教的なものは、言葉（象徴的なもの）と真理（現実的なもの）の関係に対する見方（想像的なもの）に基づいている。真理は、超越的なものとも言い換えられ、見方は、解釈とも言い換えられる。宗教では、かみや God は象徴的なものであるが、それ自体が超越的なものではない。法も、むろん象徴的なものであるが、語る主体が宗教や法によって象徴界の不備、不全を埋めようとする欲望は、かみの多神教の世界と God の一神教の世界のあいだで何の変わりもない。それゆえ、藤原ダイナスティには、当初から書かれた法と習慣とのあいだに目立ったよそよそしさがあり、宗教（神話）と政治の現実がけじめなく接合されているにもかかわらず、ともかく一定の政治システムを実現させ、それが今日まで日本人を掌握する力をもっていたのである。

　超越的なものは、言葉のそとにある。かみや God は、超越的なものと語る主体とのあいだを取り持つ仲介者にすぎない。語る主体は、その仲介者に何かを捧げて、言葉のそとにある超越的なものとのつながりを求める。語る主体には、そのとき仲介者に捧げるものは、言葉を措いてない。その言葉は、それが指していると思い込ませる現実の対象に変わる。ラカンは、それを「大他者の欲望の対象」と呼び、それはカントの実践理性の道徳法則における「純粋状態の欲望にほかなりません」が、「そのような欲望こそ、まさに、人間が愛の対象をすべて供犠に捧げることに通じます」と語って

いる。そのさい、仲介者としての<u>かみ</u>やGodは、「暗闇の神々」という一面をさらけ出す。語る主体の欲望は、大他者の欲望である。しかし、「愛」の価値を貶めているようにみえるかもしれないが、その欲望には「暗闇の神々」に供犠の対象を捧げようとする愛の限界が現われる。

しかし、「愛の対象」とは何だろうか。愛は、ごく一般的に、ある存在から別の存在に向けられる感情を指している。そのさい、対象は別の存在のように思われるが、ラカンは「鏡像段階」説において、それがある存在の根本的に自己愛的（ナルシシック）な本質から生まれる、ある存在そのものであるのを示した。そこに、別の存在に対する同一化と、その存在との破滅的な関係を調整する象徴的なものの機能が介入して、自我理想や想像的な理想自我が生まれるのである。そのプロセスは、ある存在の想像的な分身である欲望の対象が、やがて人びとの供犠になる心理的な基盤となっている。天皇が、藤原ダイナスティにおいて特殊な供犠制度の捧げものになっているのは、人びとが理想自我という心理的な形成物を生きている天皇にすっかり預けているからではないかと、一応は考えられる。だが、じっさいには、そうではないだろう。人びとは、そういうふりをしないと集団のそとに出されてしまうという慣習に従っているのである。それに心の動きがともなって、心理的内実が形成される。その結果、人びとの自己欺瞞が日本語の言語活動に現出するのだと思われる。そこで、象徴界と想像界の関係にはとくに目を据える必要がある。


人びとは、集団のなかで供犠に転移（transfert）する。ジラールは、その仕掛け（operation）について示唆に富むヒントを与えてくれたが、一方で、ラカンの三領域を分割する着想を認めていない。精神分析では、転移という用語の意味そのものが、象徴界と想像界の分割なしには考えられないが、それを認めないのは、ジラールの欲望が、大他者の欲望を欲望する、他者からの承認を求める欲望ではなく、他者の欲望から直接、自動的に生まれる器械論的な欲望だからである。彼は、こう語っている「ラカン派のひとたちには、人間の相互行為におけるミメーシス性と私が言うものは、誇らしげであるがなにやら得体のしれぬ『想像的なものによる捕らわれ』

第五章　供犠のダイナスティ　303

にあたるものであり、『鏡像段階』に根をもっていると映っているようです。(それなのに)『想像的なものによる捕らわれ』が一体どういう作用をするものか教えてくれる人はひとりとしていなかったのです」[41]。だが、「想像的なものによる捕らわれ」がどういうものであるかは、彼のミメーシス的ライバル関係の記述そのものが語っている。

　一方で、彼はシニフィアンの役割について、別のところではこう述べている。「(供犠の) 犠牲者はたしかに、普遍的なシニフィアンでつくられているようにみえます。」、そして、対話者がその言葉に「それこそ現代の思想全体から強く拒否されている超越的なシニフィアンではないでしょうか。」と反問すると、「私は『真の』超越的なシニフィアンを見いだしたといっているわけではありません。われわれが見いだしたのは、まだ、人間に超越的なシニフィアンとして役だつものだけにすぎません。」と言い、さらに対話者が「あなたは超越的なシニフィアンと言っていますが、むしろシニフィエと言うべきではないでしょうか。」と迫ると、「シニフィアンとは、(供犠の) 犠牲者のことです。シニフィエとは、共同体がこの犠牲者に与える、潜在的な意味のすべてです。」と答えている[42]。超越的なシニフィアンがあるという考えは、現代の思想から全体的に拒まれている。そういうシニフィアンは、言語に支配されたひとの世界のどこにもない。<u>かみ</u>や God のような宗教的な表象は、超越的なシニフィアンそのものではなく、あくまで語る主体が、超越的なものへの仲介者として言葉にしたものである。

　ジラールは、「普遍的な (universel) シニフィアン」を「<u>真の</u> (vrai) シニフィアン」と言い換えて、ひとがいまだに超越的なシニフィアンとして役立てているものを見つけたのだと言っている。そして、そのシニフィアンとは供犠の犠牲者のことで、シニフィエは、ひとの集団がその犠牲者に与える意味のすべてであるとしている。してみると、キリスト教の福音書に強い関心を向けるジラールは、ひとが超越的なシニフィアンとして役立てている偽のシニフィアンを除いて、「『真の』超越的シニフィアン」はあるはずだと考えているようだ。ラカンは、彼が批判するように、象徴界を「救いの神 (デウス・エクス・マキナ)」として、それがあらゆる問題を

304

何の必然性もなく解決する装置だとは考えていない。それはジラールの模倣の欲望の見地からの誤った見方である。精神分析にとって、言語記号の要素であるシニフィアンと密接な関係にある象徴界には、根本的な欠如、不備がある。むしろ、語る主体としてのひとにとって解決の困難な問題は、そこに由来するのである。なぜなら、ひとの欲望はシニフィアンとして表現され、それは象徴界における欲望の対象の欠如を次々と言い換えることだからである。

　「供犠の犠牲者は、あるシニフィアンである」と言うならば、象徴界は「救いの神」であるどころではなく、シニフィエは、当然、人びとがそもそも何の意味もない供犠の犠牲者に与える意味のすべてということになるだろう。つまり、それは語る主体の欲望、大他者の欲望ということになる。ジラールは、このときの対話の最後に「この世の文化で、神聖なものをあらわすことばを、言語活動（ランガージュ）の秩序の最初のもの、基本的なものとして認めていないような文化はありません」(43)と言っているが、その神聖なもの（sacré）を表わすことば（vocable）を、とくに宗教的な表象と結びつける必要はない。神聖なものは、たとえ「言語秩序の最初のことば」であっても、ラカンが対象aと呼んだ欲望の原因として一般化できるのであり、その意味はジラールが言うように、人びとのそれぞれの群れが犠牲者に与える意味のすべてである。しかも、その犠牲者は対象aとして、この世のどこにも実在しない対象でありながら、超越的なものへの仲立ちとして、人びとから表面の、あるいは隠された意味を与えられる捧げものである。宗教的儀礼では、その仲立ちがかみやGodと呼ばれて、人びとはそれに捧げものをするのである。

　ジラールは、ラカン派のひとたちがミメーシスの欲望を「想像的なものによる捕らわれ」として批判するが、それが一体どういうものであるかは、だれも教えてくれないと言う。この「捕らわれ」は、英語の原書が手許にないのではっきり分からないが、おそらくフランス語のcaptivationにあたる語だろう。(44)それは、じっさいにジラールの「ライバル関係」からだけでなく、日本語では、森有正の「汝―汝の二項結合方式」からでもよく分かる。鏡に映る「お前」を見ると、こちらはその「お前のお前」になり、そ

の姿に魅了されて、「お前」と「お前のお前」の区別がつかなくなる。もちろん、鏡がなくても、それは心のなかでそうなるので、森は、それが日本語では言葉の遣い方そのものに反映しているのに注目した。その頂点が、日本語の天皇に対する言葉遣いに現われる。天皇は、つねに見える姿として、生きている同胞であり、それが供犠の儀礼における捧げものとして利用されているのである。ジラールが、森の『日本語教科書 (leçons de japonais)』を読み、その二項結合方式を知っていたら、「想像的なものによる捕らわれ」のみならず、天皇は、日本人が発明した特殊な供犠であるのをよく理解しただろう。

「お前」と「お前のお前」の想像的な関係は、鏡像段階の本質的な一面である。7世紀から8世紀の支配層が、血のつながりという空想を事実として受け入れる人びとの心性に助けられて、それを宗教的、政治的に利用し、天皇を発明したが、その本質は通常の意味の供犠に他ならない。かといって、その空想が嘘をついているわけではない。R・バルトは、一神教が神（Godや Dieu など）を、ひとと超越的なものとの仲介者にしようとして、その語に意味を詰め込もうとしてきた歴史的な営為を（言語）記号を自然化すること (naturaliser) だと言い、日本はそれをしないで、記号に記号化されない部分を残していると言った。真に超越的なものとは、言語が届かないもの、知によって裂け目が埋められないものである。それは、たんにひとのそとにある何かではない。ひとの経験のなかに割り込んでくる、命名できないものであり、現実的なものの領域に属するものである。

ひとが言えないものについては、嘘も本当もない。だから、ひとがそれについて何か言っても、嘘をついているわけではない。が、それは、サルトルが悪しき信仰 (mauvaise foi) と呼んだ自己欺瞞に近い。すなわち、ある空想が信仰となって、それが本当だという信念から抜けだせない状態である。「万世一系の天皇います」、「天皇は日本国の象徴である」。これらの信念は「天皇は供犠である」の解釈に照らしても、嘘をついているわけではないが、どちらの信念も解釈も無意識的である。ラカンは日本語を学んだ後、「日本語を話すひとにとって、嘘つきであることなしに真理を語ることは、日常茶飯の行ないです」と書いたが、この意見は、いまの信念に

照らすと無意識と真理の関係をよく伝えている。無意識も真理も言語活動とともにあり、それ以外のところでは生じないというかぎりで、精神分析の基本概念であるが、とくに真理は、言葉と事象が一致するという伝統的な観念を峻拒しているのが特徴的である。

とはいえ、それは嘘をついているわけではない。そのとき、言葉は、かえって事象という現実的なものとの距離を正直に語ってくれるのである。真理は、言葉とともに現実的なものとして現われてくるが、言葉は、それを半ば、部分的にしか言えない（mi-dire）。無意識も、また言葉の世界に、それ自体では意味の分からない表象として現われてくるが、その素材は、象徴界と現実界にかかわる言語領域における文字である。ラカンは、中国語の表語文字（漢字）が、文法も音韻組織もまったく異なる日本に伝えられて二通りの読みによって扱われたことに、精神分析の立場から注目した。たしかに、いまの信念についてみると、「万世一系」も「天皇」も「日本国」も「象徴」も「供犠」も、すべて漢字の音読みである。それらの音声は、そもそも日本語では何の意味もない。しかし、漢字として与えられ、それについて知識を得ると、その意味はさまざまに想像され、日本語として訓読みされても集約されることがない。精神分析では、一般に、無意識の素材となる文字は、文字の働きを左右するシニフィアンと同じように、究極のシニフィエに向かうことはないと考えているが、日本語における漢字の扱いからみれば、父の名がたった一つの名によって満たされないのは、自明のことである。だから、その言語環境は、名の本質を考えるうえからも、言語にたよって生きている人びとの社会関係を考えるうえからも、今後の精神分析の進捗に少なからぬ手がかりと、示唆を与えてくれるのではないかと思われる。

第五章　供犠のダイナスティ　307

註

（1）上山春平『埋もれた巨像』、岩波書店、同時代ライブラリー版、39頁。

（2）大山誠一『天孫降臨の夢』、ＮＨＫブックス、278頁。

（3）上山春平『埋もれた巨像』、岩波書店、39頁。

（4）上山春平『天皇制の深層』、朝日新聞社、45,46頁。

（5）同上、71頁。

（6）村上重良『天皇の祭祀』、岩波新書、214頁。

（7）竹内芳郎『意味への渇き』、筑摩書房、292頁。

（8）竹内芳郎『イデオロギーの復興』、筑摩書房、24頁。

（9）森有正『経験と思想』、岩波書店、115頁。

（10）同上、96頁。

（11）鵜飼信成『憲法』、岩波全書、274頁、下線は引用者。

（12）供犠の多義性については拙著『天皇と供犠』、せりか書房、「第二章　ラカンと供犠」（24頁以下）を参照。

（13）ルネ・ジラール『暴力と聖なるもの』、邦訳、法政大学出版局、172頁。

（14）Ｗ・Ｐ・ウッダード『天皇と神道　ＧＨＱの宗教政策』、邦訳、サイマル出版会、6頁。

（15）同上、7頁。

（16）ベン＝アミー・シロニー『母なる天皇』、邦訳、講談社、311,314頁。

（17）高橋紘、鈴木邦彦『天皇家の密使たち　占領と皇室』、文春文庫、89,91頁。

（18）安丸良夫『近代天皇像の形成』、岩波書店、289頁。

（19）Ａ・コジェーヴ『概念・時間・言説』、邦訳、法政大学出版局、229頁。

（20）プラトン「パルメニデス」、全集4、邦訳、岩波書店、56頁。

（21）Ａ・コジェーヴ『概念・時間・言説』、邦訳、法政大学出版局、233,234頁。

（22）同上、258,269頁。

（23）同上、246頁。

（24）Ｊ・デリダ「プラトンのパルマケイアー」、邦訳、青土社、『現代思想』、1975年3月号、107頁。以下の引用は同誌による。

（25）この寓話は少し長いので省略するが、詳しくは、岩波版、プラトン全集5、254頁以下を参照。

（26）パルマコスはフランス語の辞書（Le Grand Baily）では、pharmakos ＝ celui qui sert de remède ,de bouc émissaire, などとある。

(27) W・ブルケルト『ギリシャの神話と儀礼』、邦訳、リブロポート、98,108 頁。

(28) 大山誠一『神話と天皇』、平凡社、13 頁。

(29) ラカン『精神分析の四基本概念』、邦訳、岩波書店、370 頁。拙著『天皇と供犠』、24 頁以下参照。

(30) 井上光貞監訳『日本書紀』下、中央公論社、335 頁。

(31) 大山誠一『神話と天皇』、平凡社、47,48 頁。

(32) 同上、115 頁。

(33) 同上、118 頁。

(34) 竹田聴洲『祖先崇拝』、平楽寺書店、20 頁。

(35) 同上、139 頁。

(36) 同上、135 頁。

(37) 「二項結合方式」については、拙著『天皇と供犠』、せりか書房、252 頁以下を参照。

(38) 松本三之介『天皇制国家と政治思想』、未来社、169 頁。

(39) 同上、173 頁。

(40) ラカン『精神分析の四基本概念』、邦訳、岩波書店、371 頁を参照。

(41) ルネ・ジラール『ミメーシスの文学と人類学』、邦訳、法政大学出版局、319 頁。

(42) ルネ・ジラール『世の初めから隠されていること』、邦訳、法政大学出版局、152 頁。

(43) ルネ・ジラール『世の初めから隠されていること』、邦訳、法政大学出版局、154 頁。

(44) ラカン派のひとたちは、captivation imaginaire（想像的捕らわれ）と言う。

# 第六章　無名と空名

　精神分析では、ひとの心的現象の始まりとされる基本概念を<u>欲動</u>と呼ぶ。そして、その欲動とはエネルギー（何かを動かす能力）であり、それは基本的に性的な意味合いをもっている。一応はそう考えてよいが、それだけでは臨床的にも認識論的にもあいまいである。フロイトは、そのエネルギーがひとの心のなかで、視覚的な表象（事物表象）と聴覚的な表象（言語表象）に分かれて現われるとき、本当の心理現象が始まると考えた。そこで、事物と言語に共通しているのは<u>表象</u>という現象であるが、ラカンになると、ひとが言語に支配されている世界に生きているという根本的な条件とのかかわりから、これが<u>シニフィアン</u>に移行する。言語記号の一要素であるシニフィアンが、言語活動におけるディスクール（スピーチ、談話）のなかに現われたとき、そこからひとの社会的コミュニケーションが始まり、語る主体の分析が始まるという意味である。

　シニフィアンには、フロイトの視覚的な表象と聴覚的な表象がともに含まれている。また、言語記号については、古代から、シニフィアンとともにシニフィエの概念がふくまれているが、後者は概念、観念、意味、内容（concept）などと訳されている。しかし、ソシュールが「樹」という語で図示したうように、それが指し示しているのは現実の樹ではなく、シニフィアンと同じように何かの表象であり、その現実はあくまで心のなかに描かれる現実である。それは聴覚的な表象の場合もまったく同じで、ひとの出す声が現実の何かを直接指しているわけではなく、その音は聴くひとの心のなかに表象として現われるのである。さらに、ひとの言語活動には、文字が加わる。

　文字が、何かの代わりをする記号として書き込まれ、印づけられた跡（trace）だという定義は分かりやすいが、それはとくにアルファベットや漢字など、いわゆる体系的な文字を指すわけではない。ひとがラスコーの洞窟の壁に躍動する生きもののデッサンを刻みつけたのは、紀元前2万年頃とされているが、それから最初の体系的な文字（メソポタミアの楔形文字）

が現われるまでには１万数千年のときが経っている。そして、それから約
６千年を経た今日までのあいだは、人類の歩みからすればつい今しがたの
ことだろうが、文字は、おそらくひとが言葉を使って群生してからあまり
遅くない時期に登場したのではないか。それとともに、言葉には有意の言
語単位である語（mot）とともに、名（nom）が生まれた。

　「名」は、言語学では文法上の<u>名詞</u>という邦訳もあるが、音読みは「メイ
（漢音）、ミョウ（呉音）」で、中国語では内容を「実」というのに対して、
それを表わす<u>言葉</u>という一般的な意味であったらしい。しかし、それを訓
読した日本語の「な」には、古代から独特の意味があった。『時代別・国語
大辞典、上代編』は、こう記している「名（な）は、事物の単なる名称で
はなく、実体そのものと意識されていた。いわゆる言霊（ことだま）信仰
である。人の名を知ることはすなわちその人のすべてを知ることと考えら
れたので、男女の間で相手に名を告げるのは心を許すことであり、名を尋
ねることは求婚を意味した。名称と実体との間隙・矛盾は不当なことで
あった。・・・平安時代に漢字・仮名をマナ・カンナというが、これは文字
が名称と同一視されたことを示している。」今日でも、日本語の名は、
たんにある事物を指す呼称として使われるより、その事物を他の事物と区
別して指すときや、同じ性質の事物をまとめて指すときに使われることが
多い。

　ヨーロッパ語では、名は文法用語の名詞から、普通名詞、固有名詞など
の熟語の部分としても使われ、それらはすでに日本語になっている。その
なかで、固有名（詞）（nom propre）は、ラカンが「純粋シニフィアンに近
く、」「それを構成しているのは、音素というより文字である。」と語った
ことから、注目されるようになった。日本語では、ふつう地名、人名、書
名、団体名など、同じ種類に属する他のものと区別される特定のものを指
す呼称として使われるが、ラカン派の分析者ミレーユ・アンドレは、次の
ように書いている、「固有名は、純粋なシニフィアンとして自らを特徴づ
けている。じっさい、名は文字として明確化され、<u>読まれる前にすでにそ
こにある</u>のである。名は、欠如した起源、すなわち言葉と素材の出会いの
不可能性を覆い隠す。この点から見れば、文字は起源であり、起源の代理

第六章　無名と空名　　311

なのである。文字は、シニフィアンの誕生より以前に、一の印の登記による対象の否定であり、それは対象の全体性を呼び起こす刻印によって、対象が消去されたことを表わしているのである」。

　ひとは、世界のどこで生まれても、そこには、すでにそのひとではない語る主体がいる。ディスクールが、すでにそれとしてある世界である。そこには「父の名」があり、父には名を与える役目があり、「名の父」として、すでにいたのである。固有名とは、その父によって消された主体の無意識の名の代わりに与えられた、いわば偽の名であり、主体はその名を与えられることによって、言語の奴隷に、もっと正確には文字の奴隷になる。そこで、晩年のラカンは、固有名としての父の名を主体の症状と関連させて語るようになり、症状（symptome）の古い綴字法、サントーム（sinthome）のトーム（thome）を落失（tomber）と読み、症状について、いちど父の名は振り落とされなくてはならないと語るようになった。症状とは、ひとが父から与えられた名を次々に言い換えていく、それ自体のことを指している。だが、ひとは最後までディスクールの世界から出ることはできない。ただ、新たに名づけ、名を作り出し、現実的なものから遠ざかりながら、症状に手を加えて生きていかなくてはならないのである。

　シャルル・メルマンは、「フロイトが幸運だったのは、症状つまりうまく行かないものから出発したことだ。」と言い、「さらに幸運だったのは、その症状がヒステリーの症状だったことだ。」と付言している。というのも、フロイトにとって問題だったのは、症状を「精神的健康」という物差しで測ることではなく、そのようなものは「たんに理想的な性質をもっているかどうかさえ疑わしく」、たとえもっていると想像しても、それを概念化（言葉によって普遍化する）ことはできないからである。その点、ヒステリーの症状は「人間という脱自然化した動物では、より確定的で曖昧や葛藤がない性愛というものへの到達が不可能であることを知らせ、そのようにして症状の場所は、われわれの性への接近の一般条件に関するものに移され、無意識が言語活動から生じることを教えてくれる」。そして、もしそれが本当で、「治療というのは言葉による治療であるしかなく、神経症の生成物が文字の具体的表現として解読されるとしたら、言語の物理的

312

特性に、われわれの運命、常に症状的である運命を決定する権利があると認めるのが適切であろう。」と書いている。ラカンのボロメオの輪は、三つの輪が結ばれて、全体が安定した状態を実現しているように見えるが、じっさいには一つの輪が切れてしまうと全体がばらばらになってしまう。ラカンは 1972 年 3 月の講義で、初めてボロメオの輪に言及したが、それから 4 年後の 1976 年 2 月のジョイスに関する講義では、そこにもう一つの輪を加えて、それが父の名の結び目を作ると同時に、症状の結び目を作るとしている。それは象徴界、想像界、現実界の三つの領域を表わす輪のなかで、とくに象徴界の欠損、欠如を補完する 4 番目の輪と考えることができる。それによって、語る主体は、父の名を次々に言い換えて生きる。しかし、主体から父に対する愛が失われてしまったら、いつ全体がばらばらになるか分からない。むろん、その父は、家族のなかで父と呼ばれる具体的な人物ではなく、何らかの社会的機能である。メルマンは、ラカンの精神分析から、そのような第四の結び目に頼ることなく、三つの輪が全体として支え合える可能性が模索できるかもしれないとしながら、「とにかく、ラカンはよい結論を出せないまま、逝ってしまった。」と結んでいる。

　「名」には、いずれにせよ、「実」とは別の働きがある。40 年近く前、私はイザヤ・ベンダサンと名のる著者の本から、それについて非常に良いヒントを受け取った。それはたんに、私の無知による初耳のせいなのだが、江戸時代の半ばに石門心学を起こした石田梅岩の弟子、鎌田柳泓に『心学奥の桟（かけはし）』という著作があり、ベンダサンは次の一節を引用している、「元来神は本皆空名（なばかり）なれども其名あれば則其理ありて、其応又空しからず。されば是等の神仏も唯空名のみなれども、既に其名あれば、則其理ありて其応またなしといふべからず」。この文を、彼は現代語でこう訳している、「がんらい神は、本質的には『空名』（名ばかり・原注通り）であるが、その名があることはすなわちその『理』があることで、その『応』はまたむなしくない。そうであるから、これらの『神』や『仏』（一応神と同義と考えてください）はただ『空名』だけれども、すでにその名があるということは、それなりの『理』があるのであって、従ってその

第六章　無名と空名　　313

『応』は、ないといってはならない」。さらに「空名（エンプティ・ネーム）と読み、「理（リーズン）、「応（レスポンス）」とお読みくださいとし、「問題となる言葉は、おそらくは『理』ですが、これを一応『存在理由（レゾン・デートル）』の意味で、最後の『理』は、『リーズンの意としてお読みください』」と付記している。

引用文は、片仮名のヨーロッパ語で注記されてみると、論理的に全体の意味がつかみにくい。「神」が、そもそも本質的にすべて「空名」であるならば、それには「実」がなく、神は実在しないという意味になり、そのひとは無神論者である。しかし、それは「名（言葉）」のうえのことであって、たとえその名に実がなくても、空名という名がある以上、その名には存在理由があり、理も、応もあると考えなくてはならない。したがって、神はすべて空名であると言うひとが無神論者であるとはかぎらないという意味であろう。最後の「理」と「応」も分かりにくいが、理は、言葉にできる論拠、応は、言葉に対する反応、応答に近い意味だろう。ベンダサンは、引用文が論理的にはまったく意味が通らないと言う。なぜなら、「神は空名なり」という言葉を口にした瞬間、「名は実体」の世界に住む人びとにとっては、それが一つの挑戦、対決になるからである。

けれども、私は長年、『心学奥の桟』の著者と同じく（引用文に似たことを）当然のように受け入れ、「いとも平然として、名あれば理あり、理あれば応ありと口にする」言語の環境に生きていて、ベンダサンの指摘が、頭では分かる気になっていた。その一方で、ラカンの「日本人は分析できない」という指摘がたびたび思い出されて、身につまされてきた。彼は、そのとき、正確には「日本人とカトリック教徒は分析できない」と言ったとされている。そこで、日本人とカトリック教徒を頭のなかで比べているとき、しばしばベンダサンの「名は実体」の世界が浮かんできたのである。たしかに、その世界が、新約聖書「ヨハネによる福音書」第一章の有名な「言葉は肉体となる」に拠っているのはうすうす感じていたが、ベンダサンは、「『日本人は全員が無神論者である』のに『日本教が宗教でありうる』のは、一言にしていえば、日本教では『人間は被造物』でなく『神が被造物』であり、かつ『空名』であるから、必要に応じていつでも『神と

314

いう空名』を創出できます」。と言う。そのとき、その「名」は精神分析における「名」と無関係ではない。

「ヨハネによる福音書」第一章は、「はじめに言葉があった。言葉は神とともにあった。言葉は神であった。言葉ははじめに神とともにあり、万物は言葉によって創られた。」、この一節ではじまり、続いて「言葉は肉体となって、私たちのうちに住まわれた。」(邦訳、『聖書、旧約、新約』、講談社版)となるが、この過程はキリスト教で、言葉の受肉(インカーネーション、incarnation)と呼ばれ、他に化肉、化身、托身、具現、顕現などと訳されている。キリスト教にかぎられた用語ではなく、また、言葉についてだけ言われるのでもない。宗教学では古代より、イスラム教などの一神教から、ヒンズー教などの多神教まで共通する概念とされている。端的に、その意味は、霊などの超自然的な存在がひとの肉と一つになって現われることである。ヨハネの「言葉は神とともにある」は、キリスト教徒にとって「名は実体」と同じ意味である。精神分析にとって、言葉が肉になるのは、名が実体に近づく究極の地点であり、そこは想像ができても、到達はできない。

私は、そこで、ラカンが「カトリック教徒は分析できない」と言った意味は、名が実体であると固く信じて、それを前提にものを言っているひとは分析できないということではないかと思ってきた。一方、空名によって次々に実体を言い換え、もともと空名であった神を作り出した世界に住むひとも、分析できない。これは日本人の例で、その見方はいまも基本的に変わっていない。しかし、それでも、実体としての名をいま実名と呼ぶと、精神分析では実名であれ空名であれ、読まれる前にすでにあった名そのものをどう考えるのかという問題は残る。カトリック教徒と日本人は、名の扱いが対極的であるようにみえるが、どちらの言語活動もシニフィアンの連鎖が言葉として表現され、その言い換えによって進行していくのは同じである。ただし、日本語では、その言い換えが修辞学で換喩的と呼ばれる方法によって進められるのが特徴的である。

換喩は、隠喩と並んで、言語学者のR・ヤコブソンによると、言い換えの二本の柱の一つであるが、ラカンは、それを次のような式によって説明している。

$$f(\text{S}\cdots\cdots\text{S'})\,\text{S} \cong \text{S}(\text{—})\,s$$

　この式については、拙著『ラカン「リチュラテール」論』（113頁以下）などでいくどかふれたが、ここではその説明を、一般読者向けのある事典からおさらいして引いてみよう。換喩は、「船隊」を「30の帆」と言い換える例がよく挙げられる。この事典は「ここでは、シニフィアンの繋がりの条件は隣接という繋がりであり、（船隊という）数えられない全体の代わりに（帆の数という）一部が使われていることが分かる。（ラカンの式のなかの）fは、シニフィアンの逐語訳の（mot à mot）の機能を表わし、もともとの意味作用を引き続き保っている。帆と船は連辞的な（syntagmatique）同じ軸の上で隣接関係にある二つのシニフィアンだから、新たな意味作用を生み出さない（式のカッコ中のマイナス記号はそのことを示している）。期待されているのは、意味よりもむしろ逐語訳である。」[6]と説明している。ただし、ここの意味と意味作用については、少し注意が要る。例えば、よく挙げられる日本語の換喩の見事な例「春雨やものがたり行く蓑と笠」。蕪村のこの句では、蓑を着た男と傘をさした女が寄り添いながら、雨のなかを遠ざかって行く。ここでは、たしかにそれ以上の意味はなく、隠喩的な意味作用も生じない。しかし、意味には、言葉の刺激から心のなかにある表象が生まれ、それによって生じる興奮の過程という一面があるのは無視できない。そうなると、換喩にもそこから意味作用が生まれ、新たな何らかの意味に向かうことも十分に考えられる。換喩と隠喩は、截然と分離されたままではなく、いつも相互に揺動する可能性があるのではないか。

　カトリック教徒も日本人も、言葉の世界に生まれて名に出会う。名は、超越的なものではない。超越的なもの自体には名がない。名は象徴的なものとして、ひとを外在的に規定するものではあるが、そこから追放された現実的なものではない。そこに神の名を求めて、名がひとの肉になると信じても、その名はあくまでも象徴的なものである。一方、神の名を空名として、それを次々に言い換えても、超越的なもの自体には名がないのだから、その言語活動が無意識的であることに変わりはない。真に超越的なも

のとは、言葉が届かないもの、ひとが知によって言葉との裂け目を埋める
ことができないものである。だが、それはたんにそとにある何かではない。
ひとの経験のなかに命名できないものとして割り込んでくるものである。
名は、それ自体が供犠として、つねに超越的なものに捧げられているので
ある。

　ひとは、また、言葉の世界に生まれて名に出会うとともに、鏡に映った
自分の姿に出会う。その姿は、鏡の手前にいる自分の身体ではなく、それ
とは別の姿であるが、名はその姿に向けられる。ラカンは、その名を与え
る機能概念を父と呼び、名は、その父の働きで与えられるが、それが何と
呼ばれようと、その名は空名であると、江戸の心学者は庶民道徳の教育現
場で説いている。これを、森有正が説いた現代の「汝―汝の二項結合方
式」に照らすと、名とは「お前のお前」が、「お前」に与えた名であって、
「お前」はそれを自分の名だと思っているだけだ、ということになる。ラ
カンの鏡像段階に照らせば、「お前」はあくまで他人という鏡に映ったイ
メージ（視覚像）であって、なかは空っぽであるが、そこに象徴的なもの
としての名が介入することによって自我が形成されると同時に、鏡の手前
にいる自分についての慢性的な誤認が生まれるのである。

　しかし、心学者は、その空名があることについては、それとしての理由
があり、それに応答することによって、はじめて人びとのあいだのコミュ
ニケーションが実現するのだと説いている。これは語る主体としての人び
とにとって、想像的な関係がいかに基本的で、同時に、象徴的なものの介
入がいかに必然的であるかを指摘している。空名にも応があるという指摘
を、こんどは日本語のコミュニケーションの現場に照らしてみると、こち
らは「お前のお前」なのだから、「お前」はこちらの口から「お前」の言い
たいことを話している、ということになる。つまり、この想像的な関係で
は、こちらは「お前のお前」として「お前」の言いたいことを、こちらの
口で話している。

　それにしても、この「お前のお前」における「お前」とは、いったい誰
なのか。それを鏡像と言っても、「お前」には象徴的なものが介入してい
ることの必然性がはっきりしない。また、心に浮かんだイメージであるか

らと言って、たんに他人とか他者といっても漠然としすぎている。そうしているうちに、日本語の「お前（汝）」を二人称の代名詞ではなく普通名詞で言うとすれば、それはやはり、昭和天皇が1946年の元旦に出した詔書の俗称「人間宣言」の「人間」が適当だと思うようになった。「人間」を呉音で「にんげん」と音読みした日本語は、上代語の事典にはないが、「人」を「ひと」と訓読みした語は古くからあって、記紀や万葉集の例がいくつも載っている。「にんげん」は中世の末から近世にかけて、やがて「ひと」の同義語としても使われるようにもなったらしいが、本書では、その二語をはっきり分けている。精神分析では、「ひと」は言葉を使うことができる生きものを広く指し、その言葉によって分割されている生きもの（barré、すなわち、言葉によって全体に至る通路を遮断されている生きもの）を（語る）「主体」と呼ぶのがよいと思うからである。

　すると、「人間」は「ひと」でもなく、「主体」でもなく、よく分からない。しかし、日常生活の基本的な漢語として、通俗的な会話から専門的な文章まで広く使われている。そして、広くなればなるほど、分かりにくくなる。とくに、私には「人間として」という言葉が分かりにくく、いまもって分からない。「そんなことは、人間として言うべきことではない」、「人間としてするべきことではない」とされ、「あのひとは実業家としては立派だが、人間としてはそうではない」と言われる。そこで、「政治家である前に人間であれ」、「裁判官である前に人間であれ」、「父親である前に人間であれ」と勧められる。そして、最後には「人間は理屈ではない。言葉で、あれこれと規定することはできないのだ」と言われる。そうなると、「人間」には、言葉を覚える前の生きものとしての一面があることになる。だが、その一面を「人間」と言うなら、そのひとは自分が言葉を使ってそう言っているのを忘れているのだが、それをあえて精神分析の用語に直すと、ひとには言葉を覚える以前から、あるいはそれと同時、並行的に自己愛（ナルシシズム）と同一化という心的エネルギーによって動かされる面があるのではないかということになる。そして、その一面を言葉としてじっさいに表現する形式が、二項結合方式ということになる。

　「ひと」は話す生きものであり、「かみ」は「ひと」と超越的なものを伸

介する象徴的なものの名である。日本語では、両者を一つにした存在を「人間」と呼んでいるが、それは「ひと」でも「かみ」でもない。しかし、すべて空名である「かみ」の名を次々に言い換えても、「人間」の意味が明らかになるわけではない。「ひと」は、いつまでも鏡に映る「お前」からの呼びかけに応じて、「お前のお前」として生きていくが、「お前」という鏡像は自分の似姿としての他者であって、その呼びかけは、「お前のお前」である自分の欲望である。日本語では、欲望をめぐる「お前」と「お前のお前」の想像的な関係を<u>忖度</u>と呼んでいる。この語は音読みで、忖（ソン）も度（タク）もはかる（計る、量る、見当をつける）という意味だが、度には度量、節度のような、心のあり方を指す意味もあり、通常は二字で他者の心のなかを推しはかるという意味になる。しかし、その他者は、「お前のお前」と想像された自分であり、その欲望はみずからの欲望である。

　「かみ」は、すべて空名であるが、それには存在理由がある。というのも、「かみ」という語は、空名でありながらも、他のさまざまな語に言い換えることができるからである。昭和天皇が終戦の翌年・元旦に出した詔書には、「人間」という語はないが、それが人間宣言と呼ばれるところにも、「人間」が「かみ」をそれとなく言い換えた重要な語であったことが分かる。その内容は、次のような数行から窺える。

　「朕（ちん）と爾（なんじ）ら国民との間の紐帯は、終始相互の信頼と敬愛とによりて結ばれ、単なる神話と伝説とによりて生ぜるものにあらず。天皇をもって現御神（あきつみかみ）とし、かつ日本国民をもって他の民族に優越せる民族にして、ひいて世界を支配すべき運命を有すとの架空のなる観念にもとづくものにもあらず。」日本語では、ここに「かみ」でなければ「人間」だという含意が読み取れるのである。もっとも、昭和天皇自身は、詔書を出すにあたり、ある侍従が直接に確かめたところ、「五箇条の五誓文を主とせよ。現御神のことは軽く言え。」と答えたらしく、30 年後（昭和 52 年）夏の記者会見では、こう語っている、「それ（五箇条の御誓文）が実はあの時の詔勅の一番の目的なんです。神格とかそういうことは二の（第二の）問題であった。（略）民主主義を採用したのは、明治大帝の思し召しである。しかも神に誓われた。そうして五箇条の御誓文を発して、

第六章　無名と空名　　319

それがもととなって明治憲法ができたんで、民主主義というものは決して輸入のものではないということを示す必要が大いにあったと思います」[7]。

　昭和天皇は、天皇が「かみ」であるかどうかは、二の次の問題であったと語っている。いずれにせよ、「明治大帝が誓った」皇祖としての「神（かみ）」は、「超越的なもの」ではなく、「名」であった。私の言う「超越的なもの」とは、言葉の領域から追放されて、隔絶されたもの、名のないもの、心のなかにしかないものである。そして、私が「供犠」という語によって指しているのは、言語活動から追放されている領域に、すなわち象徴界に欠けたものとしてある領域に、人びとが捧げものをしてその欠如を補填しようとする儀式、または、その捧げものの対象である。人びとは、その捧げものに「名」をつけているが、それはやむをえないことであるけれども、語る主体を規定する三領域の関係を理解するためには妨げになる。「名」は、あくまでも言葉の領域にあって、せいぜい父の機能によって与えられた、ひとと超越的なものとのあいだを仲介しようとする何かの「呼び名」であって、超越的なもの自体ではない。

　日本語は、漢字を自国語の文字言語として採用してから、抽象名詞はもちろん、場所の名や人名まで漢字で書かれるようになった。そのため、漢字の音読みだけでは、言葉の意味が分からなくなった。ほとんどの文字に表意性がある表語文字としての漢字の裏付けがなければ、意味を推量することさえできなくなってしまったのである。そこで、自国語のそもそもの音声では、ものを考えることさえできなくなり、漢字に対してまったく無力な受動性のなかに閉じ込められてしまった。漢字が伝来してからも、少なくとも7世紀の半ばころまではカミ、オホキミなどと呼ばれていたひとには、およそ日本語の歴史からは意味の出自も探ることのできない天皇という名がつけられて、生きた同胞としての供犠になり、今日では象徴とされている。しかし、オホキミが天皇と呼び変えられ、その属性が象徴とされても、供犠という実質的な意味は変わらない。

　そもそも、同じ日本人のひとりである同胞を象徴とするのは、象徴の語の本来の意味を逸脱している。しかし、日本の社会を支えている供犠は、いまのところ誤って象徴と呼ばれているが、天皇は「かみ」ではなく、「ひと」

でもない。なぜなら、「ひと」であれば象徴ではなく、象徴であれば「ひと」ではないから。象徴するものが、象徴されるものと同じになってしまったら、その象徴するものは、象徴であることをやめなくてはならないが、憲法は、日本国内に生きている同じひとを、象徴するものと象徴されるものに分けている。このことは、いまの憲法の原案を書いた占領軍の若い法学者が、象徴の意味をよく調べなかったからであろう。

　昭和天皇は、上の記者会見のなかで、明治の立憲君主制における天皇主権の「絶対主義」を、天皇の神格をわきにおいて「民主主義」と言い換えている。民主主義は、democracy の訳語であるが、当時、人びとはその語を「デモ、暮ラシイイ」と読みかえた。これはヨーロッパ語の読みかえで、昔からの漢字の訓読みではないが、たんにジャーナリズムの野次馬的な洒落でもなく、日本語における読みかえの本質的な一面を伝えているのではないだろうか。日本語には、漢字が伝来する以前から同音異義語が非常に多かった。漢字は、それらの語の意味を区別するうえから、とても便利である。『時代別・国語大辞典、上代編』（三省堂）の「か」の音声には、「鹿」「梶」「蚊」「茅」「香」「日」「彼」の他に代名詞、接頭語、接尾語など、「と」には、「外」「門」「戸」「処」「十」「常」「跡」の他に助詞、副詞などが載っている。日本語の語彙は、14 世紀の室町時代頃から急速に増えるとされているが、それとともに漢字の複合語による同音異義語も非常に増える。ある外国人が書いた文字についての一般書には、日本語には漢字の音読みによる同音異義語が例外的に多いとして、「カンショウ」と発音される語が「感傷」「干渉」「鑑賞」「観賞」「勧奨」「緩衝」「完勝」など 17 の熟語をあげていて、日本語の大きな辞典にはその倍近くが載っている。[8]このようなことから、ラカンは、日本語では洒落が日常の会話に飛び交っていると言ったが、じっさいには、その言い換えは隠喩的な意味作用を生むユーモアではない。ほとんど、漢字の音読みを利用した語呂合わせによる駄洒落が、日本語の日常的な言語活動を覆っているのである。


　二項結合方式の現象形態は、鏡に映った「お前」の名を、次々に言い換えることなのだが、それらが空名であるのを保証して、ひとを意味の重荷

第六章　無名と空名　　321

から遠ざけてくれるのが供犠として生きているひとの役目ということになる。そのひとの名は、オホキミから天皇へ、その属性も明治の現人神から戦後の人間に、そして象徴に変わったが、その役目は変わらない。そこで、最後に、戦中から戦後にかけて天皇の一貫したあり方を擁護した代表と目される四人のひとたち（西田幾多郎、津田左右吉、和辻哲郎、三島由紀夫）の語り口に、ほんの少しだけふれてみよう。名高い哲学者、歴史家、作家であるひとたちだが、私はいずれの熱心な読者でもなく、天皇についてのほんのわずかな短文に限ってふれるだけである。西田は「日本文化の問題」「国体」「御進講草案・歴史哲学ニツイテ」、津田は「日本の皇室」「天皇考」「建国の事情と万世一系のその思想」、和辻は「尊皇思想とその伝統」「国民統合の象徴」、三島は「文化防衛論」「『道義的革命』の論理」そして「対話・日本人論（林房雄との共著）」である。西田は、まだ象徴という語が登場していない終戦直前の五月に亡くなっているが、あとの三人は象徴という語を、あたかも天皇を規定する前提のように多用している。

　そこで、はじめに西田であるが、彼は「日本文化の問題」（1940年）でこう書いている、「何千年來皇室を中心として生々発展し来つた我国文化の迹<sup>きた</sup>を顧みるに、それは全体的一と個物的多との矛盾的自己同一として、作られたものから作るものへと何処までも作ると云うにあったのではなかろうか。全体的一として歴史に於いて主体的なるものは色々に変わった。古代に於て既に蘇我氏の如きものがあり、それより藤原氏があり、明治維新に至るまでも、鎌倉幕府を始として足利徳川と変わった。併し皇室は此等の主体的なるものを超越して、主体的一と個物的多との矛盾的自己同一として自己自身を限定する世界の位置にあったと思ふ。・・・人間の社会は絶対矛盾的自己同一的世界の自己限定として社会であるのである。・・・我国の歴史に於て皇室は何処までも無の有であった。矛盾的自己同一であった。それが紹述せられて明治に於て欽定憲法となって現れたのであらう。故に我国に於て復古と云ふことは、いつも維新と云ふことであった。過去に還ることは単に過去に還ることではなく、永遠の今の自己限定として一歩前へ歩み出すことであった。主体が環境を環境が主体を限定する。一つの世界が成立するには、それぞれの環境に応じて主体的なものがなければなら

ない。併し世界は矛盾的自己同一として何処までも作られたものから作る
ものへと動いて行くのである」。

　上の短文には、当然ながら、「無」についての説明はない。同じように、
「有」にも「絶対」にも「矛盾」にも「同一」にも説明はない。「無」は、
「無の有」と言い換えられているが、他のところでは「絶対無」「無の場所」
など、ときには形容詞をつけて、ときには形容詞となって言い換えられて
いる。文中の「無」について分からないのは、たんに西田哲学についての
無知のせいだと言われるかもしれない。その通りだとして、にもかかわら
ず、もう一度「無」について一般的に考えてみると、ひとは「無」それ自
体について語ることはできない。ひとは、だれでも他のひとが語った、あ
るいは語っている「無」について語るのである。というのも、私は、ラ
カンが師と呼ぶコジェーヴの「ひとが語ることができるのは、ひとがそれ
について語るものだけである」という言葉を思い起こすからであるが、そ
れを「無」にあてはめると、「それ自体としての<u>無</u>を開示するのは<u>沈黙</u>だけ
であり、いかなるディスクール（哲学的ディスクールはもちろん）による<u>思
惟</u>も、<u>錯覚</u>なしには無を開示することはできない」となる。コジェーヴは、
そのように、パルメニデスからヘーゲルまでの存在そのものと、ひとがそ
れについて語る存在について論じている。

　西田は、「無の有」と言っているが、この「の」は格助詞で、所属、属性、
同格の関係などを表わすとみてよいだろう。つまり、古来日本文化の中心
をなす皇室は、無の場所にありながら有の場所に実在して、永遠の今を生
み出して行く。しかし、無が、有をその属性として実在するものを表わす
なら、無は有と同じものになり、「無の有」は何も言わない、無意味な言
葉になる。一方、コジェーヴは「誤ったディスクールにおいては、有（存在）
と無（非・存在）が、同じものとされながら、同時に区別される」と語る。
というのも、「誤ったディスクールは、自分が言うところのことと、自分
が言うところのことと反対のことを、同時に言おうとするからである」。
つまり、そのディスクールは、あるときは自分が言うところのことであり、
あるときは自分の言うところと反対のことだからである。したがって、そ
れはけっして唯一のディスクールではなく、必ず複数のディスクールであ

第六章　無名と空名　　323

る。なぜなら、そういうディスクールには、必然的にそれとは反対のこと
を言うディスクールが対立するからである。

　西田の「無の有」については、皇室は無によって、たとえ絶対矛盾的自
己同一の世界の中心として歴史的に実在すると主張しても、そうではない
と、反対のことを述べるディスクールが必然的に存在するからである。お
そらく、彼はそんなディスクールを無視しただろうが、それは、彼が無に
ついて語っていることを忘れていたからである。彼は、しばしば「余の言
う無」「余の言う場所」「余の言う弁証法」などの断わりを入れるが、その
「余の言う」は、自分が「無」について言われていることについて語ってい
るのを忘れていれば、無意味な接頭語になる。そうなると、彼の言う
「無」について、ひとは何も言うことができない。せいぜい、その語を聞
き流すか、くり返し暗誦することができるだけである。西田にあっては、
「無」と同じようなことが、「絶対」にも「場所」にも「矛盾」にも起こっ
ているのではないか。というのも、「我国文化」の中心である「皇室」が占
める無の場所という、「真に実在する具体的なもの」を語るにさいしても、
「無」にも「場所」にも「絶対矛盾的自己同一」にも、これといった説明が
ないからである。

　ある評者は、「西田の絶対矛盾的自己同一の考え方は、それ自体の性格
からいって宗教の論理としてもっとも生彩を放っている」と言い、反対に
「その絶対矛盾的自己同一の考え方がもっとも無残な姿を示したのは、歴
史や国家の問題である」と書いている。西田の所説には、はっきりした
矛盾があると言うのである。しかし、その両面には、本当に輝かしいとこ
ろと痛ましいところがあるのだろうか。彼は、使用している語の概念を明
らかにしようとしているのではなく、「無」や「有」などの語を、たんに<u>漢字</u>
として弄んでいるようにみえても、じつは、彼の方が漢字に弄ばれている
のである。なぜなら、日本語では「神」も「天皇」も「人間」も空名であ
り、それらはいくつもの漢字によって書かれ、音読みされる。それらの空
名は、どのような漢字で書かれ、どう読まれようと、天皇が供犠であるこ
との論究を妨げ、わきに逸らそうとしているのは共通している。そこに、
「あまりにも際立った」対照的な両面があるわけではない。

たしかに、西田には、「神」の名を空名としてそれをいつでも言い換えられる世界において、名は神から与えられた実体であると信じる一神教の宗教や西洋哲学のドグマを超える先駆性があった。そう述べるいまの評者は、自著の最後にこう書いている、「まことに西田の哲学は、日本にあって日本を体現するとともに日本を超え、その上、近代のうちにあって近代を体現するとともに近代を超えていたということができる。そういうものとして現在でも生きており、人々が意識するとしないとを問わず、〈日本の哲学〉の座標軸になっているのである」。この結論と同じ趣旨の意見はよく耳にするが、その安易な軽々しさは何によるのか。名が、そもそも空名として、音読みされた漢字に弄ばれている世界では、何でも言えて、その名に「存在理由」はあるものの、ついには何を言っても同じで、その場、その時の機会主義（opportunism）に行きつく。しかし、それは精神分析によると、たとえ部分的であろうと、つねに真理とかかわろうとする哲学のディスクールではない。

　また、西田の文には、「随筆的」という別の論者の評言がある。彼の文体は、およそ爽やかな随筆とは似ていないけれども、随筆がそのときどきの体験を語り、使用する言葉の説明にはあまり責任をもたないところは似ている。その点、西田の文は、まさに随筆的であって、使用する言葉の概念を追って、それに普遍的な意味を与えようとするのではなく、漢字を使い、情を込めてその言葉を反復し、くり返すだけである。しかし、それは読者に対して、哲学者の役目をはたしていないことである。だから、後に彼の文を解説する者は、それをいかようにも解釈するが、それらの文もやはり随筆的であらざるをえない。時局に迎合した機会主義的な言い換えは、けっして哲学者のディスクールではない。哲学者を自称して、それを評した先の論者の結論は、あたかも悪いところは改め、良いところを伸ばしましょうという近所のおばさんの、いつもの助言のように聞こえる。だが、それは快楽原則についての俗説に従っているにすぎない。

　とはいえ、西田の文が、随筆の読後感のようなそれぞれの解釈を可能にするのは、彼がとくに漢字をいい加減に使っているためではないだろう。日本語で抽象名詞として使われる漢字には、恣意的な使用の可能性が浸み

込んでいる。漢字は、シニフィアンの材料になるが、同時に視覚的な対象にとどまる面が強い。そして、その表意性が、それ自体には意味のないシニフィアンのつながりから生まれる意味作用の産出を妨げる。ラカンは、『アンコール』のなかで、「単独で唯一である存在は、それ自体において〈1〉である」というパルメニデスの〈1〉に関連して、「文字は、それら（複数の〈1〉）の集まりであるのである」と言い、「文字は、それらの集まりそのものとして機能しているものとして捉えられるのです」と付言している。そこで、その集まり（集合、assemblage）における文字のつながりについてみると、結局、それは思考を介したつながり、すなわち論理（logique）ということになる。その点で、たんに表音的な文字によるのと、表意的な文字によるのとでは、表現法に違いが生まれる。ただし、「無意識が、集合論におけるさまざまな集まりとしての文字として働いている」のは共通している。

　日本語になった抽象名詞としての漢字を、助詞（て、に、を、は、・・・）でつなぎ、論述文をつくっても、ほとんど論述文にはならない。少し極端には、有意の視覚的対象となったそれらの漢字は、写生画のなかの対象のように、感覚的な刺激を生む一方において、見えない表象によって進められる思考の働きを妨げる。かといって、そのことが現実的なものへの接近をとくに難しくするわけではないが、ともかく、音声だけの見えない表象のもとで進められる論理的な意味作用の誕生を妨げる。日本語で書かれた論述文のなかでは、漢字が、ちょうど写生画のなかの見える対象のようなものになって、論述文を写生文にしてしまうのである。論述文は、シニフィアンのつながりの見えない意味作用から生まれる論理を支柱にして、何らかの思想を表現する文である。漢字は、もともと亀甲や牛の肩甲骨に刻まれた象形的な痕跡から、絵画的要素の組み合わせとして完成した表意的な文字であり、日本語ではそれを自国語の文字として採用したが、そのために論理を構築しようとする歴史的役割をおきざりにしたので、思想を表現する論述文には向かない言語になったのである。

　歴史についても、やはり、歴史家は歴史について語られたことについて

語るのである。実在する歴史とか、歴史における現実界などは、どれほど史料を積んでも、それらを自然科学的に語るのは不可能だろう。しかし、歴史家も絶対精神や唯物史観のように、超越的なものに近づくことはあるが、それらはいつも歴史的であることによって、ラカンが言うように、意味作用を読むという象徴界にとどまらざるを得ないのである。津田左右吉も、また日本の歴史について語られたことの意味を読んだ歴史家のひとりである。それについて、ある研究者は「思想的にもっとも重要なのは、次のような点であろう。」と指摘している。「記紀の記述中、神代から仲哀天皇の部分にいたるまでは、天皇の系譜をふくめて、歴史的事実の記録と見るべき部分は全然なく、日本の民族または国家の起源についての客観的事実を知るための陳述史料として記紀は全然史料的価値をもっていないこと、応神天皇以後の部分には、時代が下るにつれ、次第に史実の記録から出たものが多くなるが、それでも天武・持統紀三巻を除けば、史実でない記事、特に机上で造作されたもののすこぶる多いこと等を明らかにしたことである」。同時に、「彼は、記紀の主要部分を大巾に史実を含まないと論断したのであるが、そのことは陳述史料としての価値を否定したものであっても、思想の表現としての価値を寸毫も軽んずるものではなく、むしろ記紀の思想を知るための遺物史料としての価値を重視すべきであるというのが、津田の真意であった[14]」。

　以上の評言は、まさに、津田が歴史の遺物・史料に基づいてその意味を読んだことを伝えている。戦後、津田が天皇について書いた文を6章にまとめた『日本の皇室』の第一章「日本の皇室」で、彼は次のように書いている、「明治の憲法の規定は、実は古来の天皇の地位とその性質とによったものではなく、それには、君主の権と人民の権とを対立させたヨーロッパの思想に本づき、君主の権力を優越の地に置いた、という意味がある。新憲法は、同じ思想によって、それとは反対に、人民の権を優越させ、君主の権を抑えたものであって、主権が国民にあるとしたことによってそれが証せられる。しかし、これもまた昔からの日本人の思想ではない。日本人はもともと君権とか民権とか或はまた主権とかいう概念をもっていなかったのである。敗戦の結果として憲法を変更しなくてはならなくなった

時に於いても、日本の知識人の多数は、ヨーロッパ風の憲法の知識をもっていたにもかかわらず、こういう精神で新憲法が定められようとは予想しなかった。」。

津田は、日本の歴史においては主権、人権などの権利（droit）の概念はなかったこと、また、政治的な主権と民権の対立もなかったことを指摘している。それにもかかわらず、「新憲法が天皇を日本国の象徴であり日本国民統合の象徴であるとし、国政に関与せられず、ただ国事に関する一定の行為をせられることにしたのは、日本の昔からの天皇の地位とその性質とによく適合するものであって、天皇の真の権威は新憲法のこの規定によって明らかにせられ、皇位の永久性もそれによって確保せられるのである。こういう表現の発案者は何人であったかは知らぬが、これはいみじくも規定せられまたいみじくも表現せられたと考えられる。明治の憲法に定められていた天皇の権を無くしようとした動機は誤解から出たものであり、それに代る規定を作ろうとした考えかたも妥当とは思われぬが、その結果として定められたこのことは、きわめて妥当である」[15]。

人びとが象徴とするものは、ひとの姿形をしていても、ひとではないものとして扱われ（ひとの代わり、人身供犠）、ひとのそとに出されるから、政治的な主権をもたないことは当然である。君主は、必ず供犠的な一面をもつが、もし政治的主権をもつとすれば、当然、その君主はひとである。津田の指摘では、そこがよく分からない。彼は、「日本の皇室」の結びでこう書いている、「日本の古代の政治は神権政治であったとか、または日本は家族国家であって天皇はその族長であられたとか、そういうような説が行われているが、それらはみな歴史的事実に背いている。天皇は、はじめから神ではない人であられ、神権などを背景にもたれない日本の政治的君主、但しみずから政治の局に当たられない政治的君主、であられたのである。もともと国の象徴であられ国民統一の象徴であられる天皇は、社会組織や経済機構がどういうものであっても、またそれらがどう変化しても、それには関係の無い地位にいられるので、令の制度の時代でも封建制度の時代でも、その地位は同じであった歴史的事実からも、それが明らかに知られる」[16]。

津田は、文中、天皇を「国民統一の象徴」と呼んでいるが、家永三郎が

328

「文学史としても思想史としても、前人未発の境地を開拓した独創的名著」と評価する『文学に現はれたる我が国民思想の研究』では、表題に「国民」は使われているが、本文では民族から貴族、武士、平民に分かれ、国民は、おそらく全体としての「我が」日本人を指しているのだろう。家永は、津田の史学について「研究者の主体的立場を強力に発揮し、研究者自らの思想上の価値基準によって過去の思想を評価している」として、「歴史学において、研究者が主体性を全くもつことなく、完全に己れを空しうして対象を純客観的に認識するなどということは、原理的に不可能であり、そのようなことを表面主張している実証主義史学者にあっても、現実にはなんらかの主体性をもって研究していることは否定できないから、単に程度の違いと言えば言えないこともないが、津田の場合には、その主体的立場からする評価が明瞭に顕在化していることと、その評価の峻烈な点で、ひときわ異彩を放っている。」と述べている。[17]

　家永の言う主体的、主体的立場の「主体」は、精神分析の「語る主体」のそれとまったく同じであって、歴史家も、たとえ「実証主義史学者」であれ、「語る主体」であるからには当然のことである。しかし、津田の上の文で、いつの時代にも象徴的な権威をもち、国民統合の象徴として、政治の局には当たらない君主とは、どういう存在であろうか。そこがいちばん肝心なところで、大事なはずである。しかし、津田は「象徴」という、中国語で「象」も「徴」も「そとに見える形」を意味する、もともと日本語とは縁のない合成語の漢字をくり返すばかりである。彼には、日本語の文献に関する先駆的な研究だけでなく、儒教をはじめとする中国思想史についての膨大な研究がある。そのためか、「我が国の『天皇』といふ御称号は、いふまでもなく、漢語であって、それに当る国語すらもない。『スメラミコト』といふのが国語での御称号であり、また隋書倭伝によるタリシヒコといふ語も御称号として用いられたかと思はれるが、それらは『天皇』といふ漢語とは意義の上に何等の関係の無いものである。」という冒頭の一節で始まる初期の「天皇考」（1920 年）[18]を見ても、漢字に対して、西田幾多郎よりはるかに抵抗力がある。にもかかわらず、「象徴」については意味を探ることもなく、明治の 10 年代の日本でシンボル（symbol）の訳

第六章　無名と空名　　329

語として造語された「象徴」については、何の抵抗もなく受け入れている。

　一方で、津田は『日本の皇室』に収録されている「菊と刀のくに」(1946年)では、こう書いている、「日本の知識人ほど他国人の思想や言語に追従することを誇りとし、何ごとをいうにつけてもそれを権威としてそれに依頼しようとするものは、世界の文明国民には類があるまい。他の文明民族の優れた文物を知り、それを学びとろうとするのは、日本人の長所であって、明治時代から日本の文明の急速に進歩したのはそのためであるが、それはひたすら他に追従し他に依頼するのがよいということではない。・・・必要なのは、他国人の意見が、何を資料とし、どのような考えかたで成りたっているかに、批判を加えた上で、その意見を聞くことである。それをしないでむやみにそういう意見に追従するのは、日本人自身が日本のことを知らず、深くそれを研究もしないからであるが、それのみならず、日本人に批判力が無いからでもある。そうしてそのことこそ日本人の最も大きな欠点である。他国人にいろいろの欠点を教えられるのではなくして、他国人の意見をきく態度に於いて日本人みずから自己のこの欠点を暴露し、それでありながらそのことをみずから覚らないのである[19]」。

　津田は、「(『菊と刀』の文化人類学による) 研究方法の誤りが、日本を理解しそこなった根本の欠陥である」としているが、この指摘は、彼の批判精神の表われであるとともに、日本人に批判力が無いことの言明にもなっている。彼は、中国語の文字で書かれた日本語の記紀と、古典中国思想の漢文を批判した。しかし、その批判精神から、批判の培地 (culture medium) となる理論を作らなかった。むろん、それは彼の日本語に対する個人的な責任 (応答) ではないが、いずれにせよ、終戦直後 (1946年1月) に書いた「建国の事情と万世一系の思想」の結びには、「象徴」と「民主主義」だけでなく「国民」も「愛」も「人道的精神」も、ただ目に見える表意的な漢字として、次のように並べられている。「二千年の歴史を国民と共にせられた皇室を、現代の国家、現代の国民生活に適応する地位に置き、それを美しくし、それを安泰にし、さうしてその永久性を確実にするのは、国民みづからの愛の力である。国民は皇室を愛する。愛するところにこそ民主主義の徹底したすがたがある。国民がすべてのことをなし得る能力を具

へ、またそれをなし遂げるところに、民主政治の本質があるからである。皇室を愛することができないような国民は、少なくともその点において、民主政治を実現する能力に欠けたところのあることを示すのである。さうしてまたかくのごとく皇室を愛することは、おのづから世界に通ずる人道的精神の大なる発露である」[20]。

「天皇は、はじめから神ではない人であられ」という「人」は、津田にとって「人間」ということであろう。「人間」は非常に便利な語で、「ひと」と「語る主体」のあいだを融通無碍に往来している。津田は、そのような「人間」が象徴としての「ひと」で、天皇ははじめから象徴的存在だったと考えたのかもしれない。しかし、それはたとえ象徴的であっても、「ひと」とは別の存在である。津田は、そのような存在を愛するように勧める。また、それが人道精神を発揮することだと説いている。しかし、それは国民と呼ばれる集団が、彼が象徴と呼ぶ供犠を作り出す道でもある。そして、そこには「語る主体」について考えようとするとき、「象徴」やそれに対する「愛」という表意的な文字が、「ひと」の目を晦ます深刻な罠がある。そこで、いまのところ定義不能な「人間」という日本語にも、冷静な目を向けなくてはならない。


史実は、歴史上の事実、歴史的事実と言い換えることができる。終戦後まもなく、和辻哲郎は、その歴史上の事実が法律上の事実に優ると主張して、憲法学者の佐々木惣一と論争したのはよく知られている。そのことについて、私はすでに拙著でかなり詳しくふれたので、ここではくり返しになるのを恐れているが、少しふり返ってみたい[21]。和辻は、終戦の年（1945年）の暮に、同盟通信社からの懇請によって次のようにはじまる文を書いている、「人民に主権があると云っても個々人が主権者だということではない。人民の一致せる意志が、即ち国民の総意が、国の最高権力を持つということである。その場合には、国民の総意を如何に形成し、何によって表現するかが重要な問題になる。・・・少数軍人や少数の政治運動家がおのれの意志を国民の『総意』の名において振り廻し、輿論の横車を押すことになると、われわれは不幸な失敗をまたまた繰り返さなくてはならなくなるので

ある。われわれは真実の総意を正直に、精確に、形成しなくてはならない。そうしてそれを、われわれの国民の総意に最もふさわしい形によって、表現しなくてはならない。この形成と表現とが成し遂げられ、『国民の総意』を表現するものはわれわれにおいて天皇にほかならない、ということが明らかになれば、人民に主権があるということと、天皇が主権者であるということは、一つになってしまう。人民主権を承認するために天皇制を打倒しなくてはならぬという必要はない。このことはやがて『日本国民の自由に表明せられた意志』によって明らかにせられると思うが、歴史の示すところによると、日本国民は既に過去において、自由に表明せる意志によって、このことを示して来たのである」。<sup>(22)</sup>

この文の執筆時には、まだ「日本国憲法」の草案も、そこで使われている「象徴」の語も知られていなかった。キーワードは「国民の総意」であり、ルソーの一般意志（volonté générale）と比べる評者もいるが、和辻の念頭にルソーの『社会契約論』があったかどうかは分からない。佐々木惣一との論争は、そのような「国民の総意」を日本の歴史を通して表現してきた「天皇」が、新しい憲法で「象徴」とされたとき、その国民のなかに入るかどうかによって争われた。憲法の施行と同じ年に公刊された著書で、戦前からの著名な憲法学者の美濃部達吉は、天皇が象徴とされたからには国民のなかに入らないと明言し、佐々木もその説に従っていた。それに対して、和辻は「天皇が日本国民の一員であることはいうまでもない」として、むしろ「象徴であるからこそ、そうなのだ」と反論した。もともと、象徴という語は、E・オルティグが言うように「その働きの本質は、想像的なものの心理学と概念の真理とのあいだの中間的なところにある」<sup>(23)</sup>ので、法律の文には馴染まない。「概念の真理（verité du concept）」とは「言葉と事象の一致」という古典的な意味で、法文はあくまで社会的な命令・禁止・規範などのディスクールと現実の事象との一致を求めているので、イメージ（心像）の生成過程に関わる想像的なものと分かちがたい「象徴」の語は、むしろ避けたい用語だろう。佐々木惣一は、戦後、内大臣府で憲法改正調査に当たり、その後、貴族院における改正審議に参加した憲法学者として、法文におけるその語の探索に苦労している。

それに対して、和辻は、象徴についてこう述べている、「日本国民の全体性と天皇とは別なものではない。日本国民の全体性を対象的に示すものが天皇なのである。しかしそれは天皇が直ちに日本国民の全体性だということではない。両者が同一であれば一が他の象徴であることはできない。天皇はあくまでも主体的な全体性とは異なったものである。しかしその異なったものに於いて、それにもかかわらず国民の全体性が表現せられるところに、初めて『象徴』の意義は成り立つのである。もし象徴の概念が在来の法学に欠けているならば、この概念を久しく取り扱って来た哲学から取りこめばよいであろう」[24]。和辻は、以上のように大見えを切っているが、「象徴」を文学の分野の造語として使いはじめてからやっと半世紀の日本で、「哲学」がその概念を久しく取り扱ってきたというのは、非常に疑わしい。佐々木は、その大仰な教示に驚いて、早速「友人の或哲学者に（象徴が）それほど意味ある観念として取り扱われているかを聴いて見たが、同君は笑をふくんでチョット首をかしげて、別に詳しく語らなかった」と言う。

　佐々木は、「法文で象徴という言葉を用いたのは日本国憲法のみである」と断定したが、やがて、その語（symbol）が1926年にイギリスの議会に提出され、30年に通過した「ウエストミンスター法」で使われているのを知り、次のように書いている「この象徴と言葉を用いるのは、法の条項自身ではないが、法の前文である。この、イギリスの王について、イギリス連合国の成員の結合の象徴である、とする文句は、わが日本国憲法が、天皇が国家の象徴であり、日本国民統合の象徴である、とする文句に関して、用例を示すものとして、注意すべきである。私は、この『ウエストミンスター法』の文句そのものを見た時、非常にうれしかった」[25]。「法の前文」には、「王位（the Crown）は、イギリス連邦構成国の自由な連合の象徴（the symbol）であり、構成国はクラウンに対する共通の忠誠によって結合されている」と書かれている。その後の研究者は、象徴には不定冠詞ではなく、定冠詞（the）がついていることに注意して、ここに宣言されているのは、イギリス連邦を象徴するのは、他の何ものでもなく、「王位」のみであることに注目している。たしかに、クラウンは、大文字ではじまると王の地位や身

分をあらわすが、小文字の普通名詞としては王冠であって、いずれにしても具体的な人物ではない。

その後、法文における象徴の意味は、「実在的他者をあらわす。（そして）象徴するものは、象徴されるものと、本来は相交わりがたいものでありながら、それらを結びつける媒介的契機を含んでいる」という一般的な理解におちついたとみてよいだろう。すなわち、象徴の外在性と媒介性という本質である。しかし、佐々木は、象徴が「ウェストミンスター法」で使われているのを知ったが、そこでイギリス連合国の結合を象徴するものが「王位」という抽象名詞や「王冠」という物品であって、けっして王と呼ばれる具体的な人物でないのを忘れていたようだ。その規定は「（日本の）天皇が日本国民統合の象徴である」という文句とは基本的に異なっていて、適当な用例にはならないし、二つを混同すると象徴の絶対的な外在性という本質についての誤解が生じる。

ところが、和辻哲郎は、それに加えて、象徴するものと象徴されるものは別であっても同じだと言う。彼も、両者がはじめから同じだとは思っていない。また、両者が最後まで同じであれば、一方が他方の象徴であることはできないと考えている。それでは、両者が別でありながら同じであるのは、象徴の媒介性という本質的な一面のゆえだろうか。象徴の媒介性には想像的なものがともない、それによって両者はつながる。その通りである。しかし、そのことを両者が同じだと言うのは、想像的なものと現実的なものを区別していないからである。二つの領域の癒着が、子供でも首をかしげる和辻の理不尽な陳述を生んだのである。それは、彼の歴史的事実と法律的事実の違いという主張にも表われている。

彼は、「天皇の伝統的権威は、法律によって定められる法律事実というようなものではない」という前提から、「わたくしはこの天皇の伝統的権威が、日本の歴史を貫いて存する事実だと考えるのである。それは天皇が国民の全体性を表現するが故に生じた権威であって、国法の定めによりはじめて成立するのではない。それは厳密な意味での国家の成立に先立って存し、また国家の統一が失われた時にも存続した。」と書いている。これに対して、佐々木は「何人が統治権の総覧者であるか、ということは、

法 ―この場合には根本法たる憲法― が定めるのである」と述べて、和辻の前提を否定し、「その事実というのは、社会に発生した、従っていわゆる歴史的の、事象というようなことではない。法が取り扱っていて法上の定めの対象としている事項という義である。和辻教授は、法上の概念を取り扱う場合に、概念に該当する事実というの意義を誤解していられるのではあるまいか。」と結んでいる。<sup>(28)</sup>

　佐々木は、彼が語っているのが「法上の事実」であると言い、それは法が語る事実としてのフィクションであるのを認めている。ひとは存在についてと同じように、事実そのものを語ることはできない。和辻が誤解しているのは、ひとが語るということについてであり、そこから歴史的事実と法律的事実の違い、ひいては、ある事実が別の事実に優るという観念が生じるのである。ひとは、自分が語っている事実を客観的に、あるいは実在論的に証明しようとする。これは大昔からあることだが、そのとき、ひとはその事実について語っているのが自分であることを忘れるだけでなく、自分が語っていることさえ忘れてしまう。それはギリシア時代のいわゆる哲学者たちが、それとなく気づいていたことだろう。しかし、和辻はそれを忘れているだけでなく、自分が語っている事実以上の事実の内容を、<u>権威</u>という言葉で指している。

　ひとは現実的なものを想像的に加工して象徴的に表現するという、共通する営みによって生きている。事実は、つねに語られる事実であって、それは無数にあるだろうが、和辻はそれを「国民の全体性（全体としてみた場合の国民）を示す天皇の歴史を貫いた伝統的<u>権威</u>」として語る。その権威の意味は、必ずしも分かりやすくないが、やはり言語の領域に欠けている何かを言葉で表現しようとした語であろう。しかし、それが日本人を日本国民たらしめている事実の内容であると、<u>権威</u>の語をもって押しつけてくるのは、語る主体の症状としてたち（性）が悪い。なぜなら、権威（auctoritas）の原語には、ローマ時代から「助言以上であり、命令以下のもの、むしろ正当に服従を拒むことのできない助言」という意味があるらしく、「服従の自発性を促す命令的助言」という意味は、いまの邦訳語にも生きていると思われるからである。

第六章　無名と空名　　335

また、Ａ・コジェーヴは「私が誰かを部屋から出て行かせるために腕力を使わなくてはならないとすれば、私はこの行為を実現するために自分自身の行動を変化させなくてはならないが、しかしまさにそのことによって、私が権威をもたないことが明らかになる。ここに権威の概念の独自性がある」として「行為者は権威をもって働きかけることによって、外部の人間的所与を変化させることができるが、その反作用を被ることはない、すなわち、この行為によって自分自身を変化させることはない。」[29]と書いている。そうなると、天皇の権威は歴史や伝統と同じように、どのようにでも語られるが、それ自体はどのように語られても変化しない、絶対的与件になる。

　一方、権威は正当に拒むことが難しい命令的助言である以上、それは言葉を使って欲望するあるひとと、他のひとの関係から生まれる社会的な力を指していて、ひとに自発的な同意と服従を要求している。そして、その社会的関係には、必然的に想像的なものが関与している。ひとが他人の欲望を先取りして、それに応えようとするのは、そのこと自体がそのひとの欲望なのである。けれども、その先取りを促す権威の担い手が天皇であり、天皇はいつの時代でも歴史的に日本国民の全体性を表現する象徴であるというのでは、ひとは天皇との想像的関係から一歩も外に出られないことになる。だが、そういう担い手としての象徴は、語る存在としてのひとではない。それを<u>人間</u>と言ってみても、その言葉は、ひとをいつまでも天皇制という特殊な供犠制度のなかに閉じ込めておくことになる。それゆえ、ひとを権威の観念によって社会関係における自発的服従を正当化するのは、ひとの言語活動から生まれる症状としてたち（性）が悪いのである。


　さて、三人の天皇観について、背景には共通して「歴史」がある。三島由紀夫にも「歴史」はあるが、彼の「歴史」と天皇の関係は少し違う。あるいは、三人のそれと根本的な違いがある。私は、これまで拙著のなかでいくどか「三島と天皇」についてふれてきたが[30]、ここでは、彼が残したいくつかの言葉を拾って、それにふれてみたい。

　「私の中の二十五年間を考えると、その空虚に今さらびっくりする。私

はほとんど『生きた』とはいへない。鼻をつまみながら通りすぎたのだ。」、「私は人生をほとんど愛さない。・・・これからの日本に大して希望をつなぐことができない。このまま行ったら『日本』はなくなって、その代はりに、からっぽな、或る経済的大国が極東の一角に残るのであろう。それでもいいと思ってゐる人たちと、私は口をきく気にもなれなくなってゐるのである」[31]。「僕にとって、戦後世界といふものは、ほんたうに信じられない、つまり、こんな空に近いものはないと思ってゐるんです」[32]。「ことばといふのは、ほんたうに肉迫して、存在の中に溶け込んじゃふぐらゐの力があるよ、ほんたうにことばが能力を発揮すれば」[33]。「僕は天皇無謬説なんです」[34]。「天皇というのは、僕の観念のなかでは世界に比類のないもので、現状肯定のシンボルでもあり得るが、いちばん尖鋭な革新のシンボルでもあり得る二面性をもっておられる」[35]。「天皇は、日本人の象徴という意味では、日本人のフレキシビリティーというものの、あれほどの象徴はありませんね」[36]。「おれがつまらない名前だが三島という名前があるからこそ、諸君はここへ呼んでくれて、そしてなんかかんかいじめてくれるわけだ。・・・だから君らの中にある絶対的なものに天皇という名前を与えたっていいじゃないか」[37]。「今こそわれわれは生命尊重以上の価値の所在を諸君の目に見せてやる。それは自由でも民主主義でもない。日本だ。われわれの愛する歴史と伝統の国、日本だ」[38]。

　上の引用から、三島の「歴史」は、西田など三人のそれとはずいぶん違うのが分かる。それは、たんに生きていた時代の違いというより、ものの言い方のタイプ（類型）が違うのである。たしかに、彼が鼻をつまみながら通りすぎたというのは、戦後に出現した「衆愚社会」の「あまりにも現状肯定的」で「ホームドラマ的」な、「命あっての物種」という世相から出た悪臭のせいだろうが、それでは天皇制が成立してから終戦までの1400年近くのあいだに、空気の清透なときがあったかどうか、それはどちらとも言えない。しかし、彼は天皇の革新的な一面が発揮されて、かつてそういうときがあって、将来もそういうときがあり得ると信じていたか、信じていたふりをしている。というのも、彼は、天皇という名が絶対的なものと言うが、その名がじっさいに革新的な一面につながるかどうかは、あま

第六章　無名と空名　　337

りはっきり言わないからである。彼が学生の質問に答えて言ったように、「観念に名前がつかなきゃ、観念じゃない」のは、その通りである。彼にとって天皇は、無謬である。彼は、その絶対的なものの観念に天皇という名をつけた。しかし、その観念と、それを言葉にした名との関係は、もとの観念と現実の存在との関係とは別である。

　三島は、言葉が本当に能力を発揮すれば、存在と一つになる可能性があると言う。存在とは、三島にとって「身体」であり、鏡の手前にある現実的な身体である。しかし、彼が「日本」と呼ぶところでは、音読みされた漢字が日本語になり、観念を表わす名は、「神」をはじめ、ぜんぶ空名になった。彼は、そのことを認めていたのではないか。「文武両道」について、武田泰淳との対談で交わした言葉にそのふしがある。「文武両道というのは、絶対不可能なんだ。片方で何かやり、片方で何かやるというのは、文武両道じゃないんで、おれはよく分かっているつもりですがねそれは、最終的なことしかないんで、最終的な時に、文武両道というのは何か分かるようになるだろう」。スポーツは、何をやっても反復だが、芸術は、絶対にそうではない。文学をやるということは「最後まで、強気をもつことだ」、しかし「強気をもつということは、もう小説を書くことじゃないだろう、そうすれば、文学じゃそれは解決できる問題じゃない。」「僕は、それは絶対文学で解決できない問題だと気がついたんだ。まあ、頭は遅いけど」。彼は、それが言語活動と存在の問題だと気づいたのである。

　音読みされた漢字をいくら並べても、論述文から生まれるはずの意味作用は生まれない。ましてや、いまの小説の形式からは生まれない。存在は遠くなるばかりである。最後の観念小説『豊饒の海』のしくじりは予想されていたのではないか。三島は、秋山駿との対談で、こう語っている「われわれは西洋の道具を借りてものを考へるという習慣は、どうしても抜けない。ですから、日本のものを西洋の考え方で解釈してゐるといふのは、根本的に嘘なのですけれども、その嘘をどこで脱却するか、じつにむづかしいのですね。日本のものを日本の道具で考へようとすると、へんな蒙昧主義に陥つちゃふのですから、平田篤胤でさへ、キリスト教などいろいろ引っぱつてきて解釈してゐますね」。だが、嘘の根本は、西洋の考え方を

338

外国語の文字の音読みによって解釈し、それをあたかも日本のもののように言いふらすところにある。

　彼は、そこで、大野晋の言語学における試みを「これも外来語、これも外来語と消去していって、一番おしまひに日本語の本質ができてきて、日本人の世界観とかわかってくる」と言って、関心を向けている。そして、日本語には、言葉以前からお互いに分かりあっている厚い層があり、それが言語表現に反映していると考えているようだが、そのことなら外国語を知るひとたちにもよく分かっており、日本人独自の直観形式というものではない。日本語の言語表現で、それが老若男女を問わず、あらゆる社会関係のなかに浸透しているというのは、あくまでも程度の問題であろう。しかし、彼は日本人のそういう直感形式のなかに、日本人独特の人間関係に対するリアクションが必ず入ってきて、それが外来語の文字を使って嘘をつくことから脱却するのを難しくしていると言う。また、お互いに言葉を交わす前から分かりあっている日本語では、お互いのそとから入ってくる絶対的なものの名に近づくのも難しいはずである。だが、彼は天皇がその名であると言う。

　日本の専攻分野には、現在、翻訳論という新たな分野があるようだが、その代表者の一人柳父章は、三島が自殺して25年後の「翻訳文化としての天皇制」と題した論文で次のように書いている。「不思議なことに、天皇制の支持者も批判者も、今までほとんど疑ってこなかったのだが、実は天皇制は、日本文化の体現であり、その象徴であると言うより、むしろ圧倒的に外来文化の体現、象徴なのである。天皇制のほとんどすべては外来文化、私の言い方で言うと『翻訳文化』で成り立っている。」。彼は、その「翻訳文化」の特徴を「秘」という用語で表わしており、「その本質的な起源は、日本語における漢字にある」とし、「秘」とは「初めに形があって、意味はよく分からないが、何か立派なものが奥に隠れている」ということで、「天皇制の『秘』とは、外来文化、翻訳文化であるにもかかわらず、大多数の日本人は、伝統的、日本的文化であると思い込んでいる、その思い込みの思考構造である。」としている。(40)だが、日本において、日本文化が外来文化とまったく別にあるわけではない。上の引用文をまとめると、外

来文化の体現が、すなわち日本の伝統的、日本的文化の体現なのである。漢字は、日本に伝来して、日本語になった。「秘」の文化において、それは空名であり、翻訳語としての天皇も空名である。翻訳語の名は、もともと空名なのであるが、三島は、その名と存在とのつながりに対する、あるいは絶対的なものとのつながりに対する体験の仕方が、三人と同じでない。

とはいえ、「歴史」については、彼も三人の天皇擁護論者のありふれた解釈からそれほど離れたところにはいない。東大全共闘との「討論を終えて」では、こう書いている「天皇は、いまそこにをられる現実所与の存在としての天皇なしには観念的なゾルレン（あるべき—引用者）としての天皇もありえない、（その逆もしかり）、といふふしぎな二重構造を持っている。すなはち、天皇は私が古事記について述べたやうな神人分離の時代からその二重性格を帯びてをられたのであった。この天皇の二重構造がなにを意味するかといふと、現実所与としての天皇をいかに否定しても、ゾルレンとしての、観念的な、理想的な天皇像といふものは歴史と伝統によって存続し得るし、またその観念的、連続的、理想的な天皇をいかに否定しても、そこにまた現在のやうな現実所与の存在としてのザイン（ある—引用者）としての天皇が残るといふことの相互の繰り返しを日本の歴史が繰り返してきたと私は考へる。そして現在われわれの前にあるのはゾルレンの要素の甚だ希薄な天皇制なのであるが、私はこのゾルレンの要素の復活によって初めて天皇が革新の原理になり得るといふことを主張してゐるのである」[41]。

だが、三島が天皇という名に、革新のシンボルになる一面があるというのは、自殺のための表向きの口実であったのではないか。自殺の本当の理由は、もっとずっと深刻なところにあった。言語活動と存在とのあいだに、絶対に埋めることができない溝のあるところまで自分を追い詰めていたのである。私は、「生命尊重以上の価値の所在をみせてやる」と叫んで自殺するのが天皇主義者とは思えない。天皇が1400年の歴史のなかで、ゾルレンのシンボルだったことがあるというのはたんなる思いつきで、天皇主義者はいつも根本的に現実主義者で、価値の所在には頓着しない機会主義者であった。価値（value）は、言葉については意味（sense）と同義である。天皇主義者は、漢字の音読みを利用した語呂合わせで作る洒落によって満

340

足する官能主義者である。現代では、ときにアルファベット文字も語呂合わせの翻訳に利用される。

　戦後の民主主義（democracy）が、当時「でも暮らしいい」と翻訳されたのは、語呂合わせによる洒落の一例である。そこで、日本語の言語活動は、「みんなが『天皇を愛している』と言っているのだから、それでいいじゃないか」となり、蛇足を加えれば「それを、わざわざ供犠と言う必要はないじゃないか」となる。だが、三島にとっては、このような話法の氾濫が、戦後の民主主義の不毛性を招いている。それゆえ、彼はいまの社会を否定し、武田泰淳との対談では、こう言っている「僕はいつも思うのは、自分がほんとに恥ずかしいことだと思うのは、自分は戦後の社会を否定してきた、否定してきて本を書いて、お金もらって暮らしてきたとういことは、もうほんとうに僕のギルティ・コンシャスだな。」。このようなギルティ・コンシャス（罪の意識、気のとがめ）は、天皇を革新のシンボルとして復活させたからといって消えるものではない。それは、自分の文字に対する欲望を、お金をもらうためにそれとして貫けず、譲歩してきたことに対する罪責感である。三島が、そこまで「ほんとうに」自分を追い詰めたのだとしたら、彼は天皇主義者として自殺したのではない。ザインとしての天皇は、どれほど深く社会的慣習に根を下ろしているとしても、現実的なものからはおよそほど遠い。

　「生命尊重以上の価値」を見せることができるのは、言葉ではなく、自殺である。ひとが体験できるのは、生きているということだけである。死は、絶対に平等の普遍性が実現する現実的な出来事であるが、それについて語ったひとはいない。死には、死について語られる死と、死について語る死がある。しかし、死について語る死を語ることはできない。死を忘れなくては、死について語ることはできないのである。ひとが生きているあいだに目にするものといえば、ひとの作った文明だけである。天皇制は、ひとが現実的なものから身をかわし、そこに近づかないように工夫された社会的装置の一例である。三島の自殺が知らせたのは、ひとを支配する言語活動の世界では、文化的伝統に由来するとされるたった一つの名によって、ひとの欲望が実現されることはないということである。

第六章　無名と空名　　341

註

（1）P・コフマン編『フロイト＆ラカン事典』、邦訳、弘文堂、92頁。

（2）同上、132頁。

（3）『日本思想体系42　石門心学』、岩波書店、440頁。

（4）イザヤ・ベンダサン『日本教について』、邦訳、文藝春秋社、60頁。

（5）同上、62頁。

（6）R・シェママ他編『新版　精神分析事典』、邦訳、弘文堂、62頁。

（7）高橋紘、鈴木邦彦『天皇家の密使たち』、文春文庫、91頁。

（8）アンドルー・ロビンソン『文字の起源と歴史』、邦訳、創元社、253頁。

（9）『西田幾多郎全集』第12巻、岩波書店、335〜6頁。

（10）A・コジェーヴ『概念・時間・言説』の「知の体系への第二導入部、邦訳、
　　　法政大学出版局、199頁以下を参照。

（11）中村雄二郎『西田幾多郎』、岩波書店、195頁。

（12）同上、243頁。

（13）ラカン『アンコール』、邦訳、講談社選書メチエ、86頁。

（14）家永三郎『津田左右吉の思想史的研究』、岩波書店、276, 279頁。以下の津
　　　田に関する情報の多くは、この研究書に依っている。

（15）津田左右吉『日本の皇室』、中公クラシックス、28, 29頁。第6章の文は、す
　　　べて『津田左右吉全集』に収録されているが、ここでは、読みやすい上記
　　　の単行本から紹介する。

（16）同上、30, 31頁。

（17）家永三郎『津田左右吉の思想史的研究』、岩波書店、104頁。

（18）『津田左右吉全集』、第3巻、岩波書店、474頁。

（19）津田左右吉「菊と刀のくに」（『日本の皇室』）、中公クラシックス、107, 108頁。

（20））『津田左右吉全集』、第3巻、岩波書店、473頁. この文は、「日本の国家形
　　　成の過程と皇室の恒久性に関する思想の由来」と改題されて、全集第3巻
　　　に収録されている。

（21）拙著『気の精神分析』、「第六章「気」の集団心理学」、せりか書房、232頁
　　　以下参照.

（22）和辻哲郎『新編　国民統合の象徴』、中公クラシックス、17, 18頁. 以下の
　　　「国民統合の象徴」からの引用文は、『和辻哲郎全集』第14巻、岩波書店
　　　に収録されているが、ここでは、佐々木惣一『憲法学論文集　二』、有斐閣、

とともに、読みやすい前記単行本から紹介する。

(23) E・オルティグ『言語表現と象徴』、邦訳、せりか書房、278 頁。

(24) 和辻哲郎「国体変更論について佐々木博士の教えを乞う」、『新編　国民統合の象徴』、中公クラシックス、58 頁。

(25) 佐々木惣一「国家的象徴」、和辻哲郎『新編　国民統合の象徴』、中公クラシックス、114 頁。

(26) 鵜飼信成『憲法』、岩波書店、275 頁。

(27) 和辻哲郎「国体変更論について佐々木博士の教えを乞う」、『新編　国民統合の象徴』、中公クラシックス、78 頁。

(28) 佐々木惣一「国家的象徴」、和辻哲郎『新編　国民統合の象徴』、中公クラシックス、151 頁。

(29) A・コジェーヴ『権威の概念』、邦訳、法政大学出版局、16 頁。

(30) とくに拙著『三熊野幻想』（せりか書房）に収録した「三島由紀夫と天皇、Ⅰ、Ⅱ」（1988 年）を参照。

(31) 「サンケイ新聞」、1970 年 7 月 7 日。

(32) 武田泰淳との対談「文学は空虚か」、雑誌『文芸』、1970 年 11 月号。

(33) 「サンケイ新聞」、1970 年 7 月 7 日。（32）武田泰淳との対談「文学は空虚か」、雑誌『文芸』、1970 年 11 月号。

(34) 三島由紀夫『対話　日本人論』、林房雄との共著、夏目書房、187 頁。

(35) 同書、191 頁。

(36) 同書、199 頁。

(37) 『討論　三島由紀夫 vs. 東大全共闘』、新潮社、115 頁。

(38) 三島由紀夫「檄」、『三島由紀夫全集』第 34 巻、新潮社、531 頁。下線は引用者。

(39) 三島由紀夫「私の文学を語る」、『三島由紀夫全集』補巻 1、新潮社、459 頁。

(40) 柳父章『秘の思想』、法政大学出版局、195 頁。

(41) 『討論　三島由紀夫 vs. 東大全共闘』、新潮社、143 〜 144 頁。

# 終章　父の名をのがれて

ラカンは、「無意識とは、ひとがしゃべること、ただそれだけのことです」と言った。ひとがしゃべること以前には、何もない。欲望も真理も意味も、ひとがしゃべることによっている。どれも、しゃべる言葉のすき間から現われてくる。ひとはしゃべり合いながら、それぞれが語る主体になるのだが、精神分析では、その過程をディスクールと呼んでいる。この片仮名の語は平凡な単語だが、原語をどういう漢字に訳してもしっくりしない。一語で日本語にしにくいのである。日本語の幅の広さを利用して、言葉のしゃべり方とでもするのがよいだろうか。ラカンによると、ディスクールの基本的な要素はシニフィアンである。言語学から借りたこの用語の前に、言語記号にはシニフィエという要素があるはずだが、それはたんに表象と呼ばれるような、言葉にならない欲望を指している。といっても、それは重要な心的現実をなす要素で、無意識は、フロイトの時代から、つねに記憶痕跡という形で存続している表象と密接に結ばれている。この表象は抑圧されているが、すでに心のなかに書き込まれており、ラカンは、その見える姿形を文字という概念によって探ろうとしたのである。すなわち無意識は、ひとが心のなかに書き込まれている、意味の分からない文字についてしゃべることによって現われてくるのである。

さて、前章では、四人の天皇（制）擁護論者の天皇観をごく大雑把に瞥見したが、ここで、これまでのことをかいつまんでまとめてみたい。四人とも無意識には関心がなかったので、当然、ひとのしゃべり方を分析することもなかったが、それぞれが語る主体として父の名とともに生きていたのは、あらゆるひとと同じである。名は、ひとがしゃべる言葉であり、父は、ひとに名をしゃべらせる機能である。名は、象徴界にあり、父は、ひとをその領域に誘い込む。ラカンは、どこかで、ひとはマゾヒストとして誕生すると語っていたが、ひとはそもそもみずから能動的にある言葉を名としてしゃべるのではなく、既存の社会的慣習のなかから、父の働きかけで受動的に名をしゃべる生きものだという意味である。しかし、この受動

性は、ひとが語る存在として生きようとする能動性を含んでいる。彼は、そのことを 1964 年 5 月の講義で、疎外の vel と呼び、英語の or にあたるような、二つまたはそれ以上の選択すべき語や句をつなぐ（〜か〜か、または、）ラテン語を使って説明している。すなわち、それは「金か、命か」のような選択で、ひとは金のない命を選び、その代償として大他者の代理人である父から意味を受け取るのである。

　ただし、ラテン語の vel の特徴は、選択は是非もない必然的なものだが、選択する対象は非排他的な、どちらでもよいものである。講義の後の J＝A・ミレールの次の質問とラカンの答えが、そのことをよく説明している。「質問──主体は、己にとって外部にある領野の中で生まれ、その領野によって構成され、その領野において命を授けられている。主体の疎外はこのような定義を受けましたが、それでもやはりこの疎外は自己意識の疎外とは根源的に区別されるものだということを、あなたはお示しにならないのでしょうか。」自己意識の疎外とは、ヘーゲルの『精神現象学』からよく知られた用語で、ひとの精神現象の必然的な過程とされているが、ラカンはこの質問に「とてもよいことを言ってくれました。」と答え、自分を「ヘーゲルの息子だ」という意見には同意できず、「ヘーゲルに『対抗する』ラカンと言ったあなたの方が、はるかに本当に近いと思います。」と付言している。疎外における選択はやむを得ないが、選択する語とその意味は、「自由か、死か！」の例が示すように、ある条件のもとでは「唯一の自由の証明は、まさに死の方を選び取ることだ」にもなる。すなわち、疎外という現象はやむを得ないが、それについての自己意識は何ら決まっているものではない、自己を疎外された存在として意識するかどうかも決定されていることではないということである。(1) ちなみに、疎外の過程は次のように図示できる。(2)

終章　父の名をのがれて　345

ともあれ、主体は外部の領域のなかで、意識するかどうかにかかわらず、シニフィアンによって代理表象され、シニフィアンは主体を代理表象し、主体は自己を失う。それが、ラカンによる疎外の結果である。シニフィアンのはじまりは、父の名であり、父は主体に話すことを促し、命令し、主体に言語活動を開始させる。そのさい、主体は、たった一つのシニフィアンによって代理表象されるわけではない。シニフィアンは、他のシニフィアンに向けて主体を代理表象するので、それはつながりをなし、その過程で意味作用が生まれる。外部の領域のなかで、はじめの父の名も一つではなく、主体は、ラカンが大他者と名づけた言葉の倉庫のなかの、あるシニフィアンによって代理表象されるのである。そして、父は、その後も主体にシニフィアンを授ける役目を続け、主体はそのシニフィアンを名として発言する。その意味において、父は、つねに<u>名の父</u>であり、父の背後にいる大他者とは、外部の言語領域で主体の心的現実を統御する場所である。

　こうして、主体は、存在としての名を選び、言語によって裂かれた<u>語る主体</u>となって、生きものとしては姿を消し、それを代理表象するシニフィアンのつながりは、言葉の言い換えとなって表現される。ラカンは、それを<u>父の名の隠喩</u>と名づけて定式化したが、隠喩（メタファー）とは、修辞学（レトリック）の用語で、言葉を言い換えるいくつもある方法の一つである。言い換えは、言葉のあや、文彩などと言われることもあるが、総じて、修辞学の転義（トロープ）と呼ぶことができるだろう。ひとは、言葉を言い換えながら人生を送る。ひとの一生とは、言わば、言い換えを実践する時間のことである。精神分析は、とくに、分析主体が人生の転義を求める要求に応じようとしている。転義には、隠喩、換喩、提喩、諷喩など、いくつかの方法があるが、言語学者のR・ヤコブソンは、有名な論文「言語学の二つの面と失語症の二つのタイプ」のなかで、それらを隠喩と換喩の二つの方法に還元し、ラカンもそれに従い、隠喩を「ある語を、他の語の<u>代わりに</u>（pour）言う」、換喩を「ある語を、他の語に<u>対して</u>（à）言う」と語っている。

　上の定義は分かりやすくないが、日本語の辞典では、隠喩を「たとえを用いながら、『〜のようだ』という表現をとらない修辞法」「〜を・・・と

して見る、類似性に基づく『見立て』」、換喩を「言い表わそうとする事物を、それと関係の深いもので表現する修辞法」「表象や事物の隣接性に基づく修辞法」などと説明している。隠喩では、「言葉に耳を貸す」「仕事の山がある」など、あるシニフィアンを他のシニフィアンに代えると、そこから新たな意味作用が生まれる。ラカンは、フロイトの通称「ねずみ男」と呼ばれる患者が、とても小さい頃、父に激しい怒りを爆発させて「お前なんかランプだ、タオルだ、お皿だ」と叫んだのを隠喩の好例としてあげている。一方、換喩では「一杯飲む」「バッハを聴く」とか、「狐うどん」などの言い換えは、例えば器、音楽、好物など、そこから感覚的な連想による意味作用が生じるとはいえ、思考における意味作用が生まれるわけではなく、期待されているのは新たな意味の産出よりも、その言い換えは、総じていわゆる逐語訳である。

　フロイトは、ひとの心に浮かぶ表象を、事物の表象と言語のそれに分けた。彼には、シニフィアンの概念はないが、表象は欲動理論の中心概念で、それが目に見える視覚的な対象と、聴覚的な記憶による言葉の対象とに区別されたのは非常に重要である。どちらも、身体的なものと心的なものの境界概念であるが、いずれも、身体的なものに直接かかわることはできない。しかし、事物表象には、目に見えるという感覚的なものだけが与えられ、表象の見かけが前面に現われるに対して、言語表象には聴覚的なものから意味作用が生まれる。このことは、そこで表象が感覚的なものから遠ざかり、見えない表象による心的な活動が始まることを意味しており、それを感覚と並ぶ思考と呼ぶことができる。

　以上のことは、すでに2300年以上前の古代ギリシアで、アリストテレスがはっきり気づいており、彼は、心的表象はそもそも感覚とも思考とも異なるとして、こう述べている「なぜなら、感覚は固有の対象にかかわり、つねに真であり、すべての動物にそなわっているが、思考することには、誤って思考することありうるのであり、ことば（ロゴス）をもっていないものにはそなわらないからである」[3]。以上を精神分析の言葉にすると、あらゆるディスクールは心的表象の現前そのものから遠ざかった言葉によって始まるということである。フロイトは、事物的の表象を無意識的と言っ

終章　父の名をのがれて　　347

たが、欲動の代表は事物的なそれにせよ、言語的なそれにせよ、言葉に支配された世界における他者とのコミュニケーションでは、いずれもディスクールとしての言葉による表現形式を見つけなくてはならない。隠喩と換喩は、それを見つけるためにレトリックの分野から形式の区別を借りてきたのである。

　ラカンにとって、ディスクールにおける中心的な概念は対象aであるが、同じように重要な概念はシニフィアンと、それに次いで、あるいはそれと並ぶ、文字である。それが、1955年に行われた「〈盗まれた手紙〉についてのゼミナール」から、57年の「無意識における文字の審級」を経て、晩年になると、そもそも文字は象徴界と現実界にまたがり、象徴界に引っかかっているがゆえに、ディスクールの残余物でも、シニフィアンの沈殿物でもなく、むしろシニフィアンの土台として、語る主体は、つねにそれを読み続けなくてはならないものになった。ふたたびくり返すが、それはとくにアルファベットや漢字のような体系的な文字のことではなく、ひとの言語活動という労働によって産出されるものを広く指している。

　精神分析するとは、とどのつまり意味のない無意識を、それにもかかわらず読みつづけていくことである。文字は、その過程で、無意識の病因的記憶や防衛的妥協を表現している症状として読まれる。ラカンは、語る主体を象徴界、想像界、現実界の三つの領域によって規定し、それをボロメオの三つの輪として書いたこと、それが私の症状ですと語ったが、1974年以後になると、それを一つ増やして四つ目の輪を、症状（symptome）の中世の綴りをもじってサントーム（sinthome）と呼ぶようになった。サントームは、また聖人（saint homme）とも同音で、これは主体と神聖化された父との永続的な関係から、それによって主体に形成される症状を表わしている。ラカンがボロメオの輪に興味を抱いたのは、1972年の始めに、当時トポロジー基礎論の講義に出席していた学生の話からという偶然のことであるが、そもそも、それが結び目を作り全体として統合されているのは、なかのひとつの輪があらかじめ切断されて紐状になり、それによって他の二つの輪が結ばれ、ふたたび閉じているからである。しかし、ラカンの三

348

つの領域を表わす輪は、それぞれが自律的で独立しており、あらかじめボロメオの輪ができるような状態にはなっていない。それでは、三つが別々に独立して、たんに重なっている輪を統合して、一つにまとめるためにはどうしたらよいか。それが四つ目の輪をサントームとして導入した理由であり、ラカンは、1975〜6年の講義で、アイルランドの作家ジョイスのエクリチュールを例にあげて語っている。

　しかし、ボロメオの輪をもとの状態で考えてみると、そこで結び目を作るために切断されるのは、ラカンの思想の一貫した趣旨から推して、象徴界に他ならない。現実界は、そもそも言語に支配されている世界からは追放されているし、想像界は、鏡像という自分の似姿に対する投射から生じるイメージ（心像）の領域で、象徴界とはけっして混同されない。そこで、象徴界は父の名が大他者の場所から、その代理的な役目を負うものとして主体に名を与え、それによって主体を自己から切り離して名の父となる領域である。フロイトでは、最初のエディプス・コンプレックスから最後の「モーセという男と一神教」まで、名を与える父のテーマが著作を貫いており、それは父の機能が分析主体の症状と深くかかわりがあるのを伝えている。そして、その名が分析主体にとって、象徴界に切れ目を入れ、それが象徴界の不備、不全、欠如となって、分析主体の症状を形成するのである。

　主体が切りはなされている自己とは、その後、無意識的欲望と呼ばれることになるが、精神分析では、症状といえば防衛と妥協形成が浮かんでくる。さらに、ラカンによれば、文字そのものが症状の場所であり、分析主体にとっては、つまるところ文字を書くこと（エクリチュール）が防衛と妥協形成の表現となる。分析者が、無意識の欲望を読み続けるのは、そこで、分析主体の言葉を文字として読み、分析主体のエクリチュールを言葉として聴くことになる。分析者が分析主体自身の場合でも、分析者はそのような読みを通して、父の名と自身の欲望との関係を考え、調整していくことになるのである。ラカンはいまあげた講義で、ジョイスが小説という形式によって実行したエクリチュールを症状として読み、それを第四の輪として語ったが、その根底にはジョイスにおける父の名の不全、欠如、そして

父の名に対する彼の否定という一貫した文化的な次元でのしぐさがあった。

ジョイスは、初期の短編小説から『ユリシーズ』と『フィネガンズ・ウェイク』にいたるまで、言葉の言い換えをくり返しながら、その人生の転義を進めていたのである。それはシニフィアン連鎖から生まれる意味作用の実践であったとも言えるが、ラカンが彼の実践に興味を向けたのは、そのテキストがエクリチュールによって言葉の意味を固定させようとしたのではなく、反対に、それによってシニフィアン連鎖から意味作用が生まれる条件そのものを揺さぶろうとしたからである。そのさい、言葉の言い換えは、やはり隠喩と換喩によって進められるが、イギリスのある研究者は「言葉の解釈とは、意味を求めての探索行であり、一方、意味は主体が可能にし、保証する世界と言語の分離に依存する」という前提のもと、上の条件をポジションという語に言い換えて、次のように述べている。

「ジョイスのテクストは、言語が経験に符号するようないかなる支配的ポジションも主体に許さない。『ユリシーズ』と『フィネガンズ・ウェイク』は、表象の破壊を通して言語そのものの経験にあずかる。意味を構築するかわりに、ジョイスのテクストは主体のポジションに関わるのである。文芸批評家が意味に関わるとすれば、彼のテクストは意味が可能になるポジションに関わる。その活動を理解するには、主体のポジションの構築と、その下に何が隠蔽されているかを知らなければならない。彼のテクストは、読者に割り当てられる通常のポジションを打ち砕き、読者とそのディスクールの関係に変更をせまる。そして、ポジションのこの粉砕は、単に形式上のものにとどまらず、内容の水準においてもジョイスの偽らざる関心事となっている」(4)。精神分析の実践は、あるディスクールのタイプのなかで言葉の意味を固定しようとするのではない。反対に、分析主体が従っているディスクールのタイプそのものを揺り動かし、別のタイプに向けようとする。上に述べられているようなジョイスのエクリチュールは、まさしく精神分析の意図に通じるのである。

言葉は、どの国語でも、いわば限りなく言い換えられることができて、そこから意味作用の生まれるところが共通している。フロイトは、言い換えのなかから意味をとり出すことを解釈と呼び、それは精神分析の理論と

350

療法の核心であるとした。本書では、解釈は書かれた文字を話す言葉として聴き、話す言葉を書かれた文字として、それを読むことが方法上の基本であるというラカンの立場に注目し、父の名の隠喩においても、話す言葉を文字として読み、その言い換えから意味をとり出すことに目を向けた。隠喩と換喩は、そのような言葉としての文字から意味が生まれるさいの、言い換えの二つの修辞的様態を指している。文字は、こうして、たんに話す言葉を表示しているわけでも、体系的な文字を意味しているわけでもないが、<u>文字法</u>と訳されるエクリチュールとしての文字は、象形文字、表意文字、表音文字、最近では表語文字などと大別されており、社会的コミュニケーションを可能にする共通の道具とされている。本書は、ちょうど日本で天皇の支配体制が成立したとされる7世紀末から8世紀初頭にかけて、漢字を日本語のエクリチュールの道具として採用し、それを使いこなすようになったのを念頭において、そのことが日本語の言語活動にどう反映しているのかを探ろうとしたので、文字そのものの意味とともに、日本語の言語活動における漢字の役割に目を向けているのである。

　ところで、文字の本質的な意味は、文字そのものが症状の場所であるとするなら、その症状は、文字となった父の名のつながりを読んでいく過程で形成されることになる。文字は、現実界と象徴界にまたがっているので、主体は、言語活動の世界で二つの領域の関係を調整するのに苦労するのである。ラカンにとって、症状は、現実界のなかに現われる象徴界の効果（effet）であり、想像界とは直接の関係は少ないようだが、二つの領域の関係をシニフィアン連鎖から生まれる意味作用の変化によって調節しようとする主体にとっては、そのさいの想像界の働きはけっして無視できない。

ボロメオの環　　　三つの重なった環　　　四つの環

終章　父の名をのがれて　　351

むしろ、その働きによって、主体は、象徴界の不備を父の名によって補おうとする。その過程で、症状が形成されるのである。その推移は三つの領域の輪と、症状を表わす四つ目の輪によって、前のように図示される。
　ラカンは、前の図を、『サントーム』の最初の講義（1975年11月）で描いている。そこでは四つ目の症状の輪が、あとの三つの輪のすべてにかかわっているように見える。しかし、症状は現実界からくるというラカンの考えから推すと、その輪は象徴界の欠陥を前提として、それを父の名によって補おうとする試みを表わしている。その意味で、三つの輪のなかで切断されているとされるのは、やはり象徴界である。四つ目の輪は、その切断とかかわり、象徴界の輪と結ばれて、全体をボロメオの輪のように統合された状態で表わすために導入されたのである。それを示すのに、フランスの精神分析家J・ゴデブスキは、以下のような図を描いている。

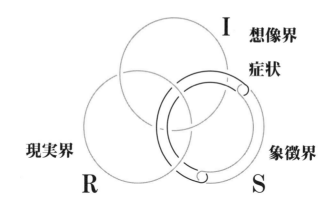

　上の図は、これからの精神分析の実践において、ラカンの「父の名」をどう考えていくべきかを示そうとして提出されている。名が、「父の名」の名指しによって症状を生みだすとするなら、父は、「父の名」から「名の父」という普遍的な機能に変貌する。J・ゴデブスキによると、それはラカンが「主－シニフィアン」と名づけた、シニフィエのない純粋なシニフィアンの名であるが、言語活動の世界では、「慣習（tradition）の名」と

して機能している。つまり、彼が生きている場所ではユダヤ－キリスト教の社会的な慣習として機能してきた名であるが、語る主体にとって、西欧の世界は、すでにポスト－慣習的な社会となっている。そこで、彼は父の機能が、言語に支配された世界において普遍的であるとしても、父の指す名は、そもそも一つではなく、およそ多数あって、それぞれの症状を生みだしてきたのだとして、ラカンが「サントーム」と呼んだ症状が、広い意味における結び目のかなめとなって「父の名」の代わりになるとみなし、「名づけられた存在（Être nommeé）」が治療の展望を開くと結んでいる。[5]

　ところで、上の指摘にしたがって日本語の「慣習の名」による言語環境を瞥見すると、そこは一つの「父の名」に支配されない、ずっと以前からのポスト慣習的な社会であるとも言えるし、また、天皇制という独特の宗教的な供犠制度のもとで連綿として続く、一様に儀礼的な言語活動に閉じ込められた旧態依然の慣習的な社会であるとも言えよう。語る主体は、そこにおいて供犠の実態から目をそらし、結び目を維持しているのである。

　ひとは、言語によって疎外されながら、隠喩と換喩の方法によってシニフィアンのつながりをたどる。隠喩は、あるシニフィアンによって前のシニフィアンを抑圧する。換喩は、あるシニフィアンを前のシニフィアンに代えて欲望を表現しようとする。隠喩は、ある語を別の語に代入して新たな意味作用を生み、それぞれの語の意味に揺さぶりをかけるが、換喩は、ある語を別の語に逐語的に代入しても、新しい意味作用を生み出さない。といって、そこから何の意味作用も生じないということではなく、その言い換えから生まれてくる意味は、つねに欲望という言葉にならない対象を指そうとしている。どちらの表現法も、それによって現実的なものについての知にたどり着こうとしているが、精神分析の知は、欲望とその対象 $a$ について知るのを拒んでいるいわゆる科学的な知と異なり、たとえ知を欲望しても、それは言葉によって表現できないことを承知している。そして、どちらの表現法も、現実界と象徴界にまたがる文字を読むことに深くかかわっている。分析は、知の切れ目にあって意味の分からない文字を読むことであり、分析主体が認識ずみの知から切り離されているのに気づくのを

終章　父の名をのがれて　　353

期待している。

　文字は、象徴界から区別される面ではシニフィアンにかかわる享楽の消失を刻んでいるけれども、語る主体は、言語活動の世界において不可能な性のシニフィアンとのかかわりを断ち切れないので、文字を書き続ける。そのエクリチュールの隠喩的な方法は、シニフィアンの抑圧によってすすめられる論証となり、換喩的な方法は、シニフィアンの逐語的な入れ代えによる欲望の表出となって表現される。転義の方法を二つに大別したヤコブソンは、エミール・ゾラなどの自然主義文学に見られる写実的な描写を換喩的表現の好例として挙げているが、その文は、通常、情景描写を重ねた写生文になる。日本語については、その方法が非常に短く、しかも鋭く現実的なものに迫る写生文として表現された典型的な例は、俳句だろう。一方、論証によってすすめられる隠喩的な方法は、通常、単語として使われる文字の抽象的、観念的な意味が重視されるが、日本語では、漢字を国語の文字として採用したので、そこに厄介な問題が生じている。

　日本語は、文法も音韻組織もまったく異なった中国語から、中国語を書きあらわすための漢字を借り受けた。中国文学者の高島俊男は、こう述べている「中国語と日本語とがあまりにもへだたっていたために、日本語を漢字で書く、ということには、非常な困難と混乱がともなった。その困難と混乱とは、千数百年後のこんにちもまだつづいている」[6]。文字のなかった国が、外国語の文字を自国語の文字として採用した例はたくさんあるようだが、日本語の場合は、漢字が一字ごとに一語を表わす、原則として表意的な表語文字であったことが、混乱のもとであった。中国語では、言葉の言い換えを表わすのは、音声ではなく文字そのものである。すなわち、言葉のつながりのなかで意味作用を生みだし、意味や概念を結合させるのは、音声ではなく、文字そのものである。しかるに、中国語でその文字を読む音声は、日本語で通常の意味を表わす単語の音声とはまったく関係がない。日本語は、まず漢字の音声を日本語で発音しやすいように手直しした。次に、その漢字をその意味によって、日本語で読むようにした。前者が音読みの、後者が訓読みの始まりである。高島は、「これは相当奇抜な所業であり、また一大飛躍であった」と書いている。

354

しかし、中国語では、紀元一世紀頃の最古の字書『説文解字』が解説した漢字が、すでに約一万字あり、その複合語は膨大な数になるだろう。そのなかで、例えば鳥がとり、月はつき、川はかわ、道はみちと訓読みされるときは、具象的な対象のイメージによって、漢字と日本語の意味がつながる。しかし、中国語には抽象的で、観念的な意味のありそうな文字もたくさんある。例えば、真、善、美、無、悪のような漢字は、どう訓読みしたところで、その意味が分かるのかどうか判然としない。ところが、日本語は、それらの文字を単語として、また複合語のなかで音読みのままつなぎ、それによって意味作用を生み、意味や概念を結合させる論述文を書こうとした。その他の方法はなかったと言えるが、近代になって、ヨーロッパ語の観念的な抽象語を音読みの漢字で翻訳してからは、そういう論述文の不自然さが顕著になった。

　不自然というのは、日本語として意味作用に乏しく、文の全体から現実らしさが感じとれないということで、音読みされる漢字を並べた抽象語は、日本語の具体的な日常語のような本当らしさを生まないということである。そのような漢字は、一方では、柳父章が<u>カセット効果</u>と名づけた価値を持っている。それは「他のことばによる置き換えによっては、意味として説明できない」が、宝石箱（カセット）のように「求められ、飾られたりして、人びとを惹きつける」効果を生む。同時に、その価値のマイナス面が「ことばに意味を期待した人の失望」で、それは「感情と言うよりも、もっと原始的な、ある感覚に根ざした失望」である。この失望は、言葉の現実らしさに対する感覚からやってくるのだろう。すると、そのような漢字は、何か魅力的な対象を指しているようだが、その姿形がはっきりつかめない感覚的な対象となって、当の漢字そのものが、他の漢字に置き換えられない具体的な物としての対象になるのである。

　フロイトは、表象を事物表象と言語表象の二つに分けたとき、1915 年の論文に「われわれが意識的な対象表象とよぶことにしていたもの、それが今では、<u>言語表象</u>と<u>事物表象</u>に分解される」と書き、２年後には「言語表象は、それ自体で事物表象として扱われ、縮合と遷移の影響下に服する」と書いている。すなわち、言語表象も言葉で表現されるときは、結合と

言い換えをくり返すと考えた。しかし、日本語の文では、漢字の抽象語を並べても、それによって意味が分かるわけではなく、文全体の意味も、当然、分からないのである。中国語の一字ごとに音読みされる単語の表意性に頼っても、それによって単語や文の意味が分かるはずはない。その結果、意味作用を生む論述文を書くことは非常に困難で、漢字があたかも事物の表象として、それに対応する具体的なものが実在すると思い込ませるようになった。言葉に期待したひとの失望は、そこからやって来ると思われる。それはちょうど写実性を強調して、ない物をあるかのように描く写生文に対する失望に似ている。

　フロイトによる表象の本質は、ひとの言語による表現能力が、心に浮かんで感覚と結ばれる表象をただちに、そのまま表現できないところにある。隠喩と換喩は、そのことから生じた言葉の表現法であるが、隠喩は、感覚を離れて思考に向かい、換喩は感覚と離れずに欲望を表現しようとする。してみると、日本語は、漢字の表意性にまどわされ、うまく理屈の筋道をたどっていけないので、一応は、自国語によって抽象的、概念的、観念的にものを考えることはできないと言える。しかし、言葉で考えるのは、そのまま現実的なものに迫ることでも、それを表現しようとすることでもない。だから、隠喩による表現が、必ずしも現実的なものに迫る考えを表現することではないし、換喩が必ずしもそこから遠ざかることではない。また、二つの表現法が、文のなかで相互に行き来しているのは、すでに述べたとおりである。

　換喩的な表現が目立つ写生文のなかで、俳句がそれを代表する表現形式の一つであるのは、国の内外から認められている。それをある俳人で、俳句の研究者である阿部筲人は、「俳句とは、言葉をどんづまりにまで押し詰めて、そこで作者が自分を表現する文学である」と定義している。[9]俳句についての本は数多くあるが、寡聞な私には、本書（『俳句』）は、俳句についての唯一の理論的な著書とさえ思われる。そして、巻末の「解説」が、ある批評家の「（俳句の研究に成功した）稀代の名著」という言葉を引用しているのもうなずける。「本書は、フロベールの『紋切り型辞典』の日本版であり、日本人の誰もが無意識のうちに陥る月並み表現の恐るべき均

一性を、最も具体的にあばきたてている」と。

　阿部は、本書で「『俳句の短さ』は、言葉否定の短さであり、ただの短さではありません」（352頁）と言い、「俳句表現の『どんづまり性』は、また対象となる『素材のあり方の本源的な、本質的な、究極的なあり方』も要求するもので、そこで、その物事の、ほんとうにそれらしいあり方を追求することになります。」（131頁）と述べている。つまり、その「どんづまり性」が、現実的なものに迫ろうとする文の現実らしさを生む。それゆえ、「俳句表現の突き詰めた世界は、理屈の匂い、脳みその匂いすら拒否して、純粋な情緒の世界を築き上げます。頭の世界ではない、心臓の脈打つ世界を実現するのであります。これを逆からいえば、俳句は非論理の世界の代表であります。」とつけ加える。以上の定義と説明は、あたかも換喩的な表現による文の現実性を証言しているかのようである。

　俳句の文に漢字が交るのはふつうのことだが、それらは基本的に観念的な表意性がなく、具象的な対象を指している。そこで、俳句はたいてい耳で聞いただけでも意味が分かる。R・バルトは「俳句は、羨望をおこさせる。」として、「俳句は、理解しやすいものでありながら、なにも意味していない。この二重の状況ゆえに、俳句は意味に対して無防備にさしだされているようにみえる。」と書いている。[10] ところが、日本語のとくに論述文は、耳で聞いても漢字を思い浮かべなければ、何を言っているのか分からず、その文は理解できない。だれでも、それは同音異義語が桁違いに多い漢字の音読みのせいであるのを知っている。耳で聞きながら、音読みされた漢字を読んで、はじめてだいたいの意味が分かるのである。しかし、俳句は、松や池や鳥のような漢字、あるいは法隆寺のような音読みされた漢字が混じっていても、その文は原則として平仮名にしても意味が分かる。阿部は、このことを「俳句は、指さすだけでよろしい。」「ほかの事柄をしゃべると、必ず、それは『説明』になります」として、「俳句では、言葉は指の代用であり、しゃべる道具であってはいけない。それによって物事を指さす『指先代わり』です。」と言う。

　R・バルトが、以上のような「直指」の立場の俳句を羨望するのは、それがヨーロッパ語の言語活動に浸みこんでいるような意味の不法侵入

（effraction）を拒んでいるからである。日本語の立場から見ると、それはおもに漢字を採用する以前からの宗教的慣習によるのか、あるいは表意的な漢字の圧倒的な数と、それらを意味不明のまま音読みしたことのやむをえない結果によるのか、判然としない。が、ともかく言葉は、日本語の音節文字である平仮名によって表記できる換喩的な表現によっても、対象の現実らしさに迫ることはできると考えられる。ただし、俳句は、一句ごとに何かを指さすので、たとえ「座において、連衆が寄り集まって、連句を作っても」、そこには時間を通した意味作用のつながりはない。

　彼は、こう述べている。「俳句は、（不連続な線のことで）しだいに細くなってゆき、ただ指示するだけになってしまう。それはきわめて瞬間的で、短い時間で言うので、連辞（copule）さえもが余計なものに思われるだろう。俳句（不連続な線）とは、小さな子供が『これ！』とだけ言って、なんでも指さすときの、あの身ぶりである。その動作は、きわめて直接的になされるので、指示されるのは対象を分類すること（classification）のいっさいが無駄な骨折りとなる」。彼にとって、分類するのは概念的思考の前提であるから、俳句は、「象徴と推論」あるいは「隠喩と三段論法」によるのと対極をなす言語表現である。それゆえ、阿部が言うように「俳句の完成」とは、具象性が完備したことであり、それは「理屈や思念を越えた世界であって、そのような究極の存在の世界に到達すれば、理論や理屈は要らないことになる」。

　とはいえ、阿部は「言葉を否定する俳句」が、そのまま「存在の深さ」を表現しているとは言わない。むしろ、じっさいは正反対で、彼はおよそ十五万句の俳句を点検して、そこに見られる共通の紋切り型表現を列挙し、分類し、そのような表現と手を切って、はじめて俳句は物事の本質に向かうことができるのを、詳細に、具体的に論じている。つまり、彼は写生文の現実性、本当らしさを強調するとともに、それは俳句が対立する論述文と同じように、ありきたりな表現の逐語的な引用に陥ることを明らかにしている。論述文と写生文、隠喩と換喩の表現法には、ともに両者が生みだす豊かさと貧しさが付きものである。

ラカンは、論文「リテュラテール」のなかで、「（日本では）主体は、地上のどこでもそうであるように、ランガージュによって分割されているが、一方では文字（書き言葉）に向かうことによって満たされ、他の場所ではパロール（話し言葉）によって満足することができる。」と書いている。また、そう見なす理由は「（そこでは）星座のきらめく空（un ciel constelle）に支えを求めることは、主体がもっぱら大文字の二人称（Tu）である「お前」だけに支えられているのを、すなわち、シニフィエをともなう礼儀の関係によって微妙にものの言い方が変わってくるような、あらゆる文法形式に従って、そうしているのを知らせてくれる」からである。彼が「文字に向かう」というのは、漢字を音読みした結果、日本語では言葉の音声だけでは何を言っているのかよく分からない。文字の裏づけがなければ、言葉そのものが無意味になってしまうということである。また、「パロールで満足できる」というのは、その言葉が漢字の裏づけがなくても、日常語の音声で通じ合える場面のことで、その言葉は基本的に仮名で書くことができるのである。

　言葉が文字に向けられ、はじめて意味が分かるのは、おもに社会的な儀礼が行われている場面である。そこでは、日本語を母国語にしているひとでも、音声だけを聞いて漢字に向かえないひとは、言葉の意味が分からない。例えば、昨今、国会の委員会や公共の議論の場でよく耳にする「忖度」という漢字は、二字とも「はかる、はからう」の意味だが、「はか」はもともと日本語で「数量の目安」を意味していたらしい。今日、それは日本語で「ひとの心の内を推量する」となり、やや分析的には「相手の欲望を見越して、想像的に先取りする」という意味になる。しかし、それを「そんたく」と音読みされて、ただちにその漢字に向かえないひともいるだろう。これはほんの一例にすぎないが、「そん」も「たく」も日本語でないから、仮名で書いても意味がないのである。ちなみに、「忖度」という語を、漢字の翻訳語を使ってもう少し分析的に意味を探ると、それは「目前の相手と想像的な関係に入り、ひとの自己愛（ナルシシズム）と同一化が露出してくること」である。日本語には、漢字の音読みに依拠する社会的な儀礼の場面と、仮名書きでも意味が通じる日常的な話し言葉の場面が

終章　父の名をのがれて　359

ある。

　「星座のきらめく星」は、カントの『実践理性批判』の「結び」にある有名な言葉だが、ここでは言葉（mot）をちりばめた言語活動の世界のことで、大文字化した二人称「お前」は単数ではなく、きらめく星のように複数として存在しているという、ラカンの「〈1〉としてのメタ・ランガージュは存在しない」という考えに通じている。そのような二人称（Tu）は、父から名を与えられて、はじめて「お前」という他者になる。忖度は、そういう「お前」が目の前にいる相手となったときの通じ合いから生まれる心的現実を指している。それは、まだ子にとって名のなかった母が父の代理人として、ある一つの名を欲望の対象として受け入れなさいと、子にすすめる場面を思わせる。日本語の言語活動は、そのような母と子の関係を儀礼の文法規則が支配している場所につなげるように、語る主体の努力を促しているのである。

　漢字は音読みされて、日本語にはおびただしい数の同音異義語が生まれた。そこで、ラカンは、『エクリ』の「日本の読者に寄せて」のなかで「本当に語るひとのためには、音読み（l'on-yomi）は訓読み（le kun-yomi）を注釈するのに十分です。お互いを結びつけているペンチは、それらが焼きたてのゴーフルのように新鮮なまま出てくるところをみると、実はそれらが作り上げている人びとの仕合せなのです。」と書いている。日本語では、通常、ある漢字の訓読みが音読みされた漢字を注釈する（commenter）とされているが、分析者にとっては逆である。それは、ある漢字の音読みが、同じ音読みの漢字が多いために、当の漢字とは別の意味に受け取られるのが不思議でないからである。むしろ、日本語では、それを利用した語呂合わせと呼ばれる表現が、日常の話し言葉だけでなく、和歌や俳句の写生文にまで行き渡っている。それは、音読みによって行われる洒落と呼ぶこともできるが、そのさい、音読みと訓読みをつなぐためのペンチ（心に浮かぶ連想）は、いつも無意識を探るための新鮮な表現を生みだしてくれる。

　けれども、もともと、それは漢字の音読みによる同音を利用した換喩的方法による駄洒落であって、そこから新しい意味が生まれるわけではない。したがって、ラカンが，それは日本語を話す人びとの仕合せ（bien-être）

であると言うのも、割り引いて聞かなくてはならない。なぜなら、日本語は、既述したように漢字仮名交じり文によって、和歌や俳句のような写生文だけでなく、漢字の抽象語を並べた論述文においても、その文字はあたかも感覚的な具象的対象のようにとり扱われて、多くは意味作用の乏しい写生文と同じ性質の文になってしまうからである。そして、論述文における漢字は、まるで語呂合わせの駄洒落に利用されるために音読みされる漢字のように、日常の言語活動における「お笑い」のレパートリーのなかに流入するのである。それゆえ、日本語の仕合せな言語環境は、精神分析にとって必ずしも良い環境ではない。

　精神分析のディスクールも、そこで日本語に翻訳されると、まもなく現実的なものから遠ざかり、下手な写生文となる見込みがある。治療的実践を理論的に支える論述文の場合は、具体的な事物の描写によって現実的なものに迫ろうとする写生文より、一面においてはもっと深刻である。どれほど音読みの漢字が並べられても、それらの意味が日常の話し言葉の音声につながらなければ、そこから意味作用が生まれない。そういう面で、抽象語の漢字をいくら覚えて音読みしても、そのシニフィアンが、語る主体を隠喩的に代理表象して意味を出現させることはないのである。


　シニフィアンは、主体を代理表象するが、ラカンによると、そのことによって語る主体は疎外される。1964 年、彼は二回の講義で疎外について語っている。「疎外は、今日では巷にあふれています」と前置きして、その根源がどこにあるかについて、聴講生の意表をつくようなことを言っている。すなわち、「主体は、大他者の領野において、『初めて』それが出現するのを目撃されるべく定められている、ということでしょうか。そういうこともありうるかもしれません。ところが、まったく、けっしてそうではないのです」と。[13]「大他者の領野」は、言語の領域と象徴界に重なる。「そういうこともありうる」というのは、疎外という観念が、ヘーゲルとマルクスがその言葉を使用して以来、今日では経済活動であれ、政治活動であれ、精神活動であれ、芸術活動であれ、どの分野にもあふれているからである。

終章　父の名をのがれて　　361

ところが、彼は「疎外は『ヴェル（vel）』のうちにあるのです。」と言い、「この『ヴェル』によって、一方で主体はシニフィアンによって生み出された意味として出現するなら、もう一方では『アファニシス（主体の消失）』として出現するのです。」と付言している。すなわち、疎外は、主体が象徴界の言語活動が支配する世界に編入されて以後の現象ではなく、主体があるシニフィアンを選言的で、非排他的な「ヴェル（または、それとも）」によって選択するのを迫られるところに、その根源があると言う。その結果、主体は存在を選び、主体としては消える。その存在とは、意味という効果を生む名であって、名は、父の機能が主体に与える存在の見かけであり、日本語では、それを言葉として想像することができる。彼は、ひとが主体を選んでも、存在を選んでも、そこに無意味という部分が残り、「その無意味の部分こそが無意識を構成する当のものなのです」と言うが、ただし主体は、その無意味から「大他者の領野のなかに現われ出てくるものとしての意味を、その本質としており」、その意味を読みとるのが、分析者の仕事になる。<sup>(14)</sup>

主体は「ヴェル」によって、主体か存在かを選ばなくてはならない。そのさい初めに問題になるのは、あくまでシニフィアンであったが、ラカンはかなり早くからシニフィアンの物質的な裏付けとなる文字に目を向けていた。言葉が文字に向かうとともに、本質的に音声によって支えられているシニフィアンから、やがて現実的なものとして残される文字が重視されるようになる。その文字は、むろん、アルファベット文字や漢字のような体系的な文字のみではないが、精神分析の経験は個別の言語（国語）における音声と文字を土台にしているので、日本におけるその理論的な応用が、漢字と仮名を話題にするのは当然である。そこで、日本における語る主体の疎外の一面には、音声化した名としてのシニフィアンを支える日本語の文字による疎外があり、多かれ少なかれつねに失敗するその読み方に関係すると思わなくてはならない。

日本人は、2000年近く前にはじめて漢字に出会ったとされているが、大陸からその音声と意味を伝えた帰化人たちが大勢やってきたのは、4世紀後半から5世紀と、6世紀後半から7世紀後半である。また、漢字が公的

に日本語の文字として採用され始めたのも、7世紀後半から8世紀にかけてとされている。それは、ちょうど日本に天皇制が成立した頃で、記紀や、万葉集、懐風藻が書かれた時代である。天皇制は、7世紀末に成立した。それ以来、今日まで1300年以上のあいだ、天皇は半神－半人の供犠であり、日本語の言語活動は、ラカンが「礼儀の文法形式」と呼んだ社会的規則にしたがっている。天皇制の成立と漢字の採用のあいだに因果関係があると考える根拠はないけれども、二つの時期は重なっている。漢字は、日本語の音声を事物の表象から言葉の表象に移行させるのに大きな役割を果たしているが、その音声は、たとえ享楽を禁止する命令を告げるさいにも、すでに書かれている文字（＝漢字）に向かうのである。法は、律令は中国語の文字で、明治憲法はおもにドイツ語の原文の翻訳文から、現行の憲法はおもに英語からの翻訳文で、つねに書かれたものとして到来する。

　しかし、父の名は、その本質が、やはり音声によって伝えられるシニフィアンにあるとしなくてはならない。外来の文字は、その音声からいく通りにも変化して、それぞれに読まれるのである。日本語の音声による幾つもの父の名のなかで、天皇という漢字に翻訳した、それまで聞いたこともない音声のシニフィアンは、何を表象しているのであろうか。精神分析は、その内容を詮索しようともしないし、その表象を存在として仕立て上げようともしない。せいぜい、それが日本語で音読みされるのを聞き、その漢字の広い意味を利用して、その音読みが何を意味しているのかを探ろうとするだけである。いわば、話し言葉のなかに漢字の音読みを、文字として読もうとするのである。そこで、天皇は半神－半人の供犠であると言って、天皇をその属性によって暫定的に存在に仕立てようとする言表についても、まず、神と人の文字を読まなくてはならない。

　日本語のかみに漢字の神をあてるときの問題は、本書でも、これまで一度ならずふれてきた。ひとは、接頭語で一と記されるときもあるが、あとは人という漢字があてられている。日本語のかみに神の漢字をあてる場合、それを一神教の神と区別しなくてはならない。ある古典語の辞典は、こう説明している「（日本では）神は唯一の存在ではなく、きわめて多数存在した。・・・人は神の意志の発動によって存在したのではない」、一方「神は、

はじめ姿形の見えない存在であったが、イザナキ・イザナミに至って人間的な男と女とに分かれることになり、男神と女神が結婚して、国々や島々を生むという筋書きへと発展する。それによって記紀では、天皇家の日本統治の正当性の由来を記す方向へと展開していく。」。総じて「神は、具体的な形を持たず、その身体を現わさないが、物や場所や土地をそれぞれ領有する支配者であった<sup>(15)</sup>」。それに対して、人という漢字をあてたひとについては、「動物や物とは異なる一人前の人間であることをいう。ひとと見なされるには、身体的な成熟だけでなく、社会に通用する身分、人格や器量が必要とされる。①人間、動物や物に対していう。②一人前の人間。③社会を構成する人間。」などと説明している<sup>(16)</sup>。

　上の文で目につくのは、日本語のかみにも、ひとの説明にも人間という語が使われていることである。天皇は、そもそも唯一の超越的な存在としての神（God）ではないが、はじめから人間であったわけでもない。姿形の見える男と女になってから、はじめて人間（的）になったのである。しかし、それだけでは人間の説明にならない。日本語のひとは、人間とはぴったり一致しない独特の意味をもつようである。漢字の人間は、日本語でもじんかんと音読みするが、漢和辞典によると「人の世、人が住む世、世間」の意味で、「原則として、漢文では人の意と区別して、漢音で『じんかん』と読む」とされている。日本語では、既述したように、「裁判官である前に人間であれ」とか「実業家としては優れているが、人間としてはどうか」、「そんなことをするのは、人間でない」などの例から、その意味を推し測るよりない。国語の大辞典でも「人倫の道を堅持する生真面目な人」であるとともに、「人間味」を例として「人間らしいあたたかみ。人間本来の持ち味。人情味。」などと説明している。

　こうしてみると、天皇をひとと超越的な存在とのあいだを仲立ちする供犠として、ひとでないものにしながら、それを人間と呼ぼうとしているのではないか。ひと（on）は、本書では、言葉を使うことができる生きものを指し、主体（sujet）は、言語によって割かれているひとを指している。しかし、「人間」はたんなるひとではなく、主体でもなく、両者とは区別しなくてはならない語で、あえて言うなら、その語は精神分析にふさわし

くない。なぜなら、人間はいったんひとに戻り、ふたたび語る主体（sujet parlant）にならなくては、分析の対象にならないからである。おそらく、「人間」はひとと主体の中間にあって、唯一の名であろうとする「神（God）」のごとき父の名がひとを抑圧するのを避けようとして語り出された日本語だろう。人は、漢和辞典に、その語形が「ひとの体を側面から見た形にかたどる」とか「人のたった姿を描いたもので、もと身近な同族や隣人仲間を意味した」とあるように、立ったひとが支え合っている様子から、そのあり方を「人と人の間」とか「間柄的存在」と呼ぶ向きもあるが、そういう読み方は、ひとが言語活動によって主体として消えてしまうのを忘れているのである。

　日本語は、ひとである天皇を供犠にして人間と呼び、ひとでないものにしながら、人びとは天皇の姿形と挙動に同一化して、それぞれが自分を人間であると言っている。そこで、ひとは自分が言葉によって疎外され、欲望する主体であるのを忘れてしまう。そして、言語活動の世界に生まれ落ちて父の名に出会い、あらゆる名が埋めることのできない象徴界の欠如、不備を人間という名で補おうとしているのである。それはどの宗教も行っていることだが、その意味では、日本に固有の宗教である神道は、いたずらに天皇教、日本教と呼ぶよりも、人間教と呼ぶのがふさわしいだろう。人間は、ひとと主体のあいだにあり、ひとがそこで何とかうまくやろうとしている場所の名で、そこをはっきり突きとめることはできないが、しばしばそこから喜怒哀楽の感情が噴き出してくるところから窺うことはできる。しかし、ひとの情動は、例えば人情と呼ばれるような感情の表出にはとうてい限定されるわけではないから、ひとに自然にそなわるとされる感情を強調するのも、人間についての非常に一面的な見方だろう。けれども、日本語はその名によって、ともかくも象徴界の欠如が言語活動に大きく影響するのを避けようとしている。以上のようなことから、そもそも天皇を象徴として、神でもなく、ひとでもない人間と呼ぶこと自体が、象徴界の欠如がもたらした症状である。症状は、通常、個人について使われる用語だが、ここでは言語活動による集団的な妥協形成として、言葉に投影されている。

終章　父の名をのがれて　　365

ラカンは、晩年に語る主体の症状について、ボロメオの三つの輪に四つ目の輪を加え、それを父の名とエディプス・コンプレックスがともに関わる症状として提出した。ひとは両方の影響を同時に避けようとする。その結果が症状である。ここで集団に目を向け、応用精神分析と言ってみても、結局は個人に戻るのである。天皇との同一化から離れて、人間という名に見切りをつけても、それはたんに集団的な出来事ではなく、個人の身に起こることである。そのことが集団における他者との関係においても、象徴界の不備によるさまざまな結果となって現われる。ここでは、そういう結果としての症状について、ある精神分析事典のなかで Ch・メルマンが述べている次のような結論の大意を紹介しておくことにする。

　「ラカンは、そのキャリアの最後に、象徴界の欠如を避けることができるかどうかを問うている。その欠如は、われわれの『父 (Pere)』への愛からやってくるのである。ボロメオの結び目は、一つの輪が切れると全部がバラバラになる三つの結び目を、しっかり繋げるのに適したトポロジー的な形象であるが、ラカンにとって、それは現実界、象徴界、想像界という三つのカテゴリーに、第四の『父の名』であるとともに『症状』でもある結び目が入り込む必要もなしに、全体が支え合って一つになる可能性を表わしている。しかし、われわれはいつか、そのような四番目を入れない新しい三位一体を生きることができるようになるだろうか。ラカンは、いずれにせよ、それについての良い結論を出せないまま、何の伝言も情報も残さずに世を去ってしまった」。「父」は、その機能がなければ、言語活動において何も始まらないにもかかわらず、科学的にその存在が立証されるような対象ではないので、フロイトは神話的な形象によって記述せざるを得なかったのであるが、同時に、それは語る主体に症状をもたらすものでもある。「父」は、症状を「名」によってもたらし、名は、「文字」として固定されるが、集団において文字は象徴的に配列され、それが慣習となって固定され、慣習は、あらゆる集団に見られる症状である。応用精神分析は、そこに配列されている文字を読みとろうとするが、そのさい、個人の場合のように診断による処方を出すことはできない。Ch・メルマンは、ラ

366

カンがそれぞれの社会の慣習についてはもちろん、一般的に症状の消失についても、結論を出せないまま逝ってしまったと言うのである。

天皇制は、社会の慣習となった症状の一例である。それは父の名の命令とエディプス・コンプレックスの葛藤をかわそうとして生じた症状であり、それによって生まれた症状の一例である。それは言葉を使って生きようとするひとに及ぼす象徴界の効果であるが、語る主体の自国語による発話と、文字の読みによるコミュニケーション、すなわちディスクールによって姿を現わす。天皇制の症状には、父の名に対する外来の文字の読み方と、エディプスに対する大他者の二人称化という特徴があり、そのディスクールは、主人のディスクールと大学人のディスクールが優勢で、その転義法には、換喩的な言い換えに従うところが大きい。

父の名の命令とエディプスの葛藤は、結局、同じことを指しているのである。父によって象徴的去勢が行われ、その父は神（God）という唯一の名をもっていると思うのは、一神教の社会のことで、それは当たり前のことでも、普遍的なことでもない。エディプスの神話は、人類の神話の一例であって、他の文明社会には別の神話があり、それぞれの名を象徴的に配置することによって去勢を行なっているのである。フロイトのエディプス・コンプレックスの葛藤も、ラカンでは、子供が両親に対して抱く愛憎という想像的な面に帰することはできない。エディプスの三角関係は、あえて言うなら、父とファルスと言語活動の関係であり、フロイトの原抑圧の対象で、それ自体はシニフィエをもたないファルスの働き方によって、それぞれの症状が生まれるのである。すなわち、ファルスが言語活動に支配されたひとの性をどのようにして父の名につなぐか、その過程を指しているのである。

日本語の言語活動は、ファルスがひとの性を父の名に、一神教のそれとは別の仕方でつなごうとしている良い例である。そう感じているひとはたくさんいると思うが、じっさいにそのありさまを探るのは難しい。日本では、神でも裸のひとでもなく、語る生き物である同胞の一人を供犠として、みんなのそとに出している。その同胞には天皇という名が与えられ、1400年のあいだ日本語とともに生きてきた。日本人は、その天皇をふくめて、

終章　父の名をのがれて　367

すべて父の息子たちであり、父は世界中の神話によってさまざまに語られるが、どの父たちも精神分析の始原にいる父である。一般に理論の始まりには、それが実在する対象はなく、言語活動があるのみである。父の名による支配は、やがて慣習という社会的反復現象によって支えられ、息子たちは、精神分析のひとと主体のあいだにあって、母の欲望の対象である父に同一化し、その名を受け入れながらエディプスの重圧をかわしてきたのである。

　日本語の人間は、つまるところ情によって取り込まれ、それによって回収されるようだ。じょう（情）という音読みの漢字が使われたのは、そう古くからではなく、もとはこころとか、なさけと言っていた。しかし、その後の普及は、やはり音読みの気と同じように、現在では日本人の精神的体験を表現する完全な日常語になっている。漢字の情は、こころやなさけの他に、情景や実情のような、ありさまやようすを意味するが、日本語では、やはり人情や同情、非情や薄情のような他者との接触や、物事の成り行きにふれて感じるこころの動きを表わす感情という語によって、いちばん身近に理解されるだろう。情と結合する二字の複合語は非常に多いが、日本語の感情からは、ふつう英語の sentiment が連想される。フロイトは、ドイツ語の Empfindung から快や不快、愛や憎しみ、喜びや悲しみなど、ひとのあらゆる感情状態を表わす語として、心理学用語から Affekt を採用し、日本語では精神分析用語としてふつうは情動と訳している。それは、フロイトにとって、ひとが表象とともに欲動をそれ自体として知るための感情的体験である。彼が欲動を表象と情動の二つの成分に分け、無意識の表象と無意識の情動を分けたのはよく知られているが、情動は、もしそれがなかったら、ひとは欲動について何も知ることができないだろうとされるほど、基本的な心的体験である。
　また、フロイトにとって、情動は、そもそも性欲動が不安という形をとって現われるさいの感情的体験であったが、ラカンは、その体験をシニフィアンと結びつけ、情動は、ひととシニフィアンの関係によって生まれる体験の一つと考えた。それは、たんにひとの出生以前からそなわった生

物学的素質によるのではなく、言語世界におけるひとの欲求、要求、欲望と、とくに欲望と切っても切れない関係から生まれる体験になる。そして、彼は情動の内容である感情（sentiment）を、sentir（感じる）と mentir（嘘をつく）に分解して、「感情は、嘘をつく」と言った。すなわち、感情は、ひとのもっとも身近な体験でありながら、ひとをいちばん欺き、誤らせる。というのも、ひとの感情は、言葉の見かけであるシニフィアンから生まれ、そもそもは欲望の原因である対象$a$から切り離された文字の見かけにつながれているからである。それは、原初の対象$a$である母から切り離された文字の在と不在に左右されているのである。

　対象$a$は、フロイトにおいては愛の対象として、欲動の対象の衣裳であり、ラカンにおいては不在の対象として、知の切れ目に書かれた文字の見かけである。感情がひとを誤らせるのは、ひとがその対象$a$を直接に体験されるものとして、想像的に誤認するからである。日本語の<u>人間</u>からは、人間性、人間愛、人間味、人間らしさなど、いくつもの複合語が生まれている。それらは、通常、豊かな人間性、温かい人間味、本当の人間らしさなどとは言うが、冷たい人間性、貧しい人間味、残酷な人間らしさなどとはあまり言わない。その理由は、人間という語が、人間の本性はお互いに愛し合うところにあり、それを実現すべきとする信念に基づいた博愛主義や人道主義に通じるともとれる。しかし、それは愛他主義（altruisme）を心理的に強調した立場で、欲望の対象を見誤っているか、その正体を隠蔽しようとする見方である。

　日本語の<u>人間</u>は、<u>ひと</u>でも<u>語る主体</u>でもない。精神分析における欲望の主体と、無意識の主体は、語る主体と同義である。三つの主体は、いずれも人間という語には収まりきれない。人間は、むろんひととして、言葉を使う生きものであるが、主体は同時に言葉によって分割され、たんなるひととしては消失した生きものである。感情にゆだねられた人間という語は、そのあいだにあって、ひとを現実的なものの領域から遠ざけ、象徴的なものを想像的に加工して使われる日本語である。感情がひとを誤らせるのは、想像的に加工された象徴界を、ひとのいる現実の世界と思い込ませるところにある。人間は、そのせいで現実的なものにも、象徴的なものの本質に

終章　父の名をのがれて　369

も向かうことができない。慣習という語によって、象徴的なものの組織化を漠然と窺うことができるだけである。そして、慣習の支配下に生きるひとにとって、そこが唯一の現実の世界になる。そこは広く俗世界と呼ばれる、日常的な現実の世界である。

　ひとは、言葉によって現実的なものから引き離されるが、現実的なものは、もともと、それ自体の意味はない。しかし、それゆえに、精神分析は意味と離れることはできず、意味の世界を巡察せざるを得ない。そのさい、感覚的、快楽的、日常的な俗世界で身につけた言葉を、どうやって別の言葉にして身につけるかが解釈の問題として浮かびあがり、その過程において新しい意味が生まれる。その意味は、たとえフロイトが言うように、最後には性的対象の無意味に至るとしても、解釈の過程においてはつねに多義的であり、ひとはそれぞれに語る主体として形成されることが可能である。ラカンにおける対象は、対象 a として、知の切れ目となる欠如を示している。彼にあっては、対象 a にも大他者にも性はなく、無性的（a-sexe）であり、ひとの性はシニフィアンによって、去勢や性差としてはじめて現われる。対象 a は欲望の原因として、たんなる文字となって現われるが、その文字を想像的なものとして提示するのがシニフィアンであり、意味は、その結果シニフィエとして生まれるのである。それゆえ、精神分析は意味と無意味の出現に、同時に目を向けながら解釈を続ける営みになる。

　日本語における解釈についてもまったく同じだが、そのさい、精神分析の解釈では、個々の言葉の意味よりも、語句のつながりに注目する。が、この点で、日本語には分析を進めるうえの独自な問題がある。すでにくり返し述べたように、日本語の言語活動は、漢字の音読みをくり返し、意味が曖昧で、よく分からない語の音声をやりとりしながら行われている。精神分析の解釈は、数字などの人工的な記号によって事実を伝えようとする、いわゆる自然科学の話法には従えない。解釈では、そこで使われる用語の意味がつねに問われなくてはならない。ところが、音読みされた漢字の抽象語は、ほとんど言いっぱなし、書きっぱなしで、その意味は聞く者、読む者の想像にまかされている。例えば、幻想、抑圧、表象などの用語も、解釈によってその語の定義に向かおうとするのが分析的な問答の前提であ

370

る。その幻想という語を、定義しようともせずに共同幻想とか唯幻論など
と言っても、文は意味をなさない。そこには、思想を形成する前提条件が
欠けているのである。だが、日本語では、そういうことがよく起こってい
る。

　ラカンは、日本語では、洒落（mot d'esprit）がもっとも日常的な言語活
動の次元をなしていると言ったが、その洒落は、基本的に漢字の音読みを
利用した語呂合わせによる、いわゆる駄洒落である。それは、隠喩的に意
味を醸成しようとするユーモアにつながるというより、大体は言葉の近隣
関係を利用した換喩的な連想による言い換えにつながる。しかし、換喩は、
ある言葉と他の言葉の直接的な関係をもとにした言い換えで、新しい意味
作用を生みだすわけではなく、翻訳における逐語訳につながる語法である。
ここでは、連想に基づいたそのような語法が、たんに日常の会話だけでな
く、言語活動に広く及んでいるのである。精神分析者が、すべてを性的な
意味作用に還元しようとして、傘という言葉から、ただちにペニスを連想
したとすれば、それはきわめて乱暴な解釈に行きつくだけである。分析す
るとは、傘という語を外見の連想から離れて謎として聞き、その多義性の
なかからどのような意味が反復されているかを探ろうとすることである。
このような作業は、論述文の作者と、そこで使う用語の関係に通じている。
その点で、換喩的な連想の言い換えによる言語活動は、意味を探ろうとす
る作業を妨げる。

　R・バルトは、日本語が言葉から意味を免除している（exemption）のが
羨ましいと言ったが、それは日本語を話しながら、精神分析に興味をもつ
者にとっては、言葉から意味を剥奪（privation）していることで、困った
ことでもある。そうなると、日本語で日常的な俗世界を離れた現実的なも
のに迫ろうとするなら、具体的な事物を描写した写生文を書くだけという
ことになる。むろん、その情景描写には強い情動と、本当の感情が描出さ
れている。本当のというのは、そこにわざとらしさがない、言い換えると、
不自然でないという意味である。その例として俳句を挙げたが、すべて俳
句がそうだというのではなく、ほとんどが決まり文句をくり返す、旧套に
しばられた言い換えである。言語活動において、わざとらしさや不自然さ

終章　父の名をのがれて　　371

は、おそらくどの言語においてもそうだろうが、慣習が象徴的に組織化さ
れ、社会化されたときに現われる。日本語では、漢字の公的な採用と同じ
時期に天皇制が成立したことによって、それがはっきり表面化した。また、
それはどこの言語でも、儀礼の場における言語活動という形態をとるが、
日本語では、それが文字のなかったころの慣習が語る日本語と、公的に採
用された漢字による日本語という、二つの土台のうえで実現されることに
なった。このような事情も、日本語だけのことではないだろうが、ともか
く、それは日本語の不自然さのもとだと考える。不自然さとは、ここでは
現実的なものから遠ざかり、それを隠そうとするという意味である。

　天皇制は、ひとりの同胞を儀礼するロボットに仕立てながら、今日では、
そのひとりを人間と呼び、その係累たちも同じく人間と呼ばれている。そ
して、そのひとに同一化した息子たちの名も、むろん人間である。しかし、
天皇制は、みんなが人間と名乗るずっと以前から、１３００年以上にわ
たって特異な供犠制度として存続し、人びとがそのもとで自分たちを騙し
てきたのである。すなわち、ひとは人間と名乗るより前に、話すことがで
きる生きものであり、やがて言葉によって分割され、欲望する、無意識の
主体となる存在である。それを情動によって回収される人間と名づけるの
は、広義の防衛機制に従う形態の一つだろうが、そこから自我の作用の一
つである自己欺瞞が生まれる。それによって、ひとを代理表象するはずの
シニフィアンは、直接的な感情の枠に閉じ込められ、言葉の世界における
主体の状態が見えにくくなる。

　日本語は、公的な場所と私的な場所の二つの言語活動によって、その形
態を維持してきた。その結果、前者は儀礼の場における漢字の音読みによ
る意味不明の言語活動によって、後者は連想と語呂合わせによる駄洒落の
言語活動によって、その不自然さが目立つようになった。人びとが、それ
によって満足しているのであれば、たしかに精神分析は必要ないだろう。
しかし、シニフィアンのつながりから生まれる意味作用のなかに新しい意
味を探り、それによって人生の転義を求めようとするひとには、そうでな
いだろう。精神分析は、日常の俗世界における経験にもとづいて、思弁を
交えた論述的なディスクールによって、その求めに応じようとしている。

そのさい、そのディスクールには、論述で使われる用語の概念がいつも問題になるが、それは漢字の音読みと訓読み往復しても、辞書を調べても明らかにならない。概念は、つねに用語のつながりの道筋から、すなわちロジックから浮かび出てくるのである。

　それゆえ、日本語では、用語の概念が一字ごとの漢字の意味にさらわれているので、精神分析が必要でないかどうかを言う前に、それができるのかどうかを考えなくてはならない。それには、現在、同胞のひとりである天皇を供犠にした社会制度を支える言語活動から、ひととひとでないものを想像的に一体化した人間という名をとり出して、その語が生む自己欺瞞の実情と本質をよく調べなくてはならない。1400 年のあいだ、日本語の言語活動における象徴界と現実界の切れ目を想像界によって無意識につないできた天皇制の症状のそとで、その陥穽におちいらずに生きてゆける道を探るためにも、そうしなくてはならないのである。

註

（1）ラカン『精神分析の四基本概念』、邦訳、岩波書店、288頁。

（2）『新版　精神分析事典』、弘文堂、298〜299頁。

（3）アリストテレス『心とは何か』、邦訳、講談社学術文庫、150頁。

（4）コリン・マッケイブ『ジェイムズ・ジョイスと言語革命』、邦訳、筑摩書房、8頁。

（5）Jean Godebski "Le tout dernier enseignement de Lacan", L' Harmattan, p.71〜72)

（6）髙島俊男『漢字と日本人』、文春新書、28頁。

（7）柳父章『翻訳とは何か　日本語と翻訳文化』、法政大学出版局23頁以下参照。

（8）フロイト「無意識」、邦訳、『フロイト全集』14、岩波書店、250頁。同「夢学説へのメタサイコロジー的補遺」、邦訳、同、262頁。

（9）阿部筲人『俳句』、講談社学術文庫、116頁。

（10）R・バルト『記号の国』、邦訳、みすず書房、106頁。

（11）同書、132頁。

（12）拙著『ラカン「リチュラテール」論』、せりか書房、68〜70頁参照。

（13）ラカン『精神分析の四基本概念』、邦訳、岩波書店、281頁。

（14）同書、283頁。

（15）大野晋編『古典基礎語辞典』、角川学芸出版、376〜8頁。

（16）同書、1027〜8頁。

（17）P・コフマン編『フロイト＆ラカン事典』、邦訳、弘文堂、「症状」の項（131〜2頁）を参照。

# あとがき

　私は、『天皇と供犠』の「あとがき」に、「拙著『ラカン「リチュラテール」論』の続きのつもりで書いた」と記した。ラカンは「その論文の後半で、日本（日本語）について語っている。しかし、天皇について語らなくては日本について語ったことにならない」からである。そこで、『天皇と供犠』は、その前の拙著の続きであり、補遺でもあった。さらに、それを刊行（2021年）後に読み返してみると、こんどは象徴から供犠への道筋を辿る前に、ひとがどうやって自分の姿をシニフィアンとして受け入れるようになるのかをあらかじめ考えなくてはいけない。すなわち、自分についての意味づけを、どうして象徴界に委ねようとするのかについてふれなくてはいけないという思いが強くなった。その結果、本書は『ラカン「リチュラテール」論』の続きであり、補遺でもあった『天皇と供犠』の続編として、副題を「続・応用精神分析の試み」とした。

　象徴界について、少し蛇足を加えてみると、それは意識的でも無意識的でもありうるが、どちらも言葉の働きと結ばれている。ラカンは、「無意識とはひとがしゃべる、ただ、それだけのことです」と言ったが、考えてみれば、当然のことである。しゃべらなくては、ひとは言葉を何かの代わりとして伝えることはできない。その言葉という語が、象徴の本質と普遍性を表わしている。ただし、象徴界は、ひとの心に浮かぶイメージの世界と、すなわち想像界とつながらなくては、そこから何の意味も生まれない。想像界がそれに関与し、干渉して、はじめて両者の関係から意味が生まれるのである。言葉をはさんで、想像界では自分とそのイメージが離れてしまうために、愛と憎しみ、対抗心、攻撃性のような、二面的な感情として体験される葛藤が生まれる。象徴界は、ひとが父の名によって言葉の支配を受け入れる領域である。にもかかわらず、想像界から生まれる葛藤は、ひとの生存に破滅をもたらすかもしれない。人びとは、言葉が生み出した社会関係のなかでどのような最後を迎えるか、それはだれにも分からない。

象徴界は、ともかくも、集団が全体的な崩壊の危機を避けて存続するように、ひとの言語活動に拘束的な規則を与えて、それを禁止や命令として組織化する。父の名のシニフィアンは、そのつながりから意味を生むだけでなく、ひとを脅し、騙し、宥めて、命令する。ラカンは、そのことを「シニフィアンは、語る主体に存在を押し付ける」と言った。社会的習俗やタブーの対象は実在の存在になり、神話の人物たちは生きている現実の存在になる。そういう存在が、それぞれの集団のなかで、人びとのものの考え方や、ものの言い方の土台となって表現されるのである。先入見のない該博な比較思想学者・中村元の表現を借りて、そのことを（各国民の）「思惟方法」と呼んでみると、1949年に書かれた著作『日本人の思惟方法』（『東洋人の思惟方法・3』）からは、27の項目が見つかるが、なかの身近な10項目をあげると、

　（1）現象界における絶対者の把捉。（2）現世主義。（3）人間の自然の性情の容認。（4）寛容宥和の精神。（5）文化の重層性と対決批判の精神の薄弱。（6）特定個人に対する絶対帰投。（7）宗教的・派閥的閉鎖性。（8）力による人倫的組織の擁護。（9）直感的・情緒的傾向。（10）単純な象徴的表象の愛好、となる。その後、日本人の「思惟方法」の特徴について、多くの論者がそれぞれの面から、詳しく実例をあげて示してくれたので、いまでは、少なくともいくつかの項目は共有の知識になっている。だが、特徴は一つ一つ個別的で、相互の関係やつながりは必ずしも明らかではない。目立った特徴は、つながりをつかんでこそ、全体の意味を生みだすことができる。

　そのためには、何らかの理論的なヒントが必要である。精神分析では、上の諸項目から反復強迫の現象を、つまり象徴界にはつねに想像界が干渉していることのほかに、象徴界は、つまるところ現実界にじっさい出会うことはできないという背景を認めるだろう。この現象の主役は現実界であるが、フロイトは、それを原初の母との出会いに失敗したことだと考えた。そして、それが心的外傷となって無意識の記憶として残り、その後、さまざまの象徴的表現となって反復され、そこから死の欲動の概念が深まるのである。ラカンは、フロイトの考えを受け継いで、彼が「フロイトへの回

帰」と言うとき、反復強迫の概念は、無意識とともに中心的な論点になっている。ただし、彼は、ひとを語る主体として規定する三つの領域と、シニフィアンの関係からそれを考究する。そして、想像界が働くのも現実界との関係からであるが、フロイトが容易に近づけなかった現実界の領域に、「現実的なもののシニフィアン化（mise en forme）」という観点から近づかなければならないと言う（『精神分析の四基本概念』）。

　想像界の働きの一つは、象徴界に働きかけてひとを現実界から遠ざけようとすることである。その意味で、想像界は、死の欲動を生の欲動に向けかえる。フロイトは死の欲動を指すのに、以前の状態への回帰と言ったが、「以前の状態」とは現実界であり、想像界には、ひとをそこから遠ざける働きがある。そして、心的活動の原動力であるナルシシズムと同一化に助けられて、ひとをこの世のだまし餌（好餌）に向かわせる。シニフィアンは、言語記号の要素であるかぎり、現実界との出会いに失敗する。そこで、シニフィアンが何らかの形で現われるとすれば（mise en forme）、それは死の欲動から生の欲動に向かう姿をとり、現実界を隠す罠になるのである。

　日本人について、その思惟方法を、例えば、人びとがずっと昔から島国の閉ざされた集団のなかで暮らしているあいだに身につけた諸特徴だと言ってみても、それだけでは十分ではない。それらがすべて事実であっても、それぞれの特徴が記述的に並べられているなら、少し極端には程度の問題であり、いくら読んでも演繹的な推論によって追究される普遍的な意味は生まれてこない。ところが、そこに反復強迫の理論的な照明を当てると、それらの特徴はひとが集団のなかで現実界との接近を避けて生き延びようとする、語る主体の本質的な一面が浮かんでくる。同時に、そこからは同一化の罠、自己欺瞞、そして何よりも無意識の知の一面が浮かんでくる。精神分析は、父の名が特定のシニフィエをもたない聖化されたシニフィアンであるという見方から、その両面性に目を向けながら考えを進めていく。父の名に続くシニフィアンは、その後、隠喩的につながって何らかの意味を生みだすだけでなく、語る主体がシニフィアンのつながりに従って行動するよう命令するのである。

　本書では、供犠を論じるにあたって、ひとの心的生活を統制している反

復強迫の現象を一般的、総体的に慣習と呼んだ。供犠の対象と形態はおよそさまざまであって、日本の君主制における天皇もその一形態であるが、これは慣習を土台にしている。すなわち、1400年のあいだ連綿と続いてきた「万世一系の天皇います」という「万国無比」の特殊な供犠制度も、「日本人の思惟方法」という個々の特徴を根底で支えている反復強迫に拠っている。だから、それらの特徴的な現象を究明しながらも、つねに反復強迫という普遍的な論拠について考えていかなくてはならない。言葉は、現実界に近づこうとしても、象徴界が浸透している世界ではそれができない。しかし、語る主体の世界から現実界をなくすことはできない。社会的慣習における反復強迫は、いわば、ひとが失敗するものと失敗しきれないものの板挟みになった結果から生まれる人びとの行動様式である。それは現実界に近づきすぎる危険を避けながら、象徴界の秩序を何とか維持しようとして、その結果、シニフィアンが同じつながりをくり返すところにある。

　想像界は、そのとき象徴界に働きかけて、現実界と象徴界のあいだを取り持つ。想像界の仲介がなければ、象徴界からは何の意味も生まれない。象徴界は、想像界の働きによって、死の欲動の破壊的な危機を避け、この世の象徴的秩序を組織化する。その意味で、フロイトが最後まで固執した死の欲動の考えは、ラカンの現実界と想像界の関係によって刷新されたと言える。現実界は、つねに想像界とのかかわりによって象徴界に現われるのである。そのさい、想像界がイマージュ（心に描かれる像）であるという本質を忘れるわけにはいかない。イマージュは、欲望の対象（原因）と密接であるだけに、ひとはナルシシズムと同一化のせいで、その見かけに騙される。イマージュはひとの心のなかで、そとにあるそのひとの姿形であるが、それは象徴界にどっちつかずの両面性として現われる。ラカンは、そのメカニズムを短い言葉で語っている。

　すなわち、「自分を王だと思っている狂人は、自分を王だと思っている王より狂っているわけではない」、と。「狂った」「発狂した」は、fouであるが、またはaliénéと言われる。aliénéの名詞形（aliénation）は、日本語では「疎外」と訳されている。疎外は、自分から離れることだから、「狂った」とは、この場合「王」という「名」によって自分のそとに出ることで

あるが、ラカンがシニフィアンは「存在」を与えると言うように、ひとは名を実在と取り違える。それが象徴界と現実界との出会いを回避させようとする想像界の罠であり、語る主体が「狂っている」ことの意味である。現実界はつねに名の真理であるが、それが想像界の働きによって、象徴界における真理からの逃げ道になるのである。名は、そのとき「嘘（ment）の感じ（senti）」として<u>感情的に</u>体験され、「王」と「狂人」をどちらがどちらだか分からなくしてしまう。

　日本語の「王（きみ）」「大王（おおきみ）」という名が「天皇」になったのは、8世紀の藤原ダイナスティより以前、6世紀末から7世紀の推古朝の頃とされている。その後、天皇はさまざまな名で呼ばれたが、いずれも本書で見たような換喩的な言い換えであって、隠喩的な言い換えによる新しい意味が生まれたことはない。そこで、天皇の名は内面化されず、慣習だけが人びとの行動を反復させて、今日の象徴としての天皇になった。そこにおける言語活動には、人生に転義がなく、歴史に変化がない。天皇という名の同胞が、供犠として実在しているのみである。

　本書は、既刊の拙著（『天皇と供犠』）を補って、供犠の根もとにある否定と同一化を日本語における<u>言葉づかい</u>の二分法から探ろうとしたが、それには終わりがないように感じられる。というのも、通常の言葉づかいには、表面上、隠喩と換喩の二つの方法がともに表現されているからである。しかし、ヤコブソンが言うように、「よく観察してみると、文化的条件や話者の個性によって、どちらか一方の過程が優勢であることは明らかである」。私は、このテーゼに基づいて、それを「万世一系の天皇います」という供犠の換喩的表現につなげてみたかったのである。

　それにしてもこの拙いわずかな試みも、せりか書房の方々の力添えがなければ、とうてい実現できなかったろう。末尾ながら、その多大なお骨折りに対して心から感謝いたします。

2024 年 7 月 28 日

# 天皇と供犠——応用精神分析の試み
## 目次

### 第一部　集団・供犠・象徴・天皇　　7

　　第一章　フロイトと集団心理学　　9
　　第二章　ラカンと供犠　　24
　　第三章　象徴と象徴界　　39
　　第四章　象徴としての天皇　　55

### 第二部　象徴と供犠のあいだ　　73

　　第一章　父の名の隠喩　　75
　　第二章　「もの」から法へ　　101
　　第三章　主人のディスクール　　127
　　第四章　男と女　　155
　　第五章　四つの環　　178

### 第三部　天皇制の言語環境　　199

　　第一章　天皇の想像的身体　　201
　　第二章　言論の自由と自由の言論　　225
　　第三章　鏡像の名　　252
　　第四章　文字の戯れ　　284
　　第五章　身体が語る　　312

### 注　　338
### あとがき　　351

著者紹介

佐々木孝次（ささき　たかつぐ）

1938 年東京に生まれる。1961 年早稲田大学文学部仏文科卒業。1963 年同大学院修士課程修了後、パリ大学精神分析課程に学び、コーズ・フロイディエンヌ（ラカン派）正会員となる。1993 年まで信州大学教養部教授。2009 年まで専修大学文学部教授。

【著書】

『母親・父親・掟―精神分析による理解』（せりか書房 1979）

『心の探求―精神分析の日記』（せりか書房 1980）

『愛することと愛させること』（弘文堂 1981）

『父親とは何か―その意味とあり方』（講談社 1982）

『ラカンの世界』（弘文堂 1984）

『母親と日本人』（文藝春秋 1985）

『幻影のディスクール』（福武書店 1986）

『甦るフロイト思想』（講談社 1987）

『三熊野幻想―天皇と三島由紀夫』（せりか書房 1989）

『蠱物としての言葉』（有斐閣 1989）

『祖霊という装置』（青土社 1992）

『エディプス・コンプレックスから模倣の欲望へ』（状況出版 1996）

『文字と見かけの国―バルトとラカンの「日本」』（太陽出版 2007）

『気の精神分析』（せりか書房 2011）

『ラカン「レトゥルディ」読解―《大意》と《評釈》』（せりか書房 2015）

『ラカン「リチュラテール」論―大意・評注・本論』（せりか書房 2017）

『天皇と供犠―応用精神分析の試み』（せりか書房 2021）他


【共著】

『快の打ち出の小槌―日本人の精神分析講義』伊丹十三との対談
　　（朝日出版社 Lecture books 1980）

『ラカン『アンコール』解説』（せりか書房 2013）他


【翻訳】

ルネ・カナック『ネチャーエフ―ニヒリズムからテロリズムへ』（現代思潮社 1964）

マリー・ボナパルト『クロノス・エロス・タナトス』（せりか書房 1968）

マリー・ボナパルト『女性と性』（弘文堂 1970）

ジャック・ラカン『エクリ』Ⅰ―Ⅲ（共訳・弘文堂 1972-1981）

ジャック・シャゾー『精神分析 50 語』（朝日出版社 1975）

ギイ・ロゾラート『精神分析における象徴界』（法政大学出版局 1980）

P・コフマン編『フロイト＆ラカン事典』（監訳・弘文堂 1997）

ジャック・ラカン『無意識の形成物』上・下（共訳・岩波書店 2005-2006）他

天皇の名──続・応用精神分析の試み

2024年　11月25日　第1刷発行

著　者　佐々木孝次
発行者　船橋純一郎
発行所　株式会社 せりか書房
　　　　〒112-0011　東京都文京区 1-29-12 深沢ビル 2 F
　　　　電話 03-5940-4700　振替 00150-6-143601
　　　　http://www.serica.co.jp
印　刷　モリモト印刷株式会社
装　幀　舟山貴士＋大竹優風

ⓒ 2024 Printed in Japan
ISBN 978-4-7967-401-4

# 精神分析関連書

天皇と供犠　応用精神分析の試み　———— 佐々木孝次
本体 5000 円 + 税

ラカン『精神分析の四基本概念』解説 ————荒谷 大輔, 小長野 航太他

ラカン「リチュラテール」論　———— 佐々木孝次
本体 5000 円 + 税

ラカン『レトゥルディ』読解　———— 佐々木孝次
本体 5000 円 + 税

ラカン『アンコール』解説　———— 佐々木孝次, 林行秀他
本体 4300 円 + 税

フロイト講義〈死の欲動〉を読む　———— 小林敏明
本体 2,500 円 + 税

「気」の精神分析　———— 佐々木孝次
本体 2800 円 + 税

ラカンと文学批評　———— パメラ・タイテル　市村卓彦, 荻本芳信 訳
本体 3,200 円 + 税

フロイトかユンクか　———— エドワード・グローヴァー　岸田秀 訳
本体 2,500 円 + 税

無意識と精神分析　———— ジャン－ポール・シャリエ　岸田秀 訳
本体 1,300 円 + 税

クロノス・エロス・タナトス　———— マリー・ボナパルト　佐々木孝次 訳
本体 2000 円 + 税

心の探求　精神分析の日記　———— 佐々木孝次

母親・父親・掟　精神分析による理解　———— 佐々木孝次

（本体価格が表示されていない書籍は現在、品切れ）